***ACCESO GRATIS** a la Lectura en la Nube*

Para visualizar el libro electrónico en la nube de lectura envíe junto a su nombre y apellidos una fotografía del código de barras situado en la contraportada del libro y otra del ticket de compra a la dirección:

ebooktirant@tirant.com

En un máximo de 72 horas laborales le enviaremos el código de acceso con sus instrucciones.

La visualización del libro en **NUBE DE LECTURA** excluye los usos bibliotecarios y públicos que puedan poner el archivo electrónico a disposición de una comunidad de lectores. Se permite tan solo un uso individual y privado

DERECHO DE LA SEGURIDAD SOCIAL II

Procedimiento de selección de originales, ver página web:
www.tirant.net/index.php/editorial/procedimiento-de-seleccion-de-originales

DERECHO DE LA SEGURIDAD SOCIAL II

Directores

REMEDIOS ROQUETA BUJ
Catedrática de Derecho del Trabajo y de la Seguridad Social
Universitat de València

JESÚS GARCÍA ORTEGA
Catedrático de Derecho del Trabajo y de la Seguridad Social
Universitat de València

Autores

Alegre Nueno, Manuel
Aradilla Marqués, María José
Esteve Segarra, Amparo
García Rubio, Amparo
Guamán Hernández, Adoración
López Terrada, Eva
Martín-Pozuelo López, Ángela
Rodríguez Pastor, Guillermo E.
Roqueta Buj, Remedios
Tatay Puchades, Carmen

Profesores del Departamento de Derecho del Trabajo y de la Seguridad Social de la Universitat de València

tirant lo blanch
Valencia, 2024

En caso de erratas y actualizaciones, la Editorial Tirant lo Blanch publicará la pertinente corrección en la página web www.tirant.com.

EDITA: TIRANT LO BLANCH
C/ Artes Gráficas, 14 - 46010 - Valencia
TELFS.: 96/361 00 48 - 50
FAX: 96/369 41 51
Email: tlb@tirant.com
www.tirant.com
Librería virtual: www.tirant.es
DEPÓSITO LEGAL: V-2271-2024
ISBN: 978-84-1147-759-8
MAQUETA: Tink Factoría de Color

Si tiene alguna queja o sugerencia, envíenos un mail a: *atencioncliente@tirant.com*. En caso de no ser atendida su sugerencia, por favor, lea en *www.tirant.net/index.php/empresa/politicas-de-empresa* nuestro procedimiento de quejas.

Responsabilidad Social Corporativa: http://www.tirant.net/Docs/RSCTirant.pdf

Índice

Abreviaturas 19

Nota a la decimotercera edición 25

Lección 1

La asistencia sanitaria

Eva López Terrada

1. LA NORMATIVA APLICABLE 27
2. TITULARES DEL DERECHO 29
3. CONCEPTOS DE ASEGURADO Y BENEFICIARIO A DETERMINADOS EFECTOS 30
4. RECONOCIMIENTO DEL DERECHO 31
5. SUSCRIPCIÓN DE CONVENIO ESPECIAL 33
6. ASISTENCIA SANITARIA PARA PERSONAS EXTRANJERAS SIN RESIDENCIA LEGAL 33
7. EL CONTENIDO DEL DERECHO 34
   - 7.1. La cartera común de servicios del Sistema Nacional de Salud 35
     - 7.1.1. Cartera común básica de servicios asistenciales 35
     - 7.1.2. Cartera común suplementaria 36
     - 7.1.3. Cartera común de servicios accesorios 40
   - 7.2. La cartera de servicios complementaria de las Comunidades Autónomas 40
8. ASISTENCIA SANITARIA DERIVADA DE ACCIDENTE DE TRABAJO O ENFERMEDAD PROFESIONAL 41
9. ASISTENCIA SANITARIA DERIVADA DE MATERNIDAD 42
10. LA COBERTURA DE LA ASISTENCIA SANITARIA DE LOS TRABAJADORES MIGRANTES EN LA UE 42
11. LA ASISTENCIA SANITARIA TRANSFRONTERIZA 44
12. EL REINTEGRO DE PRESTACIONES O DE GASTOS MÉDICOS 45

Lección 2

Las prestaciones no contributivas

Ángela Martín-Pozuelo López

1. CONCEPTUALIZACIÓN Y TIPOLOGÍA 49
2. LAS PRESTACIONES DE INVALIDEZ Y JUBILACIÓN NO CONTRIBUTIVAS 50
   - 2.1. La prestación no contributiva de invalidez 50
     - 2.1.1. Concepto de invalidez no contributiva 50
     - 2.1.2. Los beneficiarios de la pensión de invalidez no contributiva .. 51
     - 2.1.3. La compatibilidad con el ejercicio de actividades 51

2.1.4. Extinción ... 52
2.2. La prestación no contributiva de jubilación ... 52
2.2.1. Introducción ... 52
2.2.2. Beneficiarios de la pensión de jubilación no contributiva ... 53
2.2.3. Extinción ... 53
2.3. Disposiciones comunes ... 54
2.3.1. Acreditación de los requisitos de residencia y carencia de rentas ... 54
A) Residencia en territorio nacional ... 54
B) Carencia de rentas o ingresos ... 54
2.3.2. La cuantía de la pensión ... 55
2.3.3. La dinámica del derecho a las pensiones no contributivas ... 57
2.3.4. El régimen de incompatibilidades con otras prestaciones ... 58
2.3.5. La gestión de las pensiones no contributivas ... 59
3. LAS PRESTACIONES FAMILIARES NO CONTRIBUTIVAS ... 59
3.1. La asignación económica por hijo o menor a cargo ... 60
3.1.1. Sujetos causantes ... 61
3.1.2. Beneficiarios ... 63
3.1.3. Contenido de la prestación ... 65
3.1.4. Dinámica del derecho ... 65
3.2. Prestación económica de pago único por nacimiento o adopción en supuestos de familias numerosas o monoparentales y de madres o padres con discapacidad ... 66
3.2.1. Sujetos causantes ... 66
3.2.2. Beneficiarios ... 67
3.2.3. Contenido de la prestación ... 67
3.3. Prestación económica de pago único por parto o adopción múltiples 68
3.3.1. Sujetos causantes ... 68
3.3.2. Beneficiarios ... 68
3.3.3. Contenido de la prestación ... 68
3.3. Disposiciones comunes ... 69
3.3.1. Régimen de incompatibilidades de las prestaciones familiares ... 69
3.3.2. Gestión de las prestaciones familiares no contributivas ... 69
4. EL INGRESO MÍNIMO VITAL ... 69
4.1. Objetivos perseguidos con la creación del IMV ... 70
4.2. Ámbito subjetivo del IMV ... 71
A) Personas beneficiarias del IMV ... 71
B) Personas titulares del IMV ... 74
4.3. Requisitos de acceso al IMV ... 74
4.4. La incentivación del trabajo en la LIMV ... 78
4.4.1. La compatibilidad del IMV con las rentas del trabajo o de actividades económicas por cuenta propia ... 79
4.4.2. La creación del Sello de Inclusión Social ... 81
4.5. Cuantía de la prestación ... 84
4.6. Dinámica de la prestación ... 88
4.6.1. Solicitud y duración del derecho ... 88

4.6.2. Obligaciones de los beneficiarios 90
4.6.3. Causas de suspensión del derecho 91
4.6.4. Causas de extinción del derecho 93
4.7. Régimen de incompatibilidades con otras prestaciones 94
4.8. Régimen sancionador específico 94
4.9. Gestión del IMV 98

Lección 3

El régimen especial de trabajadores por cuenta propia o autónomos

MANUEL ALEGRE NUENO

1. ÁMBITO SUBJETIVO Y ESTRUCTURA 101
1.1. Colectivos integrados en el RETA 104
1.2. Colectivos que pueden integrarse en el RETA 106
1.3. El sistema especial de los trabajadores agrarios por cuenta propia (SETA) 108
2. LOS ACTOS DE ENCUADRAMIENTO 109
2.1. La solicitud de alta y variación de datos 109
2.1.1. Alta en el sistema especial de trabajadores por cuenta propia agrarios 112
2.1.2. Situaciones asimiladas al alta 113
2.2. La solicitud de baja 114
3. COTIZACIÓN Y RECAUDACIÓN 115
3.1. Sujeto obligado y responsable 115
3.2. Dinámica de la obligación de cotizar: nacimiento, duración y extinción 115
3.3. Elementos de la cotización: bases y tipos 117
3.3.1. Las bases de cotización 117
3.3.2. Tipos de cotización 123
3.4. Bonificaciones, exenciones y reducciones en la cotización 124
3.5. Liquidación, recaudación y devolución de cuotas 131
4. ACCIÓN PROTECTORA 133
4.1. Las contingencias protegidas 133
4.2. Alcance de la acción protectora: prestaciones 136
4.3. Requisitos para causar derecho a las prestaciones 137
4.4. La protección de la incapacidad temporal 140
4.5. Nacimiento y cuidado del menor 144
4.6. Subsidio por corresponsabilidad en el cuidado del lactante 145
4.7. Riesgo durante el embarazo y durante la lactancia natural 146
4.8. Cuidado de menores afectados por cáncer u otras enfermedades graves 148
4.9. Las pensiones por incapacidad permanente 149
4.9.1. Incapacidad permanente parcial para la profesión habitual 150
4.9.2. Incapacidad permanente total para la profesión habitual 151
4.10. Lesiones permanentes no incapacitantes 152
4.11. La pensión de jubilación 152
4.12. Las prestaciones por muerte y supervivencia 157

4.13. Las prestaciones familiares ... 158
4.14. Protección por cese de la actividad ... 158
4.14.1. Contenido de la protección ... 158
4.14.2. Requisitos de acceso ... 161
4.14.3. Situación protegida. El cese de actividad ... 162
A) Generales ... 162
B) Específicas ... 166
4.14.4. Solicitud y nacimiento del derecho ... 172
4.14.5. Duración ... 173
4.14.6. Suspensión de la prestación ... 174
4.14.7. Extinción de la prestación ... 175
4.14.8. Incompatibilidades ... 176
4.14.9. La relación entre las prestaciones por cese de actividad, incapacidad temporal y nacimiento y cuidado del menor ... 177
4.14.10. El pago único de la prestación por cese en la actividad ... 178
4.14.11. Reintegro de la prestación indebidamente percibida ... 179
4.15. Prestación para la sostenibilidad de la actividad de las personas trabajadoras autónomas de un sector de actividad afectado por el Mecanismo RED de Flexibilidad y Estabilización del Empleo en su modalidad cíclica ... 180
4.15.1. Requisitos de acceso ... 181
4.15.2. Contenido de la protección ... 183
4.15.3. Solicitud y nacimiento ... 183
4.15.4. Duración ... 184
4.15.5. Obligaciones de los beneficiarios ... 185
4.15.6. Suspensión de la prestación ... 185
4.15.7. Extinción de la prestación ... 186
4.15.8. Incompatibilidades ... 186
4.16. Prestación para la sostenibilidad de la actividad de las personas trabajadoras autónomas de un sector de actividad afectado por el Mecanismo RED de Flexibilidad y Estabilización del Empleo en su modalidad sectorial ... 187
4.16.1. Requisitos de acceso ... 188
4.16.2. Contenido de la protección ... 190
4.16.3. Solicitud y nacimiento ... 191
4.16.4. Obligaciones de los beneficiarios ... 192
4.16.5. Incompatibilidades ... 193

Lección 4
Sistemas especiales del régimen general y otros regímenes especiales

Carmen Tatay Puchades
María José Aradilla Marqués
Adoración Guamán Hernández

1. SISTEMAS ESPECIALES DEL RÉGIMEN GENERAL ... 195
1.1. Introducción: las distintas peculiaridades del Régimen General ... 195
1.2. Sistemas especiales que proceden del pasado ... 196

1.2.1. Sistema especial para la industria resinera 201
1.2.2. Sistema especial para servicios extraordinarios de hostelería, cafés, bares y semejantes 202
1.2.3. Sistema especial para las tareas de manipulado y empaquetado de tomate fresco realizadas por cosecheros exportadores 203
1.2.4. Sistema especial para trabajadores fijos discontinuos que prestan sus servicios en las empresas de exhibición cinematográfica, salas de baile, discotecas y salas de fiestas 204
1.2.5. Sistema especial para los trabajadores fijos discontinuos que prestan servicios de estudio de mercado y opinión pública 206
1.2.6. Sistemas especiales de frutas y hortalizas e industria de conservas vegetales 208
1.3. Sistemas especiales procedentes de extintos regímenes especiales 211
1.3.1. Sistema especial para los empleados de hogar 212
A) Campo de aplicación 213
B) Inscripción/afiliación/altas y bajas de trabajadores 214
C) Cotización 215
D) Acción protectora 219
1.3.2. Sistema especial para los trabajadores por cuenta ajena agrarios 222
A) Campo de aplicación 223
B) Actos de encuadramiento 225
C) Cotización 226
D) Acción protectora 230
2. RÉGIMEN ESPECIAL TRABAJADORES DEL MAR 233
2.1. Campo de aplicación 234
2.2. Actos de encuadramiento 236
2.3. Cotización y recaudación 237
2.4. Acción protectora 242
3. RÉGIMEN ESPECIAL DE LA MINERÍA DEL CARBÓN 246
3.1. Campo de aplicación 247
3.2. Actos de encuadramiento 249
3.3. Cotización 250
3.4. Acción protectora 253
3.4.1. La incapacidad permanente 254
3.4.2. La jubilación 255
4. RÉGIMEN ESPECIAL DE ESTUDIANTES (SEGURO ESCOLAR OBLIGATORIO) 256
4.1. Campo de aplicación 257
4.2. Actos de encuadramiento y cotización 258
4.3. Acción protectora 259

Lección 5
Regímenes especiales de Seguridad Social de los funcionarios públicos
AMPARO ESTEVE SEGARRA

1. INTRODUCCIÓN 263
   1.1. Los antecedentes históricos y la integración de los funcionarios en el sistema de Seguridad Social 264
   1.2. Estructura de los Regímenes Especiales de Funcionarios Públicos 265
   1.3. El ámbito personal: el crecimiento del Régimen General en detrimento de los Regímenes Especiales de Funcionarios 267
      1.3.1. La reducción del ámbito subjetivo de los regímenes de funcionarios 267
      1.3.2. La extinción futura del Régimen de Clases Pasivas 269
2. MUTUALISMO ADMINISTRATIVO 270
   2.1. Campo de aplicación 270
      2.1.1. Sujetos incluidos y excluidos en el RE de Funcionarios Civiles del Estado 270
      2.1.2. Sujetos incluidos y excluidos en el RE del Personal al Servicio de la Administración de Justicia 271
      2.1.3. Sujetos incluidos y excluidos en el RE de Funcionarios de las Fuerzas Armadas 272
      2.1.4. Beneficiarios 273
   2.2. Gestión 275
   2.3. Actos de encuadramiento 275
      2.3.1. Incorporación inicial a la mutualidad 275
      2.3.2. Cambio de cuerpo o afiliación a más de un régimen de Seguridad Social 277
   2.4. Cotización y financiación 278
      2.4.1. Cálculo y dinámica de la cotización 278
      2.4.2. Prescripción y devolución de cuotas 280
   2.5. Acción protectora 280
      2.5.1. Contingencias protegidas 280
      2.5.2. Prestaciones 280
      2.5.3. Asistencia sanitaria 282
      2.5.4. Incapacidad temporal 284
      2.5.5. Riesgo durante el embarazo y riesgo durante la lactancia natural 286
      2.5.6. Incapacidad permanente 287
      2.5.7. Prestaciones familiares 290
      2.5.8. Servicios sociales y asistencia social 290
3. RÉGIMEN DE CLASES PASIVAS 291
   3.1. Regulación y fines 291
   3.2. Gestión, cotización y financiación 292
   3.3. Incompatibilidades 293
   3.4. Pensiones ordinarias 294
      3.4.1. Jubilación 294
         A) Jubilación forzosa 294

B) Jubilación por incapacidad permanente 296
C) Jubilación voluntaria 298
D) Prórroga de servicios activos 299
E) Carencia 300
F) Cuantía 301
G) Incompatibilidades 302
3.4.2. Muerte y supervivencia 303
A) Viudedad 304
B) Orfandad 305
C) Pensiones a favor de los padres 307
3.5. Pensiones extraordinarias 307

Lección 6
Dependencia

Remedios Roqueta Buj

1. EL SISTEMA PARA LA AUTONOMÍA Y ATENCIÓN A LA DEPENDENCIA 313
1.1. Principios y objetivos 313
1.2. Niveles de protección 315
1.3. Régimen de distribución de competencias en materia de dependencia 317
1.3.1. Estado 317
1.3.2. Comunidades Autónomas 319
1.3.3. Entidades Locales 321
1.4. Coordinación y cooperación entre las Administraciones Públicas 321
1.4.1. El Consejo Territorial de Servicios Sociales y del Sistema para la Autonomía y Atención a la Dependencia 321
1.4.2. Los convenios de cooperación entre la Administración General del Estado y las Comunidades Autónomas 322
1.5. Los órganos consultivos del Sistema para la Autonomía y Atención a la Dependencia 322
1.6. La red de servicios del Sistema para la Autonomía y Atención a la Dependencia 323
2. LA DEPENDENCIA Y SU VALORACIÓN 324
2.1. La dependencia 324
2.1.1. Concepto de dependencia 324
2.1.2. Los grados de dependencia 325
2.2. La valoración de la situación de dependencia 327
2.2.1. El baremo para la valoración del grado de dependencia 327
2.2.2. Órganos competentes para valorar la situación de dependencia 328
2.2.3. Órganos y procedimiento para el reconocimiento de la situación de dependencia y del derecho a las prestaciones del sistema 329
2.2.4. Fecha de efectividad del derecho a los servicios y/o prestaciones de atención a la dependencia 332

2.2.5. La revisión del grado de dependencia y de la prestación reconocida 335
3. LOS BENEFICIARIOS DE LOS SERVICIOS Y PRESTACIONES 336
3.1. Requisitos generales 336
3.2. Requisitos específicos: extranjeros 336
3.3. Las medidas de protección a favor de los españoles no residentes en España y de los emigrantes retornados 337
4. PRESTACIONES Y CATÁLOGO DE SERVICIOS 338
4.1. Tipos de prestaciones: los servicios y las prestaciones económicas 338
4.2. Los servicios 338
4.3. Las prestaciones económicas 341
4.3. El régimen de incompatibilidad de las prestaciones 345
5. FINANCIACIÓN DEL SISTEMA Y APORTACIÓN DE LOS BENEFICIARIOS 346
5.1. La financiación del Sistema para la Autonomía y Atención a la Dependencia por las Administraciones Públicas 346
5.2. La participación de los beneficiarios en el coste de los servicios 349

Lección 7

Infracciones y responsabilidades en materia de Seguridad Social

María Amparo García Rubio

1. LOS INCUMPLIMIENTOS EN MATERIA DE SEGURIDAD SOCIAL: SU DOBLE PROYECCIÓN EN EL ÁMBITO PENAL Y ADMINISTRATIVO 351
1.1. Responsabilidad en el orden penal 351
1.1.1. Delitos "contra la Seguridad Social" 352
1.1.2. Delitos "contra los derechos de los trabajadores" 354
1.2. Responsabilidad en el ámbito administrativo 355
2. INFRACCIONES Y RESPONSABILIDADES ADMINISTRATIVAS EN MATERIA DE SEGURIDAD SOCIAL 356
2.1. Principios materiales de Derecho Administrativo Sancionador 356
2.2. Concepto de infracción administrativa de Seguridad Social 358
2.3. Tipificación de infracciones administrativas 359
2.3.1. Infracciones de empresarios, entidades dedicadas a la formación, trabajadores por cuenta propia y asimilados 360
A) Infracciones leves 360
B) Infracciones graves 360
C) Infracciones muy graves 361
2.3.2. Infracciones de trabajadores o asimilados, beneficiarios y solicitantes de prestaciones 362
A) Infracciones leves 362
B) Infracciones graves 363
C) Infracciones muy graves 363
2.3.3. Infracciones de las Mutuas Colaboradoras con la Seguridad Social (MCSS) 364
A) Infracciones leves 364
B) Infracciones graves 364

C) Infracciones muy graves 364
2.3.4. Infracciones de las empresas que colaboran voluntariamente en la gestión 365
A) Infracciones leves 365
B) Infracciones graves 365
C) Infracciones muy graves 365
2.3.5. Infracciones de las mutualidades de previsión social 366
2.4. Prescripción de las infracciones de Seguridad Social 366
2.5. Sanciones y otras responsabilidades derivadas 366
2.5.1. Sanciones a empresarios o asimilados 367
A) Multas 367
B) Sanciones accesorias y otras consecuencias 371
C) Compatibilidad con otras responsabilidades 372
2.5.2. Sanciones a solicitantes y beneficiarios de la Seguridad Social 373
3. LA ACTUACIÓN INSPECTORA 375
3.1. Funciones de la Inspección en materia de Seguridad Social 375
3.2. Cuerpos funcionariales de la Inspección con cometidos sobre Seguridad Social 376
3.3. Desarrollo de la actividad inspectora 377
3.4. Resultado de la actividad inspectora y medidas a adoptar 379
3.4.1. Medidas preventivas: en especial, los requerimientos de pago de cuotas 380
3.4.2. Las actas de la Inspección de Trabajo y Seguridad Social 381
4. ACTAS DE INFRACCIÓN Y PROCEDIMIENTO ADMINISTRATIVO SANCIONADOR 382
4.1. Procedimiento sancionador general 382
4.1.1. Inicio: las actas de infracción y su contenido 382
4.1.2. Instrucción 384
4.1.3. Finalización del expediente sancionador 388
4.1.4. Recursos y ejecución de las resoluciones sancionadoras 389
4.2. Especialidades en el procedimiento de imposición de sanciones a trabajadores, solicitantes y beneficiarios de prestaciones 391
4.2.1. Procedimiento sancionador por infracciones leves y graves en materia de prestaciones 391
4.2.2. Procedimiento sancionador por infracciones muy graves en materia de prestaciones 392
4.2.3. Procedimiento sancionador para trabajadores autónomos solicitantes o beneficiarios de la prestación por cese de actividad 392
5. ACTAS DE LIQUIDACIÓN Y PROCEDIMIENTO ADMINISTRATIVO LIQUIDATORIO 393
5.1. Objeto de las actas de liquidación 393
5.2. Contenido de las actas de liquidación 394
5.3. Procedimiento 395
6. ACTAS DE INFRACCIÓN Y DE LIQUIDACIÓN POR LOS MISMOS HECHOS: PECULIARIDADES PROCEDIMENTALES 397

Lección 8
Reclamaciones judiciales en materia de Seguridad Social
Guillermo E. Rodríguez Pastor

1. SEGURIDAD SOCIAL E INTERMEDIACIÓN LABORAL. EL PROCESO LABORAL. COMPETENCIA Y ÓRGANOS DEL ORDEN SOCIAL 399
   1.1. Reclamaciones judiciales y materias de Seguridad Social 399
   1.2. Cuestiones en materia de Seguridad Social atribuidas al orden social. 400
   1.3. Materias de Seguridad Social que corresponden al orden contencioso-administrativo 403
2. LA MODALIDAD PROCESAL DE LA SEGURIDAD SOCIAL 405
   2.1. La modalidad procesal de las prestaciones de Seguridad Social: concepto 405
   2.2. La modalidad procesal de las prestaciones de Seguridad Social: delimitación de su objeto 406
   2.3. La exigencia de actos previos: reclamación previa o agotamiento de la vía administrativa 408
   2.4. Reglas sobre la tramitación general del litigio 413
      2.4.1. Reglas sobre competencia 413
      2.4.2. Reglas sobre remisión del expediente administrativo 414
      2.4.3. Reglas específicas para las reclamaciones en materia de AT y EP 415
      2.4.4. Posibilidad de personación de los organismos gestores y otras entidades de la Seguridad Social 416
   2.5. Reglas en materia de demanda y en la legitimación 417
   2.6. Las alegaciones en el juicio oral 418
   2.7. Reglas probatorias 418
   2.8. Reglas en materia de sentencia y en materia de recursos 420
   2.9. Ejecución definitiva y ejecución provisional 421
      2.9.1. Reglas sobre ejecución definitiva 421
      2.9.2. Reglas sobre ejecución provisional 422
3. ESPECIALIDADES EN LOS PROCESOS DE IMPUGNACIÓN DE ALTAS MÉDICAS 423
4. LOS LITIGIOS SOBRE LA REVISIÓN DE LOS ACTOS DECLARATIVOS DE DERECHOS EN PERJUICIO DE LOS BENEFICIARIOS 424
5. LOS LITIGIOS INICIADOS MEDIANTE DEMANDA POR LA ENTIDAD GESTORA DE LAS PRESTACIONES DE DESEMPLEO POR REITERACIÓN FRAUDULENTA EN LA CONTRATACIÓN TEMPORAL 426
6. LA IMPUGNACIÓN DE ACTOS ADMINISTRATIVOS NO PRESTACIONALES EN MATERIA DE SEGURIDAD SOCIAL 428
   6.1. Normas aplicables en la modalidad procesal 429
   6.2. Reglas que regulan la competencia de los órganos judiciales sociales en la materia 430
   6.3. Reglas concretas aplicables a los aspectos más relevantes de la tramitación en la instancia 430
   6.4. Reglas en materia de recursos 435
   6.5. Reglas en materia de ejecución 435

7. LA TRAMITACIÓN DE LOS LITIGIOS EN MATERIA DE SEGURIDAD SOCIAL ANTE EL ORDEN CONTENCIOSO-ADMINISTRATIVO 436
7.1. Normas aplicables en la tramitación ante el orden contencioso-administrativo 437
7.2. Reglas que regulan la competencia de los órganos judiciales contencioso-administrativos en la materia 438
7.3. Reglas concretas aplicables a los aspectos más relevantes de la tramitación en la instancia 439
7.3.1. Los procedimientos aplicables en la materia 439
7.3.2. Las reglas esenciales de tramitación por el proceso ordinario en primera o única instancia 440
7.4. Reglas en materia de recursos 442
7.5. Reglas en materia de ejecución 443

Bibliografía 445

Abreviaturas

AA. VV.:	Autores Varios.
AGE:	Administración General del Estado.
AL:	Actualidad Laboral.
AT:	Accidente de Trabajo.
Apdo (s):	apartado (s).
BOE:	Boletín Oficial del Estado.
BR:	Base Reguladora.
CACS:	Comisión Administrativa de Coordinación de los Sistemas de Seguridad Social.
Cc:	Código Civil.
CCAA:	Comunidades Autónomas.
CDFUE:	Carta de los Derechos Fundamentales de la Unión Europea.
CDSFT:	Carta Comunitaria de los Derechos Sociales Fundamentales de los Trabajadores, de 1989.
CE:	Constitución Española.
CGPJ:	Consejo General del Poder Judicial.
CSE (1961):	Carta Social Europea firmada en Turín el 18 de octubre de 1961.
CTSAAD:	Consejo Territorial del SAAD.
D.:	Decreto.
DA:	Disposición Adicional.
DD:	Disposición Derogatoria.
DF:	Disposición Final.
DGOSS:	Dirección General de Ordenación de la Seguridad Social.
DO:	Diario Oficial de la Unión Europea.
DREMC:	Decreto 298/1973, de 8 de febrero, sobre actualización del Régimen Especial de la Seguridad Social para la Minería del Carbón.
DT:	Disposición Transitoria.
EC:	Entidad Colaboradora.
EEE:	Espacio económico europeo.
EG:	Entidad Gestora.
EM/EEMM:	Estado Miembro/Estados Miembros.
EP:	Enfermedad Profesional.
ERTE:	Expediente de Regulación Temporal de Empleo
ET:	RDLeg. 2/2015, de 23 octubre, por el que se aprueba el TR de la Ley del Estatuto de los Trabajadores.

EP: Enfermedad Profesional.

FOGASA: Fondo de Garantía Salarial.

IMSERSO: Instituto de Mayores y Servicios Sociales.

INGESA: Instituto Nacional de Gestión Sanitaria.

INSS: Instituto Nacional de la Seguridad Social.

IP: Invalidez Permanente.

IPC: Índice de precios al consumo.

IPREM: Indicador público de renta de efectos múltiples.

ISFAS: Instituto Social de las Fuerzas Armadas.

ISM: Instituto Social de la Marina.

IT: Incapacidad Temporal.

ITSS: Inspección de Trabajo y Seguridad Social.

LAAD: Ley 39/2006, de 14 de diciembre, de Promoción de la Autonomía y Atención a las personas en situación de dependencia.

LAAM: Ley 27/2011, de 1 de agosto, sobre actualización, adecuación y modernización del sistema de Seguridad Social.

LBSS: Ley 193/1963, de 28 diciembre, de Bases de la Seguridad Social.

LE: Ley 3/2023, de 28 de febrero, de Empleo

LEBEP: TR de la Ley del Estatuto Básico del Empleado Público, aprobado por RDLeg. 5/2015, de 30 octubre.

LEC: Ley 1/2000, de 7 de enero, de Enjuiciamiento Civil.

LETA: Ley 20/2007, de 11 de julio, del Estatuto del trabajo autónomo.

LC: Ley 22/2003, de 9 de julio, Concursal.

LCS: Ley 50/1980, de 8 de octubre, del Contrato de seguro.

LCSP: Ley 9/2017, de 8 de noviembre, de Contratos del Sector Público.

LGC: Ley 3/1987, de 2 de abril, General de Cooperativas.

LGP: Ley 47/2003, de, 26 de noviembre, General Presupuestaria.

LGSP: Ley 33/2011, de 4 de octubre, General de Salud Pública.

LGSS: RDLeg. 8/2015, de 30 de octubre, por el que se aprueba el TR de la Ley General de la Seguridad Social.

LSS/1966: Texto articulado primero de la Ley 193/1963, de 28 de diciembre, sobre Bases de la Seguridad Social, aprobado por Decreto 907/1966, de 21 de abril.

LGSS/1974: TR de la Ley General de la Seguridad Social, aprobado por Decreto 2065/1974, de 30 de mayo.

LGSS/1994: RDLeg. 1/1994, de 20 de junio, por el que se aprueba el TR de la Ley General de la Seguridad Social.

LIMV: Ley 19/2021, de 20 diciembre, por la que se establece el ingreso mínimo vital.

LIRPF: Ley 35/2006, de 28 de noviembre, del Impuesto sobre la Renta de las Personas Físicas.

LISOS: Ley Sobre Infracciones y Sanciones de Orden Social (TR aprobado por RDLeg. 5/2000, de 4 de agosto).

LIT: Ley 23/2015, de 21 de julio, Ordenadora del Sistema de Inspección de Trabajo y Seguridad Social.

LJCA: Ley 29/1998, de 13 de julio, Reguladora de la Jurisdicción Contencioso-Administrativa.

LJS: Ley 36/2011, de 10 de octubre, Reguladora de la Jurisdicción social.

LOE: Ley Orgánica 4/2000, de 11 enero, de derechos y libertades de los extranjeros en España y su integración social.

LOI: Ley Orgánica 3/2007, de 22 de marzo, para la igualdad efectiva de mujeres y hombres.

LOMPICVG: Ley Orgánica 1/2004, 28 diciembre, de medidas de protección integral contra la violencia de género.

LOPJ: Ley Orgánica 6/1985, de 1 de julio, del Poder Judicial.

LOSSP: RDLeg. 6/2004, de 29 de octubre, por el que se aprueba el TR de la Ley de Ordenación y Supervisión de los Seguros Privados.

LOTC: Ley Orgánica 2/1979, de 2 de octubre, del Tribunal Constitucional.

LPAC: Ley 39/2015, de 1 octubre, del Procedimiento Administrativo Común de las Administraciones Públicas.

LPFP: RDLeg. 1/2002, de 29 de noviembre, por el que se aprueba el Texto Refundido de la Ley de Regulación de los Planes y Fondos de Pensiones.

LPGE: Ley de Presupuestos Generales del Estado.

LPRL: Ley 31/1995, de 8 de noviembre, de Prevención de Riesgos Laborales.

LRJSP: Ley 40/2015, de 1 de octubre, de Régimen Jurídico del Sector Público.

LSE: Ley de 17 de julio de 1953, por la que se establece el Seguro Escolar Obligatorio.

MCSS: Mutua Colaboradora con la Seguridad Social.

MEI: Mecanismo de Equidad Intergeneracional

MESS: Ministerio de Empleo y Seguridad Social.

MISSM: Ministerio Inclusión, Seguridad Social y Migraciones.

MTMSS: Ministerio de Trabajo, Migraciones y Seguridad Social.

MUFACE: Mutualidad General de Funcionarios Civiles del Estado.

MUGEJU: Mutualidad General Judicial.

OCE: Orden de 25 de noviembre de 1966, por la que se regula la colaboración de las empresas en la gestión del Régimen General de la Seguridad Social.

OM: Orden Ministerial.

OREMC: Orden de 3 de abril de 1973, que desarrolla el DREMC.

O.TAS:	Orden del Ministerio de Trabajo y Asuntos Sociales.
O.TIN:	Orden del Ministerio de Trabajo e Inmigración.
PGE:	Presupuestos Generales del Estado.
PIA:	Programa Individual de Atención.
RAI:	Renta activa de inserción.
RCP:	Régimen de Clases Pasivas.
RD:	Real Decreto.
RDA:	RD 84/1996, de 26 de enero, por el que se aprueba el Reglamento General sobre inscripción de empresas y afiliación, altas, bajas y variaciones de datos de trabajadores en la Seguridad Social.
Rec.:	Recurso número.
RESSFP:	Regímenes Especiales de Seguridad Social de los funcionarios públicos.
RDL:	Real Decreto-Ley.
RDGOSS:	Resolución de la Dirección General de Ordenación de la Seguridad Social.
Res.:	Resolución.
RDLeg.:	Real Decreto Legislativo.
RDS:	Revista de Derecho Social.
REA:	Régimen Especial Agrario.
Rec:	Recurso.
Recud:	Recurso para la unificación de doctrina.
REEH:	Régimen Especial de Empleados de Hogar.
REFA:	Régimen Especial de las Fuerza Armadas.
REFCE:	Régimen Especial de Funcionarios Civiles del Estado.
REMC:	Régimen Especial de la Seguridad Social para la minería y el carbón.
REPAJ:	Régimen Especial del Personal al Servicio de la Administración de Justicia.
RETA:	Régimen Especial de Trabajadores por Cuenta Propia o Autónomos.
RG:	Régimen General.
RGCL:	RD 2064/1995, de 22 de diciembre, por el que se aprueba el Reglamento General sobre Cotización y Liquidación de otros derechos de la Seguridad Social.
RGMA:	Reglamento General del Mutualismo Administrativo (RD 375/2003, de 28 de marzo).
RGR:	RD1415/2004, de 11 de junio, por el que se aprueba el Reglamento General de Recaudación.
RGSSFA:	RD 1726/2007, de 21 de diciembre por el que se aprueba el Reglamento General de la Seguridad Social de las Fuerzas Armadas.

RICP: RD 1588/1999, de 15 de octubre, por el que se aprueba el Reglamento sobre la instrumentación de los compromisos por pensiones de las empresas con los trabajadores y beneficiarios.

RMATEPSS: RD 1993/1995, de 7 de diciembre, de colaboración de las Mutuas de Accidentes de Trabajo y Enfermedades Profesionales de la Seguridad Social.

RMJ: RD 1026/2011, de 15 de julio, que aprueba el Reglamento del Mutualismo Judicial.

RPD: RD 625/1985, de 2 de abril, por el que se desarrolla la Ley 31/1984, de 2 de agosto, de Protección por Desempleo.

RPFP: RD 304/2004, de 20 de febrero, por el que se aprueba el Reglamento de planes y fondos de pensiones.

RPIS: RD 928/1998, de 14 de mayo, por el que se aprueba el Reglamento General sobre procedimientos para la imposición de sanciones por infracciones de orden social y para los expedientes liquidatorios de cuotas a la Seguridad Social.

RSGSS: Resolución de la Secretaría General de la Seguridad Social.

RTGSS: Resolución de la Tesorería General de la Seguridad Social.

RTM: Régimen Especial de Trabajadores del Mar.

RTSS: Revista de Trabajo y Seguridad Social.

SAAD: Sistema para la Autonomía y Atención a la Dependencia.

S(SS): Sentencia(s).

SE: Seguro Escolar.

SEARG: Sistema especial agrario para trabajadores por cuenta ajena, del Régimen General.

SEPE: Servicio Público de Empleo Estatal (Antes INEM).

SESS: Secretaría de Estado de la Seguridad Social.

SESSP: Secretaría de Estado de Seguridad Social y Pensiones.

SETA: Sistema Especial de Trabajadores por Cuenta Propia Agrarios.

SMI: Salario Mínimo Interprofesional.

SNS: Sistema Nacional de Salud.

STC: Sentencia del Tribunal Constitucional.

STJUE: Sentencia del Tribunal de Justicia de la Unión Europea.

STS: Sentencia del Tribunal Supremo.

STSJ: Sentencia del Tribunal Superior de Justicia.

TFUE: Tratado de Funcionamiento de la Unión Europea.

TGSS: Tesorería General de la Seguridad Social.

TJUE: Tribunal de Justicia de la Unión Europea.

TL: Temas Laborales.

Tol: Tirant on line.

TRADE: Trabajador autónomo económicamente dependiente.

TRLCPE: RDLeg. 670/1987, de 30 de abril, por el que se aprueba el TR de la Ley de Clases Pasivas del Estado.

TRLE: TR de la Ley de Empleo, aprobado por RDLeg. 3/2015, de 2 octubre.

TRLMS: TR de la Ley de Garantías y Uso Racional de los Medicamentos y Productos Sanitarios, aprobado por RDLeg. 1/2015, de 24 de julio.

TRLSSFA: RDLeg. 1/2000, de 9 de junio, por el que se aprueba el TR de la LGSS de las Fuerzas Armadas.

TRSSFCE: RDLeg. 4/2000, de 23 de junio, que aprueba el TR de la Ley sobre Seguridad Social de los Funcionarios Civiles del Estado.

TRLSSAJ: RDLeg. 3/2000, de 23 de junio, por el que se aprueba el TR sobre disposiciones legales vigentes sobre el Régimen Especial de la Seguridad Social del personal al servicio de la Administración de Justicia.

TS: Tribuna Social.

TUE: Tratado de la Unión Europea.

Nota a la decimotercera edición

Desde la cuarta y hasta la decimosegunda ediciones el Derecho de la Seguridad Social solo los temas más comunes en la docencia se publicaron en papel. En la presente edición todas las lecciones se publican en papel, pero en dos volúmenes diferentes para facilitar su manejo. El primer volumen mantiene un contenido similar al de las anteriores ediciones en papel, aunque se transfieren al volumen segundo las lecciones de asistencia sanitaria e IMV, que conforman su contenido junto a los temas que antes solo se recogían en la versión digital: RETA, Sistemas especiales y otros RR.EE., Regímenes E. de Funcionarios, Dependencia, infracciones y sanciones y reclamaciones judiciales en materia de Seguridad Social.

Lección 1
La asistencia sanitaria

EVA LÓPEZ TERRADA
Catedrática de Derecho del Trabajo y de la Seguridad Social
Universitat de València

1. LA NORMATIVA APLICABLE

La CE reconoce de manera expresa, aunque dentro de los principios rectores de la política social y económica, el derecho a la protección de la salud (artículo 43.1 CE) y declara la competencia de los poderes públicos para "organizar y tutelar la salud pública a través de medidas preventivas y de las prestaciones y servicios necesarios" (artículo 43.2 CE). Ello explica que la pretensión de universalidad acogida por el artículo 43 CE en cuanto al acceso al sistema de salud pública se haya ido articulando en nuestro país de acuerdo con las previsiones legales existentes en cada momento (STC 139/2016, de 21 de julio), a través de un proceso progresivo de universalización del derecho a la asistencia sanitaria —y de paralela desvinculación entre la asistencia sanitaria y la Seguridad Social— que ha culminado con la entrada en vigor del Real Decreto-Ley 7/2018, de 27 de julio. De esta forma, en la actualidad, el derecho a la asistencia sanitaria es un derecho universal independiente de la posesión de un título vinculado a la Seguridad Social y, como se verá, exclusivamente asociado a la residencia.

Por lo que a la asistencia sanitaria respecta, la CE efectúa, además, un reparto competencial específico en virtud del cual el Estado tiene la competencia exclusiva en materia de sanidad exterior, bases y coordinación general de la sanidad, y legislación sobre productos farmacéuticos (artículo 149.1.16ª CE); mientras que las Comunidades Autónomas pueden asumir competencias en materia de seguridad e higiene (artículo 148.1.21ª CE).

Estas previsiones constitucionales permiten comprender por qué el marco normativo aplicable a la asistencia sanitaria viene constituido tanto por un amplio y complejo conjunto regulador de carácter "básico" como por un igualmente extenso conjunto normativo que, al amparo del artículo 148.1.21ª y de sus Estatutos de Autonomía, han ido aprobando las Comunidades Autonómas.

Entre las principales normas que conforman la legislación "básica" en la materia cabría mencionar, en todo caso, las siguientes:

– La Ley 14/1986, de 25 de abril, General de Sanidad, que se planteó con el objeto de hacer efectivo el derecho a la protección de la salud del artículo 43.1 CE y organizó el Sistema Nacional de Salud. A día de hoy integran el Sistema Nacional de Salud tanto los servicios de salud de la Administración del Estado (a través del Instituto Nacional de Gestión Sanitaria) como los servicios de salud de las Comunidades Autónomas. Otros órganos incluidos en el Sistema Nacional de Salud son el Consejo Interterritorial del Sistema Nacional de Salud, el Instituto de Salud Carlos III, el Instituto de Información Sanitaria, la Agencia de calidad del Sistema Nacional de Salud, y el Observatorio de Salud (*vid.* Ley 16/2003, de 28 de mayo); el Consejo Asesor de Salud Pública, el Comité Consultivo del Consejo Interterritorial del Sistema Nacional de Salud y el Centro Estatal de Salud Pública (*vid.* Ley 33/2011, de 4 de octubre); y el Fondo de Garantía Asistencial (*vid.* Real Decreto-ley 16/2012, de 20 de abril).

- La Ley 16/2003, de 28 de mayo, de cohesión y calidad del Sistema Nacional de Salud, que establece acciones de coordinación y cooperación de las Administraciones públicas sanitarias, determina el ámbito subjetivo de protección y fija la cartera de servicios.
- La Ley 33/2011, de 4 de octubre, General de Salud Pública, que se refiere a los principios generales y las actuaciones de salud pública, los derechos y deberes de los ciudadanos y las obligaciones de la Administración, el personal profesional y de investigación, la gestión sanitaria o la sanidad exterior.
- La Ley 21/2001, de 27 de diciembre, en virtud de la cual se crea el Fondo de Cohesión Sanitaria, que ha quedado completada por el Real Decreto-ley 16/2012, de 20 de abril, que ha creado el Fondo de Garantía asistencial.
- La Ley 41/2002, de 14 de noviembre, ley básica reguladora de la autonomía del paciente y de derechos y obligaciones en materia de información y documentación clínica.
- La Ley 44/2003, de 21 de noviembre, de ordenación de las profesiones sanitarias, y la Ley 55/2003, de 16 de diciembre, del Estatuto Marco del personal estatutario de los Servicios de Salud.
- El Real Decreto legislativo 1/2015, de 24 de julio, que aprueba el texto refundido de la Ley de garantías y uso racional de los medicamentos y productos sanitarios.

Habrá que tener presente, por lo demás, la posible incidencia de los reglamentos comunitarios de coordinación en materia de Seguridad Social —Reglamento base 883/2004, de 29 de abril, Reglamento de aplicación 987/2009, de 16 de septiembre, y Reglamento 1231/2010, de 24 de noviembre, sobre nacionales de terceros Estados— especialmente a la hora de determinar el Estado miembro responsable de proporcionar asistencia sanitaria a los trabajadores migrantes, así como lo dispuesto por la Directiva 2011/24/UE, de 9 de marzo, sobre derechos de los pacientes en la asistencia sanitaria transfronteriza, que ha transpuesto para España el RD 81/2014, de 7 de febrero.

2. TITULARES DEL DERECHO

En aras a la consecución de la universalidad de la atención sanitaria, el modelo actualmente vigente desliga el acceso a las prestaciones sanitarias sufragadas con cargo a fondos públicos de la Seguridad Social y lo vincula, en principio, a la residencia en España. Así, se declaran titulares del derecho a la protección de la salud y a la atención sanitaria todas las personas con nacionalidad española y las personas extranjeras que tengan establecida su residencia en el territorio español (art. 3.1 Ley 16/2003). Para hacerlos efectivos, con cargo a los fondos públicos de las administraciones competentes, las personas titulares de los citados derechos deberán encontrarse en alguno de los siguientes supuestos (art. 3.2 Ley 16/2003):

a) Tener nacionalidad española y residencia habitual en el territorio español.

b) Tener reconocido su derecho a la asistencia sanitaria en España por cualquier otro título jurídico, aun no teniendo su residencia habitual en territorio español, siempre que no exista un tercero obligado al pago de dicha asistencia.

c) Ser persona extranjera y con residencia legal y habitual en el territorio español y no tener la obligación de acreditar la cobertura obligatoria de la prestación sanitaria por otra vía.

Se protege también, por tanto, a aquellas personas que, sin residir habitualmente en territorio español, tengan reconocido su derecho a la asistencia sanitaria en España por cualquier otro título jurídico. Ello sucedería, por ejemplo, con aquellas personas que bajo la acción protectora de la Seguridad Social tienen derecho a la asistencia sanitaria, o con los trabajadores y pensionistas a los que el Real Decreto 8/2008, de 11 de enero, por el que se regula la prestación por razón de necesidad a favor de los españoles residentes en el exterior y retornados, reconoce el derecho a la asistencia sanitaria.

La referencia a las personas extranjeras con residencia legal no excluye, por otra parte, como después se verá, la protección de las personas extranjeras sin residencia legal en territorio español (ver, *infra*, apartado 6).

Debe recordarse, además, que la protección de las personas con derecho a la asistencia sanitaria en España en aplicación de los reglamentos comunitarios de coordinación de sistemas de Seguridad Social o de los convenios bilaterales que comprendan la prestación de asistencia sanitaria, tendrán acceso a la misma, siempre que residan en territorio español o durante sus desplazamientos temporales a España, en la forma, extensión y condiciones establecidos en las disposiciones comunitarias o bilaterales indicadas (art. 3.1 Ley 16/2013).

Esta delimitación del ámbito subjetivo del derecho a la protección a la salud y a la atención sanitaria no modifica, por lo demás, el régimen de asistencia sanitaria de las personas titulares o beneficiarias de los regímenes especiales gestionados por la Mutualidad General de Funcionarios Civiles del Estado, la Mutualidad General Judicial y el Instituto Social de las Fuerzas Armadas, que mantendrán su régimen jurídico específico (art. 3.4 Ley 16/2003).

3. CONCEPTOS DE ASEGURADO Y BENEFICIARIO A DETERMINADOS EFECTOS

Desaparecidos de la delimitación del ámbito subjetivo del derecho a la asistencia sanitaria pública los conceptos de asegurado y beneficiario en que hasta ahora se fundamentaba, habrá que tener en cuenta que las referencias hechas en otras normas al concepto de asegurado a los efectos de la prestación de asistencia sanitaria se entenderán hechas a aquellas personas que se encuentren en alguno de los supuestos previstos en el artículo 3.2 de la Ley 16/2003 (Disposición final tercera Real Decreto-ley 7/2018, de 27 de julio).

A efectos de lo establecido en las normas internacionales de coordinación de los sistemas de Seguridad Social, y el texto refundido de la Ley de garantías y uso racional de los medicamentos y productos sanitarios, aprobado por Real Decreto Legislativo 1/2015, de 24 de julio, el concepto de asegurado también se entenderá realizado a aquellas personas que se encuentren en alguno de los supuestos previstos en el artículo 3.2 de la Ley 16/2003; mientras que, a estos mismos efectos, tendrán la condición de beneficiarios de las personas a las que se refiere el mencionado artículo 3.2 el cónyuge o persona con análoga relación de afectividad, que deberá acreditar la inscripción oficial correspondiente, así como los descendientes y personas asimiladas a cargo del mismo que sean menores de 26 años o que tengan una discapacidad en grado igual o superior al 65 %, siempre que cumplan todos los siguientes requisitos (Disposición adicional única Real Decreto-ley 7/2018, de 27 de julio):

a) Tengan su residencia legal y habitual en España, salvo que la misma no sea exigible en virtud de la norma internacional correspondiente, o que se trate de personas que se desplacen temporalmente a España y estén a cargo de trabajadores trasladados por su empresa fuera del territorio español en situación asimilada a la de alta en el correspondiente régimen de la Seguridad Social.

b) No se encuentren en alguno de los siguientes supuestos de los regímenes de la Seguridad Social:

1.º Ser trabajador por cuenta ajena o por cuenta propia, afiliado y en situación de alta o asimilada a la de alta.

2.º Ostentar la condición de pensionista de dichos regímenes en su modalidad contributiva.

3.º Ser perceptor de cualquier otra prestación periódica de dichos regímenes.

4. RECONOCIMIENTO DEL DERECHO

El reconocimiento y control del derecho a la protección de la salud y a la atención sanitaria con cargo a fondos públicos corresponderá al Ministerio de Sanidad, Consumo y Bienestar Social con la colaboración de las entidades y administraciones públicas imprescindibles para comprobar la concurrencia de los requisitos a los que se refiere el artículo 3.2 de la Ley 16/2003, en la forma en que se determine reglamentariamente (art. 3 bis 1 Ley 16/2003). No obstante, mientras dicho reglamento no entre en vigor, se mantendrán los procedimientos vigentes y las bases de datos existentes antes de la entrada en vigor del Real Decreto-ley 7/2018, de 27 de julio (Disposición transitoria segunda Real Decreto-ley 7/2018). Debe tenerse en cuenta, por tanto, que en dichos procedimientos se establecía que el reconocimiento del derecho correspondía al INSS o, en su caso, al Instituto

Social de la Marina y podía realizarse de oficio o previa solicitud del interesado (art. 4 y ss. RD 1192/2012 derogados por el Real Decreto-ley 7/2018).

Sin perjuicio de lo anterior, habrá que tener en cuenta que, al estar atribuida en exclusiva al Estado la competencia de sanidad exterior, corresponderá al INSS la gestión de los derechos de asistencia sanitaria derivados de las normas internacionales de coordinación de los sistemas de Seguridad Social, así como las demás funciones atribuidas por dichas normas a las instituciones competentes y organismos de enlace (artículo 3 bis 1 Ley 16/2003).

En todo caso, una vez reconocido el derecho, éste se hará efectivo por las administraciones sanitarias competentes, integradas por los servicios de salud de la Administración del Estado (INGESA) y de las Comunidades Autónomas, que facilitarán el acceso de los ciudadanos a las prestaciones de asistencia sanitaria mediante la expedición de la tarjeta sanitaria individual (art. 3 bis 2 Ley 16/2003).

En cuanto a la transmisión de datos, se dispone que los órganos competentes en materia de extranjería podrán comunicar al Ministerio de Sanidad, Consumo y Bienestar Social y a las entidades y administraciones públicas indispensables para comprobar la concurrencia de los requisitos del artículo 3.2 de la Ley 16/2003, sin contar con el consentimiento del interesado, los datos que resulten imprescindibles para realizar la comprobación necesaria del reconocimiento y control del derecho a la protección de la salud y a la atención sanitaria con cargo a fondos públicos. Del mismo modo, se prevé que el Ministerio de Sanidad, Consumo y Bienestar Social y las entidades y administraciones públicas mencionadas, podrán tratar los datos obrantes en los ficheros de las entidades gestoras, servicios comunes y órganos de las administraciones públicas competentes que resulten imprescindibles para verificar la concurrencia del reconocimiento y control del citado derecho. La mencionada cesión de estos datos tampoco precisará aquí del consentimiento del interesado. El Ministerio de Sanidad, Consumo y Bienestar Social y las entidades y administraciones públicas mencionadas tratarán en uno y otro caso la información con la finalidad de comunicar a las administraciones sanitarias competentes los datos necesarios para verificar en cada momento que se mantienen las condiciones y los requisitos exigidos para el reconocimiento del derecho a la protección de la salud y atención sanitaria con cargo a fondos públicos, sin precisar para ello del consentimiento del interesado. Cualquier modificación o variación que puedan comunicar el Ministerio de Sanidad, Consumo y Bienestar Social y las entidades y administraciones públicas mencionadas deberá surtir los efectos que procedan en la tarjeta sanitaria individual (art. 3 bis 3 Ley 16/2003).

5. SUSCRIPCIÓN DE CONVENIO ESPECIAL

Aquellas personas que de acuerdo con lo dispuesto en el artículo 3.2 de la Ley 16/2003 no tengan derecho a la asistencia sanitaria con cargo a fondos públicos, podrán obtener dicha prestación mediante el pago de la correspondiente contraprestación o cuota derivada de la suscripción de un convenio especial (artículo 3.3 Ley 16/2003).

Los convenios especiales de prestación de asistencia sanitaria suscritos por aquellas personas que, tras la entrada en vigor del Real Decreto-ley 7/2018, tengan derecho a recibir la asistencia sanitaria en territorio español con cargo a fondos públicos, mantendrán su vigencia hasta el último día del mes natural de entrada en vigor del mencionado Real Decreto-ley (Disposición transitoria primera Real Decreto-ley 7/2018).

6. ASISTENCIA SANITARIA PARA PERSONAS EXTRANJERAS SIN RESIDENCIA LEGAL

Según se ha adelantado, las personas extranjeras no registradas ni autorizadas como residentes en España tienen derecho a la protección de la salud y a la atención sanitaria en las mismas condiciones que las personas con nacionalidad española (art. 3 ter Ley 16/2003).

No obstante, como se considera necesario adoptar las necesarias cautelas dirigidas a no comprometer la sostenibilidad financiera del Sistema Nacional de Salud, se establecen criterios para evitar el uso inapropiado del derecho a la asistencia sanitaria. En este sentido, se prevé que la asistencia de las personas extranjeras sin residencia legal en territorio español será con cargo a los fondos públicos de las administraciones competentes siempre que dichas personas cumplan todos los siguientes requisitos (art. 3 ter. 2 Ley 16/2013):

a) No tener la obligación de acreditar la cobertura obligatoria de la prestación sanitaria por otra vía, en virtud de lo dispuesto en el derecho de la Unión Europea, los convenios bilaterales y demás normativa aplicable.

b) No poder exportar el derecho de cobertura sanitaria desde su país de origen o procedencia.

c) No existir un tercero obligado al pago.

Del mismo modo, se advierte que, en estos casos, no se genera un derecho a la cobertura de la asistencia sanitaria fuera del territorio español financiada con cargo a los fondos públicos de las administraciones competentes, sin perjuicio de lo dispuesto en las normas internacionales en materia de Seguridad Social aplicables.

Será necesario que las Comunidades Autónomas, en el ámbito de sus competencias, fijen el procedimiento para la solicitud y expedición del documento certificativo que acredite a las personas extranjeras para poder percibir esta prestación asistencial. Cuando dichas personas se encuentren en situación de estancia temporal de acuerdo con lo previsto en la Ley Orgánica 4/2000, de 11 de enero, sobre Derechos y Libertades de los Extranjeros en España y su Integración Social, será preceptiva la emisión de un informe previo favorable de los servicios sociales competentes de las Comunidades Autónomas. Estas, además, deberán comunicar al Ministerio de Sanidad, Consumo y Bienestar Social, mediante el procedimiento que se determine, los documentos certificativos que se expidan en aplicación de las anteriores previsiones (art. 3 ter 3 y 4 Ley 16/2003).

7. EL CONTENIDO DEL DERECHO

La ley considera prestaciones de atención sanitaria del Sistema Nacional de Salud los servicios o conjunto de servicios preventivos, diagnósticos, terapéuticos, rehabilitadores y de promoción y mantenimiento de la salud dirigidos a los ciudadanos. El catálogo de prestaciones del Sistema Nacional de Salud comprende las prestaciones correspondientes a salud pública, atención primaria, atención especializada, atención sociosanitaria, atención de urgencias, la prestación farmacéutica, la ortoprotésica, de productos dietéticos, de transporte sanitario y la prestación de ayuda para morir (art. 7.1 Ley 16/2003 y art. 13.1 LO 3/2021).

Las prestaciones incluidas en el catálogo se hacen efectivas a través de un conjunto de técnicas, tecnologías y procedimientos que integran la cartera de servicios. Por tales debe entenderse cada uno de los métodos, actividades y recursos basados en el conocimiento y experimentación científica, mediante los que se hacen efectivas las prestaciones sanitarias (art. 8 Ley 16/2003).

En realidad, la ley distingue la cartera de servicios común del Sistema Nacional de Salud de las carteras de servicios de las Comunidades Autónomas. La cartera de servicios común debe aprobarse por Real Decreto, previo informe del Consejo Interterritorial del Sistema Nacional de Salud y su actualización se efectúa por orden del Ministro de Sanidad, igualmente previo informe del Consejo Interterritorial (artículo 8 Ley 16/2003). Por su parte, las Comunidades Autónomas pueden incorporar en sus carteras de servicios una técnica, tecnología o procedimiento no contemplado en la cartera común de servicios del Sistema Nacional de Salud (art. 8 quinquies Ley 16/2003).

7.1. La cartera común de servicios del Sistema Nacional de Salud

La cartera común de servicios del Sistema Nacional de Salud se articula en torno a las siguientes modalidades (RD 1030/2006, de 15 de septiembre, que establece la cartera de servicios comunes del Sistema Nacional de Salud y el procedimiento para su utilización)[1]:

a) Cartera común básica de servicios asistenciales.

b) Cartera común suplementaria (prestación ortoprotésica, productos dietéticos y prestaciones farmacéuticas).

c) Cartera común accesoria.

7.1.1. Cartera común básica de servicios asistenciales

La cartera común básica de servicios asistenciales del Sistema Nacional de Salud comprende todas las actividades asistenciales de prevención, diagnóstico, tratamiento y rehabilitación que se realicen en centros sanitarios o socio sanitarios, así como el transporte sanitario urgente, cubiertos de forma completa por financiación pública (art. 8 bis Ley 16/2003). Cabe destacar que lo referido a donación, obtención, evaluación, procesamiento, preservación, almacenamiento y distribución de células y tejidos humanos, para uso humano se rige por el RDL 9/2014, de 4 de julio, modificado por RDL 9/2017, por el que se trasponen Directivas de la UE.

---

[1] La Disposición Transitoria segunda del Real Decreto-ley 16/2012, de 20 de abril, de medidas urgentes para garantizar la sostenibilidad del Sistema Nacional de Salud y mejorar la calidad y seguridad de sus prestaciones, estableció que, en tanto no se elabore la normativa de desarrollo de la cartera común de servicios del Sistema Nacional de Salud, el Real Decreto 1030/2006 permanecerá en vigor en todo lo que no se oponga al mismo.

7.1.2. Cartera común suplementaria

La cartera común suplementaria del Sistema Nacional de Salud incluye todas aquellas prestaciones cuya provisión se realiza mediante dispensación ambulatoria y están sujetas a aportación del usuario. Se prevé la actualización de la cuantía de las aportaciones mensuales, que se efectuará de forma automática, cada mes de enero, en función del IPC de los 12 meses anteriores (art. 8 ter Ley 16/2003 y DA 67ª Ley 17/2012, de PGE 2013). Esta cartera común suplementaria del Sistema Nacional de Salud incluirá las siguientes prestaciones:

– **Prestación farmacéutica:** Se entiende por prestación farmacéutica ambulatoria la que se dispensa al paciente mediante receta médica u orden de dispensación hospitalaria a través de oficinas o servicios de farmacia. En determinados supuestos los medicamentos serán objeto de contratación centralizada a través del INGESA (OSSI/1075/2014, de 16 de junio), salvo autorización de acuerdos marco. Es posible la autorización de dispensación de medicamentos por parte de enfermeros (RD 954/2015, de 2 de octubre).

La prestación farmacéutica ambulatoria está sujeta a aportación del usuario (denominado ticket moderador) que se efectuará en el momento de la dispensación del medicamento o producto sanitario (art. 102 TRLM). El *ticket moderador*, es variable en atención al nivel de rentas del beneficiario que se actualizará, como máximo, anualmente (art. 102.4 TRLM). Con carácter general, el porcentaje de aportación del usuario sigue el siguiente esquema (art. 102.5 TRLM):

a) Un 60% del PVP para los usuarios y sus beneficiarios cuya renta sea igual o superior a 100.000 euros consignada en la casilla de base liquidable general y del ahorro de la declaración del IRPF.

b) Un 50% del PVP para las personas que ostenten la condición de asegurado activo y sus beneficiarios cuya renta sea igual o superior a 18.000 euros e inferior a 100.000 euros consignada en la casilla de base liquidable general y del ahorro de la declaración del IRPF.

c) Un 40% del PVP para las personas que ostenten la condición de asegurado activo y sus beneficiarios y no se encuentren incluidos en los apartados a) o b) anteriores, esto es, inferiores a 18.000 euros.

d) Un 10% del PVP para las personas que ostenten la condición de asegurado como pensionistas de la Seguridad Social y sus beneficiarios, con excepción de las personas incluidas en el apartado a), esto es, que sus rentas sean igual o superiores a 100.000 euros, en cuyo caso, el ticket moderador será del 60%.

Con el fin de garantizar la continuidad de los tratamientos de carácter crónico y asegurar un alto nivel de equidad a los pacientes pensionistas con tratamientos de larga duración, los porcentajes generales (art. 102.6 bis TRLM) estarán sujetos a topes máximos de aportación en los siguientes supuestos:

a) A un 10% del PVP en los medicamentos pertenecientes a los grupos ATC de aportación reducida, con una aportación máxima cifrada en 4,24 euros.

b) Para las personas que ostenten la condición de asegurado como pensionistas de la Seguridad Social y sus beneficiarios cuya renta sea inferior a 18.000 euros consignada en la casilla de base liquidable general y del ahorro de la declaración del IRPF o que no estén incluidos en los siguientes apartados c) o d), hasta un límite máximo de aportación mensual de 8,23 euros.

c) Para las personas que ostenten la condición de asegurado como pensionistas de la Seguridad Social y sus beneficiarios cuya renta sea igual o superior a 18.000 euros e inferior a 100.000 euros consignada en la casilla de base liquidable general y del ahorro de la declaración del IRPF, hasta un límite máximo de aportación mensual de 18,52 euros.

d) Para las personas que ostenten la condición de asegurado como pensionista de la Seguridad Social y sus beneficiarios cuya renta sea superior a 100.000 euros consignada en la casilla de base liquidable general y del ahorro de la declaración del IRPF, hasta un límite máximo de aportación mensual de 61,75 euros.

El importe de las aportaciones que excedan de las cuantías mencionadas será objeto de reintegro por la Comunidad Autónoma correspondiente, con una periodicidad máxima semestral (art. 102.7 TRLM).

Por otra parte, existen *unos* colectivos que están exentos en la aportación de la prestación farmacéutica ambulatoria, siendo éstos los siguientes: (art. 102.8 TRLM):

a) Afectados de síndrome tóxico y personas con discapacidad en los supuestos contemplados en su normativa específica.

b) Personas perceptoras de rentas de integración social.

c) Personas perceptoras de pensiones no contributivas.

d) Parados que han perdido el derecho a percibir el subsidio de desempleo en tanto subsista su situación.

e) Los tratamientos derivados de AT-EP.

La prescripción de medicamentos en el SNS se efectuará de conformidad con las prescripciones del art. 79 y art. 87 TRLM[2].

a) Para procesos agudos, la prescripción se hará, de forma general, por principio activo.

b) Para los procesos crónicos, la primera prescripción, correspondiente a la instauración del primer tratamiento, se hará, de forma general, por principio activo. Cuando la prescripción se realice por principio activo, el farmacéutico dispensará el medicamento de menor precio de su agrupación homogénea y, en el caso de igualdad, el medicamento genérico o el medicamento biosimilar correspondiente.

c) Para los procesos crónicos cuya prescripción se corresponda con la continuidad de tratamiento, podrá realizarse por denominación comercial, siempre y cuando ésta se encuentre incluida en el sistema de precios de referencia o sea la de menor precio dentro de su agrupación homogénea. No obstante, la prescripción por denominación comercial de medicamentos será posible siempre y cuando se respete el principio de mayor eficiencia para el sistema y en el caso de los medicamentos considerados como no sustituibles (OSSI/2160/2015, de 14 de octubre).

En todo caso, la prescripción de un medicamento para su utilización en condiciones diferentes a las establecidas en su ficha técnica deberá ser autorizada previamente por la comisión responsable de los protocolos terapéuticos u órgano colegiado equivalente en cada comunidad autónoma (art. 85.5 Ley 29/2006).

Por su parte, el RD 477/2014, de 13 de junio, regula los medicamentos de terapia avanzada de fabricación no industrial que se pueden dispensar por médico colegiado, en institución hospitalaria, para un único paciente (RD 477/2014, de 13 de junio).

---

2 RD 81/2014, de 7 de febrero, por el que se establecen normas para garantizar la asistencia sanitaria transfronteriza, y por el que se modifica el RD 1718/2010, de 17 de diciembre, sobre receta médica y órdenes de dispensación.

De otra parte, los órganos competentes de las Comunidades Autónomas dotan a sus prescriptores de un sistema de prescripción electrónica, entre los que destaca coste del tratamiento prescrito y alternativas de elección terapéuticas, según criterios de eficiencia (esto es, más baratos), de modo que el médico pueda tomar en consideración el impacto económico durante la prescripción de medicamentos y productos sanitario.

– **Prestación ortoprotésica:** Consiste en la utilización de productos sanitarios, implantables o no, cuya finalidad es sustituir total o parcialmente una estructura corporal, o bien modificar, corregir o facilitar su función. Comprende los elementos precisos para mejorar la calidad de vida y autonomía del paciente (art. 17 Ley 16/2003), entre los que se encuentra pelucas y postizos (STSJ de Galicia 17 junio de 2011, rec. 4806/2010) En este sentido las víctimas de violencia terrorista tienen reconocida expresamente este tipo de asistencia sanitaria complementaria, en el RD 671/2013, de 6 de septiembre.

El RD 1506/2012, de 2 de noviembre, regula la cartera común suplementaria de prestación ortoprotésica del SNS y se fijan las bases para el establecimiento de los importes máximos de financiación. El porcentaje de aportación del usuario se regirá por las mismas normas que regulan la prestación farmacéutica, tomando como base de cálculo para ello el precio final del producto y sin que se aplique el límite de cuantía a esta aportación a diferencia de lo que sucede con la prestación farmacéutica (art. 8 ter. 5 Ley 16/2003).

La referencia al porcentaje que, a su vez, coincide con la prestación farmacéutica no es en relación con el PVP, sino con lo que el RD denomina "precio oferta del producto". Igualmente, existen unos beneficiarios que están exentos de aportación que son los mismos que en la prestación farmacéutica (art. 9.4 RD 1506/2012). De otro lado, existen determinados productos que estarán sujetos al 10% del precio oferta del producto en los subproductos que el RD 1506/2012 determina como "Aportación reducida", los cuales aparecen descritos en el Anexo del RD 1506/2012 y se refieren, entre otros, a las sillas de rueda, prótesis de mano, etc.

– **Prestación con productos dietéticos**: El porcentaje de aportación del usuario se regirá por las mismas normas que regulan la prestación farmacéutica, tomando como base de cálculo para ello el precio final del producto y sin que se aplique el límite de cuantía a esta aportación, a diferencia de lo que sucede con la prestación farmacéutica (art. 8 ter nº 5 Ley 16/2003). También ver la OSSI/1329/2014, de 22 de julio, por la que se modifican la cartera común suplementaria de prestación con productos dietéticos.

– **Transporte sanitario no urgente:** Está sujeto a prescripción facultativa, por razones clínicas y con un nivel de aportación del usuario acorde al determinado para la prestación farmacéutica, si bien, en esta prestación tampoco se fijan límites máximos en la aportación (art. 8 ter. 3 Ley 16/2003).

7.1.3. Cartera común de servicios accesorios

En los servicios accesorios se incluye todas aquellas actividades, servicios o técnicas, sin carácter de prestación, que no se consideran esenciales y/o que son coadyuvantes o de apoyo para la mejora de una patología de carácter crónico, estando sujetas a aportación y/o reembolso por parte del usuario (art. 8 quáter Ley 16/2003). No se define lo que debe entenderse por prestación accesoria, si bien se dice que serán no esenciales y/o coadyuvantes o de apoyo para la mejora de la patología crónica. La aportación del usuario o, en su caso, el reembolso, se regirá por las mismas normas que regulan la prestación farmacéutica, tomando como referencia el precio final de facturación que se decida para el SNS.

7.2. La cartera de servicios complementaria de las Comunidades Autónomas

Las Comunidades Autónomas, en el ámbito de sus competencias, podrán aprobar sus respectivas carteras de servicios que incluirán, cuando menos, la cartera común de servicios del Sistema Nacional de Salud en sus modalidades básica de servicios asistenciales, suplementaria y de servicios accesorios, garantizándose a todos los usuarios del mismo. En consecuencia, deberán destinar los recursos económicos necesarios para asegurar la financiación de la cartera común de servicios.

Además, según se ha adelantado, podrán incorporar en sus carteras de servicios una técnica, tecnología o procedimiento no contemplado en la cartera común de servicios del Sistema Nacional de Salud. Para la aprobación de la cartera de servicios complementaria de una Comunidad Autónoma es perceptiva la garantía previa de suficiencia financiera de la misma, en el marco del cumplimiento de los criterios de estabilidad presupuestaria. Estos servicios o prestaciones complementarios deberán reunir los mismos requisitos establecidos para la incorporación de nuevas técnicas, tecnologías o procedimientos a la cartera común de servicios, y no estarán incluidos en la financiación general de las prestaciones del Sistema Nacional de Salud. Con anterioridad a su incorporación, la Comunidad Autónoma concernida deberá informar, de forma motivada, al Consejo Interterritorial del Sistema

Nacional de Salud. En todo caso, todos los costes de aplicación de la cartera de servicios complementaria se asumirán por las Comunidades Autónomas, con cargo a sus propios presupuestos (*vid.* art. 8 quinquies Ley 16/2003).

8. ASISTENCIA SANITARIA DERIVADA DE ACCIDENTE DE TRABAJO O ENFERMEDAD PROFESIONAL

La asistencia sanitaria derivada de accidente de trabajo o enfermedad profesional tiene, como excepción, naturaleza contributiva (art. 109.3.a) LGSS) y es gestionada por las MCSS cuando asuman la protección de las contingencias profesionales (art. 80.2.a) LGSS). Además de abarcar la cartera de servicios comunes, se incluye, como plus en la protección, todos los procedimientos diagnósticos y terapéuticos con finalidad estética, cuando guarden relación con accidente, enfermedad o malformación congénita (Anexo II, punto 5, RD 1030/2006)[3].

La STS de 10 de octubre de 2019 (rec. 3494/2017) ha considerado que, pese a la derogación del Decreto 2766/1967, de 16 de noviembre, el principio de reparación íntegra del daño causado por el accidente de trabajo es el que debe seguir presidiendo la prestación de asistencia sanitaria, al ser el más acorde con el Convenio nº 17 de la OIT sobre indemnización en caso de accidentes de trabajo (1925). En consecuencia, un trabajador que sufrió la amputación de una mano en un accidente de trabajo tiene derecho a que se le implante una prótesis mioeléctrica de última generación y no la meramente convencional prevista para los supuestos de asistencia sanitaria ordinaria.

Por su parte, la OM TAS 294/2007, de 8 de octubre ha incorporado el botiquín de primeros auxilios y OPRE/2315/2015, de 3 de noviembre (Resolución de 27 de agosto de 2008, de la Secretaría de Estado de la Seguridad Social) como primera manifestación de la asistencia sanitaria que se ha de percibir por la Seguridad Social, en caso de AT. De otro lado, la Orden TIN 971/2009, de 16 de abril establece la compensación de gastos de transporte en los casos de asistencia sanitaria derivada de riesgos profesionales

---

[3] Según las SS.TS de 15-1-2009 (rec. 481/2008) y 10-3-2009 (rec. 1269/2008) la responsabilidad del pago por la provisión de una prótesis derivada de AT corresponde al INSS y no al servicio de salud del Servicio Vasco, puesto que no entraña una verdadera ni propia asistencia sanitaria. La misma solución da la STS de 11 de abril de 2000 (rec. 1772/1999), cuando se trata de una renovación de prótesis deriva de AT, aun cuando el beneficiario tenga la condición de pensionista y sin que el requisito de estar en alta sea necesario para la renovación de la prótesis.

y de comparecencias para la realización de exámenes o valoraciones médicas que exigen las EG o las MCSS. Así, se tendrá derecho al resarcimiento de los medios ordinarios de transporte, incluido el taxi, cuando su utilización sea prescrita por el correspondiente facultativo por ser exigida por razones médicas o autorizada por motivo de la inexistencia de otro medio de transporte. No obstante, esta compensación económica también resulta aplicable en los procesos derivados de contingencias comunes.

9. ASISTENCIA SANITARIA DERIVADA DE MATERNIDAD

La asistencia sanitaria derivada de maternidad se regula en el RD 1030/2006, de 15 de septiembre, declarado vigente por el Real Decreto-ley núm. 16/2012, de 20 de abril (DT 2ª) en tanto no se elabore la normativa de desarrollo de la cartera común de servicios del Sistema Nacional de Salud. La protección sobre maternidad abarca la atención al embarazo y puerperio, en las siguientes situaciones:

a) Captación de la mujer embarazada en el primer trimestre de gestación y detección de los embarazos de riesgo; b) Seguimiento del embarazo normal, de manera coordinada y protocolizada con atención especializada, según la organización del correspondiente servicio de salud; c) Educación maternal, incluyendo el fomento de la lactancia materna, la prevención de incontinencia urinaria y la preparación al parto; d) Visita puerperal en el primer mes del postparto para valoración del estado de salud de la mujer y del recién nacido; e) Complicaciones del embarazo; parto y puerperio: Embarazo ectópico y molar, otro embarazo con resultado abortivo (incluida la interrupción voluntaria del embarazo en los supuestos previstos en la legislación vigente), complicaciones principalmente relacionadas con el embarazo, parto normal (incluida la anestesia epidural, de acuerdo con los protocolos de los servicios de salud) y otras indicaciones para cuidados durante el embarazo, trabajo de parto y complicaciones que se presentan principalmente durante el curso del parto y complicaciones del puerperio (Punto 6.6.3 anexo II y 5.1.11 del Anexo III del RD 1030/2006).

10. LA COBERTURA DE LA ASISTENCIA SANITARIA DE LOS TRABAJADORES MIGRANTES EN LA UE

Aunque la prestación de asistencia sanitaria sigue siendo competencia de cada uno de los Estados miembros, las normas comunitarias de coordinación en materia de Seguridad Social (fundamentalmente, los Reglamentos Comunitarios 883/2004, o Reglamento de base, y 987/2009, o Reglamento de ejecución) regulan las llamadas prestaciones en especie —que son prestaciones destinadas a ocuparse de la asistencia sanitaria del trabajador durante el período en que esté incapacitado— dentro de los preceptos que se dedican a las contingencias "de enfermedad, de maternidad y de paternidad asimiladas" y a las contingencias de "accidentes de trabajo y enfermedad profesional".

Para las prestaciones de enfermedad, de maternidad y de paternidad asimiladas, aunque la regla general es que el Estado competente sea el Estado de residencia, que también suele ser el lugar de trabajo (*vid.* art. 11 R. 883/2004), se prevé la situación en la que la persona asegurada o los miembros de su familia residan en un Estado miembro distinto del competente, en cuyo caso se disfrutará en el Estado de residencia de las prestaciones en especie, pero por cuenta de la institución competente (art. 17 R. 883/2004). En caso de estancia en el Estado miembro competente cuando la residencia se encuentra en otro Estado miembro, las prestaciones en especie serán facilitadas y sufragadas por la institución competente, según las disposiciones de la legislación que esta última aplique, como si los interesados residieran en dicho Estado miembro (artículo 18.1 R. 883/2004). Existe, no obstante, una restricción en el derecho a la asistencia sanitaria tratándose de los familiares de los trabajadores fronterizos cuando el Estado competente es uno de los que figuran en el Anexo III del R. 883/2004 (Dinamarca, España, Irlanda, Países Bajos, Finlandia, Suecia y Reino Unido), ya que en este supuesto, únicamente se tiene derecho a las prestaciones en especie necesarias, desde un punto de vista médico, durante su estancia, tomando en consideración la naturaleza de las prestaciones y la duración prevista de la estancia (art. 18.2 R. 883/2004).

En caso de estancia (de turismo, por ejemplo) en un Estado diferente del competente, la persona asegurada —sea o no trabajador transfronterizo— y los miembros de su familia tendrán este mismo derecho a las prestaciones en especie necesarias, desde un punto de vista médico, durante su estancia. La institución del lugar de estancia facilitará las prestaciones por cuenta de la institución competente, según las disposiciones de la legislación del lugar de estancia, como si los interesados estuvieran asegurados en virtud de dicha legislación (art. 19 R. 883/2004). Si los desplazamientos a Estados distintos del competente tienen por objeto exclusivo percibir prestaciones en especie, la persona asegurada deberá solicitar la autorización de la institución competente, que deberá ser concedida cuando el tratamiento de que se trate figure entre las prestaciones previstas por la legislación del Estado miembro en que resida el interesado y cuando, habida cuenta de su estado de salud en ese momento y de la evolución probable de la enfermedad, dicho tratamiento no pueda serle dispensado en un plazo justificable desde el punto de vista médico (art. 20 R. 883/2004).

Las reglas descritas se aplicarán, si bien con algunas especialidades, a las prestaciones por accidente de trabajo y por enfermedad profesional (*vid.* arts. 36 a 41 R. 883/2004).

11. LA ASISTENCIA SANITARIA TRANSFRONTERIZA

El RD 81/2014, de 7 de febrero, sobre normas para garantizar la asistencia sanitaria transfronteriza, incorpora a nuestro ordenamiento jurídico la Directiva 2011/24/UE, del Parlamento Europeo y del Consejo de 9 de marzo de 2011, relativa a la aplicación de los derechos de los pacientes en la asistencia sanitaria transfronteriza. La norma, que complementa los derechos que ya tienen reconocidos los ciudadanos gracias a los Reglamentos de coordinación, tiene como objetivos garantizar la movilidad de los pacientes, establecer unas reglas para facilitar su acceso a una asistencia sanitaria segura y de alta calidad en la Unión Europea, y promover la cooperación en materia de asistencia sanitaria entre los Estados miembros, respetando plenamente las responsabilidades de éstos en la organización y prestación de dicha asistencia.

Existe, en consecuencia, una amplia coincidencia con los Reglamentos comunitarios de coordinación en sus ámbitos subjetivos y objetivos de aplicación. Ello explica que el RD reconozca expresamente que sus disposiciones no afectan a los derechos de los pacientes que puedan derivar de los Reglamentos 883/2004 y 987/2009, y que cuando resulten aplicables las disposiciones sobre la asistencia sanitaria transfronteriza previstas en dichos Reglamentos, el RD no será aplicable, salvo que el paciente solicite expresamente su aplicación (art. 1 RD 81/2014). En todo caso, la diferencia práctica más notable es que, con arreglo a la Directiva, los pacientes anticiparán los pagos de la asistencia sanitaria recibida que se reembolsarán posteriormente de acuerdo con las condiciones y tarifas que se hubiesen aplicado por esa asistencia en el Estado de afiliación; mientras que en el ámbito de los Reglamentos de coordinación no existe esta obligación con carácter general, ya que los costes de las prestaciones sanitarias recibidas en otro Estado se reembolsan según las condiciones y tarifas de reembolso del Estado de tratamiento. Por otra parte, la autorización para recibir asistencia es, según los Reglamentos, un requisito necesario para recibir el tratamiento programado en otro Estado; sin embargo, si se opta por lo previsto en el Real Decreto 81/2014, se dispone un sistema de autorización previa únicamente para algunos casos que se detallan en el anexo II. Por último, hay que tener en cuenta que, así como la Directiva es aplicable a todos los proveedores de asistencia sanitaria, ya sean públicos o privados, los Reglamentos coordinan sólo sistemas de Seguridad Social.

Con carácter general, el reembolso de los gastos en el ámbito del RD se limita a la asistencia sanitaria establecida en la cartera común de servicios del Sistema Nacional de Salud y, en su caso, la cartera complementaria de la Comunidad Autónoma correspondiente. Como es lógico, se exigen las mismas condiciones y trámites que se impondrían si la asistencia sanitaria se prestase en territorio nacional por los correspondientes servicios sanitarios asignados (*vid.* art. 10 RD 81/2014).

En todo caso, con el fin de facilitar la información necesaria en la materia prevista por el RD, se establece un "punto nacional de contacto" en la Unidad administrativa responsable de la información al ciudadano del Ministerio de Sanidad, Servicios Sociales e Igualdad, que cooperará con la Comisión Europea y con los puntos nacionales de contacto de otros Estados miembros, y facilitará a los ciudadanos que lo soliciten los datos de contacto de éstos (*vid.* art. 7 RD 81/2014).

12. EL REINTEGRO DE PRESTACIONES O DE GASTOS MÉDICOS

La cartera de servicios comunes únicamente se facilitará por centros, establecimientos y servicios del Sistema Nacional de Salud, propios o concertados, salvo en situaciones de riesgo vital, cuando se justifique que no pudieron ser utilizados los medios de aquél. En estos casos, de asistencia sanitaria urgente, inmediata y de carácter vital que hayan sido atendidos fuera del Sistema Nacional de Salud, se reembolsarán los gastos de las mismas una vez comprobados que no se pudieron utilizar los servicios de aquél y que no constituye una utilización desviada o abusiva de esta excepción (art. 4.3 RD 1030/2006).

El principio general de nuestro derecho es, por tanto, el no reintegro de gastos médicos, debiendo las excepciones ser interpretadas restrictivamente. Para que se aprecie la urgencia vital se precisa una situación de real urgencia y gravedad, no una simple urgencia o conveniencia, y de tipo inmediato, por lo que no se aprecia el reintegro si existe un traslado a otra localidad o a un centro privado cuando existen centros públicos en el lugar, ni basta para apreciarla una indicación médica particular u oficial, si no procede del propio ente gestor.

En todo caso, para que el reintegro pueda producirse resulta preciso la concurrencia de estas tres circunstancias: urgente, inmediata y de carácter vital. Ésta última circunstancia es la de más difícil encaje, dado que, dependerá, en cada caso, del supuesto de hecho. Ello ha generado una importante casuística y, en este sentido, han sido los tribunales quienes han delimitado los presupuestos que permiten o no el reintegro de gastos médicos. De este modo, los tribunales consideran que la urgencia vital no sólo es el peligro de la vida sino también la pérdida de funcionalidad de órganos de suma importancia (caso, de la pérdida de funcionalidad de los ojos)[4]. Además, se admite el reintegro al considerarse urgencia vital el carcinoma de lengua por demora en la intervención quirúrgica y lista de espera para el tratamiento de radioterapia[5].

Asimismo, se permite el reintegro de gastos en tratamientos de autismo infantil en los que no existe tratamiento en los centros públicos y concurre urgencia vital[6]; y en el reimplante de dedo amputado de forma traumática a una niña de dos años[7].

Por otra parte, no se permite el reintegro de gastos médicos cuando la utilización de servicios ajenos no obedece a una situación de urgencia, inmediata y carácter vital. Tal es el caso de la denegación de rehabilitación en los programas y servicios o su tardanza en prestarlos, siempre que no conste que se ponga en riesgo la vida del afectado, ni la recuperación[8], ni tampoco el hecho de padecer liposarcoma (finalmente, se le amputó la pierna), al considerar que no era urgencia vital y tampoco era denegación de asistencia[9]; ni tampoco cuando se trata de intervención quirúrgica en clínica privada de lesión de ligamentos en rodilla[10]; ni cuando se abandona la sanidad pública por propia voluntad, aunque se haya sufrido infecciones

---

4 Entre otras, STSJ de Islas Canarias de 31 de marzo de 2011, rec. 1421/2008.

5 STSJ de Aragón de 29 de julio de 2009, rec. 538/2009.

6 STSJ de la Comunidad Valenciana de 19 de febrero de 2014, rec. 2019/2013.

7 STSJ del País Vasco de 15 de octubre de 2013, rec. 1663/2013.

8 STS de 23 de junio de 2008, rec 27/2007.

9 STSJ de la Comunidad Valenciana de 9 de mayo de 2006, rec. 4811/2005.

10 STSJ de Cataluña de 23 de septiembre de 2010 (se refería a un trastorno autista); STSJ Galicia de 11 de junio de 2012, rec. 512/2019, entre otras muchas.

reiteradas tras una intervención quirúrgica en la Seguridad Social causantes de una incapacidad permanente total[11].

Tampoco se permite el reintegro de gastos médicos en los supuestos en los que se solicita una segunda opinión médica[12].

En cuanto a la jurisdicción competente, en los supuestos de reintegro de gastos médicos en caso de urgencia vital, la jurisdicción competente es la social; para el caso de que no se trate de un supuesto de urgencia de carácter vital, la jurisdicción competente es la contencioso-administrativa. Así sucede, por ejemplo, en los casos de cambio de sexo[13].

---

11 STS de 14 de enero de 2014, rec. 2003/2013.

12 STSJ de Andalucía/Granada de 25 de septiembre de 2013, rec. 1254/2013.

13 STSJ de Galicia de 16 de julio de 2012; en sentido contrario, STSJ Galicia de 27 de febrero de 2012, rec. 5881/2008, al considerar que procede el reintegro de gastos por síndrome ansioso-depresivo motivado por una situación de transexualismo.

Lección 2
Las prestaciones no contributivas

ÁNGELA MARTÍN-POZUELO LÓPEZ
Profesora Ayudante Doctora de Derecho del Trabajo y de la Seguridad Social
Universitat de València-Estudi General

1. CONCEPTUALIZACIÓN Y TIPOLOGÍA

Como se ha adelantado en los capítulos previos, el artículo 41 de la CE, básico en materia de Seguridad Social, señala que *"los poderes públicos mantendrán un régimen público de Seguridad Social para todos los ciudadanos, que garantice la asistencia y prestaciones sociales suficientes ante situaciones de necesidad, especialmente en caso de desempleo. La asistencia y prestaciones complementarias serán libres"*. Con ello, este precepto constitucional sienta las bases del carácter asistencial de la Seguridad Social española, conceptuada como un servicio público para todos los ciudadanos ante una situación de necesidad.

El proceso de transformación de la Seguridad Social en asistencial fue consumado con la inclusión de las prestaciones no contributivas en el ámbito de la Seguridad Social, por cuanto universalizó su ámbito de cobertura, exigiendo además la consiguiente *"prueba de necesidad"* (esto es, la no percepción de ingresos suficientes de cualquier naturaleza). Estas prestaciones, destinadas a garantizar un mínimo de subsistencia, se financian básicamente mediante aportaciones del Estado al Presupuesto de la Seguridad Social (salvo la excepción de la asistencia sanitaria ya mencionada).

Con carácter general (y salvo excepciones), las prestaciones no contributivas suelen exigir la concurrencia de tres requisitos: residencia en territorio español, una cierta edad, y carencia de rentas e ingresos (requisito de vulnerabilidad económica).

Las prestaciones no contributivas objeto de estudio en este tema son las recogidas en el Título VI de la LGSS. Dentro de este Título, se distinguen entre las prestaciones familiares en su modalidad no contributiva (Capítulo I) y las pensiones no contributivas de invalidez y de jubilación (Capítulo II). A estas prestaciones debe sumarse el Ingreso Mínimo Vital (IMV), regulado por la Ley 19/2021, de 20 diciembre, por la que se establece el ingreso mínimo vital (LIMV).

A pesar de no ser objeto de estudio del presente capítulo, existen otras prestaciones de naturaleza no contributiva que, por coherencia sistemática, son objeto de estudio en otros temas de este manual (asistencia sanitaria y servicios sociales, subsidio por nacimiento, complementos por mínimos de las pensiones y la prestación de orfandad).

2. LAS PRESTACIONES DE INVALIDEZ Y JUBILACIÓN NO CONTRIBUTIVAS

2.1. La prestación no contributiva de invalidez

2.1.1. Concepto de invalidez no contributiva

La prestación de invalidez no contributiva viene regulada en los arts. 363 a 368 LGSS y en los Capítulos I y III del RD 357/1991, de 15 de marzo.

Los beneficiarios de la pensión de invalidez no contributiva deberán estar afectados por una discapacidad o por una enfermedad crónica, en un grado igual o superior al 65 % (arts. 363.1.c) LGSS y 1.c) RD 357/1991)[1]. Aunque no existen grados dentro de esta modalidad, se establece una situación especial de invalidez no contributiva (invalidez cualificada) cuando existe dependencia y necesidad del concurso de otra persona para realizar los actos más esenciales de la vida, tales como vestirse, desplazarse, comer o análogos, siempre que el interesado padezca una discapacidad o enfermedad crónica en un grado igual o superior al 75 % (arts. 364.6 LGSS y 2 RD 357/1991).

El grado de discapacidad o enfermedad crónica y la necesidad del concurso de tercera persona se determinarán mediante la aplicación de los baremos establecidos en los RR.DD. 888/2022, de 18 de octubre —tras la modificación realizada por la Orden DSA/934/2023, de 19 de julio—, y 174/2011, de 11 de febrero [art. 4.3.a) RD 888/2022], respectivamente (art. 3 RD 357/1991), que dejan de lado cualquier referencia a la capacidad laboral de las personas. No obstante, se presumirá afecto de una discapacidad igual al 65 % o al 75 % a quien se le haya reconocido, en la modalidad contributiva, una IA o GI, respectivamente (DA 3ª. 2 RD 357/1991).

---

1 Se asimilan a esta situación aquellas personas para las que, como medida de apoyo a su capacidad jurídica y mediante resolución judicial, se haya nombrado un curador con facultades de representación plenas para todos los actos jurídicos (DA 25ª LGSS).

Presunción que, como ha destacado el Tribunal Supremo, exige la existencia de una calificación de IA o GI en un procedimiento administrativo o judicial previo para el reconocimiento de una prestación contributiva de IP, no siendo de recibo el recurso al sistema de valoración propio de la modalidad contributiva cuando no existe ninguna calificación previa en el procedimiento correspondiente (STS 28.5.2001, Rec. 3883/1999).

2.1.2. Los beneficiarios de la pensión de invalidez no contributiva

Los beneficiarios de la pensión de invalidez no contributiva son los sujetos incluidos en el sistema de la Seguridad Social que, además de estar afectados por una discapacidad o por una enfermedad crónica en los términos anteriores, acrediten los siguientes requisitos (art. 363.1 LGSS):

1) Edad: ser mayor de 18 y menor de 65 años de edad en la fecha de solicitud.

2) Residencia legal: residir legalmente en territorio español y haberlo hecho durante 5 años, de los cuales 2 deberán ser inmediatamente anteriores a la fecha de la solicitud del derecho a la pensión (STS 3.4.2019, Rec. 1299/2017).

3) Carecer de rentas o ingresos suficientes (arts. 363 LGSS y 11 a 13 RD 357/1991, y Orden PRE/3113/2009, de 13 noviembre).

2.1.3. La compatibilidad con el ejercicio de actividades

La pensión de invalidez no contributiva no impide el ejercicio de aquellas actividades, sean o no lucrativas, compatibles con el estado del inválido y que no representen un cambio en su capacidad de trabajo (arts. 366 LGSS y 6.1 RD 357/1991). Ahora bien, el derecho a la pensión queda condicionado a que las rentas del trabajo, sumadas, en su caso, con otros ingresos del pensionista o de las demás personas de la misma unidad económica, no superen el límite de acumulación de recursos (art. 6.1 RD 357/1991).

No obstante, según el párrafo segundo del art. 366 de la LGSS, *"en el caso de personas que con anterioridad al inicio de una actividad lucrativa vinieran percibiendo pensión de invalidez en su modalidad no contributiva, durante los cuatro años siguientes al inicio de la actividad, la suma de la cuantía de la pensión de invalidez y de los ingresos obtenidos por la actividad desarrollada no podrá ser superior, en cómputo anual, al importe, también en cómputo anual, de la suma del indicador público de renta de efectos múltiples, excluidas las pagas extraordinarias y la pensión de invalidez no contributiva vigentes en cada momento"* y *"en caso de exceder de dicha cuantía, se minorará el importe de la pensión en la cuantía que resulte necesaria para no sobrepasar dicho límite";* reducción que *"no afectará al complemento previsto en el artículo 364.6".*

Cuando se extinga el contrato de trabajo o deje de desarrollar su actividad por cuenta propia o de acogerse a los programas de renta activa de inserción, recuperará automáticamente, en su caso, el derecho a la pensión, no teniéndose en cuenta en el cómputo anual de sus rentas las que hubiera percibido en virtud de su actividad laboral por cuenta ajena, propia o por su integración en el programa de renta activa de inserción en el ejercicio económico en que se produzca la extinción del contrato, el cese en la actividad laboral o en el citado programa (art. 363.1 LGSS). De lo que se infiere claramente que la pensión de invalidez no contributiva es incompatible con la renta activa de inserción (STS 22 marzo 2018, Rec. 1229/2016).

2.1.4. Extinción

El derecho a la pensión de invalidez en su modalidad no contributiva se mantendrá mientras continúen cumpliéndose los requisitos exigidos. De este modo, esta pensión se extinguirá cuando en el beneficiario concurra alguna de las circunstancias previstas en el art. 7 RD 357/1991:

a) Pérdida de su condición de residente legal o traslado de su residencia fuera de territorio español.

b) Mejoría de la discapacidad o enfermedad crónica padecidas que determine un grado inferior al 65 %.

c) Disponer de rentas o ingresos suficientes.

d) Fallecimiento del beneficiario.

2.2. La prestación no contributiva de jubilación

2.2.1. Introducción

A partir del principio de universalidad en el que se fundamenta nuestro sistema de Seguridad Social y teniendo en cuenta el mandato constitucional de los arts. 41 y 50 CE, en el ámbito no contributivo también se regula el derecho de los ciudadanos en la tercera edad a una prestación de jubilación. Y es necesario, desde luego, resaltar la importancia de la misma en el marco de una regulación de la modalidad contributiva que, tal y como hemos visto, cada vez impone mayores y más exigentes condiciones para el acceso a la prestación, dado que con ellas cada vez serán más los sujetos que, no pudiendo acreditar los requisitos del ámbito contributivo, puedan venir protegidos, en su caso, en este ámbito asistencial.

La prestación de jubilación no contributiva viene regulada en los arts. 369 a 372 LGSS y en los Capítulos II y III del RD 357/1991, de 15 de marzo.

2.2.2. Beneficiarios de la pensión de jubilación no contributiva

Las personas que pueden acceder a la prestación no contributiva de jubilación son aquellas que, habiendo cumplido 65 años de edad, carezcan de rentas o ingresos en cuantía superior a los límites establecidos legalmente, residan legalmente en territorio español y lo hayan hecho durante 10 años entre la edad de 16 años y la edad de devengo de la pensión, de los cuales dos deberán ser consecutivos e inmediatamente anteriores a la solicitud de la prestación.

De lo expuesto anteriormente, se desprende que los beneficiarios de la pensión de jubilación no contributiva deben cumplir tres requisitos (arts. 369.1 LGSS y 8 RD 357/1991):

1) Edad: haber cumplido los 65 años (esto es, la edad de jubilación para el acceso a la prestación de contributiva con carácter general).

2) Residencia legal: residir legalmente en territorio español durante 10 años entre los 16 años y la edad de devengo de la pensión asistencial, exigiéndose que dos de estos años sean consecutivos e inmediatamente anteriores a la solicitud. En relación con esta condición, se ha de puntualizar que no se trata de acreditar la nacionalidad española. Y ello porque el art. 14 LO 4/2000, de 11 de enero, sobre derechos y libertades de los extranjeros en España y su integración social, equiparó la situación de los extranjeros residentes a la de los españoles en relación con la acreditación de condiciones para el acceso de las prestaciones del Sistema de Seguridad Social.

3) Carecer de rentas o ingresos suficientes (arts. 363 LGSS y 11 a 13 RD 357/1991, y Orden PRE/3113/2009, de 13 noviembre).

2.2.3. Extinción

El derecho a la pensión de jubilación en su modalidad no contributiva se mantendrá mientras continúen cumpliéndose los requisitos exigidos.

De esta forma, el derecho a esta pensión se extinguirá cuando en el beneficiario concurra alguna de las circunstancias previstas en el art. 9 RD 357/1991:

- Pérdida de la condición de residente legal o traslado de la residencia fuera de territorio español por tiempo superior al límite establecido legalmente.
- Disponer de rentas o ingresos suficientes de acuerdo con los límites establecidos a nivel individual o en unidad económica.
- Fallecimiento del beneficiario.

2.3. Disposiciones comunes

2.3.1. Acreditación de los requisitos de residencia y carencia de rentas

De conformidad con lo expuesto anteriormente, las pensiones de invalidez y jubilación no contributivas exigen la residencia en territorio nacional, si bien con diferentes periodos de duración, y la carencia de ingresos y rentas suficientes por parte de los beneficiarios.

A) Residencia en territorio nacional

La acreditación del requisito de residencia legal para el reconocimiento y conservación del derecho a estas pensiones se entenderá producida siempre que, teniendo el interesado domicilio en territorio español, resida en el mismo, ostentando la condición de residente (art. 10.1 RD 357/1991).

Por su parte, la residencia continuada anterior a la solicitud de la pensión y la posterior al reconocimiento del derecho no se considerará interrumpida por las ausencias del territorio español inferiores a 90 días a lo largo de cada año natural, así como cuando la ausencia esté motivada por causas de enfermedad debidamente justificadas (art. 10.2 RD 357/1991).

B) Carencia de rentas o ingresos

De acuerdo con lo dispuesto por el art. 11 RD 357/1991, la insuficiencia de rentas o ingresos —que serán considerados de acuerdo con lo dispuesto por el art. 12 RD 357/1991— se justificará cuando las rentas o ingresos de los que disponga o se prevea va a disponer el interesado, en cómputo anual, de enero a diciembre, sean inferiores a la cuantía, también en cómputo anual, de las pensiones no contributivas de la Seguridad Social que se fije en la correspondiente LPGE (para el año 2024, este importe se fija en 7.250,60 euros —art. 78.5 RDL 8/2023—).

No obstante, este límite varía cuando el solicitante integre una unidad económica familiar, esto es, cuando el beneficiario conviva con otras personas, sean o no beneficiarios, unidas con aquel por matrimonio o por lazos de parentesco por consanguinidad o por adopción hasta el segundo grado (arts. 363.4 LGSS y 13 RD 357/1991). En estos casos, hay que distinguir dos situaciones diferentes (arts. 363.2 y 3 LGSS, 11.2 RD 357/1991, y 3 Orden PRE/3113/2009, de 13 de noviembre):

- Si el solicitante convive con otras personas en una misma unidad económica, únicamente se entenderá cumplido este requisito cuando la suma de las rentas o ingresos computables de todos los integrantes de aquella sea inferior al límite de acumulación de recursos, equivalente a la cuantía, en cómputo anual, de la pensión más el resultado de multiplicar el 70 % de dicha cifra por el número de convivientes, menos uno.
- Cuando la convivencia, dentro de una misma unidad económica, se produzca entre el solicitante y sus descendientes o ascendientes consanguíneos o por adopción en primer grado, el límite de acumulación de recursos será equivalente a dos veces y media la cuantía que resulte de aplicar lo señalado en el apartado anterior.

2.3.2. La cuantía de la pensión

La cuantía de las pensiones no contributivas se fija en su importe anual, en la correspondiente LPGE (art. 364.1 LGSS), siendo esta cuantía de 7.250,60 euros para el año 2024 (art. 78.5 RDL 8/2023)[2]. El pago de esta cuantía se fraccionará en catorce pagas, correspondientes a cada uno de los meses del año y dos pagas extraordinarias que se devengarán en los meses de junio y noviembre (art. 14.1 RD 357/1991).

---

2 Desde 2024, a la hora de determinar la cuantía de estas pensiones no contributivas se deberá tener en cuenta el umbral de la pobreza. De este modo, una vez revalorizadas estas pensiones no contributivas de conformidad con el artículo 62 LGSS, se incrementarán adicionalmente cada año (hasta 2027), en el mismo período y por el mismo procedimiento previsto para la pensión contributiva de jubilación (apartado 2, DA 23ª LGSS), pero con la referencia de multiplicar por 0,75 el umbral de la pobreza de un hogar unipersonal (apartado 5 de la DA 23ª LGSS).

Sin embargo, la cuantía de estas pensiones no es uniforme, pues se establece una graduación de la misma en función de las siguientes circunstancias (arts. 364 LGSS y 14 RD 357/1991):

a) Si en una misma unidad familiar concurre más de un beneficiario con derecho a pensión no contributiva, la cuantía de cada una de las pensiones vendrá determinada en función de las siguientes reglas:

   a. Al importe de la cuantía establecida en la LPGE se le sumará el 70 % de esa misma cuantía, tantas veces como número de beneficiarios, menos uno, existan en la unidad familiar;

   b. La cuantía de la pensión para cada uno de los beneficiarios será igual al cociente de dividir el resultado de la suma anterior por el número de beneficiarios con derecho a pensión; y

   c. Las cuantías individuales resultantes de la operación anterior, calculadas en cómputo anual, se reducirán en un importe igual al de las rentas o ingresos anuales de que, en su caso, disponga cada beneficiario que excedan del 35 % del importe, en cómputo anual, de la pensión no contributiva, salvo lo dispuesto en el art. 366 LGSS.

b) Si existe convivencia del beneficiario o beneficiarios con personas que no lo son, en el caso de que la suma de los ingresos o rentas anuales de todos los componentes de la unidad económica más los importes de la pensión o pensiones no contributivas superase el límite de acumulación de recursos, la pensión o pensiones se reducirán, para no sobrepasar dicho límite, disminuyéndose, por igual cuantía, cada una de las pensiones (STS 17.1. 2000, Rec. 1655/1999).

c) En cualquier caso, la cuantía de la pensión reconocida será, como mínimo, del 25 % del importe de la cuantía inicial fijada en la LPGE (art. 364.4 LGSS), aunque el cálculo resultante de la aplicación de las previsiones anteriores hubiera dado un resultado inferior a dicho porcentaje (arts. 14 y 15 RD 357/1991; Cfr. STS 11.7.2002, Rec. 3086/2001).

Además de lo anterior, también se prevé la posibilidad del pago de dos complementos:

- En el caso de las pensiones de invalidez no contributivas, las personas que estén afectadas de una discapacidad o enfermedad crónica en un grado igual o superior al 75 % y necesiten el concurso de otra persona (invalidez cualificada), tendrán derecho a un complemento equivalente al 50 % del importe de la pensión que se fije anualmente en la correspondiente LPGE (arts. 364.6 LGSS y 2 RD 357/1991; STS 2.2.2007, Rec. 3517/2005).

- Se establece un complemento de pensión de 525,00 euros anuales para aquellos pensionistas de jubilación o invalidez de la Seguridad Social, en su modalidad no contributiva (art. 44.Dos de la LPGE 2023 y art. 78.1 RDL 8/2023), que acrediten fehacientemente carecer de vivienda en propiedad y tener, como residencia habitual[3], una vivienda alquilada cuyo propietario no tenga con el pensionista relación de parentesco hasta tercer grado, ni sea cónyuge o persona con la que constituya una unión estable y conviva con análoga relación de afectividad a la conyugal (Cfr. RD 1191/2012, de 3 de agosto). En el caso de unidades familiares en las que convivan varios perceptores de pensiones no contributivas, sólo podrá percibir el complemento el titular del contrato de alquiler o, de ser varios, el primero de ellos.

  El complemento de pensión, cuya cuantía estará excluida del cómputo de rentas o ingresos a efectos de determinar el mantenimiento del derecho a la pensión no contributiva, se devengará anualmente en la cuantía que se determine reglamentariamente y se abonará en un único pago (art. 8 y DA Única RD 1191/2012).

2.3.3. La dinámica del derecho a las pensiones no contributivas

El procedimiento para el reconocimiento del derecho a las pensiones no contributivas y para el reconocimiento del grado de discapacidad vienen regulados en los arts. 22 y siguientes del RD 357/1991 y en los RR.DD. 888/2022 (modificado por la Orden DSA/934/2023, de 19 de julio) y 174/2011.

El acceso a las pensiones de invalidez y jubilación en su modalidad no contributiva requiere la presentación de solicitud por parte de la persona interesada (o por su representante o quien demuestre un interés legítimo para actuar en favor de personas con capacidad gravemente disminuida), acreditando los requisitos exigidos en cada caso (art. 22 RD 357/1991). Una vez comprobada la concurrencia de todos los requisitos, los efectos económicos del reconocimiento del derecho a las pensiones no contributivas se producirán a partir del día primero del mes siguiente a aquel en

3 Se entenderá que es el domicilio habitual cuando la vigencia del contrato de arrendamiento no sea inferior a un año y el pensionista haya residido en la misma durante los 180 días inmediatamente anteriores (art. 2.1.e RD 1191/2012).

que se hubiera presentado la solicitud[4] (arts. 365 y 371 LGSS y 15.2 RD 357/1991) (STS 18.3.1999, Rec. 2937/1998).

En cualquier caso, el derecho a las pensiones queda condicionado al cumplimiento de los requisitos exigidos durante todo el período de percepción (arts. 363.6 LGSS y 7 RD 357/1991). Por ello, los beneficiarios asumirán la obligación de comunicar cualquier modificación de las condiciones concurrentes en el momento del reconocimiento de estas pensiones en el plazo máximo de 30 días desde la fecha en que se produzca. Así, se comunicará, en particular, cualquier variación de su situación de convivencia, estado civil, residencia, recursos económicos propios o ajenos computables por razón de convivencia, y cuantas puedan tener incidencia en la conservación o en la cuantía de prestación no contributiva de jubilación (arts. 368 LGSS y 16.1 RD 357/1991). Y, en todo caso, el beneficiario deberá presentar en el primer trimestre de cada año una declaración de los ingresos de la respectiva unidad económica de la que forma parte, referida al año inmediato precedente (arts. 368 *in fine* LGSS y 16.2 RD 357/1991).

Por último, en caso de concurrir alguna de las citadas causas de extinción del derecho a estas pensiones, los efectos económicos de las pensiones declaradas extinguidas se extenderán hasta el último día del mes en que se haya producido la causa determinante de su extinción. Como excepción a lo anterior, en los supuestos en que la extinción de la pensión se haya producido por una modificación del grado de discapacidad declarada, los efectos económicos de la revisión tendrán lugar desde el día 1 del mes siguiente al que se haya dictado la resolución (arts. 5.5 y 19 RD 357/1991).

2.3.4. El régimen de incompatibilidades con otras prestaciones

El derecho a las pensiones de invalidez y jubilación no contributivas (pensiones que no pueden disfrutarse simultáneamente), es incompatible con (DT 24ª LGSS y art. 18 RD 357/1991):

- Las prestaciones contributivas.
- Las pensiones asistenciales reguladas en la Ley 45/1960 y suprimidas por la Ley 28/1992.

---

[4] Por tanto, la fecha de efectos de esta pensión es independiente a la fecha de la solicitud del reconocimiento o revisión del grado de discapacidad (STS 2.2.2023, Rec. 3797/2019).

- Los subsidios de garantías de ingresos mínimos y por ayuda por tercera persona establecidos en la LISMI.
- Además, la condición de pensionista de invalidez o jubilación no contributiva por parte del hijo con discapacidad es incompatible con el derecho de los padres o de aquél, si es huérfano absoluto, a percibir la asignación económica por hijo con discapacidad a cargo.

2.3.5. La gestión de las pensiones no contributivas

Le gestión y reconocimiento de las pensiones de invalidez y jubilación no contributivas corresponde al IMSERSO o a los órganos competentes de las Comunidades Autónomas a las que se hubieran transferido las funciones y servicios de aquél en su territorio o que tuvieran establecido un concierto con el Gobierno a estos efectos[5]. Esta gestión también incorpora la determinación del grado de discapacidad o enfermedad crónica, a efectos de la concesión de la pensión de invalidez no contributiva (arts. 66.1.c) y 373 LGSS, art. 21.1 y DA 7ª RD 357/1991).

3. LAS PRESTACIONES FAMILIARES NO CONTRIBUTIVAS

La modalidad no contributiva de las prestaciones familiares está formada por tres prestaciones en forma de asignaciones económicas (art. 351 LGSS):

a) La asignación económica de pago periódico por hijo o menor a cargo con discapacidad.

b) La prestación económica de pago único por nacimiento o adopción de hijo, en supuestos de familias numerosas, monoparentales y en los casos de madres o padres con discapacidad.

c) La prestación económica de pago único por parto o adopción múltiples.

Estas prestaciones son universales dado que van dirigidas a todos los ciudadanos y se financian mediante aportaciones del Estado al Presupuesto

---

5 Actualmente, la gestión de estas pensiones no contributivas está atribuida a los órganos competentes de cada Comunidad Autónoma, y al IMSERSO sólo en las ciudades de Ceuta y Melilla.

de la Seguridad Social (art. 109.2 y 3.b) LGSS). Su régimen jurídico se contiene en los arts. 351 y ss. LGSS y en el RD 1335/2005, de 11 de noviembre.

3.1. La asignación económica por hijo o menor a cargo

La contingencia protegida por esta prestación es la situación de necesidad de las personas que tienen hijos o menores en régimen de acogimiento familiar permanente o guarda con fines de adopción con cierto grado de discapacidad (al menos, un 33 %).

> El requisito de la discapacidad del hijo/menor para poder acceder a esta asignación fue incorporado mediante el RDL 20/2020, por el que se aprobó el Ingreso Mínimo Vital (regulación actualmente recogida en la LIMV). Esta norma eliminó la prestación por hijo o menor a cargo sin discapacidad o con discapacidad inferior al 33 %, pasando ésta a integrarse en el IMV. Por contra, se mantiene la asignación económica por hijo o menor a cargo menor de dieciocho años de edad y afectado por una discapacidad en un grado igual o superior al 33 %, o mayor de dicha edad cuando el grado de discapacidad sea igual o superior al 65 %[6].
>
> El RDL 20/2020 primero y la LIMV después declaran expresamente incompatible el IMV con la percepción de la asignación económica por hijo o menor acogido a cargo, sin discapacidad o con discapacidad inferior al 33 %, cuando exista identidad de causantes o beneficiarios (art. 16 del RDL 20/2020 y DT Sexta de la LIMV). En la práctica, pueden ocurrir dos situaciones, en función de las cuantías de cada una de estas prestaciones:
>
> – Que la cuantía del IMV fuera *superior* a la percibida con motivo de la asignación por menor a cargo: se reconocerá el derecho al IMV, extinguiéndose el derecho a la asignación[7].
>
> – Que la cuantía del IMV fuera *inferior* a la percibida con motivo de la asignación por menor a cargo: el interesado podrá optar por el IMV (en cuyo caso, se extinguirá el derecho a la asignación) o por la asignación por menor a cargo (en cuyo caso, se denegará la solicitud del IMV por esta causa).

---

6 La determinación de la cuantía de la asignación para aquellos beneficiarios que mantengan o recuperen el derecho a la misma, se establece en el art. 78.6 RDL 8/2023 y en el párrafo d) de la DA Sexta del RD 1058/2022.

7 Sin perjuicio de lo anterior, para los beneficiarios de la asignación económica por menor a cargo en la fecha de entrada en vigor del RDL 20/2020 —siempre que concurrieran los requisitos señalados en la Disposición Transitoria Primera de la LIMV— por un importe igual o menor a la cuantía del IMV, se preveía una prestación económica transitoria del IMV hasta el 31 de diciembre de 2022 —también incompatible con la asignación por menor a cargo—.

Desde el 1 de junio de 2020 no se pueden presentar nuevas solicitudes para la referida asignación económica[8], que quedará a extinguir, sin perjuicio de que los ya beneficiarios puedan continuar percibiéndola hasta que dejen de concurrir los requisitos y proceda su extinción (DT Sexta de la LIMV).

3.1.1. Sujetos causantes

Son sujetos causantes de esta prestación (arts. 351 y 352 LGSS):

a) Los hijos a cargo del beneficiario menores de edad, cualquiera que sea la naturaleza legal de su filiación (biológicos o adoptados, matrimoniales o extramatrimoniales), afectados por una discapacidad en un grado igual o superior al 33 %.

b) Los hijos a cargo del beneficiario mayores de edad, cualquiera que sea la naturaleza legal de su filiación, afectados por una discapacidad igual o superior al 65 %.

c) Los menores de 18 años de edad a cargo del beneficiario, ya sea en régimen de acogimiento familiar permanente o de guarda con fines de adopción, que cumplan los requisitos señalados en los apartados anteriores.

La determinación y, en su caso, la revisión del grado de discapacidad, corresponderá a los órganos técnicos que determinen las Comunidades Autónomas y al IMSERSO en su ámbito competencial (Ciudades de Ceuta y Melilla), según el baremo que se contiene en el RD 888/2022, de 18 de octubre —modificado por la Orden DSA/934/2023, de 19 de julio— (arts. 354 LGSS y 15 RD 1335/2005). No obstante, la determinación de la necesidad del concurso de tercera persona se realizará mediante la aplicación del baremo establecido en el RD 174/2011, de 11 de febrero [art. 4.3.a) RD 888/2022].

Para causar la asignación por hijo o menor a cargo, deben concurrir tres requisitos:

1) El sujeto causante debe estar *"a cargo"* del beneficiario [art. 352.1.b) LGSS], considerándose que se da tal circunstancia *"cuando conviva y dependa económicamente del beneficiario"* (art. 9.1 RD 1335/2005); exigencias acumulativas y no alternativas. No obstante, se entenderá, salvo prueba en contrario, que *"existe dependencia económica cuando el hijo*

---

[8] Salvo que se presentara la solicitud en los 30 días naturales siguientes a dicha fecha alegando la imposibilidad para presentarla anteriormente con motivo de la suspensión de los plazos administrativos derivada de la COVID-19, operada por el Real Decreto 463/2020, de 14 de marzo.

o el menor acogido conviva con el beneficiario" (art. 9.2 RD 1335/2005). A estos efectos, la convivencia entre el hijo o menor a cargo y el beneficiario no se rompe por *"la separación transitoria motivada por razón de estudios, trabajo de los padres o acogedores, tratamiento médico, rehabilitación u otras causas similares"* (art. 9.2 RD 1335/2005). Además, nuestros tribunales interpretan el requisito de la convivencia con criterios flexibles, reconociendo el derecho a la prestación por hijo o menor a cargo cuando está justificada la falta de convivencia física, si existe dependencia económica.

La circunstancia de que el hijo/menor realice una actividad profesional lucrativa no impide, por sí misma, la consideración de hijo/menor a cargo [SSTS 19 noviembre 2003 (Rec. 4831/2002) y 26 enero 2005 (Rec. 893/2004)]. En este sentido, el segundo y tercer párrafo del art. 351.a) LGSS establecen que el causante no perderá dicha condición *"por el mero hecho de realizar un trabajo lucrativo por cuenta propia o ajena siempre que continúe viviendo con el beneficiario de la prestación y que los ingresos anuales del causante, en concepto de rendimientos del trabajo, no superen el 100 por cien del salario mínimo interprofesional, también en cómputo anual"* y que *"tal condición se mantendrá aunque la afiliación del causante como trabajador suponga su encuadramiento en un régimen de Seguridad Social distinto a aquel en el que esté afiliado el beneficiario de la prestación"*. Por consiguiente, si el hijo/menor a cargo trabaja por cuenta propia o ajena percibiendo por su trabajo una remuneración superior en cómputo anual al 100 % del SMI [y no del IPREM], no vive a expensas de sus progenitores o adoptantes, ni es hijo o menor a cargo a los efectos de percibir la prestación correspondiente —aunque esté aquejado de una discapacidad (STS 3.10.2019, Rec. 4205/2017)—.

Tampoco se considerará que el hijo/menor se encuentra a cargo del beneficiario *"cuando sea perceptor de una pensión contributiva, a cargo de un régimen público de protección social, distinta de la pensión de orfandad o de la pensión en favor de familiares de nietos y hermanos"* (art. 9.4 RD 1335/2005), como, por ejemplo, una pensión contributiva por IPT, IA o GI, una pensión de invalidez absoluta del SOVI, una pensión de viudedad o una pensión a favor de familiares (art. 9.4 RD 1335/2005).

Aunque no se considera expresamente la posibilidad de que el hijo/menor perciba rendimientos distintos a los de trabajo o de naturaleza prestacional, esta circunstancia también puede desvirtuar el concepto de estar a cargo, pues, de lo contrario, podría reconocerse la prestación, aunque el causante dispusiera, por ejemplo, de un considerable nivel de rentas del capital.

2) Debe residir en territorio español [arts. 352.1.b) LGSS y 10.1.a) RD 1335/2005[9]].

3.1.2. Beneficiarios

Pueden ser beneficiarios de las prestaciones económicas por hijo a cargo:

a) Los progenitores, adoptantes o acogedores del hijo o menor a cargo que cumplan los siguientes requisitos:

1) Residan legalmente en territorio español [art. 352.1.a) LGSS], si bien, excepcionalmente, se permite que el beneficiario resida en el extranjero cuando haya sido trasladado por su empresa, si se mantiene en situación asimilada al alta y cotizando en el correspondiente régimen de Seguridad Social español y se hace acompañar de los hijos o menores a cargo en razón de los cuales solicita la prestación [art. 10.1.a) y b) RD 1335/2005].

2) No tener derecho, ni los progenitores, ni los adoptantes, ni, en su caso, quienes tuviesen a su cargo un menor en régimen de acogimiento familiar permanente o guarda con fines de adopción, a prestaciones de esta misma naturaleza en cualquier otro régimen público de protección social [arts. 352.1.d) LGSS y 10.1.d) RD 1335/2005).

En el régimen previo al RDL 20/2020, se añadía un tercer requisito adicional para los beneficiarios: no percibir ingresos anuales, de cualquier naturaleza, superiores al límite que, para cada ejercicio económico, se establezca en la LPGE [arts. 352.1.c) LGSS y 10.1.c) RD 1335/2005], salvo en los supuestos de hijos o menores a cargo con discapacidad, en los que *"no se exigirá límite de recursos económicos"* (art. 352.3 LGSS) [STS 4 julio 2007 (Rec. 338/2006)]. Sin embargo, dada la reforma operada tras la aprobación del IMV, los sujetos causantes deben ser, necesariamente, hijos/menores con discapacidad, por lo que se ha eliminado la referencia al límite de ingresos anuales en la LGSS (si bien el RD 1335/2005, todavía no actualizado, continúa recogiendo este requisito). Este requisito sigue siendo relevante para aquellos beneficiarios que mantengan o recuperen el derecho a esta asignación tras la aprobación del RDL 20/2020 y posterior LIMV (véase art. 78.6 RDL 8/2023).

---

9 Se considerará cumplida esta condición en el supuesto de trabajadores trasladados por su empresa fuera del territorio español, que se encuentren en situación asimilada a la de alta y coticen en el correspondiente régimen de Seguridad Social español.

b) Los hijos con discapacidad mayores de 18 años cuya capacidad no haya sido modificada judicialmente y conserven su capacidad de obrar podrán ser beneficiarios de las asignaciones que en razón de ellos corresponderían a sus progenitores o adoptantes (arts. 352.2 LGSS y 10.2 RD 1335/2005). A tales efectos se precisa una solicitud expresa del hijo y la audiencia de éste y de sus progenitores o adoptantes, presumiéndose que el hijo con discapacidad mayor de 18 años conserva su capacidad de obrar, salvo que se acredite dicha incapacitación judicial (art. 10.2 RD 1335/2005).

c) Los huérfanos de padre y madre —o quienes hayan sido abandonados por sus padres, siempre que no se encuentren en régimen de acogimiento familiar permanente o guarda con fines de adopción—, menores de 18 años con discapacidad en un grado igual o superior al 33 % o mayores de dicha edad con una discapacidad en un grado igual o superior al 65 %, serán beneficiarios de la asignación que, en su caso y en razón de ellos, hubiera correspondido a sus progenitores o adoptantes (arts. 352.2 LGSS y 10.3 RD 1335/2005). No es preciso que la discapacidad del hijo existiera ya en vida de ambos progenitores o adoptantes, o de uno de ellos. Antes al contrario, la expresión les *"hubiera correspondido"* autoriza a entender que, con tal de que el hijo alcance el expresado grado de discapacidad, *"se devenga el derecho a la asignación, tanto si los padres viven en ese momento como si no; en el primer caso, los perceptores serían los padres, o aquél que de ellos viviere; y en el segundo, lo será el propio discapacitado"*.

Nuevamente, antes de la reforma operada por el RDL 20/2020, salvo al huérfano absoluto con discapacidad superior al 65 %, era requisito necesario para estos beneficiarios-causantes no percibir ingresos por encima del porcentaje establecido en la ley para los causantes de la prestación (art. 352.3 LGSS) [STS 23 noviembre 2016 (Rec. 3692/2014)]. Esto es, era requisito indispensable que sus ingresos anuales, incluida, en su caso, la pensión de orfandad o la pensión en favor de familiares, no superaran el límite establecido, para cada ejercicio económico, en la correspondiente LPGE (arts. 352.2 LGSS y 10.3 RD 1335/2005), computándose *"exclusivamente los ingresos que aquéllos perciban"* (art. 14.4 RD 1335/2005).

Por último, el art. 11 RD 1335/2005 establece determinadas reglas en orden a la determinación del beneficiario en ciertas situaciones especiales.

3.1.3. Contenido de la prestación

La cuantía de la asignación económica será la que se fije en la LPGE, en cómputo anual (art. 353.1 LGSS). Para el año 2024, esta cuantía se fija en 1.000 euros (art. 78.1 RDL 8/2023, en relación con la DA 36ª LPGE 2023 y DA Sexta del RD 1058/2022).

No obstante, se establecen dos importes especiales en atención a la edad y el grado de discapacidad del hijo o menor a cargo (art. 353.2 LGSS, art. 78.6 RDL 8/2023 y DA Sexta del RD 1058/2022), lo que no entraña discriminación alguna:

- En el caso de hijo mayor de dieciocho años a cargo con un grado de discapacidad igual o superior al 65 %, la cuantía de la prestación será de 5.647,20 euros en cómputo anual.
- En el caso de hijo a cargo mayor de dieciocho años, con un grado de discapacidad igual o superior al 75 % y que, como consecuencia de pérdidas anatómicas o funcionales, necesite el concurso de otra persona para realizar los actos más esenciales de la vida, tales como vestirse, desplazarse, comer o análogos, la cuantía de la prestación será de 8.469,60 euros en cómputo anual.

3.1.4. Dinámica del derecho

El reconocimiento del derecho a esta prestación surtirá efectos a partir del día primero del trimestre natural inmediatamente siguiente al de la presentación de la solicitud (art. 17.1 RD 1335/2005). Su devengo se realizará en función de las mensualidades a que, dentro de cada ejercicio económico, tenga derecho el beneficiario (arts. 356.1 LGSS y 18.1 RD 1335/2005), y su abono se llevará a cabo directamente por la TGSS (art. 18.2 RD 1335/2005). Con carácter general, el pago será semestral y deberá efectuarse por semestre vencido, salvo en las asignaciones económicas por hijo con discapacidad a cargo mayor de 18 años, respecto de las cuales el pago será de periodicidad mensual, y se efectuará por mensualidad vencida (art. 18.2 RD 1335/2005).

Todo beneficiario estará obligado a presentar ante el INSS, en el plazo de 30 días, contados desde la fecha en que se produzcan, una comunicación debidamente acreditada de cuantas variaciones tengan lugar en su familia, siempre que estas deban ser tenidas en cuenta a efectos del nacimiento, modificación o extinción del derecho a la asignación económica por hijo o menor a cargo (arts. 355 LGSS y 16.1 y RD 1335/2005) (STS 3.10.2020, Rec. 4205/2017).

El derecho al reconocimiento de las prestaciones económicas por hijo o menor a cargo prescribirá a los cinco años, contados desde el día siguiente a aquel en que tenga lugar el hecho causante de la prestación de que se trate (art. 53.1 LGSS). Esta regla se aplica en todos los supuestos, incluidos aquellos en que el beneficiario es el propio huérfano que actúa como carga familiar. Como señala la STS de 15 de marzo de 2004 (Rec. 1693/2003), la diferente función entre las prestaciones por hijo a cargo (compensar una carga familiar) y las prestaciones por muerte y supervivencia (compensar la pérdida de rentas profesionales aportadas por el causante al hogar familiar), determina la diferencia de régimen jurídico y, por tanto, no es posible trasladar la regla de imprescriptibilidad de las prestaciones de muerte y supervivencia a las prestaciones de protección a la familia.

3.2. Prestación económica de pago único por nacimiento o adopción en supuestos de familias numerosas o monoparentales y de madres o padres con discapacidad

Las situaciones protegidas por esta prestación son el nacimiento o la adopción de hijo en España en una familia numerosa o que, con tal motivo, adquiera dicha condición, en una familia monoparental o en los supuestos de madres o padres que padezcan una discapacidad igual o superior al 65 % (art. 357 LGSS).

3.2.1. Sujetos causantes

Son sujetos causantes de esta prestación económica los hijos nacidos o adoptados en una familia numerosa o que, con tal motivo, adquiera dicha condición, en una familia monoparental o en los supuestos de madres o padres que tengan reconocido un grado de discapacidad igual o superior al 65 % (art. 357.1 LGSS). Sólo se causa derecho a esta prestación cuando el nacimiento o la adopción se produzcan en territorio español (art. 357.1 LGSS). Ahora bien y como excepción, se considerará producido en España *"el nacimiento o la adopción que tenga lugar en el extranjero cuando se acredite que el hijo se ha integrado de manera inmediata en un núcleo familiar con residencia en territorio español"* (art. 20.1 RD 1335/2005).

A los efectos de la consideración de familia numerosa, se estará a lo dispuesto en la Ley 40/2003, de 18 de noviembre, y por *"familia monoparental"* se entenderá *"la constituida por un solo progenitor con el que convive el hijo nacido o adoptado y que constituye el sustentador único de la familia"* (art. 357.2 LGSS).

3.2.2. Beneficiarios

Los progenitores o adoptantes del hijo podrán ser beneficiarios de esta prestación de pago único cuando reúnan los siguientes requisitos (arts. 357.3 LGSS y 19 RD 1335/2005):

a) Residir legalmente en España.

b) No tener derecho a prestaciones de esa misma naturaleza en cualquier otro régimen público de protección social.

c) No percibir ingresos anuales, de cualquier naturaleza, que superen las cuantías establecidas en cada momento en la LPGE. Para el año 2024, esta cuantía se fija en 14.544,00 euros anuales, contemplándose, adicionalmente, un incremento del 15 % por cada hijo a cargo, a partir del segundo, este incluido. En cambio, si se trata de familias numerosas, este límite anual se cifra en 21.888,00 euros anuales, incrementándose en 3.546,00 euros anuales por cada hijo a cargo a partir del cuarto, este incluido (art. 78.6 RDL 8/2023 y DA Sexta del RD 1058/2022).

A los exclusivos efectos de la determinación del límite de ingresos, se considerará a cargo el hijo menor de dieciocho años, o mayor de dicha edad afectado por una discapacidad en un grado igual o superior al 65 %, así como por los menores a cargo en régimen de acogimiento familiar permanente o guarda con fines de adopción (art. 357.3, tercer párrafo, LGSS).

No obstante lo anterior, aun cuando se superen los límites señalados, cabe la posibilidad de acceder a esta prestación en los términos que se expondrán a continuación (pero en menor cuantía).

3.2.3. Contenido de la prestación

La prestación económica por nacimiento o adopción de hijo consistirá *"en un pago único de 1.000 euros"* (art. 358.1 LGSS y art. 78.1 RDL 8/2023 en relación con la DA 36ª LPGE 2023). En los casos en que los ingresos anuales percibidos, por cualquier naturaleza, superando el límite establecido en el art. 352.1.c) LGSS, sean inferiores al importe conjunto que resulte de sumar a dicho límite el importe de la prestación, *"la cuantía de esta última será igual a la diferencia entre los ingresos percibidos por el beneficiario y el resultado de la indicada suma"*, no reconociéndose la prestación en los supuestos en que dicha diferencia sea inferior al importe establecido en la LPGE, que se fija en 10 euros (art. 358.2 LGSS y DA 36ª LPGE 2023).

3.3. Prestación económica de pago único por parto o adopción múltiples

Las situaciones protegidas por esta prestación son el parto o la adopción múltiples cuando el número de hijos nacidos o adoptados sea igual o superior a dos.

3.3.1. Sujetos causantes

Son sujetos causantes de esta prestación los hijos nacidos o adoptados en virtud de un parto o adopción múltiples cuando el número de nacidos o adoptados sea igual o superior a dos (arts. 359 LGSS y 24.1 RD 1335/2005). El nacimiento o adopción debe tener lugar en España (art. 359 LGSS), si bien también causarán derecho a la prestación los nacimientos o adopciones que se produzcan en el extranjero cuando se acredite que los hijos se han integrado de manera inmediata en un núcleo familiar con residencia en territorio español (art. 24.1 RD 1335/2005).

3.3.2. Beneficiarios

Los progenitores o adoptantes —o, en su defecto, quien reglamentariamente se establezca— tendrán derecho a esta prestación cuando residan legalmente en territorio español y ninguno de ellos tenga derecho a prestaciones de esta misma naturaleza en cualquier otro régimen público de protección social (arts. 359 LGSS y 23 RD 1335/2005).

3.3.3. Contenido de la prestación

La prestación económica consiste en el pago único de una cantidad cuyo importe se determina en función del número de hijos nacidos o adoptados de forma múltiple, según la siguiente escala (art. 360 LGSS): si son dos, cuatro veces el SMI mensual; si son tres, ocho veces el SMI mensual; y si son cuatro o más, doce veces el SMI mensual. Los hijos o adoptados de forma múltiple que estén afectados por una discapacidad igual o superior al 33 % computarán el doble (arts. 20.3, por remisión del art. 24.2 RD 1335/2005).

3.3. Disposiciones comunes

3.3.1. Régimen de incompatibilidades de las prestaciones familiares

El régimen de compatibilidades e incompatibilidades de las prestaciones familiares no contributivas se contiene en los arts. 361 LGSS y 29 y 30 RD 1335/2005. Con carácter general, se prevén dos incompatibilidades: 1) si en ambos progenitores o adoptantes concurren las circunstancias necesarias para tener la condición de beneficiarios de alguna de estas prestaciones, el derecho a percibirlas solo podrá ser reconocido en favor de uno de ellos; y, 2) la percepción de las prestaciones familiares no contributivas es incompatible con la percepción, por parte de los beneficiarios, de cualquier otra prestación análoga establecida en los restantes regímenes públicos de protección social.

3.3.2. Gestión de las prestaciones familiares no contributivas

La gestión de las prestaciones familiares corresponde al INSS (art. 27 RD 1335/2005) y su tramitación debe ajustarse a lo dispuesto en la LPAC, en los términos previstos en el art. 129 LGSS (art. 27 RD 1335/2005), y en el art. 28 RD 1335/2005. A los efectos previstos en el art. 129.3 LGSS, es de aplicación el RD 286/2003, de 7 de marzo, por el que se establece la duración de los plazos para la resolución de los procedimientos administrativos para el reconocimiento de prestaciones en materia de Seguridad Social (art. 27 RD 1335/2005).

4. EL INGRESO MÍNIMO VITAL

El RDL 20/2020, de 29 de mayo, incorporó a nuestro ordenamiento una nueva prestación, actualmente regulada en la LIMV: el Ingreso Mínimo Vital. Esta regulación se dictó al amparo de lo dispuesto en el art. 149.1 CE (Disposición Final Décima LIMV), que atribuye al Estado la competencia exclusiva, entre otras materias, sobre *"legislación básica y régimen económico de la Seguridad Social"*. Por tanto, el IMV *"forma parte de la acción protectora del sistema de la Seguridad Social como prestación económica en su modalidad no contributiva"*, en desarrollo del art. 41 de la CE, sin perjuicio de las ayudas que puedan establecer las Comunidades Autónomas en el ejercicio de sus competencias de asistencia social (art. 2 LIMV).

Desde la inclusión de las prestaciones no contributivas de Seguridad Social y hasta la aparición del IMV, había coexistido una asistencia social estatal, subsidiaria de las prestaciones económicas contributivas —entre ellas, la Renta Activa de Inserción—, y una asistencia social autonómica, constituida por las rentas mínimas otorgadas por las distintas Comunidades Autónomas. Por tanto, a pesar de la novedad del IMV a nivel estatal, lo cierto es que la dinámica de esta prestación no era desconocida en España, pues se asemeja en gran medida a las citadas rentas mínimas, presentes en todas las Comunidades Autónomas al tiempo de la aprobación del IMV, si bien con diferentes denominaciones y regímenes jurídicos, lo que suponía importantes diferencias dentro del territorio nacional[10].

Con esta prestación se ha conseguido completar el nivel no contributivo estatal (GONZÁLEZ, 2019), abriendo el acceso al mismo con carácter universal, al margen de las ya estudiadas prestaciones familiares y pensiones no contributivas de invalidez y jubilación, destinadas a colectivos muy específicos.

4.1. Objetivos perseguidos con la creación del IMV

El objeto del IMV es la creación de una *"prestación dirigida a prevenir el riesgo de pobreza y exclusión social de las personas que vivan solas o integradas en una unidad de convivencia, cuando se encuentren en una situación de vulnerabilidad por carecer de recursos económicos suficientes para la cobertura de sus necesidades básicas"* (art. 1 LIMV).

Así pues, el objetivo perseguido por el IMV es corregir los altos niveles de desigualdad y pobreza extrema en España, niveles que no han podido corregirse plenamente con los modelos autonómicos de rentas mínimas (de gran heterogeneidad) y que se han visto agravados por la crisis sanitaria de la COVID-19. Asimismo, se pretende que el IMV juegue un papel importante de *"seguro colectivo"* en el futuro próximo frente a retos como

---

10 Ejemplo de ello es la diferencia de cuantías, que oscilaba, en el año 2020, entre los 300 euros (Ceuta) y los 693'73 euros (País Vasco) —cifras que, en atención a determinadas circunstancias, fundamentalmente, al número de miembros de la unidad familiar, podían ser superiores—. Las rentas mínimas autonómicas están llamadas a ser sustituidas por el IMV, salvo modificación normativa de su régimen para complementar a esta prestación estatal o, en su caso, cubrir a colectivos no cubiertos por esta (cosa que ya han hecho algunas autonomías).

"carreras laborales más inciertas, nuevas vulnerabilidades como la puesta de manifiesto por la crisis de COVID-19, transformaciones económicas asociadas a la robotización o el cambio climático, y en general una mayor volatilidad en los ingresos y los empleos, problemas frente a los que casi nadie será inmune, pero que afectarán especialmente a los grupos sociales más vulnerables".

Además de lo anterior, uno de los elementos clave del IMV es su objetivo de lograr la *"inclusión social"* en el mercado de trabajo de sus beneficiarios. Este objetivo se destaca en la propia Exposición de Motivos de la LIMV, al señalar que esta prestación no es un fin en sí misma, *"sino una herramienta para facilitar la transición de los individuos desde la exclusión social que les impone la ausencia de recursos hacia una situación en la que se puedan desarrollar con plenitud en la sociedad".* Asimismo, en el artículo 3.d), se indica que el IMV *"se configura como una red de protección dirigida a permitir el tránsito desde una situación de exclusión a una de participación en la sociedad. Contendrá para ello en su diseño incentivos al empleo y a la inclusión, articulados a través de distintas fórmulas de cooperación entre las administraciones".*

4.2. Ámbito subjetivo del IMV

La regulación del IMV distingue dos colectivos con diferentes obligaciones: los beneficiarios de la prestación y los titulares de la misma. Así, mientras los primeros son aquellos destinatarios del IMV, los segundos son quienes solicitarán y percibirán la prestación en nombre propio (si es titular individual) o en nombre de la unidad de convivencia (si es esta la beneficiaria, formada por varias personas).

A) Personas beneficiarias del IMV

Pueden ser beneficiarias del IMV (art. 4.1 LIMV):

a) Las personas integrantes de una unidad de convivencia.

El artículo 6 de la citada norma define esta unidad, con carácter general, como la constituida por todas las personas que residan en un mismo domicilio y que estén unidas entre sí por vínculo matrimonial, como pareja de hecho[11] o por vínculo hasta el segundo grado de consanguini-

[11] Se considerará pareja de hecho la constituida con análoga relación de afectividad a la conyugal por quienes, no hallándose impedidos para contraer matrimonio, no tengan vínculo matrimonial, ni constituida pareja de hecho con otra persona y acredite en dicha constitución. La existencia de pareja de hecho se acreditará me-

dad, afinidad, adopción, y otras personas con las que convivan en virtud de guarda con fines de adopción o acogimiento familiar permanente.

El fallecimiento de alguna de las personas que constituyen la unidad de convivencia no alterará la consideración de tal, aunque dicho fallecimiento suponga la pérdida, entre los supérstites, de los vínculos previstos en el apartado anterior (art. 6.1, tercer párrafo, LIMV).

Se considerará que no rompe la convivencia la separación transitoria por razón de estudios, trabajo, tratamiento médico, rehabilitación u otras causas similares. A tal efecto, es requisito para la consideración de integrante de la unidad de convivencia la residencia efectiva, legal y continuada en España (art. 6.2 LIMV).

Además, en ningún caso una misma persona podrá formar parte de dos o más unidades de convivencia (art. 6.3 LIMV).

b) Las personas —individualmente consideradas— que cumplan los siguientes requisitos:
   - Tener al menos 23 años;
   - No ser beneficiario de pensión contributiva por jubilación o incapacidad permanente, ni de pensión no contributiva por invalidez o jubilación; y
   - No estar integrada en una unidad de convivencia, siempre que no esté unida a otra persona por vínculo matrimonial o como pareja de hecho, salvo las que hayan iniciado los trámites de separación o divorcio o las que se encuentren en otras circunstancias que puedan determinarse reglamentariamente.

No se exigirá el cumplimiento de los requisitos de edad ni el de haber iniciado los trámites de separación o divorcio en los supuestos de mujeres víctimas de violencia de género o víctimas de trata de seres humanos y explotación sexual.

---

diante certificación de la inscripción en alguno de los registros específicos existentes en las comunidades autónomas o ayuntamientos del lugar de residencia, en su caso, o documento público en el que conste la constitución de dicha pareja. Tanto la mencionada inscripción como la formalización del correspondiente documento público deberán haberse producido con una antelación mínima de dos años con respecto a la fecha de la solicitud de la prestación, no requiriéndose este plazo en el caso de que existan hijos o hijas en común. No se exigirá el requisito de inscripción en un Registro de parejas de hecho, ni constitución de dicha pareja en documento público, en el caso de que se tengan hijos o hijas comunes (art. 21.4 LIMV).

Tampoco se exigirá el cumplimiento de este requisito a las personas de entre 18 y 22 años que se encuentren en alguno de estos dos supuestos: a) que provengan de centros residenciales de protección de menores de las diferentes Comunidades Autónomas habiendo estado bajo la tutela de Entidades Públicas de protección de menores dentro de los tres años anteriores a la mayoría de edad, o sean huérfanos absolutos, siempre que vivan solos sin integrarse en una unidad de convivencia; o b) que provengan de un centro penitenciario por haber sido liberados de prisión, siempre que la privación de libertad haya sido por tiempo superior a seis meses.

Con carácter general, podrán ser beneficiarias del IMV las personas que temporalmente sean usuarias de una prestación de servicio residencial, de carácter social, sanitario o socio-sanitario. Sin embargo, no podrán acceder al IMV si esta prestación de servicio residencial es de carácter permanente, salvo en el supuesto de mujeres víctimas de violencia de género o víctimas de trata de seres humanos y explotación sexual, así como otras excepciones que se establezcan reglamentariamente (art. 4.2 LIMV).

En todo caso, las personas beneficiarias deberán cumplir los requisitos de acceso a la prestación, así como las obligaciones para el mantenimiento del derecho (art. 4.3 LIMV).

Por último, deben señalarse tres situaciones especiales en las que determinadas personas podrán ostentar también la condición de beneficiarias del IMV, tanto como integrantes de una unidad de convivencia independiente como de forma individual, cuando convivan en el mismo domicilio con otras personas con las que mantengan alguno de los vínculos antes señalados, recogidos en el artículo 6.1 citado (art. 7 LIMV):

1) Cuando una mujer, víctima de violencia de género, haya abandonado su domicilio familiar habitual acompañada o no de sus hijos o de menores en régimen de guarda con fines de adopción o acogimiento familiar permanente.
2) Cuando con motivo del inicio de los trámites de separación, nulidad o divorcio, o de haberse instado la disolución de la pareja de hecho formalmente constituida, una persona haya abandonado su domicilio familiar habitual acompañada o no de sus hijos o menores en régimen de guarda con fines de adopción o acogimiento familiar permanente.
3) Cuando se acredite haber abandonado el domicilio por desahucio, o por haber quedado el mismo inhabitable por causa de accidente o de fuerza mayor, así como otros supuestos que se establezcan reglamentariamente.

B) Personas titulares del IMV

Serán titulares del IMV las personas con capacidad jurídica que lo soliciten y perciban, en nombre propio o en nombre de una unidad de convivencia, asumiendo, en este último caso, la representación de la citada unidad (art. 5.1 LIMV). Los requisitos para ser titular de la prestación varían en función de solicitarla en nombre propio o de una unidad de convivencia.

En el primer caso, los titulares del IMV deberán tener una edad mínima de 23 años, salvo en los supuestos de mujeres víctimas de violencia de género o víctimas de trata de seres humanos y explotación sexual, en los que se exigirá que la persona titular sea mayor de edad o menor emancipada, y los casos de personas que hayan estado bajo la tutela de Entidades Públicas de protección de menores dentro de los tres años anteriores a la mayoría de edad o que provengan de centros penitenciarios por haber sido liberados de prisión, siempre que la privación de libertad haya sido por tiempo superior a seis meses, en los que se exigirá que la persona titular sea mayor de edad (art. 5.2 *in fine* LIMV).

En el segundo caso, en cambio, se exige a los titulares del IMV que tengan una edad mínima de 23 años o ser mayores de edad o menores emancipados en caso de tener hijos o menores en régimen de guarda con fines de adopción o acogimiento familiar permanente o huérfanos absolutos cuando sean los únicos miembros de la unidad de convivencia y ninguno de ellos alcance la edad de 23 años (art. 5.2 LIMV). Si en una misma unidad de convivencia existieran varias personas que pudieran ostentar la condición de titular, será considerada como tal la persona a la que se le reconozca la prestación solicitada en nombre de la unidad de convivencia (art. 5.3 LIMV).

Además, la LIMV da la posibilidad de que la entidad gestora acuerde el pago de la prestación a otro de los miembros de la unidad de convivencia distinto del titular en los términos que se establezcan reglamentariamente (art. 5.4).

4.3. Requisitos de acceso al IMV

Todas las personas beneficiarias, estén o no integradas en una unidad de convivencia, deberán cumplir los siguientes requisitos (art. 10.1 LIMV):

1) Tener residencia legal y efectiva en España y haberla tenido de forma continuada e ininterrumpida durante, al menos, el año inmediata-

mente anterior a la fecha de presentación de la solicitud[12]. No se exigirá este requisito respecto de:

- Los menores incorporados a la unidad de convivencia por nacimiento, adopción, reagrupación familiar de hijos e hijas, guarda con fines de adopción o acogimiento familiar permanente.
- Las personas víctimas de trata de seres humanos y de explotación sexual.
- Las mujeres víctimas de violencia de género.

2) Encontrarse en situación de vulnerabilidad económica por carecer de rentas, ingresos o patrimonio suficientes.

Para la determinación de la concurrencia de este último requisito se tomará en consideración la capacidad económica de la persona solicitante beneficiaria individual o, en su caso, de la unidad de convivencia en su conjunto, computándose los recursos de todos sus miembros (art. 11.1 LIMV).

Se apreciará que concurre este requisito cuando el promedio mensual del conjunto de ingresos y rentas anuales computables de la persona beneficiaria individual o del conjunto de miembros de la unidad de convivencia, correspondientes al ejercicio anterior, sea inferior, al menos en 10 euros, a la cuantía mensual del IMV que corresponda en función de la modalidad y del número de miembros de la unidad de convivencia[13].

A efectos del cumplimiento del requisito de vulnerabilidad económica, no computarán como ingresos (art. 20.1.f) LIMV):
- Las rentas exentas a las que se refieren los párrafos b), c), d), i), j), n), q), r), s), t), x) e y) del art. 7 de la LIRPF.
- Ayudas para el estudio y las ayudas de vivienda, tanto por alquiler como para adquisición.
- Para la persona obligada al abono, la pensión compensatoria que deba ser satisfecha de conformidad con lo previsto en el artículo 97 del CC y la pen-

---

[12] A efectos del mantenimiento del derecho al IMV, se entenderá que una persona tiene su residencia habitual en España aun cuando haya tenido estancias en el extranjero, siempre que estas no superen los 90 días naturales a lo largo de cada año natural o cuando la ausencia del territorio español esté motivada por causas de enfermedad debidamente justificadas.

[13] No obstante, el artículo 11.5 de la LIMV prevé que, cuando no se reúna el requisito de vulnerabilidad económica en el ejercicio anterior, se podrá solicitar el reconocimiento del derecho al IMV desde el 1 de abril hasta el 31 de diciembre del año en curso en aquellos supuestos en los que la situación de vulnerabilidad económica haya sobrevenido durante el año en curso, regulando los requisitos necesarios para ello.

sión de alimentos en favor de los hijos que deba ser satisfecha de conformidad con lo previsto en artículo 93 del CC, siempre que se haya producido el pago de las mismas. En la unidad de convivencia que debe recibir la pensión por alimentos, será renta exenta cuando no se hubiera producido el abono por la persona obligada al pago.
– Desde el 22 de noviembre de 2024, tampoco computará el subsidio no contributivo por desempleo, cuando a la fecha de solicitud de la prestación se hubiera extinguido[14].
– Asimismo, se exceptuará del cómputo de ingresos y patrimonio el importe de la asignación económica por hijo o menor a cargo sin discapacidad o con discapacidad inferior al 33 por ciento percibido (DT Sexta LIMV).

No se apreciará que concurre este requisito cuando la persona beneficiaria individual sea titular de un patrimonio neto valorado, de acuerdo con los criterios que se contemplan en el art. 20 de la LIMV, en un importe igual o superior a tres veces la cuantía correspondiente al IMV para una persona beneficiaria individual. En el caso de las unidades de convivencia, se entenderá que no concurre este requisito cuando sean titulares de un patrimonio valorado en un importe igual o superior a la cuantía resultante de aplicar la escala de incrementos que figura en el Anexo II, siendo esta la siguiente (actualizada a datos de 2024):

Escala de incrementos (límite de patrimonio) para 2024	
Un adulto solo.	21.751,80 € (3 veces la renta garantizada para un solo adulto)
Un adulto y un menor.	1,4
Un adulto y dos menores.	1,8
Un adulto y tres menores.	2,2
Un adulto y cuatro o más menores.	2,6
Dos adultos.	1,4
Dos adultos y un menor.	1,8
Dos adultos y dos menores.	2,2
Dos adultos y tres o más menores.	2,6
Tres adultos.	1,8

14 Este precepto ha sido modificado por el RDL 2/2024, de 21 de mayo, pero la nueva redacción no entrará en vigor hasta el 22 de noviembre de 2024. Con esta misma fecha de efectos, la DA 12ª LIMV establece un procedimiento para que los beneficiarios del subsidio por desempleo que agoten su duración máxima puedan acceder directamente al IMV.

Escala de incrementos (límite de patrimonio) para 2024	
Tres adultos y un menor.	2,2
Tres adultos y dos o más menores.	2,6
Cuatro adultos.	2,2
Cuatro adultos y un menor.	2,6
Otros.	2,6

Igualmente, quedarán excluidos del acceso al IMV, independientemente de la valoración del patrimonio neto (art. 11.3 LIMV):

- Las personas beneficiarias individuales o las unidades de convivencia, que poseen activos no societarios sin vivienda habitual por un valor superior al establecido en el anexo III. Este anexo fija el límite de "test de activos" para un adulto en 6 veces la renta garantizada del IMV, con una escala de incrementos igual a la del anexo II, según el tipo de unidad de convivencia.
- Las personas beneficiarias individuales o las personas que se integren en una unidad de convivencia en la que cualquiera de sus miembros sea administrador de derecho de una sociedad mercantil que no haya cesado en su actividad.

Además de estos requisitos generales, hay que añadir un requisito adicional, diferente en función de si nos encontramos ante una persona beneficiaria que se integra en una unidad de convivencia o no:

- Salvo excepciones, las personas beneficiarias que no se integren en una unidad de convivencia, deberán reunir el siguiente requisito adicional[15] (art. 10.2 LIMV):
    a. Si son menores de 30 años en la fecha de solicitud del IMV, deberán acreditar haber vivido de forma independiente en España durante, al menos, los 2 años inmediatamente anteriores a la so-

[15] Este requisito no se exigirá cuando el cese de la convivencia con los progenitores, tutores o acogedores se hubiera debido al fallecimiento de estos. Tampoco se exigirá a las personas que por ser víctimas de violencia de género hayan abandonado su domicilio habitual, a las personas sin hogar, a las que hayan iniciado los trámites de separación o divorcio, a las personas víctimas de la trata de seres humanos y de explotación sexual y personas que provengan de centros penitenciarios por haber sido liberados de prisión siempre que la privación de libertad haya sido por tiempo superior a seis meses, o a las que se encuentren en otras circunstancias que puedan determinarse reglamentariamente.

licitud. Este requisito no se exigirá a las personas de entre 18 y 22 años que provengan de centros residenciales de protección de menores de las diferentes Comunidades Autónomas.

b. Si son mayores de 30 años en la fecha de solicitud del IMV, deberán acreditar que, durante el año inmediatamente anterior a dicha fecha, su domicilio en España ha sido distinto al de sus progenitores, tutores o acogedores.

– En cambio, cuando las personas beneficiarias formen parte de una unidad de convivencia, se exigirá que la misma esté constituida, en los términos señalados anteriormente, durante al menos los seis meses anteriores a la presentación de la solicitud, de forma continuada. No obstante lo anterior, este requisito no se exigirá: en los casos de nacimiento, adopción, guarda con fines de adopción o acogimiento familiar permanente de menores, reagrupación familiar de hijas e hijos menores de edad, en los supuestos de mujeres víctimas de violencia de género o víctimas de trata de seres humanos y explotación sexual, o en otros supuestos justificados que puedan determinarse reglamentariamente (art. 10.3 LIMV).

4.4. La incentivación del trabajo en la LIMV

Como acaba de exponerse, uno de los requisitos que deben cumplirse para poder acceder al IMV es la carencia de rentas en los términos anteriormente señalados. Sin embargo, este requisito está vinculado con uno de los principales problemas asociados a las rentas mínimas en general, y al IMV en particular: el efecto perverso que podría tener sobre el nivel de empleo formal. En la regulación del IMV se ha tenido en cuenta este problema, incorporando diversas disposiciones en este sentido.

Tradicionalmente se ha considerado, por un lado, la posibilidad de que estas rentas fomenten el trabajo en la economía informal (pues, de este modo, los beneficiarios podrían obtener ingresos por dos vías simultáneamente); y, por otro lado, el posible desincentivo para los beneficiarios de estas rentas de acceder a un empleo formal al contar ya con un nivel de ingresos aceptable.

Es por ello por lo que la regulación del IMV ha tenido en cuenta esta problemática, tanto en el régimen disciplinario específico (art. 38.3.d) y 4.f) de la LIMV), como en la compatibilidad del IMV con las rentas del trabajo y la creación del Sello de Inclusión Social.

Además, la LIMV establece diversos mecanismos de colaboración entre Administraciones con el objeto de elaborar itinerarios personalizados para sacar a los beneficiarios de la situación de pobreza.

4.4.1. La compatibilidad del IMV con las rentas del trabajo o de actividades económicas por cuenta propia

La LIMV, en su artículo 11.4, reconoce la *compatibilidad del IMV con las rentas del trabajo* o de actividades económicas por cuenta propia. Esta compatibilidad, no obstante, se configura "*en los términos y con los límites que reglamentariamente se establezcan*". Esta regulación reglamentaria se aprobó, tras dos años de espera, mediante el RD 789/2022, de 27 de septiembre. Sin embargo, esta norma no entró en vigor hasta el 1 de enero de 2023 (DF Cuarta).

En este sentido, en la exposición de motivos del RD 789/2022 se refuerza la idea de que este "*incentivo al empleo busca la no desincentivación a incorporarse al mercado laboral o a poder incrementar el número de horas en el caso en el que el individuo esté trabajando porque hace que no pierda un euro de prestación, sino menos, por cada euro que se incrementan los salarios por un incremento en la oferta laboral*".

Este incentivo al empleo consiste, pues, en determinar un importe del incremento de rentas derivadas del trabajo que no se computará para la determinación de la cuantía de la prestación del IMV. Este importe se determina en función de la composición de la unidad de convivencia, del tipo de incremento de la oferta laboral (esto es, de si el hogar incrementa sus ingresos salariales partiendo de una situación en la que no trabajaba –hogares del margen extensivo– o los incrementa por aumentar horas de trabajo –hogares del margen intensivo), y de los ingresos que dieron lugar a la prestación del IMV, en función de distintos tramos de dicho incremento.

Concretamente, podrán beneficiarse de esta compatibilidad las personas beneficiarias del IMV que incrementen sus ingresos respecto del año que se tuvo en cuenta para el cómputo de sus ingresos siempre que hayan sido beneficiarias de esta prestación en el año anterior a la aplicación de la revisión y el 1 de enero del ejercicio en el que se vaya a realizar la revisión se mantenga el derecho a su percepción (art. 2 RD 789/2022).

Para el cálculo de esta compatibilidad, se tendrán en cuenta los incrementos producidos en los dos ejercicios fiscales previos al año de la revisión del IMV (en el caso de las unidades de convivencia, se tendrán en cuenta tanto los incrementos como las disminuciones que se hubieran producido para la totalidad de sus integrantes).

El importe de la renta exenta será el resultante de aplicar los tramos previstos en el anexo III del RD 789/2022 al incremento de rentas del trabajo o de la actividad económica por cuenta propia (art. 4.1 RD 789/2022). Todo ello se plasma en diferentes posibilidades de incentivo determinadas por: tres tipos de unidades de convivencia (solo personas adultas, una persona adulta con menores, más de una persona adulta con menores), dos tipos de incremento en la oferta laboral (margen intensivo y extensivo), y tres tramos de importes del incremento de ingresos del trabajo o de la actividad económica.

Los tramos determinados en función de estas posibilidades son los siguientes (anexo III):

- *Tramo 1*: el importe de los incrementos de los ingresos hasta una cuantía igual al 60 % de la renta garantizada de la unidad de convivencia, se excluirá en un 100 % del cómputo para el cálculo del IMV.
- *Tramo 2*: al importe de los incrementos de los ingresos que supere la cuantía máxima del tramo 1, y hasta la cuantía de dicha renta garantizada, le será aplicado un porcentaje que dependerá de la inclusión o no de ingresos procedentes del trabajo o de la actividad por cuenta propia en el ejercicio fiscal previo al ejercicio fiscal anterior al año de la revisión, de la situación de la persona beneficiaria en función de que se integre o no en una unidad de convivencia, y de la composición de la unidad de convivencia.
  - Cuando el ejercicio fiscal previo al ejercicio fiscal anterior al año de la revisión no incluya ingresos procedentes del trabajo o de la actividad económica por cuenta propia para ninguna de las personas en la unidad de convivencia, le será aplicado el siguiente porcentaje:

    1.ª En el supuesto de personas beneficiarias individuales o en el de unidades de convivencia compuestas exclusivamente por personas adultas, el porcentaje de exención será del 30 % salvo en el caso de que se les aplique el complemento de discapacidad en el IMV.

    2.ª En el supuesto de unidades de convivencia compuestas por más de una persona adulta con uno o varios menores a cargo, el porcentaje de exención será del 35 %, salvo en el caso de unidades de convivencia a las que se les aplica el complemento de discapacidad en el IMV.

3.ª En el caso de unidades de convivencia compuestas por una persona adulta con uno o varios menores a cargo o en el supuesto de personas beneficiarias individuales o unidades de convivencia a las que se les aplica el complemento de discapacidad en el IMV, el porcentaje de exención será del 40 %.

- Cuando el ejercicio fiscal previo al ejercicio fiscal anterior al año de la revisión incluya ingresos procedentes del trabajo o de la actividad económica por cuenta propia para alguna de las personas en la unidad de convivencia, le será aplicado el siguiente porcentaje:

  1.ª El porcentaje de exención será del 20 %, en el supuesto de personas beneficiarias individuales o en el de unidades de convivencia compuestas exclusivamente por personas adultas.

  2.ª En el caso de unidades de convivencia compuestas por más de una persona adulta con uno o varios menores a cargo, el porcentaje de exención será del 25 %.

  3.ª En el caso de unidades de convivencia compuestas por una persona adulta con uno o varios menores a cargo, el porcentaje de exención será del 30 %.

El resultado de aplicar el porcentaje correspondiente al importe al que se refiere este tramo 2, se excluirá del cómputo para el cálculo de la prestación del IMV.

– *Tramo 3*: el importe de los incrementos de los ingresos que supere la cuantía de la renta garantizada de la unidad de convivencia, no se excluirá del cómputo para el cálculo del IMV.

Este complejo sistema de exenciones persigue incentivar en mayor medida a los hogares con menores que a los hogares sin menores. Dentro de la categoría de hogares con menores, se quiere incentivar más a los hogares donde solo hay un adulto (familias monoparentales) frente a los que tienen dos o más adultos. Además, se busca incentivar más a los hogares cuyos integrantes pasan de no trabajar a hacerlo, que a los hogares en los que, aun incrementando la oferta laboral, sus integrantes ya estaban trabajando.

Es importante resaltar que el reconocimiento y efecto de esta exención se activará de oficio por parte del INSS, por lo que no es necesario realizar ningún trámite adicional para ello (art. 5.1 RD 789/2022).

4.4.2. La creación del Sello de Inclusión Social

La finalidad de incentivar el trabajo en la regulación del IMV se ha visto plasmada también en la creación del *Sello de Inclusión Social.* Este sello se utiliza para distinguir a aquellas empresas y entidades que contribuyan al tránsito de las personas beneficiarias del IMV desde una situación de riesgo de pobreza y exclusión a la participación activa en la sociedad (DA Primera de la LIMV[16]). No obstante, su regulación se remitía a un eventual desarrollo reglamentario que, finalmente, vio la luz en julio de 2022, mediante el RD 636/2022, de 26 de julio (en vigor desde el 16 de agosto de 2022).

Este Sello se trata de un distintivo público de la Administración General del Estado que se concede a las entidades públicas empresariales, a las sociedades mercantiles públicas, a las empresas privadas, a los trabajadores por cuenta propia o autónomos, así como a las fundaciones que desarrollen actuaciones que contribuyan al tránsito de las personas beneficiarias del IMV desde una situación de riesgo de pobreza y exclusión a la inclusión y participación activa en la sociedad (art. 2.1 RD 636/2022), siendo su gestión competencia del Ministerio de Inclusión, Seguridad Social y Migraciones.

El RD 636/2022 prevé cinco tipologías diferentes de este Sello (art. 4.2):

1) El *Sello de Inclusión Social-Acceso a bienes y servicios*, que reconoce iniciativas dirigidas a facilitar el acceso a bienes y servicios básicos a las personas beneficiarias del IMV.
2) El *Sello de Inclusión Social-Apoyo a la infancia y la adolescencia*, que reconoce iniciativas que mejoren las oportunidades de los niños, niñas y adolescentes beneficiarios del IMV (por ejemplo, permitiéndoles crecer en entornos seguros o aumentando las capacidades de la comunidad educativa).
3) El *Sello de Inclusión Social-Inserción sociolaboral*, que reconoce actuaciones dirigidas a facilitar el acceso al mercado laboral de las personas beneficiarias del IMV.
4) El *Sello de Inclusión Social-Digitalización*, que reconoce actuaciones dirigidas al acceso y uso de las tecnologías digitales y a la mejora de las competencias digitales de los beneficiarios del IMV.
5) Y, por último, el *Sello de Inclusión Social-Otros*, que reconoce actuaciones ligadas a la inclusión social de las personas beneficiarias del IMV que no se encuentren en las categorías anteriores (por ejemplo,

---

16 En esta Disposición Adicional, además, se reconoce que la condición de figurar como beneficiario del IMV en el momento de su contratación servirá a los efectos de cómputo del porcentaje a que se refiere el artículo 147.2 a) de la *Ley 9/2017, de 8 de noviembre, de Contratos del Sector Público, por la que se trasponen al ordenamiento jurídico español las Directivas del Parlamento Europeo y del Consejo 2014/23/UE y 2014/24/UE, de 26 de febrero de 2014.*

actuaciones destinadas a la mejora de las habilidades personales y sociales, la reducción de la pobreza energética y la educación financiera).

El procedimiento para la concesión del Sello se regula en el Capítulo II del RD (arts. 5 a 10), iniciándose a solicitud del interesado (art. 3.1). En caso de obtener el distintivo, este tendrá una vigencia de tres años, sin posibilidad de prórroga o renovación (art. 8).

Los requisitos que deben reunir las personas físicas y jurídicas solicitantes para su concesión son los siguientes (art. 3.2 RD 636/2022):

- Ejercer actividad en territorio español.
- Desarrollar medidas de inclusión social con personas beneficiarias del IMV, previo consentimiento de las mismas, en cualquiera de los ámbitos recogidos en el artículo 4.2 (diferentes tipologías del Sello).
- Encontrarse al corriente en el cumplimiento de las obligaciones en materia tributaria y de Seguridad Social.
- No haber sido sancionadas, en los tres años anteriores a la fecha de presentación de la solicitud, por resolución firme por cualquier infracción del ordenamiento jurídico vigente en el ejercicio de su actividad profesional, ligada a actuaciones o iniciativas de inclusión social.
- No haber sido sancionadas, en los tres años anteriores a la fecha de presentación de la solicitud, por resolución firme, por cualquier infracción de tipo penal, ni por infracciones administrativas graves o muy graves, del ordenamiento jurídico vigente, en el ejercicio de su actividad profesional. El requisito de no haber sido sancionadas por infracciones administrativas graves o muy graves, del ordenamiento jurídico vigente, en el ejercicio de la actividad profesional, podrá ser exceptuado por la administración, a petición del interesado, cuando dichas infracciones tengan carácter aislado, con una afección ligera en el conjunto de la actividad profesional.
- Que las actuaciones por las que se solicita el Sello no estén financiadas con fondos procedentes de cualesquiera administraciones o entes públicos, nacionales, autonómicos, locales, europeos o de organismos internacionales.
- No causar un perjuicio significativo al medio ambiente en el sentido establecido en el apartado 6) del artículo 2 del *Reglamento (UE) 2021/241 del Parlamento europeo y del Consejo, de 12 de febrero de 2021, por el que se establece el Mecanismo de Recuperación y Resiliencia.*

- Disponer de un plan de igualdad, cuando corresponda, de acuerdo con lo establecido en la LO 3/2007, de 22 de marzo.

Una vez obtenido el Sello, se prevé un procedimiento de seguimiento a través de un informe anual que deberán elaborar las personas distinguidas con el mismo (durante el primer trimestre de cada año), informe que recogerá información sobre los resultados de participación e inclusión sociolaboral de las personas beneficiarias del IMV (art. 14.1 y 14.3 RD 636/2022).

Además, el Sello será evaluado periódicamente con el fin de determinar los resultados alcanzados y el impacto obtenido en términos de inclusión social de las personas beneficiarias del IMV (la primera evaluación será a los tres años de la entrada en vigor del RD y, posteriormente, cada cuatro años —art. 15—). Tanto el seguimiento como los resultados de las evaluaciones se presentarán a la Comisión de seguimiento y al Consejo consultivo del IMV y se publicarán en la página web del Ministerio de Inclusión, Seguridad Social y Migraciones (art. 15.3).

4.5. Cuantía de la prestación

El IMV consiste en una prestación económica que se fija y se hace efectiva mensualmente (art. 12 LIMV), mediante transferencia bancaria a una cuenta del titular de la prestación (art. 14.2 LIMV).

La cuantía mensual de la prestación vendrá determinada por la diferencia entre la cuantía de la renta garantizada y el conjunto de todas las rentas e ingresos de la persona beneficiaria o de los miembros que componen la unidad de convivencia durante el ejercicio anterior, siempre que la cuantía resultante sea igual o superior a 10 euros mensuales (art. 13.1 LIMV).

A estos efectos, se considera renta garantizada (art. 13.2 LIMV)[17]:

a) En el caso de una persona beneficiaria individual, la cuantía mensual de renta garantizada ascenderá al 100 % del importe anual de las pensiones no contributivas fijado anualmente en la LPGE, dividido por doce.

   A esta cantidad se sumará un complemento equivalente a un 22 % en el supuesto de que el beneficiario individual tenga un grado de discapacidad reconocido igual o superior al 65 % (*complemento por discapacidad*).

---

17 En cualquier caso, reglamentariamente se determinará el posible incremento de las cuantías que se van a señalar a continuación cuando se acrediten gastos de alquiler de la vivienda habitual superiores al 10 % de la renta garantizada que corresponda, en su cuantía anual (art. 13.3 LIMV).

b) En el caso de una unidad de convivencia, la anterior cuantía mensual se incrementará en un 30 % por cada miembro adicional a partir del segundo hasta un máximo del 220%.

c) *Complemento de monoparentalidad.* A la cuantía mensual anterior se sumará un complemento de monoparentalidad equivalente a un 22 % de la cuantía establecida en la letra a) en el supuesto de que la unidad de convivencia sea monoparental.

A los efectos de determinar la cuantía de la prestación, se entenderá por unidad de convivencia monoparental:

- Como regla general, la constituida por un solo adulto que conviva con uno o más descendientes hasta el segundo grado menores de edad sobre los que tenga la guarda y custodia exclusiva, o que conviva con uno o más menores en régimen de acogimiento familiar permanente o guarda con fines de adopción cuando se trata del único acogedor o guardador, o cuando el otro progenitor, guardador o acogedor se encuentre ingresado en prisión o en un centro hospitalario por un periodo ininterrumpido igual o superior a un año.
- Se reconocerá el mismo complemento en el supuesto de que los descendientes o menores referidos en el párrafo anterior convivan exclusivamente con sus progenitores o, en su caso, con sus abuelos o guardadores o acogedores, siempre y cuando uno de estos tenga reconocido un grado 3 de dependencia, la incapacidad permanente absoluta o la gran invalidez.
- También se entenderá como unidad de convivencia monoparental, a efectos de la percepción del indicado complemento, la formada exclusivamente por una mujer que ha sufrido violencia de género, y uno o más descendientes hasta el segundo grado, menores de edad, sobre los que tenga la guarda y custodia o, en su caso, uno o más menores en régimen de acogimiento familiar permanente o guarda con fines de adopción.

d) *Complemento por discapacidad.* A la cuantía mensual establecida en la letra b) se sumará un complemento equivalente a un 22 % de la cuantía establecida en la letra a) en el supuesto de que en la unidad de convivencia esté incluida alguna persona con un grado de discapacidad reconocida igual o superior al 65 %.

e) *Complemento de ayuda para la infancia.* El artículo 11.6 de la LIMV prevé este complemento para aquellas unidades de convivencia que incluyan menores de edad entre sus miembros, siempre que en el ejercicio inmediatamente anterior al de la solicitud los ingresos computables sean inferiores al 300 % de los umbrales del anexo I y el patrimonio neto sea inferior al 150 % de los límites fijados en el anexo II, cumpliendo el test de activos definido en el anexo III[18].

Cuando se cumplan estos requisitos, se obtendrá una cuantía adicional mensual por cada menor de edad miembro de la unidad de convivencia, en función de la edad cumplida el día 1 de enero del correspondiente ejercicio, con arreglo a los siguientes tramos (art. 13.2.e):

- Menores de tres años: 100 euros.
- Mayores de tres años y menores de seis años: 70 euros.
- Mayores de seis años y menores de 18 años: 50 euros.

Cuando los mismos hijos o menores o mayores que tengan establecidas judicialmente medidas de apoyo para la toma de decisiones formen parte de distintas unidades familiares en supuestos de custodia compartida establecida judicialmente, se considerará, a efectos de la determinación de la cuantía del IMV, que forman parte de la unidad donde se encuentren domiciliados (art. 13.4 LIMV).

La cuantía anual de la renta garantizada en el caso de una persona beneficiaria individual asciende a 7.250,60 euros anuales en 2024 (art. 78.5 RDL 8/2023, de 27 de diciembre). Para la determinación de la cuantía aplicable a las unidades de convivencia, resulta de aplicación la escala establecida en el anexo I sobre la base de la cuantía correspondiente a una persona beneficiaria individual (art. 13.5 LIMV), siendo esta la siguiente[19]:

---

[18] Sobre el reconocimiento del complemento de ayuda para la infancia a los beneficiarios de la asignación económica por hijo o menor a cargo sin discapacidad o con discapacidad inferior al 33 % en la fecha de entrada en vigor de la LIMV, véase la DA Décima de esta Ley. El complemento de ayuda para la infancia será incompatible con la asignación económica por hijo o menor a cargo sin discapacidad o con discapacidad inferior al 33 %, pudiendo los beneficiarios ejercitar su derecho de opción en el plazo de 30 días (de no hacerlo, se entenderá que opta por percibir el complemento de ayuda para la infancia).

[19] No obstante, el artículo 13.6 de la LIMV prevé una determinación específica de la cuantía de esta prestación cuando el solicitante del IMV o uno o varios de los miembros de la unidad de convivencia, en su caso, tuvieran reconocida en la fecha de la solicitud, o les fuera reconocida antes de la resolución, una o más pensiones, contributivas o no contributivas, del sistema de la Seguridad Social, o un subsidio de desempleo para mayores de 52 años.

Escala de incrementos (cuantía IMV) para 2024	
Un adulto solo.	7.250,60 € (renta garantizada para un solo adulto)
Un adulto y un menor.	1,3
Un adulto y dos menores.	1,6
Un adulto y tres menores.	1,9
Un adulto y cuatro o más menores.	2,2
Dos adultos.	1,3
Dos adultos y un menor.	1,6
Dos adultos y dos menores.	1,9
Dos adultos y tres o más menores.	2,2
Tres adultos.	1,6
Tres adultos y un menor.	1,9
Tres adultos y dos o más menores.	2,2
Cuatro adultos.	1,9
Cuatro adultos y un menor.	2,2

El cambio en las circunstancias personales de la persona beneficiaria del IMV, o de alguno de los miembros de la unidad de convivencia, podrá comportar la disminución o el aumento de la prestación económica mediante la revisión correspondiente por la entidad gestora (art. 16.1 LIMV). Esta modificación tendrá efectos a partir del día primero del mes siguiente al de la fecha en que se hubiera producido el hecho causante de la modificación, siendo de aplicación lo dispuesto en el art. 129 de la LGSS (art. 16.2 LIMV).

En cualquier caso, la cuantía de la prestación se actualizará con efectos del día 1 de enero de cada año, tomando como referencia los ingresos anuales computables del ejercicio anterior. Cuando la variación de los ingresos anuales computables del ejercicio anterior motivara la extinción de la prestación, esta surtirá igualmente efectos a partir del día 1 de enero del año siguiente a aquel al que correspondan dichos ingresos (art. 16.3 LIMV).

El artículo 13.6 de la LIMV regula las consecuencias derivadas de que el solicitante del IMV o uno o varios de los miembros de la unidad de convivencia, en su caso, tuvieran reconocida en la fecha de la solicitud, o les fuera reconocida antes de la resolución, una o más pensiones, contributivas o no contributivas, del sistema de la Seguridad Social, o un subsidio de desempleo para mayores de 52 años, con independencia de cuáles hubieran sido las rentas e ingresos del ejercicio anterior. Igualmente, también se prevén las consecuen-

cias derivadas del reconocimiento de una pensión contributiva o no contributiva del sistema de la Seguridad Social o un subsidio de desempleo para mayores de 52 años a la persona o personas beneficiarias de la prestación del IMV (minoración de la cuantía o, en su caso, extinción).
En ningún caso la actualización del importe del IMV con efectos de 1 de enero de cada año, a que se refiere el artículo 16.3 de la LIMV, podrá dar lugar a la percepción de una cantidad mensual superior a la diferencia entre la renta garantizada aplicable y la cuantía que, una vez actualizada, tuviera en esa fecha la pensión o de la suma de las pensiones y, en su caso, subsidios por desempleo, percibidos por el beneficiario individual o cualquiera de los miembros de la unidad de convivencia.

Además de esta cuantía económica, la LIMV también prevé tres exenciones:

- Exención de la aportación a las prestaciones farmacéuticas ambulatorias para los beneficiarios del IMV (DF Tercera LIMV, en relación con el art. 102.8.f) del Real Decreto Legislativo 1/2015, de 24 de Julio, por el que se aprueba el Texto Refundido de la Ley de garantías y uso racional de los medicamentos y productos sanitarios).
- Exención del pago de los precios públicos por servicios académicos universitarios para la realización de estudios conducentes a la obtención de títulos de carácter oficial para los beneficiarios del IMV (DA Séptima LIMV).
- Exención del pago de tasas de expedición y renovación de Documento Nacional de Identidad a los menores de 14 años integrados en una unidad de convivencia que solicite el IMV (DA Octava LIMV).

Finalmente, se prevé la consideración de consumidor vulnerable a efectos del reconocimiento del bono social energético cuando el propio consumidor o algún miembro de su unidad de convivencia sea beneficiario del IMV (art. 3.2.d) del Real Decreto 897/2017, de 6 de octubre).

4.6. Dinámica de la prestación

4.6.1. Solicitud y duración del derecho

La solicitud del IMV deberá realizarse en modelo normalizado, acompañado de los documentos justificativos del cumplimiento de los requisitos exigidos en cada caso, preferiblemente, de forma telemática (art. 27 LIMV). Esta solicitud deberá ir firmada por el solicitante y, en caso de formar parte de una unidad de convivencia, la solicitud deberá ir firmada por esta persona e incluirá una declaración responsable de la misma sobre el consentimiento para la presentación de la solicitud de todos los integrantes de la unidad de convivencia mayores de edad (art. 5.1 *in fine* LIMV).

Sin perjuicio de lo anterior, desde el 24 de diciembre de 2020, se prevé la posibilidad de que las Comunidades Autónomas puedan remitir al INSS —con consentimiento del solicitante domiciliado en la misma— solicitudes del IMV, con los datos necesarios para la identificación de las personas implicadas y con certificado acreditativo, en su caso, de la constitución de una unidad de convivencia, y del cumplimiento de los requisitos previstos en los artículos 4, 5 y 10 de la LIMV —sin incluir el requisito de vulnerabilidad económica, que será analizado por el INSS— (art. 32.2 LIMV)[20].

Recibida la solicitud por el órgano competente, este comprobará, con carácter previo a la admisión de la misma, el cumplimiento del requisito de vulnerabilidad económica (en un plazo de 30 días, *ex* art. 28.1 LIMV). Admitida a trámite la solicitud, el plazo para dictar resolución y notificarla al solicitante será de un máximo de 6 meses desde la fecha de entrada en su registro (operando el silencio administrativo negativo en caso de falta de respuesta). En todo lo no regulado por la LIMV en materia de procedimiento, será de aplicación lo dispuesto en el artículo 129 de la LGSS (art. 24).

El hecho causante de la prestación económica del IMV se considerará producido en la fecha de presentación de la solicitud (art. 5 RD 453/2022, de 14 de junio). El derecho a la prestación nacerá a partir del primer día del mes siguiente al de la fecha de presentación de la solicitud (art. 14.1 LIMV) y se mantendrá mientras subsistan los motivos que dieron lugar a su concesión y se cumplan los requisitos y obligaciones previstos en la LIMV (art. 15.1 LIMV).

Sin perjuicio de lo anterior, todas las personas beneficiarias, integradas o no en una unidad de convivencia, estarán obligadas a poner en conocimiento de la entidad gestora competente, en el plazo de 30 días naturales, aquellas circunstancias que afecten al cumplimiento de los requisitos o de las obligaciones establecidos en la LIMV (art. 15.2).

---

20 Si como consecuencia de un certificado emitido por la Comunidad Autónoma correspondiente se reconociese una prestación que posteriormente fuera declarada indebida y no fuese posible recuperar el importe abonado, los perjuicios ocasionados serán a cargo de la Comunidad Autónoma certificadora (art. 32.2 *in fine* LIMV).

4.6.2. Obligaciones de los beneficiarios

Las personas titulares del IMV estarán sujetas, durante el tiempo de percepción de la prestación, a las siguientes obligaciones (art. 36.1 LIMV):

a) Proporcionar la documentación e información precisa en orden a la acreditación de los requisitos y la conservación de la prestación, así como para garantizar la recepción de notificaciones y comunicaciones.

b) Comunicar cualquier cambio o situación que pudiera dar lugar a la modificación, suspensión o extinción de la prestación, en el plazo de 30 naturales desde que estos se produzcan.

c) Comunicar cualquier cambio de domicilio o de situación en el Padrón municipal que afecte personalmente a dichos titulares o a cualquier otro miembro que forme parte de la unidad de convivencia, en el plazo de 30 días naturales desde que se produzcan.

d) Reintegrar el importe de las prestaciones indebidamente percibidas.

e) Comunicar a la entidad gestora, con carácter previo, las salidas al extranjero, tanto del titular como de los miembros de la unidad de convivencia, por un período, continuado o no, superior a 90 días naturales durante cada año natural, así como, en su caso, justificar la ausencia del territorio español de conformidad con lo previsto en el último párrafo del artículo 7.1.a).

f) Presentar anualmente declaración correspondiente al IRPF.

g) En caso de compatibilizar la prestación del IMV con las rentas del trabajo o la actividad económica conforme con lo previsto en el artículo 11.4, cumplir las condiciones establecidas para el acceso y mantenimiento de dicha compatibilidad.

h) Participar en las estrategias de inclusión que promueva el Ministerio de Inclusión, Seguridad Social y Migraciones, previstas en el artículo 31.1.

i) Cualquier otra obligación que pueda establecerse reglamentariamente.

Desde el 31 de marzo de 2022, se han eliminado las referencias a la obligación relativa a figurar inscritas como demandantes de empleo (reforma operada por el RDL 6/2022, de 29 de marzo). La supresión de esta obligación resulta aplicable a todas las prestaciones del IMV que hubieren sido causadas desde el 1 de junio de 2020 (DT Séptima RDL 6/2022).

No obstante, se ha incorporado la DA undécima de la LIMV donde se establece la remisión de la identificación de los beneficiarios de la prestación del IMV a los Servicios Públicos de Empleo de las Comunidades Autónomas para su inscripción, de oficio, como demandantes de empleo.

Por su parte, las personas integrantes de la unidad de convivencia estarán obligadas a (art. 36.2 LIMV):

a) Comunicar el fallecimiento del titular.

b) Poner en conocimiento de la administración cualquier hecho que distorsione el fin de la prestación otorgada.

c) Presentar anualmente declaración correspondiente al IRPF.

d) Cumplir las obligaciones que el apartado anterior impone al titular y este, cualquiera que sea el motivo, no lleva a cabo.

e) En caso de compatibilizar el IMV con las rentas del trabajo o la actividad económica conforme con lo previsto en el artículo 11.4, cumplir las condiciones establecidas para el acceso y mantenimiento de dicha compatibilidad.

f) Participar en las estrategias de inclusión que promueva el Ministerio de Inclusión, Seguridad Social y Migraciones, previstas en el artículo 31.1.

g) Cumplir cualquier otra obligación que pueda establecerse reglamentariamente.

Desde el 31 de marzo de 2022, se han eliminado las referencias a la obligación relativa a figurar inscritas como demandantes de empleo (reforma operada por el RDL 6/2022, de 29 de marzo). La supresión de esta obligación resulta aplicable a todas las prestaciones del IMV que hubieren sido causadas desde el 1 de junio de 2020 (DT Séptima RDL 6/2022).

No obstante, se ha incorporado la DA undécima de la LIMV donde se establece la remisión de la identificación de los beneficiarios de la prestación del IMV a los Servicios Públicos de Empleo de las Comunidades Autónomas para su inscripción, de oficio, como demandantes de empleo.

4.6.3. Causas de suspensión del derecho

Son causas de suspensión del derecho al IMV (art. 17.1 LIMV):

a) Pérdida temporal de alguno de los requisitos exigidos para su reconocimiento.

b) Incumplimiento temporal por parte de la persona beneficiaria, del titular o de algún miembro de su unidad de convivencia de las obligaciones asumidas al acceder a la prestación.

c) Cautelarmente, en caso de indicios de incumplimiento por parte de la persona beneficiaria, del titular o de algún miembro de su unidad de convivencia de los requisitos establecidos o las obligaciones asumidas al acceder a la prestación, cuando así se resuelva por parte de la entidad gestora.

En todo caso, se procederá a la suspensión cautelar en el caso de traslado al extranjero por un periodo, continuado o no, superior a 90 días naturales al año, sin haberlo comunicado a la entidad gestora con antelación ni estar debidamente justificado.

d) Cautelarmente, en caso de que en el plazo previsto no se hubiera recibido comunicación sobre el mantenimiento o variación de los certificados previstos en el artículo 22.

e) Incumplimiento de las condiciones asociadas a la compatibilidad del IMV con las rentas del trabajo o la actividad económica por cuenta propia a que se refiere el artículo 11.4, de acuerdo con lo que se establezca reglamentariamente.

f) En caso de incumplir la obligación de presentar anualmente la declaración correspondiente al IRPF, la suspensión tendrá lugar cuando las personas que tengan la condición de obligados tributarios hubieran incumplido durante dos ejercicios fiscales seguidos la misma en las condiciones y plazos previstos en la normativa tributaria aplicable[21].

g) Cualquier otra causa que se determine reglamentariamente.

La suspensión del derecho al IMV implicará la suspensión del pago de la prestación a partir del primer día del mes siguiente a aquel en que se produzcan las causas de suspensión (o a aquel en el que se tenga conocimiento por la entidad gestora competente, en este caso, sin perjuicio de la obligación de reintegro de las cantidades indebidamente percibidas). La suspensión se mantendrá mientras persistan las circunstancias que hubieran dado lugar a la misma y, en caso de mantenerse durante un año, el derecho a la prestación quedará extinguido (art. 17.2 LIMV). Desaparecidas las causas que motivaron la suspensión, se procederá de oficio o a instancia

[21] Letra incluida por el RDL 6/2022, de 29 de marzo, en vigor desde el 31 de marzo de 2022.

de parte a reanudar el derecho siempre que se mantengan los requisitos que dieron lugar a su reconocimiento. En caso contrario, se procederá a la modificación o extinción del derecho, según proceda (art. 17.3 LIMV). En el caso de continuar teniendo derecho al IMV, la prestación se devengará a partir del día 1 del mes siguiente a la fecha en que hubieran decaído las causas que motivaron la suspensión (art. 17.4 LIMV).

4.6.4. Causas de extinción del derecho

Son causas de extinción del derecho al IMV (art. 18 LIMV):

a) Fallecimiento de la persona titular. No obstante, cuando se trate de unidades de convivencia, cualquier otro miembro que cumpla los requisitos establecidos en el artículo 6, podrá presentar una nueva solicitud en el plazo de 3 meses a contar desde el día siguiente a la fecha del fallecimiento para el reconocimiento, en su caso, de un nuevo derecho a la prestación en función de la nueva composición de la unidad de convivencia[22].

b) Pérdida definitiva de alguno de los requisitos exigidos para el mantenimiento de la prestación.

c) Resolución recaída en un procedimiento sancionador, que así lo determine.

d) Salida del territorio nacional sin comunicación ni justificación a la entidad gestora durante un periodo, continuado o no, superior a 90 días naturales al año.

e) Renuncia del derecho.

f) Suspensión de un año en los términos del artículo 17.2.

g) Incumplimiento reiterado de las condiciones asociadas a la compatibilidad del IMV con las rentas del trabajo o la actividad económica por cuenta propia a que se refiere el artículo 11.4, de acuerdo con lo que se establezca reglamentariamente.

h) Cualquier otra causa que se determine reglamentariamente.

---

22 Los efectos económicos del derecho que pueda corresponder a la unidad de convivencia en función de sus nuevas circunstancias se producirán a partir del día primero del mes siguiente a la fecha del fallecimiento, siempre que se solicite dentro del plazo señalado.

La extinción del derecho a la prestación producirá efectos desde el primer día del mes siguiente a la fecha en que concurran las causas extintivas (art. 18.2 LIMV).

4.7. Régimen de incompatibilidades con otras prestaciones

Como ya se ha adelantado en los apartados anteriores, el IMV es incompatible con la percepción de una prestación de servicio residencial, de carácter social, sanitario o socio-sanitario, con carácter permanente, salvo en el supuesto de mujeres víctimas de violencia de género o víctimas de trata de seres humanos y explotación sexual, así como otras excepciones que se establezcan reglamentariamente (art. 4.2 LIMV).

Igualmente, también se ha avanzado que la prestación del IMV es incompatible con la asignación económica por menor a cargo sin discapacidad o con una discapacidad inferior al 33 %, cuando exista identidad de causantes o beneficiarios de esta (DT Sexta LIMV).

Finalmente, desde el 1 de enero de 2023, la condición de beneficiario de la prestación económica del IMV también será incompatible con la de beneficiario de las pensiones asistenciales reguladas en la Ley 45/1960 y suprimidas por la Ley 28/1992 que aún sigan percibiéndose (DT Novena LIMV).

A estos efectos, las pensiones asistenciales señaladas quedarán extinguidas cuando se reconozca a sus beneficiarios, a partir del 1 de enero de 2023, la prestación del IMV, ya sea a título individual o como integrantes de una unidad de convivencia. La pensión asistencial se exceptuará del cómputo de ingresos y patrimonio al objeto de determinar el derecho a la prestación de IMV así como, en su caso, su cuantía.

4.8. Régimen sancionador específico

La LIMV establece un régimen específico de infracciones y sanciones (Capítulo VIII).

De conformidad con este, son infracciones *leves* no proporcionar la documentación e información precisa en orden a la acreditación de los requisitos y la conservación de la prestación, así como para garantizar la recepción de notificaciones y comunicaciones, cuando de ello no se haya derivado la percepción o conservación indebida de la prestación.

Por su parte, son infracciones *graves*:

a) No proporcionar la documentación e información precisa en orden a la acreditación de los requisitos y la conservación de la prestación, así como para garantizar la recepción de notificaciones y comunicaciones, cuando de ello se hubiera derivado una percepción indebida, en cuantía mensual, inferior o igual al 50 % de la que le correspondería.

b) No comunicar cualquier cambio o situación que pudiera dar lugar a la modificación, suspensión o extinción de la prestación, en el plazo de 30 días desde que estos se produzcan, cuando de ello se hubiera derivado una percepción indebida, en cuantía mensual, inferior o igual al 50 % de la que le correspondería.

c) La comisión de una tercera infracción leve, siempre que en un plazo de un año anterior hubiera sido sancionado por dos faltas leves del mismo tipo.

d) El incumplimiento de la obligación de participar en las estrategias de inclusión que promueva el Ministerio de Inclusión, Seguridad Social y Migraciones, en los términos que se establezcan.

e) El incumplimiento de las condiciones asociadas a la compatibilidad de la prestación del ingreso mínimo vital con las rentas del trabajo o la actividad económica conforme con lo previsto en el artículo 11.4.

Por último, son infracciones *muy graves*:

a) No proporcionar la documentación e información precisa en orden a la acreditación de los requisitos y la conservación de la prestación, así como para garantizar la recepción de notificaciones y comunicaciones, cuando de ello se hubiera derivado una percepción indebida, en cuantía mensual, superior al 50 % de la que le correspondería.

b) No comunicar cualquier cambio o situación que pudiera dar lugar a la modificación, suspensión o extinción de la prestación, en el plazo de 30 días desde que estos se produzcan, cuando de ello se hubiera derivado una percepción indebida, en cuantía mensual, superior al 50 % de la que le correspondería.

c) El desplazamiento al extranjero, por tiempo superior a 90 días al año, sin haber comunicado ni justificado al INSS con carácter previo su salida de España.

d) Actuar fraudulentamente con el fin de obtener prestaciones indebidas o superiores a las que correspondan o prolongar indebidamente su disfrute, mediante la aportación de datos o documentos falsos.

e) La comisión de una tercera infracción grave siempre que en un plazo de un año anterior hubiera sido sancionado por dos faltas graves del mismo tipo.

f) El incumplimiento reiterado de la obligación de participar en las estrategias de inclusión que promueva el Ministerio de Inclusión, Seguridad Social y Migraciones, en los términos que se establezcan.

g) El incumplimiento reiterado de las condiciones asociadas a la compatibilidad de la prestación del ingreso mínimo vital con las rentas del trabajo o la actividad económica conforme con lo previsto en el artículo 11.4.

Es importante tener en cuenta la posible concurrencia de personas responsables en la comisión de estas infracciones. La LIMV califica como responsables a los beneficiarios de la prestación y los miembros de la unidad de convivencia, pero también a aquellas personas que hubiesen cooperado en su comisión mediante una actuación activa u omisiva sin la cual la infracción no se hubiera cometido (art. 38.5). Este último aspecto es especialmente importante en los casos de trabajo en la economía sumergida, donde existe una cooperación necesaria entre el empleador y el trabajador.

En cuanto a las sanciones administrativas a imponer en caso de comisión de las anteriores infracciones (art. 39 LIMV)[23]:

a) Las infracciones *leves* serán sancionadas con el apercibimiento de la persona infractora.

b) Las infracciones *graves* se sancionarán con la pérdida de la prestación por un periodo de hasta 3 meses. Así, se sancionarán en su grado mínimo con la pérdida de la prestación por un periodo de 1 mes, en su grado medio de 2 meses y en su grado máximo de 3 meses.

   Cuando las infracciones diesen lugar a la extinción del derecho, la sanción consistirá en el deber de ingresar 3 mensualidades de la prestación.

c) Las infracciones *muy graves* se sancionarán con la pérdida de la prestación por un periodo de hasta 6 meses. Así, se sancionarán en su grado

---

[23] Todas ellas se entienden sin perjuicio del reintegro de las cantidades indebidamente percibidas. Sobre este reintegro, véase el artículo 19 LIMV, completado con el artículo 38.5 *in fine* en materia de concurrencia de personas responsables en la comisión de la infracción.

mínimo con la pérdida de la prestación por un periodo de 4 meses, en su grado medio de 5 meses y en su grado máximo de 6 meses.

Cuando las infracciones diesen lugar a la extinción del derecho, la sanción consistirá en el deber de ingresar 6 mensualidades de la prestación.

Cuando la infracción sea la prevista en el apartado 4.c) del artículo 38 de la LIMV, además de devolver el importe de la prestación indebidamente percibida durante el tiempo de estancia en el extranjero, los beneficiarios no podrán solicitar una nueva prestación durante un periodo de 6 meses, a contar desde la fecha de la resolución por la que se imponga la sanción.

No obstante lo anterior, además de la correspondiente sanción y obligación de reintegro de las cantidades indebidamente percibidas (y sin perjuicio de las responsabilidades penales, civiles y administrativas a que hubiere lugar), el INSS podrá decretar la extinción del derecho, así como la imposibilidad de que el sujeto infractor pueda resultar persona beneficiaria del IMV por un periodo de 2 años, cuando se cometa una infracción *grave o muy grave*, concurriendo alguna de las siguientes actuaciones por parte de cualquier persona beneficiaria:

a) El falseamiento en la declaración de ingresos o patrimonio.

b) La ocultación fraudulenta de cambios sustanciales que pudieran dar lugar a la modificación, suspensión o extinción de la prestación.

c) Cualquier otra actuación o situación fraudulenta que dé lugar al acceso indebido a la prestación, mantenimiento indebido del derecho a la prestación o aumento indebido de su importe.

Además, cuando el sujeto infractor haya sido sancionado por infracción *muy grave*, en virtud de resolución firme en vía administrativa, dentro de los 5 años anteriores a la comisión de una infracción muy grave, se extinguirá la prestación y acarreará la imposibilidad de que el sujeto infractor resulte beneficiario del IMV durante 5 años.

A efectos de la competencia y el procedimiento para la imposición de las sanciones previstas en la LIMV, será de aplicación lo establecido para la imposición de sanciones a los solicitantes o beneficiarios de prestaciones del Sistema de Seguridad Social en el Reglamento General sobre procedimientos para la imposición de sanciones por infracciones de orden social y para los expedientes liquidatorios de cuotas de la Seguridad Social, aprobado por Real Decreto 928/1998, de 14 de mayo (art. 40 LIMV). Respecto del resto de cuestiones no previstas en la LIMV, será de aplicación lo dispuesto en la LISOS (art. 40 *in fine* LIMV).

4.9. Gestión del IMV

El reconocimiento y control del IMV serán competencia del INSS, salvo en los territorios forales del País Vasco y Navarra (Disposición Adicional Quinta de la LIMV)[24]. No obstante, las restantes Comunidades Autónomas y las entidades locales podrán iniciar el expediente administrativo cuando suscriban el oportuno convenio que les habilite para ello con el INSS. En el marco de este convenio, podrá acordarse que, iniciado el expediente por la respectiva administración, la posterior tramitación y gestión previas a la resolución del expediente se efectúe por la administración que hubiere incoado el procedimiento (art. 25 LIMV).

Además, desde el 1 de enero de 2024, las Comunidades Autónomas de régimen común podrán asumir, en su ámbito territorial, la gestión del IMV que corresponde al INSS, que incluya la iniciación, tramitación, resolución y control por parte de la Comunidad Autónoma, mediante la celebración del correspondiente convenio con la Administración del Estado, que deberá respetar el carácter unitario del régimen económico de la Seguridad Social y el principio de solidaridad. En dicho convenio, que podrá tener una duración determinada o carácter indefinido, se establecerán los procedimientos, plazos y compromisos necesarios

---

24 El 16 de marzo de 2022 se acordó la transferencia íntegra y sin fecha límite del IMV a la Comunidad Autónoma de Euskadi, mediante Orden TER/253/2022, de 30 de marzo, por la que se publica el Acuerdo de la Comisión Mixta de Transferencias Administración del Estado-Comunidad Autónoma del País Vasco, de 16 de marzo de 2022, de establecimiento del convenio para la asunción por la Comunidad Autónoma del País Vasco de la gestión de la prestación no contributiva del ingreso mínimo vital (BOE núm. 78, de 1 de abril de 2022). Asimismo, la Comunidad Foral de Navarra también llegó a un acuerdo para asumir la gestión íntegra y sin fecha límite del IMV a partir del mes de octubre de 2022, mediante Orden TER/310/2022, de 6 de abril, por la que se publica el Acuerdo de la Junta de Transferencias Administración del Estado-Comunidad Foral de Navarra, de 31 de marzo de 2022, de asunción por la Comunidad Foral de Navarra de la gestión de la prestación no contributiva del ingreso mínimo vital (BOE núm. 87, de 6 de abril de 2022).

Sin perjuicio de estos acuerdos, la transferencia de competencias (que, tras la LPGE de 2022, incluía también el pago de la prestación), fue objeto de sendos recursos de inconstitucionalidad promovidos por los grupos parlamentarios Partido Popular y Vox. Ambos recursos han sido desestimados íntegramente mediante SS.TC núm. 19/2024, de 31 de enero de 2024 (recurso 1937/2022, interpuesto por Vox) y núm. 32/2024, de 28 de febrero de 2024 (recurso 2061/2022, interpuesto por el Partido Popular).

para una ordenada gestión de dicha prestación (Disposición Adicional Cuarta de la LIMV).

> La atribución de competencias al INSS (órgano estatal), con la escasa participación de las Comunidades Autónomas en la gestión del IMV, fue objeto de un recurso de inconstitucionalidad promovido por la Generalitat de Cataluña contra el predecesor de la LIMV, el citado RDL 20/2020, con contenido prácticamente idéntico sobre este particular. Este recurso fue resuelto mediante STC 158/2021, de 16 de septiembre de 2021 (Rec. 1140/2021), dictada por el Pleno, que cuenta con un interesante voto particular. La conclusión a la que llegó el Tribunal Constitucional en este pronunciamiento fue rechazar las impugnaciones realizadas por la Generalitat de Cataluña contra el RDL 20/2020, por cuanto que los preceptos recurridos, al atribuir la gestión del IMV al Estado, no vulneran las competencias autonómicas de carácter ejecutivo que aquella tiene reconocidas constitucional y estatutariamente en materia de Seguridad Social, al suponer el legítimo ejercicio por el Estado de las que le atribuye el art. 149.1.17.ª CE sobre "legislación básica y régimen económico de la Seguridad Social".

Lección 3
El régimen especial de trabajadores por cuenta propia o autónomos

MANUEL ALEGRE NUENO
Prof. titular. Universitat de València

De los regímenes especiales de la Seguridad Social enumerados en el art. 10.2 LGSS, es el que acoge a los trabajadores por cuenta propia o autónomos el más importante desde un punto de vista cuantitativo. Su marco regulador se encuentra disperso en varias normas de diverso rango y naturaleza, entre otras: la propia LGSS, el Decreto 2530/1970, de 20 de agosto, la OM 24-9-1970, de 26 de enero, la Ley 18/2007, de 4 de julio, por la que se procede a la integración de los trabajadores por cuenta propia del Régimen Especial Agrario de la Seguridad Social en el Régimen Especial de la Seguridad Social de los Trabajadores por Cuenta Propia o Autónomos, la Ley 47/2015, de 21 de octubre, reguladora de la protección social de las personas trabajadoras del sector marítimo-pesquero, la Ley 20/2007, de 11 de julio, del Estatuto del trabajo autónomo (LETA), el RD 1382/2008, de 1 de agosto, la Ley 32/2010, de 5 de agosto, por la que se establece un sistema específico de protección por cese de actividad de los trabajadores autónomos (LP-CATA), desarrollada por el RD 1541/2011, de 31 octubre, la Ley 35/2011, de 4 de octubre, sobre titularidad compartida de explotaciones agrarias y el Real Decreto-ley 13/2022, de 26 de julio, por el que se establece un nuevo sistema de cotización para los trabajadores por cuenta propia o autónomos y se mejora la protección por cese de actividad.

1. ÁMBITO SUBJETIVO Y ESTRUCTURA

Todas aquellas personas mayores de 18 años[1] que residan y realicen una actividad lucrativa en España por cuenta propia —con autorización admi-

[1] A partir de los 16 años se puede trabajar como autónomo pero no resultan exigibles las obligaciones impuestas por el RETA (art. 9.1 LETA). La doctrina judicial

nistrativa en el caso de extranjeros— de forma habitual, personal y directa, sean o no titulares de empresas individuales o familiares, y aunque utilicen el servicio remunerado de otras personas, deben darse de alta en el RETA (arts. 305.1 LGSS; 1.1 LETA y 2.1 D. 2530/1970).

La inclusión en el RETA exige, por tanto, acreditar el ejercicio efectivo de una actividad económica o profesional, de manera personal y autónoma, sin que sea suficiente con poseer la titularidad del negocio, y se cuente con la preceptiva licencia fiscal de actividades comerciales o industriales (STS (Sala 3ª) 4-5-1996; rec. 4805/1993). No obstante, se presumirá, salvo prueba en contrario, que es un trabajador autónomo todo aquél que ostente la titularidad de un establecimiento abierto al público como propietario, usufructuario, arrendatario u otro concepto análogo (art. 2.3 D. 2530/1970). Quedan excluidos del RETA los socios, sean o no administradores, de sociedades de capital cuyo objeto social no esté constituido por el ejercicio de actividades empresariales o profesionales, sino por la mera administración del patrimonio de los socios.

La actividad productiva o de servicios determinante de la inclusión en el RETA sólo puede realizarse a tiempo completo (art. 1.1 LETA)[2].

Por lo que se refiere al requisito de la habitualidad en el ejercicio de actividad económica por cuenta propia, se requiere que ésta constituya un medio fundamental de vida y no una actividad complementaria o marginal[3]. Como indicio de habitualidad, el Tribunal Supremo utiliza los ingresos económicos derivados de la actividad, de modo que si éstos superan el importe del SMI en un año natural, existirá obligación de estar de alta en el RETA (STS 17-6-2002; rec. 3722/2001); si están por debajo de dicho umbral, no existirá tal obligación (STS 20-3-2007; rec. 5006/2005). En cambio, el criterio de la TGSS es que no existe tope mínimo de ingresos para la inclusión de un trabajador en el RETA, siempre que se reúnan las

---

mantiene posiciones contradictorias; a favor de la inclusión en el RETA: v.gr. STSJ de Galicia 8-5-1998; en contra: v.gr. STSJ de Murcia 9-4-2001.

2 El art. 3 del RDL 13/2022 da nueva redacción a los arts. 1.1, 24 y 25 LETA, suprimiendo la posibilidad de que actividad autónoma o por cuenta propia pueda realizarse a tiempo parcial.

3 La habitualidad se ha interpretado en el sentido que el "trabajo personal y directo debe ser cotidianamente la principal actividad productiva que desempeñe el trabajador" (STS Cont.Ad. 2-12-88; núm. 1262). Para los trabajos de temporada el requisito de la habitualidad se determina en relación con la duración normal de aquélla (art. 2.2 D. 2530/1970).

condiciones para la integración en este régimen especial de la Seguridad Social (criterio 98/2000, de 29 de marzo)[4].

Para los trabajos de temporada el requisito de la habitualidad se determina en relación con la duración normal de aquélla (art. 2.2 Decreto 2530/1970). En los casos de suspensión de la actividad por incapacidad temporal, se considera que subsiste la habitualidad en su realización durante los períodos que no excedan del último día del segundo mes natural siguiente a aquel en que se haya iniciado la suspensión de la actividad (art. 1.2 OM 24-9-1970).

También quedarán encuadrados en el RETA el cónyuge y los parientes, por consanguinidad, afinidad o adopción hasta el segundo grado, que colaboren con el trabajador autónomo de forma habitual, personal y directa "mediante la realización de trabajos en la actividad de que se trate" (art. 3.b) D. 2530/1970), siempre que convivan con él y estén a su cargo, salvo que prueben su condición de asalariados (arts. 305.2, K y 12 LGSS). En cambio, los hijos del trabajador autónomo menores de treinta años o mayores de esa edad con especiales dificultades de inserción laboral[5], aunque convivan con él, quedarán encuadrados en el RG con exclusión de la protección por desempleo (DA 10ª LETA; art. 12.2 LGSS y art. 40 RGA)[6]. Si cumplida la edad de 30 años, el hijo continúa trabajando con su progenitor y pre sentan ante la TGSS la declaración de ambos en la que hagan constar la condición del hijo como trabajador por cuenta ajena, puede, a partir de entonces, efectuarse la cotización por desempleo (Criterio de actuación SEPE 8-2-18).

---

4 En esa misma línea, la Sala de lo Contencioso-Administrativo del TSJ de Madrid (sentencia de 30-5-19; rec. 139/2018), sostiene que los ingresos como indicio de habitualidad "es irrelevante cuando la actividad desarrollada con ese carácter consta por actos propios concluyentes y por activa intervención ofreciendo sus servicios en el mercado".

5 Se presume legalmente que el hijo mayor de 30 años tiene especiales dificultades de inserción laboral cuando se trate de una: a) persona con parálisis cerebral, enfermedad mental o con discapacidad intelectual, con un grado de discapacidad reconocido igual o superior al 33%;

6 Si el hijo menor de 30 años contratado por su progenitor, trabajador autónomo, tiene cotizaciones anteriores suficientes y cumple el resto de requisitos, sí podrá obtener la prestación por desempleo o el subsidio (Criterio de actuación SEPE 8-2-18).

1.1. Colectivos integrados en el RETA

Señala el art. 23.2 LETA que "la protección de los trabajadores por cuenta propia o autónomos se instrumentará a través de un único régimen, que se denominará Régimen Especial de la Seguridad Social de los Trabajadores por Cuenta Propia o Autónomos, sin perjuicio de que algunos colectivos específicos de trabajadores autónomos, en razón de su pertenencia a un determinado sector económico, estén encuadrados en otros regímenes de la Seguridad Social" (v.gr. los trabajadores autónomos del mar que están incluidos en el REM). Este objetivo de que el RETA aglutine a todos los trabajadores que desarrollen una actividad productiva o de servicios por cuenta propia se ha materializado con la inclusión obligatoria en este régimen especial de la Seguridad Social de los siguientes heterogéneos:

1. Transportistas autónomos con vehículo propio. Las personas prestadoras de servicios de transporte al amparo de autorizaciones administrativas de las que sean titulares, realizada, mediante el correspondiente precio, con vehículos comerciales de servicio público cuya titularidad o poder directo de disposición ostenten, aun cuando dichos servicios se realicen de forma continuada para un mismo cargador o comercializador, están incluidas en el ámbito de aplicación del RETA (art. 1.3,g). Estas personas tendrán la consideración de TRADE cuando, concurriendo en ellos las notas de autonomía funcional y dependencia económica, no tengan a su cargo trabajadores por cuenta ajena ni contraten o subcontraten parte o toda su actividad con terceros (DA 11ª LETA).

2. Socios que trabajen con fines lucrativos y de forma habitual, personal y directa en compañías regulares colectivas, compañías comanditarias, comunidades de bienes y sociedades civiles irregulares (arts. 305.2,c) y d) LGSS; 1.2 LETA; 3.c) D. 2530/1970).

3. Socios de sociedades mercantiles capitalistas que ejerzan las funciones de dirección y gerencia propias del cargo de consejero o administrador, o presten otros servicios a título lucrativo y de modo habitual, personal y directo, siempre que posean el control efectivo, de aquéllas, conforme a los criterios fijados en el art. 305.2,b) LGSS[7].

---

[7] El desempeño efectivo de las funciones de dirección y gestión no exige necesariamente un ejercicio cotidiano del cargo. No impide el ejercicio de las mismas el apoderamiento efectuado a favor de un tercero, cuando el mismo se haga por el mismo consejero delegado (STS (cont.-adtvo.) de 6 de marzo de 2017).

4. Socios trabajadores de una sociedad laboral que posean una participación en el capital social, junto con la de su cónyuge y parientes por consanguinidad, afinidad o adopción hasta el segundo grado con los que convivan, como mínimo del 50%, salvo que acredite que para el control efectivo de la sociedad laboral requiere el concurso de personas ajenas a las relaciones familiares (art. 305.2,e) LGSS).

5. Personas que intervienen en operaciones mercantiles por cuenta de uno o más empresarios, siempre que queden personalmente obligados a responder del buen fin de la operación, asumiendo el riesgo y ventura de la misma (art. 1.3, f); DA 17ª LETA). Así sucede, también, con los agentes de seguros, y los colaboradores externos de los mediadores de seguros (arts. 137 y 140 RD-L 3/20, de 4 de febrero).

6. TRADE. Tienen tal consideración aquellas personas físicas que realizan una actividad económica o profesional a título lucrativo, de forma personal, habitual, directa y predominante para una persona física o jurídica, denominada cliente, del que dependen económicamente por recibir de él, al menos, el 75% de sus ingresos por rendimientos de trabajo y de actividades económicas o profesionales (arts. 305.2,f) LGSS y 11.1 LETA).

7. Otros colectivos de trabajadores que han sido integrados en el RETA son, v.gr., los conductores de reparto de bombonas de butano propietarios de los vehículos (RDGSS 13-7-79); los propietarios-conductores de tractores que alquilan sus servicios a explotaciones agrarias (RDGSS 25-11-75); los escritores de libros (RD 2621/1986); los religiosos y religiosas de la Iglesia Católica que hayan efectuado la profesión religiosa (RD 3325/1981); los periodistas profesionales (RTGSS 10-7-90); el personal estatutario de los servicios públicos de salud por las actividades complementarias privadas que realice por cuenta propia, siempre que no se trate de un profesional colegiado (DA 15ª LMUMFEPD; art. 305.2,j) y DA 18ª LGSS); los socios trabajadores de las cooperativas de trabajo asociado dedicados a la venta ambulante que perciban ingresos directamente de los compradores (art. 305.2,l) LGSS.); los Notarios (art. 305.2,h) LGSS); los miembros del Cuerpo de Registradores de la Propiedad, Mercantiles y de Bienes Muebles, así como los del Cuerpo de Aspirantes que ingresen en tales Cuerpos (art. 305.2,i) LGSS; D.A. 91ª Ley 36/2014) y los farmacéuticos titulares de oficinas de farmacia (RD 3328/1983), siempre que ejerza la actividad. En caso de un farmacéutico que asuma las funciones del titular, de manera excepcional y limitada en el tiempo,

podrá quedar incluido en el RETA o en el RGSS (STS (Sala 3ª) 16-2-2015; rec. 563/2013).

1.2. Colectivos que pueden integrarse en el RETA

Las cooperativas de trabajo asociado pueden optar entre asimilar a sus socios trabajadores a los trabajadores por cuenta ajena, dándoles de alta en el RG o régimen especial de la Seguridad Social que corresponda por su actividad, o integrarlos como trabajadores por cuenta propia en el RETA (art. 14.1 LGSS). Tal opción deberá afectar a todos los socios trabajadores y hacerse constar en los estatutos de la cooperativa, no pudiéndose modificar hasta que hayan transcurrido, como mínimo, cinco años desde la última opción (arts. 1 y 4 RD 225/1989, de 3 marzo; art. 8.2 RGA).

Asimismo, los socios trabajadores de las cooperativas de trabajo asociado dedicados a la venta ambulante que perciban ingresos directamente de los compradores quedan incluidos en el RETA.

En cambio, los socios trabajadores de las cooperativas de explotación comunitaria de la tierra y los socios de trabajo están asimilados a trabajadores por cuenta ajena. Sin embargo, las cooperativas que, al amparo de la DT 7ª LGC, optaron por mantener la asimilación de sus socios de trabajo a los trabajadores autónomos conservarán ese derecho de opción; si con posterioridad, la cooperativa modifica el régimen de encuadramiento de sus socios de trabajo, para su incorporación como trabajadores por cuenta ajena en el régimen que corresponda, no podrá volver a ejercitar la opción indicada (DT 19ª LGSS).

Por otro lado, los profesionales por cuenta propia pertenecientes a un colegio profesional que cuente con una mutualidad de previsión social alternativa, constituida antes de la fecha de entrada en vigor de la LOSSP (10 de noviembre de 1995)[8], pueden optar entre darse de alta en el RETA o convertirse en mutualistas de la mutualidad vinculada al colegio profesional. Si optan por el régimen especial de la Seguridad Social no podrán, posteriormente, incorporarse a la mutualidad como sistema de protección

---

8 Es el caso de: Previsión Mutua de aparejadores y arquitectos técnicos; Mutualidad General de Previsión de los gestores administrativos; Mutualidad General de la Abogacía; Mutualidad General de Previsión de los químicos españoles; Mutualidad de Previsión Social de los Procuradores de los Tribunales de España; Hermandad Nacional de Previsión Social de arquitectos superiores; Mutualidad de Previsión Social de peritos e ingenieros técnicos industriales.

social alternativo, si bien podrán hacerlo como instrumento de previsión complementario.

Empero, si los órganos de gobierno del colegio profesional han solicitado su inclusión colectiva en el RETA, todos aquellos profesionales colegiados que ejerzan su profesión por cuenta propia estarán obligatoriamente integrados en dicho régimen especial (DA 18ª LGSS; art. 3.c), segundo párrafo, D. 2530/1970).

Estas previsiones deben aplicarse a los socios de sociedades profesionales que tengan por objeto social el ejercicio en común de una actividad profesional (DA 5ª Ley 2/2007, de 15 de marzo, de sociedades profesionales).

Por último, los deportistas profesionales de alto nivel pueden solicitar su inclusión en el RETA mediante la suscripción de un convenio especial con la TGSS, siempre que en razón de su actividad deportiva o de cualquier otra actividad profesional que realicen no estén ya incluidos en cualquiera de los regímenes de la Seguridad Social (arts. 53.2. e) Ley del Deporte, y 13.1 y 2 RD 971/2007). Así sucede con los siguientes colectivos: agentes de la propiedad inmobiliaria (RD 2830/1978, de 3 de noviembre); agentes de seguros (D. 806/1973); capitanes, jefes y oficiales de la Marina Mercante por cuenta propia (OM 6-4-1989); diplomados en trabajo social y asistentes sociales (OM 29-7-1987); economistas (OM 17-7-1981); farmacéuticos titulares de oficina de farmacia que ejerzan la actividad de forma personal, habitual y directa (RD 2649/1978); graduados sociales (D. 2551/1971); ingenieros agrónomos (OM 11-3-1993); ingenieros técnicos, facultativos y peritos de minas (OM 1-4-1982); Cuerpo Único de Notarios (RD 1505/2003); odontólogos y estomatólogos (OM 25-9-1981); ópticos (OM 9-3-1990); peritos y tasadores profesionales de seguros (OM 12-1-1971); veterinarios (OM 3-10-1981); agentes y comisionistas de aduanas (OM 7-10-1981); agentes de la Propiedad Industrial (OM 20-10-1981); titulados mercantiles (OM 18-12-1981); censores Jurados de cuentas (OM 13-4-1982); doctores y licenciados en Ciencias Políticas y Sociología (OM 24-10-1988); doctores y licenciados en Ciencias Físicas (OM 13-2-1989).

También deberán darse de alta en el RETA, aunque no haya solicitado su integración en dicho régimen especial, los profesionales colegiados que no cuenten con una mutualidad de protección social alternativa al mismo.

1.3. El sistema especial de los trabajadores agrarios por cuenta propia (SETA)

Dentro del RETA existe un sistema especial (arts. 11 y 323 LGSS) que agrupa a todos los trabajadores agrarios por cuenta propia, mayores de 18 años, que cumplan las condiciones fijadas en el art. 324 LGSS. Aquellos trabajadores autónomos agrarios que no cumplan los requisitos para acceder al sistema especial pero sí los que determinen la inclusión en el RETA, quedarán encuadrados en este régimen especial sin particularidad alguna.

En el SETA quedan encuadrados los trabajadores por cuenta propia, mayores de 18 años, que reúnan los siguientes requisitos:

1°. Ser titulares de una explotación agraria. Se entiende por explotación agraria el conjunto de bienes y derechos organizados por su titular en el ejercicio de la actividad agraria, y que constituye en sí misma una unidad técnico-económica, pudiendo el titular de la explotación serlo por su condición de propietario, arrendatario, aparcero, cesionario u otro concepto análogo, de las fincas o elementos materiales de la respectiva explotación agraria.

2°. La realización de labores agrarias de forma personal y directa en tales explotaciones agrarias, aún cuando ocupen trabajadores por cuenta ajena, que coticen con la modalidad de bases mensuales o, de tratarse de trabajadores que coticen con la modalidad de bases diarias, a las que se refiere el artículo 255 LGSS, que el número total de jornadas reales efectivamente realizadas no supere las quinientas cuarenta y seis en un año, computado desde el 1 de enero a 31 de diciembre de cada año. El número de jornadas reales se reducirá proporcionalmente en función del número de días de alta del trabajador por cuenta propia agrario en este Sistema Especial durante el año natural de que se trate. Estas limitaciones en la ocupación de trabajadores por cuenta ajena se entienden aplicables por cada explotación agraria.

Se considerará actividad agraria el conjunto de trabajos que se requiere para la obtención de productos agrícolas, ganaderos y forestales, así como la venta directa por parte del agricultor de la producción propia sin transformación o la primera transformación de los mismos, cuyo producto final esté incluido en el anexo I, art. 38 del Tratado de Funcionamiento de la Unión Europea, dentro de los elementos que integren la explotación, en mercados municipales o en lugares que no sean establecimientos comerciales permanentes; también tiene la consideración de actividad agraria toda aquella que implique la gestión o la dirección y gerencia de la explotación.

El ejercicio de la actividad agraria por las personas titulares de una explotación agraria de titularidad compartida, definida como la unidad económica, sin personalidad jurídica y susceptible de imposición a efectos fiscales, que se constituye por un matrimonio o pareja unida por análoga relación de afectividad, para la gestión conjunta de la explotación agraria (art. 2.1 Ley 35/2011, de 4 octubre, sobre titularidad compartida de las explotaciones agrarias), determina la inclusión en el SETA (art. 10 Ley 35/2011).

Quedan también incluidos en el SETA el cónyuge y los parientes mayores de 18 años, por consanguinidad o afinidad hasta el tercer grado inclusive, del titular de la explotación que realicen la actividad agraria de forma personal y directa en la correspondiente explotación familiar, siempre que no tengan la consideración de trabajadores por cuenta ajena. En cambio, los hijos del titular de la explotación agraria menores de 30 años, aunque convivan con él, pueden ser contratados como trabajadores por cuenta ajena sin cotización a la contingencia de desempleo.

2. LOS ACTOS DE ENCUADRAMIENTO

Todos los actos de encuadramiento en el RETA deben tramitarse a través del sistema de remisión electrónica de datos (sistema RED; Orden ESS/484/2013, de 26 de marzo, art. 46.1 RGA). La incorporación al Sistema RED determinará, asimismo, la inclusión obligatoria de los trabajadores autónomos en el sistema de notificación electrónica, mediante su comparecencia en la sede electrónica de la Secretaría de Estado de la Seguridad Social (SEDESS).

2.1. La solicitud de alta y variación de datos

Es el propio trabajador autónomo quien debe solicitar su afiliación al sistema de Seguridad Social —cuando proceda— y el alta en el RETA, respondiendo subsidiariamente del cumplimiento de dichas obligaciones por parte de su cónyuge o parientes, cuando colaboren con él y estén comprendidos en el campo de aplicación del RETA (art. 40.1 RGA)[9].

---

[9] Las sociedades colectivas, comanditarias y cooperativas de trabajo asociado, responderán subsidiariamente del cumplimiento de los actos de encuadramiento que deban realizar sus socios en relación con el RETA. El plazo para el cumpli-

El trabajador por cuenta propia no queda eximido de darse de alta en el RETA por realizar, simultáneamente, otras actividades que den lugar a su inclusión en otros regímenes de la Seguridad Social (pluriactividad). Cuando todas las actividades simultáneas den lugar a su inclusión en el RETA, el alta en dicho régimen será única, debiendo declarar el trabajador todas sus actividades y los datos correspondientes en la solicitud de alta, o mediante la correspondiente comunicación de variación de datos cuando la pluriactividad se produzca con posterioridad al alta. Del mismo modo se procederá en caso de que varíe o finalice su situación de pluriactividad.

En aquellos supuestos de pluriactividad en los que una de las actividades desarrolladas por el trabajador por cuenta propia determine su inclusión en el SETA, el alta se practicará por dicha actividad (art. 41.1 y 46.3 RGA).

La TGSS informará de las actividades realizadas por el trabajador autónomo en cada momento a la mutua colaboradora con la que éste haya concertado la protección de la incapacidad temporal de los riesgos profesionales y del cese de actividad.

La solicitud de alta en el RETA debe presentarse por medios electrónicos y acompañada de los documentos indicados en el art. 46.5 RGA.

En la solicitud de alta, además de los datos indicados en el art. 30.2,a) párrafo primero RGA, figurarán los referidos a la actividad económica u ocupación que determina la inclusión en el RETA y a la sede de la actividad, si fuera distinta al domicilio del trabajador, y, en su caso, los siguientes (art. 30.2,b) RGA)[10]:

1° Razón social y número de identificación fiscal de las sociedades o comunidades de bienes de las que formen parte los trabajadores por cuenta propia incluidos en el RETA al amparo de lo establecido en el art. 14.1.b) y en los párrafos b), c), d), e) y l) del art. 305.2 LGSS.

---

miento de estas obligaciones subsidiarias es de 6 días naturales, contados a partir del siguiente al agotamiento del término establecido, o el superior concedido por la TGSS, para el cumplimiento de tales obligaciones por el obligado principal (art. 40.2 RGA).

10 Quienes, a fecha 1-1-2023, figuren dados de alta en el RETA, deberán comunicar a la TGSS, antes del 31-10-2023 por medios electrónicos, los datos enumerados enumerados en el art. 30.2,b) RGA (D.T. Única y D.F. 4ª RD 504/2022, de 27 de junio).

2º Desempeño del cargo de consejero o administrador o prestación de otros servicios para la sociedad, a que se refiere el art. 305.2.b) LGSS.

3º Porcentaje de participación en el capital social, a que se refieren los párrafos b) y e) del art. 305.2 LGSS.

4º Nombre y apellidos y número del documento nacional de identidad o equivalente de los familiares con los que conviva el trabajador autónomo, a que se refieren los párrafos b).1º y e) del art. 305.2 LGSS.

5º Número de identificación fiscal del cliente del que dependan económicamente los trabajadores autónomos incluidos en este régimen especial al amparo de lo establecido en el art. 305.2.f) LGSS.

6º Colegio profesional en el que deban figurar incorporados los trabajadores autónomos incluidos en este régimen especial, al amparo de lo establecido en el art. 305.2.g) LGSS.

7º Número de identificación fiscal de la empresa o empresas para las que se presten las actividades complementarias privadas a que se refiere el art. 305.2.j) LGSS.

8º Nombre y apellidos y número del documento nacional de identidad o equivalente del trabajador autónomo en cuya actividad económica o profesional trabajen los familiares a que se refiere el art. 305.2.k) LGSS.

9º Declaración de los rendimientos económicos netos que el trabajador autónomo prevea obtener durante el año natural en el que se produzca el alta por su actividad económica o profesional, de forma directa y/o por su participación en la sociedad o comunidad de bienes que determine su inclusión en el RETA o RETM, salvo en el caso de los miembros de institutos de vida consagrada de la Iglesia Católica incluidos en este régimen especial de la Seguridad social y de los trabajadores por cuenta propia incluidos en los grupos segundo y tercero de cotización del RETM.

10º Cualquier otro dato que suponga una peculiaridad en materia de cotización y acción protectora respecto al trabajador por cuenta propia.

Cualquier cambio que se produzca en estos datos se comunicará mediante la correspondiente variación de datos, que también se tramitará por medios electrónicos (art. 46.3 RGA).

La solicitud de alta se presentará antes del inicio de la actividad, con una antelación máxima de 60 días naturales, produciendo efectos, en orden a la cotización y a la acción protectora desde el día en que concurran en la persona de que se trate las condiciones que determinan su inclusión en este régimen especial de la Seguridad Social, siempre que se trate de altas solicitadas dentro de dicho plazo y con un máximo de tres solicitudes de alta dentro del año natural (arts. 32.3, 46.1 y 2, y DT 2ª. 1 RGA).

El resto de altas solicitadas dentro de cada año natural producirán efectos desde el primer día del mes natural en que la persona reúna los condiciones que determinen su inclusión en el RETA, siempre que el alta sea solicitada dentro del plazo indicado.

Las altas solicitadas fuera de plazo y las practicadas de oficio por la TGSS, producirán efectos desde el primer día del mes natural en quede acreditada que la persona reúne las condiciones que determinen su inclusión en este régimen especial de la Seguridad Social. La TGSS comunicará a la ITSS las altas solicitadas fuera de plazo (art. 319 y DT 20ª LGSS).

Por último, cualquier variación de datos que figuren en las solicitudes de afiliación o alta deberá comunicarlas el trabajador autónomo dentro del plazo de los 3 días naturales siguientes a aquel en que la variación se produzca.

2.1.1. Alta en el sistema especial de trabajadores por cuenta propia agrarios

El alta en el SETA presenta algunas especialidades frente a la que deben solicitar el resto de trabajadores por cuenta propia integrados en el RETA. En primer lugar, si el trabajador ya estuviera incorporado en el RETA, la solicitud de alta en este sistema especial tendrá efectos desde el día primero del mes siguiente a aquel en que se presente la respectiva solicitud (art. 48.1 RGA).

En segundo lugar, la validez de la solicitud de alta queda condicionada a la comprobación, por parte de la TGSS, de la concurrencia efectiva de los requisitos exigidos por el art. 324 LGSS para la inclusión en el SETA. A efectos de acreditar dichos requisitos, los interesados, en el momento de presentar su solicitud de alta, deberánefectuar una declaración responsable en la que manifestarán, bajo su responsabilidad, que cumplen los referidos requisitos y que dispone de la documentación que así lo acredita, así como que la pondrá a disposición de la TGSS cuando le sea requerida (arts. 46.5 y 48.2,

RGA). Su incumplimiento, en los supuestos de solicitudes iniciales de alta, determinará la exclusión de oficio del sistema especial, con efectos desde el día en que haya tenido lugar el alta condicionada en él.

En cambio, si la ausencia de los requisitos para estar comprendido en este sistema especial es constatada por la TGSS con posterioridad al alta, la exclusión producirá efectos conforme a lo previsto en el art. 48.3 RGA.

En todo caso, la exclusión del SETA también podrá instarse por los propios interesados, a causa de la pérdida sobrevenida de las condiciones exigidas para quedar comprendidos en él, con los efectos señalados.

2.1.2. Situaciones asimiladas al alta

En el RETA se consideran situaciones asimiladas a la de alta, las siguientes (arts. 69 a 73 OM 24-9-70):

1. La de los trabajadores que causen baja en este régimen especial por haber cesado en la actividad que dio lugar a su inclusión, durante los noventa días naturales siguientes al último día del mes de su baja (art. 29 D. 2530/1970), incluso si el trabajador autónomo se hubiera inscrito como demandante de empleo en la oficina de empleo correspondiente (STS 23-11-00; rec. 18/2000), situación asimilada al alta que también operará respecto a la prestación por maternidad que se cause tras darse de baja en el RETA por cese de actividad (STS 10-6-14; rec. 2546/2013). Por el contrario, no se considera situación asimilada al alta la del trabajador por cuenta propia que causa baja en el RETA sin inscribirse como demandante de empleo y sin que haya situación personal o personal que lo justifique (STS 20-4-21; rec. 4668/2018).
2. El período de inactividad que medie entre los trabajos de temporada, con una duración máxima de 12 meses, siempre que cumplan los requisitos establecidos en el art. 72 OM 24-9-70.
3. La suspensión de actividades por enfermedad o accidente, siempre que el interesado hubiera solicitado su reconocimiento a la entidad gestora o colaboradora dentro del mes natural siguiente, acompañando una certificación médica acreditativa de la enfermedad o lesiones que está padeciendo y su fecha de iniciación, y cumpliendo sus obligaciones de cotización durante el período correspondiente (art. 73 OM 24-9-70).

4. La suscripción de un convenio especial con la Seguridad Social (O. TAS/2865/2003).
5. La situación de las trabajadoras por cuenta propia víctimas de violencia de género que cesen en su actividad para hacer efectiva su protección o su derecho a la asistencia social integral (art. 21.5 LOMPICVG).
6. La baja en el RETA del trabajador autónomo que agota la duración máxi ma del subsidio por IT y continúa sin recibir el alta médica (SSTS 20-1-04; rec. 1796/03 y 2-2-05; rec. 2223/2004).

2.2. La solicitud de baja

La solicitud de baja en el RETA debe presentarse dentro del plazo de los 3 días naturales siguientes a aquel en que el trabajador autónomo cese en la actividad que haya determinado su inclusión en este régimen especial (art. 32.3.2° RGA), produciendo efectos desde el día en que el trabajador autónomo haya cesado en su actividad, siempre que se solicite dentro del plazo indicado y con un máximo de tres solicitudes de baja dentro del año natural (art. 46.4 RGA).

La solicitud de baja en el RETA debe presentarse ante la dirección provincial de la TGSS o administración de la misma donde radique el establecimiento o, en su defecto, donde tenga su domicilio el interesado, acompañada de los documentos indicados en el art. 46.5 RGA.

El resto de las bajas que, en su caso, se produzcan dentro de cada año natural, surtirán efectos al vencimiento del último día del mes natural en que el trabajador autónomo hubiese cesado en la actividad, siempre que se hayan solicitado dentro del plazo señalado.

Si el trabajador autónomo no solicita la baja pese a haber dejado de reunir los requisitos determinantes de su inclusión en el RETA, dicha solicitud se presenta extemporáneamente o se realiza de oficio por la TGSS, el alta así mantenida surtirá efectos en cuanto a la obligación de cotizar pero el trabajador por cuenta propia no será considerado en situación de alta en cuanto al derecho a las prestaciones durante el tiempo de demora en cursar la baja en este régimen especial (arts. 35.2.4 y 46.4 RGA).

En todo caso, la TGSS comunicará a la ITSS las altas solicitadas fuera de plazo.

3. COTIZACIÓN Y RECAUDACIÓN

3.1. Sujeto obligado y responsable

El propio trabajador autónomo es el obligado a efectuar el ingreso de las cuotas de Seguridad Social en la TGSS, asumiendo una responsabilidad subsidiaria respecto a las que correspondan al cónyuge y parientes, por consanguinidad o afinidad hasta el segundo grado, que colaboren con él de forma habitual y directa en la actividad de que se trate (art. 3.a) D. 2530/1970 y art. 43.1 RGCL).

Por su parte, las sociedades colectivas, comanditarias y, en su caso, las cooperativas de trabajo asociado, responderán subsidiariamente del cumplimiento, por parte de sus socios y socios trabajadores, de la obligación de cotizar e ingresar las cuotas de Seguridad Social.

Todas las actuaciones relacionadas con la cotización y liquidación en el RETA deben tramitarse a través del sistema RED (Orden ESS/484/2013, de 26 de marzo).

3.2. Dinámica de la obligación de cotizar: nacimiento, duración y extinción

La obligación de cotizar nacerá, con carácter general, el día en que el trabajador por cuenta propia reúna las condiciones para su inclusión en el campo de aplicación del RETA, siempre que el alta en este régimen de la Seguridad Social se haya solicitado dentro de plazo y sea una de las tres solicitudes en el año natural.

En cambio, para cualquier otra solicitud de alta formulada dentro de un año natural que supere el número de tres, la obligación de cotizar nacerá desde el día primero del mes natural en que concurran las condiciones determinantes de la inclusión en el RETA del trabajador autónomo.

Cuando el alta en el RETA se presente fuera de plazo o se realice de oficio por la TGSS, sin perjuicio de las posibles sanciones administrativas que procedan (arts. 22.7 y 40.1,b) LISOS), la obligación de cotizar nacerá desde el día primero del mes natural en que resulte acreditada la concurrencia de los requisitos para la inclusión en su campo de aplicación (art. 45.2 RGCL) si bien, el trabajador autónomo vendrá obligado a cotizar por el período de tiempo anterior a la solicitud de alta. Esta cotización producirá efectos, en orden a causar derecho a las prestaciones de Seguridad Social, una vez sean ingresadas las cuotas con los intereses y recargos que correspondan, salvo que hayan prescrito, en cuyo caso no serían exigibles ni por ello válidas a efectos de causar derecho a las prestaciones.

En las situaciones de pluriactividad, cuando finalice ésta manteniendo el alta en el RETA, la obligación de cotizar nacerá el día primero del mes en que cese la pluriactividad.

Para los trabajadores por cuenta propia agrarios que queden excluidos del SETA, permaneciendo de alta en el RETA por la misma o distinta actividad, la obligación de cotizar nace en la fecha de efectos de la exclusión en dicho sistema especial.

La obligación de cotizar pervive mientras el trabajador por cuenta propia realice la actividad que haya determinado su inclusión en el RETA, extinguiéndose hasta tres bajas presentadas dentro de cada año natural, el día en que la persona deje de reunir las condiciones de inclusión en dicho régimen especial, siempre que la baja se comunique en el plazo y la forma indicados. Para el resto de bajas presentadas, la obligación de cotizar cesará al vencimiento del último día del mes natural en que se dejen de cumplir los requisitos de inclusión en el RETA, siempre que la baja se presente en el plazo y la forma establecidos.

La TGSS puede iniciar un procedimiento de apremio para comprobar si el trabajador por cuenta propia continúa ejerciendo la actividad, en aquellos supuestos en los que manteniéndose el alta en el RETA, haya dejado de ingresar las cuotas de Seguridad Social. Constatado el cese en la actividad, la TGSS procederá a cur sar la baja de oficio del trabajador por cuenta propia (art. 10 RDL 28/2018).

Si el trabajador autónomo hubiera ingresado las cuotas hasta el último día del respectivo mes natural, la TGSS debe proceder a efectuar la devolución de dicho ingreso de cuotas indebido, sin aplicación de recargo o interés alguno. La devolución efectuará, mediante transferencia bancaria, en el plazo de los 2 meses siguientes a aquel en que se hubiera efectuado el ingreso, salvo en aquellos casos en que el trabajador autónomo fuese deudor de la Seguridad Social o tuviese concedido un aplazamiento o moratoria, en cuyo caso el importe a reintegrar se aplica a la deuda pendiente de ingreso o de amortización, salvo para el caso de deuda exigible garantizada mediante aval.

De no comunicarse la baja, en tiempo y forma, subsistirá la obligación de cotizar hasta el último día del mes natural en que la TGSS lo haga de oficio. No obstante, el interesado podrá demostrar, por cualquier medio de prueba admitido en derecho, que la actividad cesó en una fecha distinta, debiendo producirse, en este caso, la devolución de las cuotas indebidamente ingresadas (STS 10-2-03; rec. 2470/2002) o el reintegro de las prestaciones que resulten indebidamente percibidas, salvo que por aplicación de las prescripciones no fueran exigibles la devolución ni el reintegro (art. 45.2 RGCL).

En cambio, la mera solicitud de baja no extingue la obligación de cotizar si continúa el desarrollo de la actividad o si el trabajador se encuentra en una situación asimilada a la del alta, en la que expresamente esté establecida la obligación de cotizar.

Para las trabajadoras autónomas víctimas de violencia machista que cesen en su actividad para hacer valer su protección o su derecho a la asistencia social integral, se suspenderá la obligación de cotizar durante un período de seis meses, que serán considerados como de cotización efectiva a efectos de las prestaciones de Seguridad Social. En tal caso, se tomará como base de cotización el promedio de las bases por la que haya cotizado la trabajadora durante los seis meses previos a la suspensión de la obligación de cotizar (art. 21.5 LOMPIVG).

3.3. Elementos de la cotización: bases y tipos

3.3.1. Las bases de cotización

Las personas trabajadoras por cuenta propia incluidas en el RETA cotizarán en función de los rendimientos netos anuales obtenidos en sus actividades económicas o profesionales (art. 308.1 LGSS)[11]. La base de cotización mensual se determinará provisionalmente, siguiendo estas reglas:

1º. Determinación provisional de los rendimientos netos anuales. *El trabajador por cuenta propia deberá hacer una previsión de los rendimientos netos que obtendrá en cada año natural, por todas las actividades profesionales o económicas que desarrolle, aunque el desempeño de algunas de ellas no determine su inclusión en el sistema de Seguridad Social, y con independencia de que las realice a título individual o como socio o integrante de cualquier tipo de entidad, con o sin personalidad jurídica, siempre y cuando no deba figurar por ellas en alta como trabajador por cuenta ajena o asimilado.*

---

[11] La implantación de este sistema de cotización se realizará de forma gradual, durante un periodo máximo de 9 años. Antes del 1-1-2026, el Gobierno fijará el calendario de aplicación del nuevo sistema de cotización por ingresos reales (D.T. 1ª RDL 13/2022).

El rendimiento anual computable se calcula de acuerdo con lo previsto en las normas del IRPF. Así:

i) Para las actividades económicas que se rijan por el método de estimación directa, el rendimiento computable es el rendimiento neto, incrementado en el importe de las cuotas de la Seguridad Social y aportaciones a mutualidades alternativas del titular de la actividad.

ii) Para las actividades económicas que determinen el rendimiento neto por el método de estimación objetiva, el rendimiento computable es el rendimiento neto previo minorado en el caso de actividades agrícolas, forestales y ganaderas y el rendimiento neto previo en el resto de supuestos.

iii) Para los rendimientos de actividades económicas imputados al con tribuyente por entidades en atribución de rentas, el rendimiento computable imputado a la persona trabajadora por cuenta propia es, para el método de estimación directa, el rendimiento neto y, para el método de estimación objetiva, el rendimiento neto previo.

iv) Para los administradores/socios de sociedades de capital, se computan la totalidad de los rendimientos, dinerarios o en especie, derivados de la participación en los fondos propios de aquellas entidades en las que reúna, en la fecha de devengo del Impuesto sobre Sociedades, una participación igual o superior al 33% del capital social o, teniendo la condición de administrador, una participación igual o superior al 25%, así como la totalidad de los rendimientos de trabajo derivados de su actividad en dichas entidades.

v) Para los socios trabajadores de las cooperativas de trabajo asociado que hayan optado por su inclusión en el RETA se computan, además de los rendimientos que puedan obtener de su propia actividad económica, los rendimientos de trabajo —anticipos societarios— o capital mobiliario —retorno cooperativo e intereses—, dinerarios o en especie, derivados de tal condición.

vi) Para los socios industriales de sociedades regulares colectivas y comanditarias, de comuneros de comunidades de bienes, socios de sociedades civiles irregulares y socios trabajadores de sociedades laborales se computan, además, la totalidad de los rendimientos de trabajo o capital mobiliario, dinerarios o en especie, derivados de su condición de socios o comuneros en las entidades.

A los rendimientos computables indicados se les aplicará una deducción por gastos del 7%, con carácter general, y del 3% en el caso de administradores de sociedades de capital y socios trabajadores de sociedades laborales, siempre que hayan permanecido 90 días en alta en el RETA, durante el ejercicio al que corresponden los rendimientos computables.

2º. Elección de la base de cotización mensual. *El trabajador autónomo elegirá una base de cotización mensual comprendida entre la base mínima y máxima correspondiente al de rendimientos netos mensuales que prevea obtener, conforme a la tabla general recogida anualmente por la LPGE.*

Cuando prevea que el promedio mensual de sus rendimientos netos vaya a ser inferior al que determina la base mínima del tramo 1 de la tabla general, la persona trabajadora por cuenta propia deberá elegir la base de cotización dentro de la tabla reducida establecida anualmente en la LPGE.

Para el año 2024, la tabla general, la tabla reducida, las bases máximas y mínimas aplicables a los diferentes tramos de rendimientos netos están recogidas en la Orden PJC/51/2024, de 29 de enero por la que se desarrollan las normas legales de cotización para el ejercicio 2024. Pueden consultarse en el siguiente enlace: https://www.seg-social.es/wps/portal/wss/internet/Trabajadores/CotizacionRecaudacionTrabajadores/36537?changeLanguage=es#REDAutonomos.

	Tramos rendimientos netos 2023 Euros/mes		Base mínima Euros/mes	Base máxima Euros/mes
Tabla reducida	Tramo 1	<= 670	751,63	849,66
	Tramo 2	> 670 y <= 900	849,67	900
	Tramo 3	> 900 y < 1.166,70	898,69	1.166,70
Tabla general	Tramo 1	>= 1.166,70 y <= 1.300	950,98	1.300
	Tramo 2	> 1.300 y <=1.500	960,78	1.500
	Tramo 3	> 1.500 y <=1.700	960,78	1.700
	Tramo 4	> 1.700 y <=1.850	1.013,07	1.850
	Tramo 5	> 1.850 y <=2.030	1.029,41	2.030
	Tramo 6	> 2.030 y <=2.330	1.045,75	2.330
	Tramo 7	> 2.330 y <=2.760	1.078,43	2.760
	Tramo 8	> 2.760 y <=3.190	1.143,79	3.190
	Tramo 9	> 3.190 y <=3.620	1.209,15	3.620
	Tramo 10	> 3.620 y <= 4.050	1.274,51	4.050
	Tramo 11	> 4.050 y <=6.000	1.372,55	4.495,50
	Tramo 12	> 6.000	1.633,99	4.495,50

La base de cotización de los trabajadores que a 31-12-2023 hubiesen solicitado un cambio de su base de cotización, con efectos desde el 1-1-2024, ésta será la solicitada siempre que se encuentre en alguno de los tramos de las tablas recogidas en la citada Orden PJC/51/2024. Por su parte, los trabajadores autónomos que, en fecha 1-1-2024, hubieran optado por las bases máximas permitidas hasta ese momento, pueden elegir, hasta el 29-2-2024, cualquier base de cotización de las comprendidas entre aquella por la que vinieran cotizando y el límite máximo que les sea de aplicación. La nueva base elegida surte efectos desde el 1-1-2024.

De otro lado, los trabajadores autónomos que antes del 1-1-2023 vinieren cotizando por una base de cotización superior a la que les correspondería por razón de sus rendimientos, y no hayan modificado su base durante 2023, pueden mantener durante el año 2024 dicha base de cotización, o una inferior a esta, aunque sus rendimientos determinen la aplicación de una base de cotización inferior a cualquiera de ellas (D.T. 6ª RDL 13/2022).

Por su parte, los trabajadores autónomos que estén cotizando por la base máxima de este régimen especial podrán solicitar que, mientras mantengan su situación de alta en el RETA, su base de cotización se incremente automáticamente en el mismo porcentaje en que se aumenten esas bases máximas. Estas opciones se pueden ejercitar simultáneamente con el alta en el RETA o, posteriormente, durante todo el año natural antes del 1 de noviembre de cada año, surtiendo efectos desde el día 1 de enero del año siguiente a la fecha de pre sentación de la solicitud. También la renuncia a esta opción puede solicitarse durante todo el año natural, surtiendo efectos desde el 1 de enero del año siguiente.

Quienes no hayan ejercido ninguna de las opciones anteriores —cambio de base o actualización automática— mantendrán la base de cotización por la que venían cotizando en 2022, siempre que esta sea igual o superior a la que les correspondería por aplicación de los establecido en el sistema de cotización por rendimientos reales.

De otro lado, a los trabajadores autónomos de alta en el RETA, a fecha 31 de diciembre de 2022, cuyos ingresos en cómputo anual se encuentren dentro de los tramos establecidos en la tabla reducida, se les aplica durante 6 meses en los años 2023 y 2024 una base mínima de cotización de 960€, a efectos del cálculo de las pensiones del sistema, aunque elijan una base de cotización inferior para esos años.

Los familiares del trabajador autónomo, los socios administradores de sociedades de capital y los socios trabajadores de las sociedades laborales encuadrados en el RETA (art.305.2, b) y k) LGSS), así como los trabajadores por cuenta propia que no hayan presentado la declaración del IRPF o que, habiéndola presentado, no hayan declarado ingresos a efectos de la determinación de los rendimientos netos, cuando resulte de aplicación el régimen de estimación directa (art.308.1.a) regla 4ª y c) regla 5ª LGSS) no pueden elegir una base de cotización mensual inferior a 1.000 € durante el año 2024 (D.T. 7ª RDL 13/2022)[12]. Para la aplicación de esta base de

---

12 A partir del año 2026 a estos colectivos se les aplicará las reglas generales del sistema.

cotización mínima basta con acreditar figurar 90 días en alta en el RETA durante el período a regularizar (art. 308.1 LGSS).

Por su parte, los autónomos dedicados a la venta ambulante (CNAE 4781, 4782 y 4789) pueden elegir cotizar por una base equivalente a un 77% de la base mínima del tramo 1 de la tabla reducida.

Los miembros de institutos de vida consagrada de la Iglesia Católica, incluidos en el RETA. deben elegir su base de cotización mensual en un importe igual o superior a la base mínima del tramo 3 de la tabla reducida de bases de cotización vigente para cada año.

En los supuestos de alta de oficio, a propuesta de la ITSS o efectuadas por la TGSS, durante el período comprendido entre la fecha del alta y el último día del mes natural inmediatamente anterior a la fecha de efectos del alta, así como durante los períodos incluidos en las actas de liquidación por falta de alta de los trabajadores por cuenta propia o autónomos, la base de cotización será la base mínima del tramo 1 de la tabla general de bases de cotización de este régimen especial, salvo que la ITSS hubiese establecido expresamente otra base de cotización superior. En cualquier caso, se aplique una u otra base de cotización, no será de aplicación a dicho período el procedimiento de regularización (art. 44.3, d) RGCL).

Por último, en el supuesto de las solicitudes de altas presentadas fuera del plazo reglamentariamente establecido, durante el período comprendido entre la fecha del alta y el último día del mes natural en el que se presentó la solicitud del alta, de formularse dichas solicitudes a partir del mes siguiente al del inicio de la actividad, la base de cotización será la base mínima del tramo 1 de la tabla general de bases de cotización, sin que resulte de aplicación a dicho período el procedimiento de regularización (art. 44.3, c) RGCL). Desde el 1-1-2024, la base de cotización correspondiente a la protección por formación profesional y por cese de actividad es:

1. Aquella por la que haya optado el trabajador, en los supuestos de trabajadores incluidos en el RETA en el Sistema Especial para Trabajadores por Cuenta Propia Agrarios y de los trabajadores por cuenta propia incluidos en el grupo primero del RETM, aplicándose a estos efectos las correspondientes normas de determinación de la base de cotización (art.16, 17 y 18 OM PCM/51/2024).

2. La determinada conforme a la OM ISM/29/2024, siendo de aplicación a la misma los coeficientes correctores que señala la ley (L 47/2015), en el supuesto de trabajadores por cuenta propia incluidos en el grupo segundo y tercero del RETM.

3º. Cambio de bases de cotización. *Las personas trabajadoras por cuenta propia deben cambiar su base de cotización a fin de ajustar su cotización a las previsiones que vayan teniendo de sus rendimientos netos anuales, pudiendo optar a tal efecto por cualquiera de las bases de cotización comprendidas en las tablas general o reducida.*

El trabajador autónomo y los trabajadores por cuenta propia incluidos en el grupo primero de cotización del RETM, pueden modificar su base de cotización hasta seis veces al año, siempre que así lo soliciten a la TGSS. Junto a la solicitud de cambio de base de cotización, el trabajador autónomo deberá efectuar una declaración de los rendimientos económicos netos que prevean obtener por su actividad económica o profesional (art. 43.bis,1 RGCL).

Las solicitudes de cambio de base de cotización surtirán efectos a partir de las siguientes fechas (art. 43 bis RGCL):

a) si la solicitud se formula entre el 1 de enero y el último día natural del mes de febrero, la elección surtirá efecto el 1 de marzo,

b) si la solicitud se formula entre el 1 de marzo y el 30 de abril,la elección surtirá efecto el 1 de mayo

c) si la solicitud se formula entre el 1 de mayo y el 30 de junio, la elección surtirá efecto el 1 de julio

d) si la solicitud se formula entre el 1 de julio y el 31 de agosto, la elección surtirá efecto el 1 de septiembre

e) si la solicitud se formula entre el 1 de septiembre y el 31 de octubre, la elección surtirá efecto el 1 de noviembre

f) si la solicitud se formula entre el 1 de noviembre y el 31 de diciembre,la elección surtirá efecto el 1 de enero del año siguiente

4º. Regularización. *La base de cotización elegida por el trabajador autónomo tiene carácter provisional hasta que se proceda a su regularización, en función de los rendimientos anuales realmente, obtenidos y comunicados por la Agencia Tributaria, a partir del ejercicio anual siguiente. Para determinar si procede o no la regularización se seguirán las reglas indicadas en el art. 46.2 RGCL.*

Una vez fijado el importe de los rendimientos reales, se determinan las bases de cotización mensuales definitivas, siempre y cuando la base de cotización definitiva no esté comprendida entre la base de cotización mínima y la máxima correspondiente al tramo en el que estén comprendidos los rendimientos de trabajador autónomo.

La base de cotización definitiva para aquellas personas trabajadoras por cuenta propia que no hubiesen presentado la declaración del IRPF ante la correspondiente Administración Tributaria o que, habiéndola presentado, no hayan declarado ingresos a efectos de la determinación de los rendimientos netos cuando resulte de aplicación el régimen de estimación directa, es la base mínima de cotización para contingencias comunes para los trabajadores incluidos en el RGSS del grupo de cotización 7.

No serán objeto de regularización las bases de cotización mensuales elegidas por los miembros de institutos de vida consagrada de la Iglesia Católica, al no cotizar en función de rendimientos. Tampoco se procederá a la regularización de las bases de cotización mensuales tenidas en cuenta para el cálculo de la base reguladora de cualquier prestación económica del sistema de la Seguridad Social, ni las posteriores hasta el mes en que se produzca el hecho causante de las prestaciones. Del mismo modo, durante los períodos en que las personas trabajadoras por cuenta propia perciban prestaciones por IT, riesgo durante el embarazo, riesgo durante la lactancia natural, nacimiento y cuidado de menor, ejercicio corresponsable del cuidado del lactante, por cese de actividad o para la sostenibilidad de la actividad de las personas trabajadoras autónomas en su modalidad cíclica o sectorial, en aquellos supuestos en los que deban permanecer en alta en el RETA, la base de cotización mensual aplicada adquiere carácter definitivo y, en consecuencia, no será objeto de la regularización (art. 309 LGSS).

3.3.2. Tipos de cotización

El tipo de cotización por contingencias comunes, profesionales —accidentes de trabajo y enfermedades profesionales—, cese de actividad y formación profesional se fija anualmente en la LPGE y en la correspondiente orden de cotización, fijándose un tipo de cotización por IT específico para los trabajadores por cuenta propia con 65 o más años, encuadrados en el RETA, RETM o SETA (art. 311 LGSS).

Cuando el trabajador por cuenta propia tenga cubierta la IT en otro régimen de la Seguridad Social, y no opte no opte por acogerse a la cobertura de esta prestación en el RETA, se aplica una reducción en la cuota a abonar (art. 315 LGSS). Asimismo, de no tener cubierta la protección de las contingencias profesionales, el trabajador autónomo deberá efectuar una cotización adicional, equivalente al 0,10% de su base de cotización, para la financiación de las prestaciones por riesgo durante el embarazo y riesgo durante la lactancia, así como del 0,6% sobre la base de cotización por contingencias comunes para el mecanismo de equidad intergeneracional.

Por su parte, para los trabajadores autónomos incluidos en el SETA también se establecen unos tipos específicos y variables en función de la base de cotización y de las contingencias protegidas (art. 45.5 RGCL). Además, para este colectivo de trabajadores por cuenta propia, el tipo de cotización por las contingencias de accidentes de trabajo y enfermedades profesionales es el establecido en la tarifa de primas contenida en la D.A. 4ª Ley 42/2006, de 28 diciembre. Si el trabajador autónomo desarrolla varias actividades que den lugar a una única inclusión en el RETA, se aplicará el tipo de cotización más elevado de entre los correspondientes a las distintas actividades.

Cuando el trabajador por cuenta propia agrario no proteja la totalidad de las contingencias profesionales dentro del sistema de Seguridad Social, tendrá que abonar una cuota resultante de aplicar a la base de cotización el tipo del 1%, en concepto de cobertura de las contingencias de incapacidad permanente, muerte y supervivencia.

Por último, en los supuestos de realización de un trabajo por cuenta propia compatible con la pensión de jubilación, el tipo de cotización especial de solidaridad es del 9% sobre la base mínima de cotización del RETA (art. 309 LGSS), e incluye a los pensionistas de jubilación que compatibilicen la pensión con una actividad profesional por cuenta propia estando incluidos en una mutualidad alternativa al RETA (D.A. 18ª LGSS), la cual no será computable a efectos de prestaciones.

Los tipos de cotización para 2024 pueden consultarse en el siguiente enlace: https://www.seg-social.es/wps/portal/wss/internet/Trabajadores/CotizacionRecaudacionTrabajadores/36537?changeLanguage=es#REDAutonomos

3.4. Bonificaciones, exenciones y reducciones en la cotización

Las bonificaciones y reducciones en las cuotas a la Seguridad Social están dirigidas a los siguientes colectivos[13]:

1. Trabajadores autónomos –aun cuando iniciada la actividad empleen a trabajadores por cuenta ajena—, socios de sociedades laborales o de capital y socios trabajado res de las cooperativas de trabajo asociado que causen alta inicial en el RETA o que no hubieran estado en situación de alta en los

[13] De los beneficios en la cotización derogados en virtud de la D.D. única del RDL 13/2022, seguirán disfrutando quienes fueran beneficiarios de los mismos antes del 1 de enero de 2023, conforme a la normativa en base a la que fueron reconocidos y hasta que se agote la duración máxima establecida para cada uno de ellos.

dos años inmediatamente anteriores, a contar desde la fecha de efectos del alta en el RETA o en el grupo primero de cotización del RETM, tendrán derecho a una cuota reducida por contingencias comunes y profesionales de 80 € mensuales[14], durante los 12 meses naturales completos a contar desde la fecha de efectos del alta, quedando los trabajadores exonerados de cotizar por cese de actividad y por formación profesional.

Transcurrido dicho período, el trabajador por cuenta propia cuyos rendimientos económicos netos anuales sean inferiores al SMI anual que corresponda, podrá solicitar una cuota reducida durante los siguientes 12 meses naturales completos. Cuando este segundo periodo abarque parte de 2 años naturales, el requisito relativo a los rendimientos económicos se deberá cumplir en cada uno de ellos. Si en alguno de los años de este segundo período, los rendimientos económicos netos del trabajador autónomo superasen el importe del SMI anual vigente en alguno de los años, la cotización reducida en el año en que concurra esta circunstancia será objeto de regularización. Para la regularización se tomará en consideración la parte proporcional de dichos rendimientos, correspondiente a los meses afectados por la reducción.

Los trabajadores por cuenta propia pueden renunciar expresamente a estas reducciones, con efectos a partir del día primero del mes siguiente al de la comunicación de la renuncia.

De estas reducciones en la cotización no se podrán beneficiar los familiares de trabajadores autónomos por consanguinidad o afinidad hasta el segundo grado inclusive y, en su caso, por adopción, que se incorporen al RETA o, como trabajadores por cuenta propia, al grupo primero de cotización del RETM, ni a los miembros de institutos de vida consagrada de la Iglesia Católica incluidos en el RETA.

El período de baja en el RETA, para tener derecho a las reducciones en la cotización en caso de reemprender una actividad por cuenta propia, es de 3 años cuando los trabajadores autónomos hubieran disfrutado de dichas reducciones en su anterior período de alta en el este régimen especial.

2. Cónyuges o descendientes, de 50 o menos años de edad, del titular de una explotación agraria dado de alta en el SETA, que también se den de alta en este régimen especial a través del SETA, tendrán derecho a una bonificación, durante los cinco años siguientes a la fecha del alta, del 40 por

---

[14] Este es el importe para los años 2023 a 2025. A partir de 2026, el importe de la cuota se fijará anualmente en la LPGE

ciento de la cuota por contingencias comunes correspondiente a la base mínima de cotización del tramo 1 de la tabla general de bases aplicable en dicho sistema especial (art. 37 LETA).

También se beneficiarán de esta bonificación en la cotización, siempre que cumpla las condiciones indicadas, el cónyuge del titular de una explotación agraria que se constituya en cotitular de la misma —explotación agraria de titularidad compartida— (art. 10 Ley 35/2011; DA 2ª RD 297/2009), salvo que ya vengan disfrutando de la bonificación indicada en el párrafo anterior.

3. El cónyuge, pareja de hecho y familiares de trabajadores por cuenta propia, por consanguinidad o afinidad hasta el segundo grado inclusive y, en su caso, por adopción, que se incorporen al RETA o al RETM como trabajadores por cuenta propia, siempre que no hubiesen estado de alta en dichos regímenes especiales en los cinco años inmediatamente anteriores, y colaboren con aquéllos mediante la realización de trabajos en la actividad de que se trate, tendrán derecho a una bonificación, durante los veinticuatro meses siguientes a la fecha de efectos del alta, equivalente al 50 por ciento durante los primeros dieciocho meses, y al 25 por ciento durante los seis meses siguientes, de la cuota por contingencias comunes correspondiente a la base mínima de cotización del tramo 1 de la tabla general de bases (art. 35 LETA)

4. Los trabajadores autónomos que sean beneficiarios de la prestación para el cuidado de menores afectados por cáncer u otra enfermedad grave tienen derecho, durante el período de percepción de dicha prestación, a una bonificación del 75% de la cuota por contingencias comunes que resulte de aplicar a la base media que tuviera el trabajador en los 12 meses anteriores a la fecha en la que inicie esta bonificación, el tipo de cotización para contingencias comunes vigente en cada momento, excluido el correspondiente a la IT derivada de contingencias comunes, en el RETA. La base media se calcula con las bases de cotización, provisionales o definitivas, existentes en el momento de la aplicación inicial de la bonificación, sin que la cuantía de la bonificación sea objeto de modificación como consecuencia de la regularización de las bases de cotización provisionales. En caso de que el trabajador por cuenta propia lleve menos de 12 meses de alta continuada en el RETA, la base medida de cotización se calculará desde la última fecha de alta, siendo el resultado de multiplicar por 30 la cuantía resultante de dividir la suma de las bases de cotización entre el número de días de alta del período de alta continuada (art. 38 quarter LETA).

5. Los trabajadores por cuenta propia que contraten indefinidamente como trabajadores por cuenta ajena a su cónyuge, ascendientes, descendientes y demás parientes por consanguinidad o afinidad hasta el segundo grado inclusive, tendrán derecho a la bonificación en la cuota empresarial por contingencias comunes del 100% durante un período de 12 meses, siempre que se cumplan el resto de condiciones prevista en la D.A. 7ª Ley 6/2017.

6. Los trabajadores por cuenta propia y los socios trabajadores o de trabajo de las sociedades cooperativas encuadrados en el RETA o en el grupo primero de cotización del RETM, durante los períodos de descanso por nacimiento y cuidado del menor, riesgo durante el embarazo o riesgo durante la lactancia natural, siempre que este periodo tenga una duración de, al menos, un mes, se beneficiarán de una bonificación del 100% de la cuota por contingencias comunes que resulte de aplicar a la base media que tuviera el trabajador en los 12 meses anteriores a la fecha en la que inicie esta bonificación, el tipo de cotización para contingencias comunes vigente en cada momento, excluido el correspondiente a la IT derivada de contingencias comunes. La base media se calcula con las bases de cotización, provisionales o definitivas, existentes en el momento de la aplicación inicial de la bonificación, sin que la cuantía de la bonificación sea objeto de modificación como consecuencia de la regularización de las bases de cotización provisionales. En caso de que el trabajador por cuenta propia lleve menos de 12 meses de alta continuada en el RETA, la base medida de cotización se calculará desde la última fecha de alta, siendo el resultado de multiplicar por 30 la cuantía resultante de dividir la suma de las bases de cotización entre el número de días de alta del período de alta continuada (art. 38 LETA).

7. Las trabajadoras incluidas en el RETA o, como trabajadoras por cuenta propia en el grupo primero de cotización del RETM que habiendo cesado su actividad por nacimiento adopción, guarda con fines de adopción, acogimiento y tutela, vuelvan a realizar una actividad por cuenta propia en los dos años siguientes a la fecha del cese, tendrán derecho, durante los 24 meses inmediatamente siguientes a la fecha de su reincorporación al trabajo, a una bonificación del 80 por ciento de la cuota por contingencias comunes resultante de aplicar a la base media que tuvieran las trabajadoras en los doce meses anteriores a la fecha en que cesaron en su actividad, el tipo de cotización para contingencias comunes vigente en cada momento, excluido el correspondiente a la incapacidad temporal derivada de dichas contingencias. La base media se calcula con las bases de cotización, provisionales o definitivas, existentes en el momento de la aplicación inicial de la bonificación, sin que

la cuantía de la bonificación sea objeto de modificación como consecuencia de la regularización de las bases de cotización provisionales. En caso de que el trabajador por cuenta propia lleve menos de 12 meses de alta continuada en el RETA, la base medida de cotización se calculará desde la última fecha de alta, siendo el resultado de multiplicar por 30 la cuantía resultante de dividir la suma de las bases de cotización entre el número de días de alta del período de alta continuada (art. 38 bis LETA).

8. Los trabajadores incluidos en el RETA y los incluidos cuenta propia en el grupo primero de cotización del RETM, tendrán derecho, por un plazo de hasta doce meses, a una bonificación del 100 por cien de la cuota por contingencias comunes que resulte de aplicar a la base media que tuviera el trabajador en los doce meses anteriores a la fecha en la que se acoja a esta medida, el tipo de cotización para contingencias comunes vigente en cada momento, excluido el correspondiente a la incapacidad temporal derivada de contingencias comunes.

La base media se calculará con las bases de cotización, provisionales o definitivas, existentes en el momento de la aplicación inicial de la bonificación, sin que la cuantía de la bonificación sea objeto de modificación como consecuencia de la regularización de las bases de cotización provisionales.

En caso de que el autónomo lleve menos de doce meses de alta continuada en el RETA o RETM, la base media de cotización se calculará desde la última fecha de alta, siendo el resultado de multiplicar por 30 la cuantía resultante de dividir la suma de las bases de cotización del último periodo de alta continuada entre el número de días de alta correspondientes a dicho periodo.

La bonificación podrá disfrutarse una vez por cada uno de los sujetos causantes a cargo del trabajador por cuenta propia, en los siguientes supuestos (art. 30 LETA):

a) Por cuidado de menores de doce años que tengan a su cargo. En caso de que el menor alcance la edad de doce años, con anterioridad a la finalización del disfrute de la bonificación, esta se podrá mantener hasta alcanzar el periodo máximo de 12 meses previsto, siempre que se cumplan el resto de condiciones.

b) Por tener a su cargo un familiar, por consanguinidad o afinidad hasta el segundo grado inclusive, en situación de dependencia, debidamente acreditada.

c) Por tener a su cargo un familiar, por consanguinidad o afinidad hasta el segundo grado inclusive, con parálisis cerebral, enfermedad mental o discapacidad intelectual con un grado de discapacidad reconocido igual o superior al 33 por ciento o una discapacidad física o sensorial con un grado de discapacidad reconocido igual o superior al 65 por ciento, cuando dicha discapacidad esté debidamente acreditada, siempre que dicho familiar no desempeñe una actividad retribuida.

El disfrute de esta bonificación está condicionada al cumplimiento de los siguientes requisitos:

(i) Permanencia en alta en el RETA o RETM

(ii) Contratación de un trabajador, que será ocupado en la actividad profesional que da lugar al alta del trabajador autónomo, a tiempo completo o parcial —no inferior al 50% de la jornada de un trabajador a tiempo completo comparable—, y siempre que el autónomo carezca de trabajadores asalariados en la fecha de inicio de la aplicación de la bonificación y durante los doce meses anteriores a la misma, excepto cuando el trabajador por cuenta ajena haya sido contratado mediante contrato de interinidad para la sustitución del trabajador autónomo durante los periodos de descanso por maternidad, paternidad, adopción o acogimiento tanto preadoptivo como permanente o simple, riesgo durante el embarazo o riesgo durante la lactancia natural.

La contratación del trabajador por cuenta ajena deberá mantenerse durante todo el periodo de disfrute de la bonificación, y, en todo caso, al menos 3 meses desde la fecha de inicio de su disfrute. Si la contratación es a tiempo parcial, la bonificación será del 50 por ciento.

En caso de no mantenerse en el empleo al trabajador contratado durante, al menos, 3 meses desde la fecha de inicio del disfrute de la bonificación, el trabajador autónomo estará obligado a reintegrar el importe de la bonificación disfrutada, vinculada, exclusivamente, al contrato cuya extinción se hubiera producido. No procederá el reintegrp cuando la extinción esté motivada por causas objetivas o por despido disciplinario cuando una u otro sea declarado o reconocido como procedente, ni en los supuestos de extinción causada por dimisión, muerte, jubilación o incapacidad permanente total, absoluta o gran invalidez del trabajador o por resolución durante el periodo de prueba, o cuando el trabajador por cuenta propia salvo que proceda a contratar por cuenta ajena a otra persona en el plazo de 30 días.

(iii) Que el trabajador autónomo se mantenga en alta en la Seguridad Social durante los seis meses siguientes al vencimiento del plazo de disfrute de la bonificación. En caso contrario el trabajador autónomo estará obligado a reintegrar el importe de la bonificación disfrutada.

9. Los trabajadores autónomos que hayan alcanzado la edad de acceso a la pensión de jubilación que en cada caso resulte de aplicación según lo establecido en el artículo 205.1.a) LGSS, quedarán exentos de la obligación de cotizar a la Seguridad Social, salvo, en su caso, por incapacidad temporal y por contingencias profesionales (art. 311 LGSS).

10. Trabajadores por cuenta propia que ejerzan su actividad en las ciudades autónomas de Ceuta y Melilla, en alguno los sectores de agricultura, pesca y acuicultura; industria, excepto energía y agua; comercio; turismo; hostelería y resto de servicios, excepto el transporte aéreo, construcción de edificios, actividades financieras y de seguros y actividades inmobiliarias, se beneficiarán de una bonificación del 50% en la cuota por contingencias comunes correspondiente a la base de cotización provisional o definitiva que resulte de aplicación (art. 308.1 LGSS), mientras permanezcan de alta en el RETA (art. 36 LETA).

11. Trabajadores incluidos en el RETA por poseer el control efectivo, directo o indirecto, de una empresa emergente (Ley 28/2022), y que, de forma simultánea, trabajen por cuenta ajena para otro empleador, tienen derecho a una bonificación del 100% de la cuota correspondiente a la base mínima establecida con carácter general, en cada momento, durante los 3 primeros años. Esta bonificación se debe disfrutar de forma continuada y en tanto persista la situación de pluriactividad, durante, como máximo, los 3 primeros años a contar desde la fecha del alta en el RETA que se produzca como consecuencia del inicio de la actividad por la dedicación a la empresa emergente. Resulta incompatible con la cuota reducida por inicio de actividad —tarifa plana— y las bonificaciones para las personas con discapacidad, inicial o sobrevenida, víctimas de violencia de género y víctimas del terrorismo (art. 38 quinquies Ley 20/2007, en la redacción dada por la D.F. 4ª Ley 28/2022).

12. Los trabajadores por cuenta propia, socios de sociedades de capital y de sociedades laborales y los socios trabajadores de las cooperativas de trabajo asociado que durante el año 2023 causen alta inicial en el RETA o que no hubieran estado en situación de alta en los 2 años inmediatamente anteriores, y desempeñen toda su actividad en las provincias de Cuenca, Soria y Teruel, se benefician, durante los 36 primeros meses naturales inmediatamente siguientes a la fecha de efectos del alta, de una cuota única mensual de 80 €, quedando exentos de cotizar por cese de actividad y por formación profesional (D.A. 91ª.dos Ley 31/2022). Esta reducción en la cotización no resulta aplicable a los familiares, por consanguinidad o afi-

nidad hasta el segundo grado inclusive y, en su caso, por adopción, de los trabajadores autónomos que se incorporen al RETA, y resulta incompatible con la cuota reducida por inicio de actividad.

Para beneficiarse de las bonificaciones y reducciones en la cotización sólo se requiere, en su caso, que el beneficiario esté al corriente en el pago de las cuotas, no pudiendo condicionarse su obtención a haber satisfecho otras deudas a la Seguridad Social como el percibo indebido de alguna prestación (STS [Contencioso-Administrativo] 1-10-20, rec. 4997/2018).

3.5. Liquidación, recaudación y devolución de cuotas

La liquidación de las cuotas por contingencias comunes, profesionales, cese de actividad, formación profesional, y mecanismo de solidaridad intergeneracional se realiza por meses completos, salvo en aquellos supuestos en los que puedan solicitarse altas y bajas en días distintos al primero del mes —hasta tres dentro de un año natural— en cuyo caso, se cotizará por los días de prestación efectiva de actividad por cuenta propia en el mes en que se haya producido.

El cálculo de las cuotas se realiza mediante el sistema de liquidación simplificada, pagándose dentro del mismo mes en que se devengan, a través del sistema de domiciliación en cuenta abierta en una entidad financiera autorizada (D.A 8ª RD 1415/2004).

El pago de las cuotas fuera del plazo genera el recargo establecido en los arts. 30 LGSS y 10.1 y 2 RD 1415/2004 (10%, 20% o 35%)[15]. Los intereses de demora se devengarán a partir del día siguiente al del vencimiento del plazo de ingreso de las cuotas, y serán exigibles una vez transcurridos quince días desde la notificación de la providencia de apremio (en el RETA no se emite reclamación de deuda) o desde la comunicación de inicio del procedimiento de deducción. En el supuesto de que el trabajador por cuenta propia no pague las cuotas de Seguridad Social, sólo se le podrá embargar el inmueble que constituya su residencia habitual cuando no existan otros bienes para satisfacer la deuda y hayan transcurrido, como mínimo, dos años entre la notificación de la primera diligencia de embargo y la subasta (art. 10.5 LETA).

El trabajador autónomo puede solicitar el aplazamiento del pago de las cuotas que prevea que no va a poder ingresar dentro del plazo reglamentario, así como el de aquellas cuotas correspondientes a mensualidades ven-

---

[15] Vid. Lección 6; apdo. 3.4.

cidas y no ingresadas, cualquiera que sea la situación de las mismas, en los términos previstos en los arts. 23 LGSS, 17 y 17 bis Orden TAS/1562/2005.

La regularización de la cotización, a efectos de determinar las cuotas mensuales definitivas del correspondiente año, se efectúa en función de los rendimientos netos anuales comunicados por las correspondientes Administraciones tributarias respecto a cada trabajador autónomo, sin perjuicio de tener en cuenta, para la liquidación de la cuota correspondiente, el resto de los datos disponibles en el momento en el que se efectúe la regularización que resulten determinantes para el cálculo de las cuotas devengadas respecto de cada uno de los períodos de liquidación integrantes del período anual objeto de la regularización (art. 46.1 RGCL). Porcederá la regularización de la cotización provisional mensual cuando la base de cotización definitiva no esté comprendida entre la base de cotización mínima y la máxima correspondiente al tramo de rendimientos netos. La regularización se efectuará conforme al procedimiento previsto en el apartado 2 del art. 46 RGCL, con carácter general, y en los apartados 3,4 y 5 del mismo precepto para los supuestos de pluriactividad, trabajadores autónomos artistas y dedicados a la venta ambulante, respectivamente.

Si la cotización provisional efectuada por el trabajador autónomo es inferior a la cuota correspondiente a la base mínima de cotización del tramo en el que estén comprendidos sus rendimientos, la persona trabajadora por cuenta propia deberá ingresar la diferencia entre ambas cotizaciones hasta el último día del mes siguiente a aquel en que se les notifique el resultado de la regularización, sin aplicación de interés de demora ni recargo alguno de abonarse en ese plazo. Determinado el importe de las diferencias entre las bases de cotización provisionales y las bases de cotización definitivas se aplicarán a dichas diferencias los tipos y demás de condiciones de cotización correspondientes a los períodos de liquidación objeto de regularización.

Cuando la cotización provisional haya sido superior a la cuota correspondiente a la base máxima del tramo en el que estén comprendidos sus rendimientos, la TGSS procederá a devolver de oficio la diferencia entre ambas cotizaciones, sin aplicación de interés alguno, antes del 30 de abril del ejercicio siguiente a aquel en que la correspondiente Administración tributaria haya comunicado los rendimientos computables a la TGSS. En ningún caso, serán objeto de devolución los recargos e intereses.

En caso de que la Administración Tributaria modifique posteriormente los importes de los rendimientos anuales de la persona trabajadora por cuenta propia, que se hayan computado para la regularización, ora como consecuencia de actuaciones de oficio, ora a solicitud del trabajador, este puede, en su caso, solicitar la devolución de lo ingresado indebidamente.

En el caso de que la modificación posterior de los importes de los rendimientos anuales determine que los mismos sean superiores a los aplicados en la regularización, se pondrá en conocimiento de la ITSS a efecto de que la misma establezca, en su caso, la correspondiente regularización y determine los importes a ingresar (art. 141 LRJSP).

Por último, los trabajadores autónomos que desarrollen simultáneamente un trabajo por cuenta ajena en régimen de pluriactividad tienen derecho a la devolución del 50% del exceso de cotizaciones por contingencias comunes, cuando sumadas las realizadas al RETA y al régimen de la Seguridad Social que corresponda por su trabajo por cuenta ajena superen la cuantía fijada anualmente en la LPGE, con el tope del 50% de las cuotas ingresadas en el RETA en razón de su cotización por las contingencias comunes. La devolución se efectuará de oficio por la TGSS en un plazo máximo de 4 meses desde la regularización de la cotización (art.308.1.c) LGSS), salvo cuando concurran especialidades en la cotización que impidan efectuarlo en ese plazo o resulte necesaria la aportación de datos por parte del interesado, en cuyo caso el reintegro se realizará con posterioridad a dicho plazo (art. 313 LGSS).

4. ACCIÓN PROTECTORA

4.1. Las contingencias protegidas

La protección de la incapacidad temporal derivada de contingencias comunes, de las contingencias de accidentes de trabajo y enfermedades profesionales y del cese de actividad tiene carácter obligatorio en el RETA, salvo para los miembros de institutos de vida consagrada de la Iglesia Católica encuadrados en este régimen especial (D.A. 28.2 LGSS). Por su parte, los trabajadores agrarios por cuenta propia incluidos en el SETA sólo tienen obligación de proteger los accidentes de trabajo y las enfermedades profesionales respecto a las contingencias de incapacidad permanente y, muerte y supervivencia (art. 326 LGSS), sin perjuicio de la posibilidad de proteger, voluntariamente, el resto de contingencias derivadas de dichos riesgos, siempre que opten por incluir la prestación por IT derivada de contingencias comunes dentro de su catálogo de contingencias protegidas (art. 48.5 RGA). Si estos trabajadores realizan otra actividad que dé lugar a su inclusión en el RETA, el alta en dicho régimen especial se llevará a cabo por la actividad agraria, quedando obligado a proteger las prestaciones por IT y por cese de actividad, y la totalidad de las contingencias de accidentes de trabajo y enfermedades profesionales, en el SETA (art. 48.6 RGA).

En el supuesto de acogerse a la cobertura de dichas prestaciones, si los trabajadores ya estén en alta en el RETA, la obligación de cotizar por las mismas nacerá el día 1 de enero del año siguiente al de la solicitud, manteniéndose por un período mínimo de un año natural, prorrogables automáticamente por períodos de igual duración hasta la renuncia a su cobertura o hasta la baja en el RETA.

La cobertura de la incapacidad temporal, de las contingencias de accidentes de trabajo y enfermedades profesionales y del cese de actividad debe formalizarse, de forma conjunta, con una única MCSS en el momento de cursar alta en el RETA (arts. 316.1 LGSS; arts. 47.4.1ª RGA y 2.1 y 85.2 RMATEP), salvo los trabajadores por cuenta propia incluidos en el RETM, que podrán optar por proteger las contingencias profesionales y la protección por cese de actividad con la entidad gestora o con una MCSS, debiendo ser la misma para ambas contingencias. Los trabajadores incluidos en el grupo tercero de cotización deberán formalizar la protección de las contingencias comunes con la entidad gestora de la Seguridad Social (art. 86.1, b) LGSS).

Asimismo, los socios de cooperativas de trabajo asociado, incluidos en el RETA, podrán gestionar la protección de las contingencias de accidentes de trabajo y enfermedades profesionales en régimen de colaboración con la Seguridad Social, siempre que las cooperativas dispongan de un sistema intercooperativo de prestaciones sociales complementario al sistema público que cubra estas contingencias y cuenten con la autorización de la Seguridad Social para colaborar en la gestión del subsidio por IT (D.A. 28.1 LGSS y art. 47.4 RGA).

El período de vigencia de la adhesión a la mutua finaliza el 31 de diciembre de cada año, pudiendo prorrogarse por años naturales, salvo denuncia del trabajador autónomo, debidamente notificada, antes del 1 de octubre de cada año, con efectos desde el 1 de enero del año siguiente. En este caso, el trabajador debe formalizar la cobertura de dichas contingencias con otra MCSS, de no hacerlo se prorrogará la hasta entonces vigente, conforme a lo indicado.

En los supuestos de cambio de mutua, cuando el trabajador autónomo se encuentre percibiendo alguna prestación temporal, los efectos de la adhesión a la nueva MCSS se demorarán al primer día del mes siguiente a aquel en que se produzca el alta médica, en caso de IT, o la extinción de la respectiva protección.

Si en un mismo mes se produjese más de un alta en el RETA, optándose en cada una de ellas por una mutua diferente, la opción efectuada en último lugar prevalece sobre las anteriores.

La afiliación y el alta de oficio en el RETA conllevará la formalización de la cobertura de todas las contingencias en favor de la MCSS con mayor número de trabajadores autónomos adheridos en la provincia del domicilio del trabajador afectado, salvo que este opte expresamente por otra en el plazo de 10 días desde la notificación de su alta. De no efectuarse esa opción, la mutua asignada notificará al trabajador por cuenta propia la adhesión, con indicación expresa de la fecha de efectos y la cobertura por las contingencias protegidas.

En relación con las contingencias protegidas, en el RETA tiene la consideración de accidente de trabajo "el ocurrido como consecuencia directa e inmediata del trabajo que realiza por su propia cuenta y que determina su inclusión en el campo de aplicación de este régimen especial". También tiene la consideración de accidente laboral el que sufra el trabajador autónomo al ir o al volver del lugar de prestación de la actividad económica o profesional (accidente "in itinere"). A estos efectos, se entenderá como lugar de la prestación el establecimiento donde el trabajador autónomo ejerza habitualmente su actividad, siempre que no coincida con su domicilio y se corresponda con el local, nave u oficina declarado como afecto a la actividad económica a efectos fiscales (art. 316.2 LGSS).

Para los TRADE, tiene la consideración de accidente de trabajo, toda lesión corporal que sufra con ocasión o por consecuencia de la actividad profesional, considerándose también accidente de trabajo el que sufra el trabajador al ir o volver del lugar de la prestación de la actividad, o por causa o consecuencia de la misma (art. 317 LGSS).

No es de aplicación en este régimen especial la presunción establecida para el RGSS de que son constitutivas de accidente de trabajo las lesiones que sufra el trabajador en el lugar y tiempo de trabajo (art. 156.3 LGSS). En el RETA, además de lo anterior, se exige expresamente la prueba de la conexión directa e inmediata de la lesión con el trabajo realizado por cuenta propia (art.3.2.b RD 1273/2003)[16]. Es más, para los TRADE se prevé una presunción en sentido contrario: "salvo prueba en contrario, se presume que el accidente no tiene relación con el trabajo cuando ocurra fuera del desarrollo de la actividad profesional de que se trate" (art. 26.3 LETA).

---

[16] STS 5-7-2023; rec. 3841/2020.

Asimismo, el trabajador por cuenta propia no tiene derecho al recargo de prestaciones económicas por falta de medidas de seguridad y salud en el trabajo (art. 4.4 RD 1273/2003).

Se entiende por enfermedad profesional la contraída a consecuencia del trabajo ejecutado por cuenta propia, que esté provocada por la acción de los elementos y sustancias y en las actividades que se especifican en la lista de enfermedades profesionales con las relaciones de las principales actividades capaces de producirlas, anexa al Real Decreto 1299/2006, de 10 de noviembre, por el que se aprueba el cuadro de enfermedades profesionales en el sistema de la Seguridad Social y se establecen criterios para su notificación y registro (art. 316.2 LGSS). La lista de actividades contenida en dicha norma es abierta, por lo que deben entenderse incluidas aquellas otras profesiones que sin figurar en la lista, presenten análogos requerimientos a otras que sí están incluidas (STS 15-5-15; rec. 1643/2014).

4.2. Alcance de la acción protectora: prestaciones

La acción protectora del RETA comprende las siguientes prestaciones (arts. 26.1 y 2 LETA; 314 y 42 LGSS):

a) Asistencia sanitaria en los casos de nacimiento y cuidado del menor, enfermedad común o profesional y accidentes, sean o no de trabajo.

b) Prestaciones económicas en las siguientes situaciones: IT, cuidado de menores afectados por cáncer u otra enfermedad grave, nacimiento y cuidado del menor, riesgo durante el embarazo y durante la lactancia natural, corresponsabilidad en el cuidado del lactante, incapacidad permanente, jubilación, muerte y supervivencia y prestación por cese en la actividad.

c) Servicios sociales. Comprenderán las prestaciones de reeducación, rehabilitación de personas con discapacidad, asistencia a la tercera edad y de recuperación profesional.

Salvo en lo relativo a la prestación por cese en la actividad, los trabajadores incluidos en el RETA tienen derecho a las mismas prestaciones que los trabajadores comprendidos en el RG, con las particularidades que seguidamente se expondrán (art. 314 y 318 LGSS; arts. 4.3.4 y 26.1 y 2 LETA).

La aplicación de la cuota reducida (art. 38 ter LETA) no afectará a la determinación de la cuantía de las prestaciones del sistema de la Seguridad Social que puedan causar las personas trabajadoras por cuenta propia que se hubieran beneficiado de dicha cuota, para cuyo cálculo se aplicará el importe de la base mínima vigente del tramo 1 de la tabla general de bases fijada anualmente en la LPGE.

Por los períodos de actividad en los que los trabajadores por cuenta propia con 65 o más años de edad, incluidos en el RETA, no hayan efectuado cotizaciones —art. 311 LGSS—, a efectos de determinar la base reguladora de las prestaciones excluidas de cotización, las bases de cotización correspondientes a las mensualidades de cada ejercicio económico exentas de cotización serán equivalentes al resultado de incrementar, el promedio de las bases de cotización del año natural inmediatamente anterior en el porcentaje de variación media conocida del IPC en el último año indicado, sin que las bases así calculadas puedan ser inferiores a la cuantía de la base mínima de cotización del tramo 1 de la tabla general de bases, fijada anualmente en la LPGE (art. 320 LGSS)

En materia de prestaciones se aplica la regulación sobre la incompatibilidad de pensiones del RGSS previsto en el art.163 LGSS (art. 318, g) LGSS).

4.3. Requisitos para causar derecho a las prestaciones

Para el reconocimiento de cualquiera de las prestaciones que conforman la acción protectora del RETA, además de cumplir los requisitos específicos de cada una de ellas, es imprescindible que los trabajadores por cuenta propia estén afiliados, en alta o en situación asimilada en este régimen especial de la Seguridad Social y tengan cubierto el período mínimo de cotización exigido para cada prestación, además de encontrarse al corriente en el pago de las cuotas exigibles en la fecha en la que acontezca el hecho causante de aquellas (art. 28.2 D. 2530/1970; STS 29-06-16; rec. 2700/2014), aunque la correspondiente prestación sea reconocida como consecuencia del cómputo recíproco de las cotizaciones realizadas en un régimen de trabajadores por cuenta ajena (art. 47 LGSS y art. 5 RD 1273/2003)[20]. Por consiguiente, no podrá exigirse el abono de las cuotas prescritas en la fecha del hecho causante, pues la norma no impone el requisito de estar al corriente en el pago de "todas" las cuotas sino de las "exigibles", y la invitación al pago lo es, también, respecto a dichas cuotas y no de "todas las cuotas debidas" (STS 15-11-22; rec. 1390/2019)[17].

---

[17] Este último requisito no es exigible para tener derecho al auxilio por defunción, ni cuando la prestación se reconozca en el RG sin aplicar el cómputo recíproco de cotizaciones por tener cumplido el período de carencia exigido en dicho régimen (SSTS 21-6-2011 y 2-7-2012).

Si el trabajador autónomo no está al corriente en el pago de las cuotas, pero tiene cubierto el período mínimo de cotización exigido para tener derecho a la prestación correspondiente, la entidad gestora invitará al interesado para que, en el plazo improrrogable de 30 días naturales a partir de dicha invitación, ingrese las cuotas debidas (arts. 5 RD 1273/2003 y 28.2 D. 2530/1970). La invitación al pago deberá ser expresa por parte de la entidad gestora (STS 14-5-20; rec. 4534/17), pero únicamente procede cuando el interesado reúna la carencia suficiente para causar derecho a la prestación. La falta de cotización mínima (período de carencia) no admite subsanación con posterioridad al hecho causante de la prestación, salvo que el beneficiario tenga reconocido un aplazamiento para el pa go de las cuotas (SSTS 7-03-19, rec. 2796/2017 y 17-07-18, rec. núm. 736/2017).

Cuando el solicitante atienda a la "invitación" e ingrese las cuotas adeudadas dentro del plazo concedido para ello, se le considerará al corriente en las mismas respecto de la prestación solicitada, con independencia de que adeude cuotas en otro régimen de la Seguridad Social y de que la TGSS haya aplicado el pago a la deuda que mantenga en ese otro régimen (SSTS 2-11-13; rec. 2514/2012 y de 11-3-13; rec. 1756/2012). El hecho de adeudar cuotas no permite a la TGSS imputar los pagos a las cuotas adeudadas más antiguas. La entidad gestora sólo puede imputar los ingresos a las deudas antiguas, y no a las asignadas por el deudor, cuando las cantidades ingresas en la TGSS lo sean a consecuencia de actos desplegados en fase de ejecución forzosa (art. 29 LGSS) (STS 6-5-21; rec. 4529/18). Sólo cabe atender a la invitación al pago mediante el pago efectivo de las cuotas en el plazo concedido al efecto (art. 28.2 D. 2530/1970; art. 47 y 314 LGSS), sin que se acepte el cumplimiento de la invitación al pago de las cuotas adeudadas mediante la compensación con el importe de la prestación que pueda reconocerse al interesado (STS 9-12-20, rec. 2084/2018).

En estos casos, los efectos de la prestación se retrotraen a la fecha del hecho causante. En cambio, si el trabajador autónomo realiza el ingreso fuera del plazo de "invitación", se le reconocerá la prestación reducida en un 20% cuando lo solicitado sea una prestación económica de pago único o un subsidio (art. 28.2D. 2530/1970; arts. 5 y 12 RD 1273/2003); y con efectos a partir del día primero del mes siguiente a aquel en que tuvo lugar el ingreso de las cuotas adeudadas, cuando se trate de pensiones (art. 47 LGSS, y art. 28.2 D. 2530/1970).

En todo caso, las cotizaciones correspondientes al mes del hecho causante de la pensión y las de los dos meses previos a aquél, cuyo ingreso aún no conste como tal en los sistemas de información de la Seguridad Social, se presumirán ingresadas sin necesidad de que el interesado lo tenga que acreditar documentalmente, siempre que pruebe que reúne el período mínimo de cotización exigible sin computar los tres meses referidos. En estos supuestos, la entidad gestora revisará, con periodicidad anual, todas las pensiones reconocidas durante el ejercicio inmediato anterior bajo la presunción de situación de estar al corriente para verificar el ingreso puntual y efectivo de esas cotizaciones. En caso contrario, se procederá inmediatamente a la suspensión del pago de la pensión, aplicándose las mensualidades retenidas a la amortización de las cuotas adeudadas hasta su total extinción, rehabilitándose el pago de la pensión a partir de ese momento (art. 47.3 LGSS)[18].

En cambio, el requisito de encontrarse al corriente en el pago de las cotizaciones se considera cumplido cuando el trabajador autónomo, en el momento de producirse el hecho causante de la prestación solicitada, tenga concedido el aplazamiento de pago de las cuotas debidas por resolución firme de la TGSS (STS 15-6-04; rec. 4708/2003), sin que sea suficiente para cumplir el citado requisito la solicitud del aplazamiento formulada con posterioridad a la fecha del hecho causante de la prestación (STS 28-01-20; rec. 4051/2017).

Producirá el mismo efecto el pago voluntario de las cuotas adeudadas aunque no exista invitación al pago, siempre que el interesado indique, expresamente, que el pago se atribuya a la deuda en el RETA y para dar cumplimiento a lo previsto en el art. 28.2 D. 2530/1970 (STS 18-02-14; rec. 1099/2013).

Si el interesado incumple los plazos o condiciones del aplazamiento de pago concedido, perderá la consideración de hallarse al corriente en el pago y, en consecuencia, se procederá a la suspensión inmediata de la prestación reconocida que estuviere percibiendo, la cual solamente podrá ser rehabilitada una vez que haya saldado, en su totalidad, la deuda con la Seguridad Social, pero no podrá decretarse la pérdida de la prestación con efectos retroactivos a la fecha en que se reconoció (STS 4-10-12; rec. 4073/2011). A tal fin, de conformidad con lo establecido en el art. 40.1.b) de esta Ley, la Entidad Gestora de la prestación podrá detraer de cada men-

---

18 La previsión contenida en el art. 47.3 LGSS reproduce la D.A 39ª LGSS de 1994, en la redacción dada por la D.F. 1ª.cuatro del RDL 5/2013 que ha sido declarado nulo (STC 61/2018) por no concurrir la extraordinaria y urgente necesidad que justifica la aprobación del citado RDL, lo que puede suponer la eficacia del actual art. 47.3 LGSS.

sualidad devengada por el interesado la correspondiente cuota adeudada (art. 47.2 LGSS).

Por otro lado, también se considerará al trabajador autónomo al corriente en el pago si la obligación de pago de las cuotas adeudadas ha prescrito antes de la fecha del hecho causante de la prestación, aunque éstas no servirán para completar el período de carencia exigido para causar derecho a la prestación solicitada (STS 15-11-06; rec. 4264/2005); por contra, la prescripción sobrevenida tras acontecer el hecho causante —incluso cuando se produzca antes de la solicitud de la prestación— no comportará el cumplimiento del requisito de estar al corriente de pago (STS 25-9-03; rec. 4778/2002). En cualquier caso, la prescripción de las cuotas debidas no exime a la entidad gestora de la obligación de formular la invitación al pago de las mismas y, en su caso, del posterior reconocimiento de la prestación (STS 7-3-12; rec. 1967/2011).

Por último, sólo computarán a efectos de la carencia necesaria para causar derecho a la pensión de jubilación las cotizaciones correspondientes a un periodo anterior a la formalización del alta en el RETA, y que se abonen con posterioridad a la misma, siempre que ésta se haya formalizado a partir del 1-1-1994. Para las altas realizadas con anterioridad a dicha fecha, tal previsión (art. 319 LGSS) sólo es de aplicación a las prestaciones causadas desde el 1-1-2022 (D.T.20ª LGSS) (STS 18-7-23; rec. 4110/2020).

4.4. *La protección de la incapacidad temporal*

La protección de esta contingencia es voluntaria para los miembros de institutos de vida consagrada de la Iglesia Católica integrados en el RETA (D.A. 28ª.2 LGSS), para los trabajadores agrarios por cuenta propia integrados en el SETA (art. 326 LGSS)[19], para los socios de cooperativas que dispongan de un sistema intercooperativo de prestaciones sociales, complementa-

---

[19] Los trabajadores procedentes del RETA que soliciten su inclusión en el SETA, teniendo cubier ta obligatoriamente la IT con anterioridad, podrán renunciar a la misma al formalizar la inclu sión, con efectos desde el día primero del mes siguiente al de su presentación (art. 48.4 RGA). Si el trabajador queda excluido de este sistema especial sin haber optado por la cobertura de la IT pero permanece de alta en el RETA por la misma o distinta actividad, deberá suscribir obligatoriamente la cobertura de dicha contingencia desde la fecha de la exclusión en el SETA, salvo que tuviera derecho a ello por esta incluido además en otro régimen de la Seguridad Social (art. 48.4 RGA).

rio al sistema público (D.A. 28ª.1 LGSS) y para el trabajador autónomo que por encontrarse en situación de pluriactividad tenga cubierta en otro régimen de la Seguridad Social la IT[20], siempre que no se trate de un TRADE[21], en cuyo caso también estará obligado a cubrir la IT (arts. 26.3 LETA; 47 y 48 RGA). En consecuencia, la cobertura de la IT pasará a ser obligatoria con efectos desde el día primero del mes en que el trabajador por cuenta propia deje de pertenecer a alguno de los colectivos indicados.[22]

La formalización de la protección de la IT, ya se trate de una cobertura obligatoria u opcional, deberá realizarla el trabajador autónomo, en el momento de causar alta en el RETA, con una mutua colaboradora, suscribiendo, a tal efecto, el correspondiente "documento de adhesión" (arts. 74 y 75 RMATEP, 47 RGA, 83 LGSS), excepto cuando la afiliación y el alta en el RETA se produzcan de oficio y el trabajador venga obligado a su protección, o cuando éste no hubiera optado por la misma y pasara a ser obligatoria, supuestos en que la cobertura de dicha contingencia se formalizará en favor de la MCSS con mayor número de trabajadores autónomos adheridos en la provincia del domicilio del trabajador afectado, salvo que este opte expresamente por otra en el plazo de 10 días desde la notificación de su alta. De no efectuarse esa opción, la mutua asignada notificará al trabajador por cuenta propia la adhesión, con indicación expresa de la fecha de efectos y la cobertura por las contingencias protegidas.

---

20 Si la situación de pluriactividad se produce con posterioridad al alta en el RETA, el trabajador autónomo podrá formular la renuncia a la protección por IT, dentro de los 30 días siguientes al del alta en el otro régimen de la Seguridad Social, con efectos desde el día primero del mes siguiente al de la renuncia o, en otro caso, antes del 1 de octubre de cada año.

21 Para el TRADE, el alta en el RETA conlleva, obligatoriamente, la cobertura de la IT y de las contingencias profesionales, aunque se encuentre en situación de pluriactividad con alta en otro régimen de la seguridad social (arts. 26.3 LETA y 46 y 47 RGA).

22 Esto es: a) cuando finalice la situación de pluriactividad, manteniéndose el alta en el RETA;
b) cuando el trabajador autónomo adquiera la condición de económicamente dependientes;
c) cuando pase a desempeñar una actividad con elevado riesgo de siniestralidad;
d) Cuando el trabajador por cuenta propia agrario, que no se hubieran acogido a la prestación por IT, quede excluido del SETA permaneciendo de alta en el RETA por la misma o distinta actividad En estos supuestos, la obligación de cotizar por IT nacerá desde el día primero del mes en que éstas se produzcan.

Si el trabajador autónomo decide cambiar de mutua colaboradora, encontrándose en situación de IT, los efectos de la adhesión a la nueva MCSS se demorarán al primer día del mes siguiente a aquel en que se produzca el alta médica, por lo que a la nueva mutua "no se le impone el abono de la prestación de IT desde el inicio de la relación sino desde el día 1 del mes siguiente a la fecha de alta médica del trabajador" (STS 30-4-07; rec. 4895/2005).

Cuando la protección de la IT sea voluntaria, el trabajador autónomo podrá optar por solicitarla en el momento de darse de alta en el RETA, coincidiendo sus efectos con los del alta, o en cualquier otro momento mediante solicitud escrita formulada antes del 1 de octubre de cada año, con efectos desde el día 1 de enero del año siguiente. Ejercitada la opción, ésta se mantendrá durante un año natural y se prorrogará automáticamente por períodos de igual duración, pudiéndose renunciar a la misma dentro del mismo plazo indicado para la solicitud de cobertura. La renuncia a la protección de la IT no impedirá al trabajador por cuenta propia ejercer nuevamente la opción de cobertura, siempre que haya transcurrido, al menos, un año natural desde que tuvo efectos la renuncia anterior.

Para tener derecho al subsidio por IT el trabajador autónomo debe, por un lado, estar afiliado y en alta o situación asimilada en el RETA en el momento del hecho causante, sin que el alta cursada con posterioridad al inicio de la IT retro traiga sus efectos al día primero del mes natural en que concurran en la persona las condiciones determinantes de su inclusión en el RETA —como es la regla ge neral en este régimen especial— pues la cobertura de la IT requiere la opción del trabajador que surte efectos desde el momento de causar el alta en el RETA (STS 12-4-10; rec. 1150/2009; art. 47.2 RGA).

Cuando se trate de la recaída de un mismo proceso de IT, el hecho causante de la misma será la fecha en que se produzca la baja inicial, de manera que es en dicha fecha en la que deben reunirse los requisitos exigibles para causar derecho a la citada prestación (STS 16-7-12; rec. 3027/2011).

Por último, requisito específico para el reconocimiento del subsidio por IT es que el trabajador autónomo presente ante la entidad gestora o mutua colaboradora, en el plazo de 15 días siguientes a la fecha de la baja médica, una declaración sobre la persona que gestionará directamente el establecimiento mercantil, industrial o de otra naturaleza del que sea titular el autónomo o, en caso contrario, solicitar el cese temporal o definitivo en la actividad que viniese realizando (arts. 78.2 RMATEP; 12 RD 1273/2003)[23]. Sin perjuicio de esta obligación, la entidad gestora o colaboradora podrá iniciar de oficio las actuaciones oportunas para comprobar la situación en la que queda el establecimiento del que es titular el beneficiario del subsidio y, en caso de deducirse el carácter indebido de la prestación percibida, podrá iniciar expediente sobre el reintegro de la misma a través del procedimiento establecido en el art. 80 RD 1415/2004.

La no presentación o presentación extemporánea de la declaración sobre la situación de la actividad o cese del negocio, originará la suspensión cautelar del pago del subsidio por IT hasta que recaiga la resolución definitiva, pero no la pérdida del derecho a la prestación durante el período anterior a la presentación de la citada declaración, sin perjuicio del expediente sancionador que la entidad gestora estime oportuno iniciar (STS 15-2-05; rec. 1643/2004).

La base reguladora de la prestación estará constituida por la base de cotización del trabajador correspondiente al mes anterior al de la baja médica —tanto si se trata de contingencias comunes como de profesionales— dividida entre 30, base reguladora que se mantendrá durante todo el proceso de IT, incluidas las recaídas, salvo que el interesado hubiese optado por una base de cotización de cuantía inferior, en cuyo caso se tendrá en cuenta esta última (art. 6.2 RD 1273/2003). Para calcular la cuantía del subsidio se aplican los mismos porcentajes y con la misma duración que en el RG. Asimismo, su pago y extinción también se producirán en los mismos términos que en ese régimen de la Seguridad Social.

De haberse ejercitado la opción de la base de cotización durante la situación de IT, sus efectos quedan demorados al día siguiente al que se produzca el alta médica, manteniéndose como base de cotización la del mes inmediatamente anterior a la fecha de la baja médica. Así, si durante el proceso de incapacidad temporal el trabajador autónomo incrementa sus bases de cotización, no se revisará la base reguladora del subsidio pero las nuevas bases sí se tendrán en cuenta a la hora de calcular la base reguladora de la prestación de incapacidad permanente que, con posterioridad al proceso de incapacidad temporal, se reconozca al trabajador autónomo, siempre que la solicitud de modificación de la base de cotización se haya efectuado antes de haber iniciado la situación de incapacidad temporal (STS 27-2-12; rec. 1.563/2011).

---

[23] La misma obligación tendrá el beneficiario mientras permanezca en incapacidad temporal, si bien con una periodicidad semestral, a contar desde la fecha en que se inició la situación de IT, y siempre que sea requerido.

Transcurridos 60 días en situación de incapacidad temporal desde la baja médica, corresponde hacer efectivo el pago de las cuotas de Seguridad Social, por todas las contingencias, a la Mutua Colaboradora o, en su caso, al SEPE (art. 309.2 LGSS). De haberse ejercitado la opción de la base de cotización durante la situación de IT, sus efectos quedan demorados al día siguiente al que se produzca el alta médica, manteniéndose como base de cotización la del mes inmediatamente anterior a la fecha de la baja médica.

Por último, para que se produzca el devengo del subsidio por IT basta con que el interesado remita los partes médicos de baja, confirmación y alta a la entidad gestora o Mutua colaboradora, en el plazo máximo de 5 días desde su expedición (art. 5 OM 19-6-97), pues para esta prestación rige el "principio de oficialidad", es decir, que el reconocimiento del derecho al subsidio no está condicionado a la previa presentación de una solicitud sino que basta con presentar la documentación indicada, tomando como fecha de la solicitud aquella en la que se presente el parte de baja. Por ello, aunque el derecho al reconocimiento del subsidio por IT prescriba a los 5 años, contados desde el día siguiente a aquel en que tenga lugar el hecho causante de la prestación, los efectos económicos de tal reconocimiento se producirán a partir de los 3 meses anteriores a la fecha en que se presente el parte de baja (STS 19-6-07; rec. 4894/2005).

4.5. Nacimiento y cuidado del menor

La prestación por nacimiento y cuidado del menor se reconoce a los trabajado res incluidos en el RETA con la misma extensión y condiciones que las establecidas para los trabajadores del RG, salvo en lo referente al cáculo de la base reguladora (art. 318, a) LGSS y arts. 3.1, 15.1 y 23.1 RD 295/2009).

En este régimen especial de la Seguridad Social, el subsidio por nacimiento y cuidado del menor consistirá en una prestación económica equivalente al 100% de una base reguladora cuya cuantía diaria será el resultado de dividir la suma de las bases de cotización acreditadas en el RETA durante los 6 meses inmediatamente anteriores al del hecho causante entre 180.

De no haber permanecido en alta en el RETA durante la totalidad del período de 6 meses, la base reguladora será el resultado de dividir las bases de cotización al régimen especial acreditadas en los 6 meses inmediatamente anteriores al del hecho causante entre los días en que el trabajador haya estado en alta en dicho régimen dentro de ese período.

Si el trabajador por cuenta propia pretende disfrutar del descanso por nacimiento y cuidado del menor a tiempo parcial, la percepción del subsidio y la reducción de la actividad sólo podrá efectuarse en el porcentaje del 50% (DA 1ª. 8 RD 295/2009). El interesado deberá comunicar a la entidad gestora, al solicitar la correspondiente prestación, el régimen en que se llevará a efecto, de acuerdo con las reglas previstas en la DA 1ª. 3 y 4 RD 295/2009.

El reconocimiento del derecho a esta prestación requiere una previa solicitud del interesado, acompañada de la documentación prevista en los arts. 14.2.8.º, 21.2.d) y 30.2.6.º RD 295/2009.

A efectos del subsidio por nacimiento y cuidado del menor, se consideran situaciones protegidas los períodos de cese en la actividad que sean coincidentes, tanto en su duración como en su distribución, con los períodos de descanso laboral establecidos para los trabajadores por cuenta ajena. Sin embargo, en caso de parto, cuando la mujer, por razón de su actividad profesional, estuviera incorporada a la mutualidad de previsión social establecida por el correspondiente colegio profesional y no tuviera derecho a la protección por nacimiento y cuidado del menor, por no estar prevista en la correspondiente mutualidad, el otro progenitor, si reúne los requisitos exigidos y disfruta del correspondien te periodo de descanso, podrá percibir dicho subsidio, como máximo, durante el periodo que hubiera correspondido a la madre. Tendrá el mismo derecho cuando la interesada, por causas ajenas a su voluntad, no reuniera las condiciones exigidas para la concesión de la prestación a cargo de la mutualidad, pese a haber optado por incluir la protección por nacimiento y cuidado del menor desde el momento en que pudo ejercitar dicha opción.

Cuando, por el contrario, la madre tuviese derecho al subsidio por nacimiento y cuidado del menor en el sistema de previsión alternativo, independientemente de su duración o de su cuantía, o cuando no alcanzara este derecho por no haber incluido voluntariamente la cobertura de esta prestación, el otro progenitor no tendrá derecho al subsidio en el sistema de la Seguridad Social. En cambio, si la madre no tuviese derecho al subsidio subsidio por nacimiento y cuidado del menor por no hallarse incluida en el RETA ni en una mutualidad de previsión social alternativa, el otro progenitor podrá percibir dicha prestación (art. 3.4 RD 295/2009).

Por lo que respecta al requisito de estar dado de alta o en situación asimilada para tener derecho al subsidio por nacimiento y cuidado del menor, se ha considerado en situación asimilada la de la trabajadora autónoma que inicia una IT subsidiada durante la cual se da de baja en el RETA y antes de que transcurran 90 días desde la misma, es dada de alta médica para, sin solución de continuidad, causar baja por maternidad (STS 21-4-09; rec. 1126/2008)[24].

4.6. Subsidio por corresponsabilidad en el cuidado del lactante

El subsidio por corresponsabilidad en el cuidado del lactante se reconoce a los trabajadores incluidos en el RETA con la misma extensión y condiciones que las establecidas para los trabajadores del RG (arts. 183 a 185 LGSS).

Si ambos progenitores, adoptantes, guardadores con fines de adopción o acogedores de carácter permanente reúnen los requisitos para tener derecho a la prestación, sólo podrá ser reconocido a favor de uno de ellos.

Esta prestación económica consiste en un subsidio equivalente al 100% de la base reguladora establecida para la prestación de IT derivada de contingencias comunes, y en proporción a la reducción que experimente la jornada de trabajo.

4.7. Riesgo durante el embarazo y durante la lactancia natural

Las trabajadoras incluidas en el RETA tendrán derecho a estos subsidios aunque no tengan cubiertos en el sistema de Seguridad Social los riesgos profesionales, con algunas particularidades que a continuación se indican, en las mismas condiciones que en el RG (art. 318, b) LGSS y arts. 40 a 51 RD 295/2009).

La situación protegida por el **subsidio de riesgo durante el embarazo** es aquella en la que se encuentra toda trabajadora autónoma que tenga que interrumpir su actividad profesional porque su desempeño influya negativamente en su salud o en la del feto, y así lo certifiquen los servicios médicos de la entidad gestora o de la Mutua colaboradora competente. Por el contrario, no se considera situación protegida la derivada de riesgos o patologías que puedan influir negativamente en la salud de la trabajadora o en la del feto, cuando no estén relacionadas con agentes, procedimientos

---

24 Sin embargo, tras la entrada en vigor del RD 295/2009, la doctrina judicial ha señalado que dicha doctrina jurisprudencial no puede seguir sosteniéndose porque el art. 4 de la norma citada, que regula las situaciones asimiladas al alta, no recoge dicha situación (STSJ Baleares 12-7-11; rec. 390/2011).

o condiciones de trabajo de la actividad desempeñada por la trabajadora autónoma (art. 40 RD 295/2009).

En términos similares, la **prestación por riesgo durante la lactancia natural** pretende proteger a la trabajadora por cuenta propia que interrumpe el ejercicio de su actividad profesional durante el período de la lactancia natural, a causa de la influencia negativa que el desempeño de aquélla tiene en su salud o en la del lactante, siempre que así lo certifiquen los servicios médicos de la entidad gestora o Mutua colaboradora correspondiente (art. 49.2 RD 295/2009). Al igual que para la prestación por riesgo durante el embarazo, la trabajadora autónoma sólo queda protegida por esta prestación cuando el riesgo provenga de los agentes, procedimientos o condiciones de trabajo de la actividad que desarrolle, pero no cuando los riesgos no guarden relación alguna con dicha actividad.

La cuantía de estos subsidios (100% de la base reguladora) se calcula tomando como base reguladora la establecida para la prestación de la derivada de contingencias profesionales en la fecha en que se emita el certificado de los servicios médicos de la entidad gestora o Mutua colaboradora, según corresponda. Si la traba jadora por cuenta propia no ha optado por proteger la IT o por incluir la mejora de las contingencias profesionales, se tomará como base reguladora la establecida para el subsidio de IT por contingencias comunes (arts. 42 y 50 RD 295/2009).

El nacimiento del derecho a las prestaciones por riesgo durante el embarazo o la lactancia natural se produce el día siguiente a aquel en el que se emita el certificado médico por los servicios competentes de la entidad gestora o Mutua colaboradora correspondiente; sin embargo, sus efectos económicos no se producirán hasta el momento del cese efectivo en la actividad profesional y se abonarán mientras persista la imposibilidad de reanudar dicha actividad.

La concurrencia de las situaciones de IT y de riesgo durante el embarazo, pro ducen distintos efectos según el momento en que se manifiesten. De esta forma, si la trabajadora se encuentra en situación de IT y, durante la misma, solicita la pres tación de riesgo durante el embarazo, el reconocimiento del subsidio no procederá hasta que se produzca la extinción de la IT. Por el contrario, cuando la trabajadora autónoma se encuentre en situación de riesgo para el embarazo y, durante la misma, solicite la prestación de IT, el reconocimiento de ésta no se producirá hasta la finalización de la situación de riesgo, siempre que reúna en ese momento los requisitos necesarios para acceder al subsidio por IT (art. 45 RD 295/2009).

Por su parte, el reconocimiento del derecho al subsidio por riesgo durante la lactancia no puede realizarse en tanto no se haya extinguido el descanso por ma ternidad (art. 50.2 RD 295/2009).

El derecho a estos subsidios se extingue por alguna de las causas previstas en los arts. 43.3 (riesgo durante el embarazo) y 50.3 (riesgo durante la lactancia natural) del RD 295/2009.

La gestión y pago de estas prestaciones corresponde a la entidad gestora o la Mutua colaboradora con la que la trabajadora por cuenta propia tenga formalizada la cobertura de las contingencias profesionales, tanto si se trata de una cobertura obligatoria como voluntaria (arts. 44.1. 46.1 y 51.1 RD 295/2009). Si la trabajadora autónoma no ha formalizado la cobertura de estos riesgos dentro del sistema de Seguridad Social pero tiene cubierta la protección por IT derivada de contingencias comunes, será competente la entidad gestora o colaboradora que cubra la incapacidad temporal. Si tampoco ha formalizado la protección de esta última contingencia, por ser opcional, la gestión y pago de estas prestaciones corresponde a la entidad gestora (art. 46.2 y 3 RD 295/2009).

El pago de las prestaciones por riesgo durante el embarazo o la lactancia natural lo realizará la entidad que resulte competente —de acuerdo con las reglas indicadas— en la fecha de inicio de los efectos económicos, y viene obligada a seguir abonando los subsidios mientras se mantenga la situación de riesgo para el embarazo o la lactancia natural, con independencia de que cambie la entidad que cubra las contingencias profesionales o comunes (art. 46.4 y 51.1 RD 295/2009).

El procedimiento para el reconocimiento del derecho al subsidio se inicia a instancia de la trabajadora autónoma y se divide en dos fases, de acuerdo con lo previsto en arts. 47 y 51 RD 295/2009.

La denegación, anulación y suspensión del derecho al subsidio se rige por lo previsto en el art. 175 LGSS para el RG.

4.8. Cuidado de menores afectados por cáncer u otras enfermedades graves

Serán beneficiarios de este subsidio las personas trabajadoras afiliadas al sistema de Seguridad Social y en alta en el RETA que se hallen al corriente en el pago de las cotizaciones, acrediten los periodos mínimos de cotización exigibles en ca da caso y reduzcan su actividad profesional, como mínimo en un 50%, tomando como referencia una jornada semanal de cuarenta horas, para el cuidado de un menor a su cargo afectado por cáncer u otra enfermedad grave que exija hospitalización y atención continuada (arts. 2.5, 4.1 y 8 RD 1148/2011).

La cuantía del subsidio será del 100% de la base reguladora utilizada para el cálculo de la prestación por IT derivada de contingencias profesionales, en proporción a la reducción de la actividad profesional. Cuando el trabajador por cuenta propia no haya optado por la cobertura de las contingencias profesionales o no tenga cubierta la protección de IT, la base reguladora estará constituida por la base de cotización de contingencias comunes (arts. 4.1 y 6.1 RD 1148/2011).

Será la entidad gestora o la Mutua colaboradora con la que el trabajador por cuenta propia tenga cubiertas las contingencias profesionales la competente para la gestión y el pago de esta prestación. Cuando aquél no haya optado por la cobertura de los riesgos profesionales, la gestión corresponderá a la entidad gestora o a la mutua que asuma la cobertura de la IT deriva de contingencias comunes. En caso de que tampoco haya formalizado la protección de la IT en el RETA, corresponderá la gestión a la correspondiente entidad gestora de la Seguridad Social (art. 8.1 RD 1148/2011).

Para el reconocimiento del derecho a este subsidio, el interesado deberá presentar, además de los que se relacionan en el art. 9.2 RD 1148/2011, los siguientes documentos: a) declaración indicando expresamente el porcentaje de reducción de su actividad profesional, en relación con una jornada semanal de 40 horas; b) una declaración de la situación de la actividad referida a la parte de jornada que reduce el trabajador autónomo; c) los recibos del abono de cuotas, cuando sean necesarios para acreditar el periodo mínimo de cotización, para determinar la cuantía de la prestación o para acreditar el requisito de estar al corriente en el pago de las cuotas.

4.9. Las pensiones por incapacidad permanente

Las prestaciones por invalidez forman parte de la acción protectora que dispensa el RETA con los mismos requisitos y extensión que en el RG, pero con algunas peculiaridades que a continuación se detallan (arts. 318,c) y 194 LGSS; arts. 36.1 y 38.1, D 2530/1970 y 74.1 OM 24-9-70).

En primer lugar, a efectos de la calificación del grado de incapacidad permanente en este régimen especial de la Seguridad Social, se considera profesión habitual la actividad inmediata y anterior desempeñada por el interesado y por la que estaba de alta en el RETA al producirse el hecho causante de la invalidez (arts. 36.2 D. 2530/1970 y 74.2 OM 24-9-70, es decir,. la profesión habitual no es la desempeñada al tiempo de solicitarse la prestación o cuando el EVI emita su dictamen, sino la que se desarrolla cuando se sufren las lesiones origen de la incapacidad permanente (STS 22-11-23; rec. 3804/2020).

Al igual que sucede en otros regímenes de Seguridad Social, las pensiones de incapacidad permanente absoluta y gran invalidez, derivadas de contingencias comunes, pueden causarse aunque el interesado no se encuentre en el momento del hecho causante en alta o situación asimilada, siempre que acredite 15 años de cotización (art. 195.4 LGSS; STS 12-03-13; rec. 1627/2012).

Tiene la consideración de situación asimilada al alta el período de suspensión de la actividad profesional a causa de una enfermedad o accidente que no conlleve el mantenimiento del alta en el RETA, así como el período de inactividad entre trabajos de temporada. Además, cuando el trabajador autónomo no haya consumido la totalidad del período de IT y no tenga cubierta la carencia mínima exigida para causar derecho a la pensión de invalidez, si contabilizando el tiempo no disfrutado de IT alcanzase ésta, se contabiliza como cotizado a estos efectos.

En el RETA, el hecho causante de las prestaciones por invalidez se entiende producido el último día del mes en que el trabajador autónomo sea declarado en situación de incapacidad permanente (art. 76 OM 24-9-1970). Cuando la pensión de invalidez sea reconocida por sentencia judicial, sin que el trabajador autónomo proceda de una situación de IT, sus efectos económicos quedan fijados en la fecha del dictamen propuesta del EVI, aun en los casos en que el beneficiario permanezca de alta en el RETA, siempre que no conste la prestación de servicios incompatibles con la situación de IP reconocida (STS 15-2-18; rec. 1936/2016).

Para determinar la base reguladora de estas prestaciones se tendrá en cuenta el incremento voluntario de las bases de cotización solicitado por el trabajador autónomo antes del inicio de la IT precedente, aunque no se haya tenido en cuenta para calcular la base reguladora de esta última prestación, salvo que existan datos que evidencien un comportamiento fraudulento para obtener una pensión de cuantía superior (STS 27-2-12; rec. 1563/2011).

No cabe en este régimen especial, sin embargo, la aplicación de la doctrina del paréntesis para el cálculo de la base reguladora, en aquellos supuestos en los que existan lagunas de cotización (STS 11-10-04; rec. 5086/2003), ni la integración de dichas lagunas en el período tomado en consideración para el cálculo de la base reguladora de las pensiones por incapacidad permanente (STS 23-12-11; rec. 1018/2011).

El reconocimiento y pago de las prestaciones por incapacidad permanente, se llevará a cabo por la entidad gestora o Mutua colaboradora, con la que el trabajador autónomo haya formalizado la cobertura de la incapacidad temporal.

Por último, en este régimen especial el ejercicio de la actividad remunerada de administrador societario —de alta en el RETA— es compatible con la percepción de una pensión de incapacidad permanente absoluta (STS 19-03-13; rec. 2022/2012).

4.9.1. Incapacidad permanente parcial para la profesión habitual

En el RETA se entiende por incapacidad permanente parcial aquella situación invalidante que, sin alcanzar el grado de total, ocasiona al trabajador autónomo una disminución en el rendimiento exigido para su profesión habitual no inferior al 50%, pero sin impedirle la realización de las tareas fundamentales de aquélla.

Las personas incluidas en este régimen especial de la Seguridad Social no tienen derecho a esta prestación derivada de contingencias comunes (STS 13-9-2022; rec. 2517/2019).

4.9.2. Incapacidad permanente total para la profesión habitual

La competencia para reconocer la pensión de IPT corresponde, en exclusiva, al INSS, de modo que las decisiones adoptadas por órganos administrativos en relación con la pérdida o revocación de permisos o licencias habilitantes para el ejercicio de una profesión no conllevan, de manera automática, el reconocimiento de la situación de IPT (STS 28-9-17; rec. 3978/2015).

La cuantía de la pensión vitalicia por incapacidad permanente total es igual a la fijada en el RG, pudiendo el beneficiario optar por una indemnización sustitutiva de la pensión equivalente a 40 mensualidades de la base reguladora. En cambio, no se le permite que pase a percibir la pensión de incapacidad permanente total cuando cumpla la edad de 60 años (art. 4.3 RD 1273/2003).

La fecha de efectos económicos de la IPT para un trabajador por cuenta propia de alta en el RETA es el momento en que se emita el dictamen del EVI porque, salvo que se acredita la existencia de una conducta fraudulenta por parte del beneficiario, la mera existencia del alta en dicho régimen especial no es suficiente para presumir la existencia de una actividad por cuenta propia (STS de 4 de mayo de 2016; rec. 1848/2014).

Por otro lado, el trabajador autónomo tendrá derecho a la pensión de incapacidad permanente total "cualificada", siempre que acredite el cumplimiento de todos los requisitos siguientes (RD 463/2003):

1° Tener una edad igual o superior a los 55 años (no es suficiente con acreditar el requisito de la edad; STS 16-2-17; rec. 2535/2015). No obstante, si el reconocimiento inicial de la pensión de incapacidad permanente total se efectúa antes de cumplir el beneficiario dicha edad, el incremento se aplicará desde el día primero del mes siguiente a aquél en que el pensionista cumpla la edad de 55 años; además, si el derecho al incremento del 20% nace en un año natural posterior a aquél en que se reconozca la pensión de incapacidad permanente total para la profesión habitual, el pensionista tendrá derecho a las revalorizaciones que, para las pensiones de la misma naturaleza, hubiesen tenido lugar desde dicha fecha.

2° Que el pensionista no ejerza una actividad retribuida, por cuenta ajena o por cuenta propia, que dé lugar a su inclusión en cualquiera de los regímenes de la Seguridad Social. El incremento de la pensión quedará en suspenso durante el período en que el trabajador autónomo realice una actividad lucrativa que sea compatible con la pensión de incapacidad permanente total que viniese percibiendo.

3° Que el pensionista no ostente la titularidad de un establecimiento mercantil o industrial, ni de una explotación agraria o marítimo-pesquera como propietario, arrendatario, usufructuario u otro concepto análogo (art. 38.3 D. 2530/1970), ni perciba rentas u otro tipo de ingresos por el alquiler o cesión del negocio que venía explotando directamente con anterioridad a percibir la pensión. Si se mantiene dicha titularidad, aunque la gestión y dirección se encomiende a una tercera persona, el sujeto quedará privado del incremento adicional del 20%. La carga probatoria del abandono de la titularidad del establecimiento recae sobre el trabajador autónomo (STS 5-7-16; rec. 379/2015).

4.10. Lesiones permanentes no incapacitantes

También forman parte de la acción protectora del RETA las indemnizaciones a tanto alzado por lesiones permanentes derivadas de accidente de trabajo y enfermedad profesional que no causen invalidez, en los mismos términos que en el RG (art. 4.1.e) RD 1273/2003)[25].

4.11. La pensión de jubilación

La pensión de jubilación en el RETA se rige por las reglas previstas en el RG, aunque con algunas especialidades que afectan al período de carencia, al cálculo de la base reguladora y al régimen de compatibilidades e incompatibilidades, en los términos que seguidamente se exponen.

En primer lugar, los trabajadores autónomos pueden acogerse a la **jubilación anticipada** a partir de los 63 años y con 33 años de cotización efectiva. No obstante, en atención a la naturaleza tóxica, peligrosa o penosa de la actividad ejercida, y en los términos que reglamentariamente se establezcan en un futuro, los trabajadores autónomos podrán acceder a la jubilación anticipada en los mismos supuestos que los previstos respecto de los trabajadores por cuenta ajena (art. 26.4 LETA). Por su parte, los trabajadores autónomos que acrediten un tiempo de trabajo efectivo equivalente, al menos, al período mínimo de cotización que se exige para poder acceder a la pensión de jubilación, estando afectados durante ese tiempo por alguna de las patologías generadoras de discapacidad enumeradas en el anexo del RD 1851/2009, y dentro de ese período durante al menos cinco años con un grado de discapacidad igual o superior al 45 por ciento, podrán jubilarse anticipadamente a los 56 años en las mismas condiciones que los trabajadores por cuenta ajena (art. 1 y 3 RD 1851/2009 y art. 206 bis.1 LGSS).

También se reconoce a los trabajadores autónomos la posibilidad de acceder a la modalidad de jubilación parcial, aunque tal posibilidad no es efectiva al encontrarse pendiente de desarrollo reglamentario[26]. En cambio, sí es de aplicación la denominada "jubilación flexible" (art. 4 RD 1132/2002).

---

[25] La Orden ISM/450/2023, de 4 de mayo, actualiza las cantidades a tanto alzado de las indemnizaciones por lesiones, mutilaciones y deformidades de carácter definitivo y no incapacitantes

[26] La DA 6ª Ley 6/2017 establece "En el ámbito de la Subcomisión para el estudio de la reforma del Régimen Especial de Trabajadores por Cuenta Propia o Autónomos, constituida en el Congreso de los Diputados, y oídos los representantes de los trabajadores autónomos, se procederá a la determinación de los diferentes elementos que hagan posible el acceso a la jubilación par cial de los trabajadores del citado régimen, incluida la posibilidad de contratar parcialmente o por tiempo completo a un nuevo trabajador para garantizar el relevo generacional en los supuestos de trabajadores autónomos que no cuentan con ningún empleado".

En el cómputo de los años cotizados para acreditar la carencia exigida se icluyen, además de las cotizaciones al RETA, las cotizaciones realizadas a las Mtualidades de Trabajadores Autónomos. En cambio, las cotizaciones efectuadas al Retiro obrero —1.800 días— se tendrán en cuenta para completar, si se precisa, el período mínimo de cotización exigido, pero no para incrementar el porcentaje aplicable a la base reguladora de la pensión de jubilación (STS 19-6-96; rec. 3040/1995). Por lo demás, las cotizaciones ingresadas después del alta en el RETA, correspondientes a periodos anteriores a ésta, no computan a efectos de la acción protectora (STS 23-11-21; rec. 2654/2019).

En lo atinente al cálculo de la **base reguladora** de la pensión de jubilación, en el RETA no se contempla la integración de las lagunas de cotización existentes en los períodos en que no hay obligación de cotizar (STS 23-10-93; rec. 3931/1992). Esta regla quiebra en los casos en que el trabajador autónomo con 65 años de edad y 38 años y 6 meses de cotización acreditados, o 67 años de edad y 37 años de cotización, continúe su actividad y solicite la pensión de jubilación con posterioridad, pues al quedar exentos de la obligación de cotizar a la Seguridad Social —salvo por IT— mientras mantenga la actividad, el período durante el que se haya disfrutado de dicha exención será considerado como cotizado a efectos del cálculo de la base reguladora de la pensión de jubilación[27] (DT 12ª LGSS). Además, a partir del 1 de enero de 2026, en los supuestos en que en el período que haya de tomarse para el cálculo de la base reguladora de la pensión de jubilación aparecieran, con posterioridad a la extinción de la prestación económica por cese de actividad, períodos durante los cuales no hubiese existido obligación de cotizar, se integrarán las lagunas de cotización de los siguientes 6 meses de cada uno de dichos períodos con la base mínima de la tabla general del RETA (art. 322 LGSS y D.F. 10ª RDL 2/2023).

Por otro lado, si el trabajador autónomo cesa en su actividad a partir de los 55 años de edad y agota la prestación por cese de actividad, en caso de que haya transcurrido un año desde que agotó tal prestación, podrá optar para el cálculo de la base reguladora de la pensión de jubilación, hasta el 31-12-2016, por la aplicación de un periodo de cálculo de 20 años y, a partir del 1-1-2017, por la aplicación de un período de 25 años, sin sujetarse al régimen transitorio general, si ello resulta más favorable (DT 8ª. 4 LGSS).

---

[27] Existen reglas específicas para calcular la base reguladora de la pensión de jubilación en el cuerpo único de notarios y de los corredores de comercio, en relación con las cotizaciones acreditadas en la respectiva mutualidad (RD 1505/2003).

Respecto a la determinación del porcentaje aplicable para calcular la **cuantía de la pensión de jubilación**, no se tiene en cuenta la bonificación de años y días de cotización según la edad del beneficiario el 1 de enero de 1967 prevista para los trabajadores por cuenta ajena en la DT 2ª. 3.b) O. de 18-1-67 (STS 13-10-03; rec. 4331/2002).

En cuanto al régimen de **compatibilidades e incompatibilidades**, el cobro de la pensión de jubilación en el RETA es incompatible con la realización de una actividad lucrativa, por cuenta ajena o por cuenta propia, que dé lugar a la inclusión del beneficiario en cualquiera de los regímenes del sistema de Seguridad Social (art. 23.1 LGSS), pero no con la titularidad del negocio y la realización de las actividades inherentes a tal titularidad[28], y siempre que ello no implique una dedicación profesional al mismo (arts. 45.2 D. 2530/1970 y 93.2 O. 24-9-70; RDGOSS 6-11-96)[29]. También es compatible con el ejercicio de una profesión que implique su incorporación a una mutualidad colegial (D.A. 37ª L. 27/2011) o la realización de trabajos por cuenta propia cuyos ingresos anuales no superen el SMI, en cómputo anual (art. 213.4 y 318, d) LGSS)[30].

Pese a la regla general de incompatibilidad, el disfrute de la pensión contributiva de jubilación sí será compatible con la realización de cual-

---

28 Entre las que se encuentran las de índole administrativa, de relación con organismos oficiales, dictar instrucciones directas y criterios de actuación a las personas que tengan encomendada la gestión de la empresa, así como los actos de disposición que no sean necesarios para efectuarla. Si se trata de una sociedad, dichas funciones incluyen también aquella actividad que por ley no puedan encmendarse a personas ajenas a los órganos de administración (convocatoria de juntas, información a los accionistas, etc.). Vid. Circular 5/028 de la TGSS de 14 de octubre de 1999 acerca del alcance de la expresión "funciones inherentes a la titularidad del negocio".

29 Las que supongan llevar personalmente la explotación del negocio, con presencia física en el mismo a lo largo de la jornada, trabajo de despacho, de oficina o de otro tipo. Entre el campo de lo que se denominan funciones de la titularidad y en el más amplio de actividades de explotación, pueden existir zonas coincidentes, lo que debe llevar a desvirtuar el supuesto de excepción si no se justifica el ejercicio en plenitud de los trabajos por cuenta propia que dan lugar a la inclusión en el RETA (STS 8-5-86).

30 Esta compatibilidad no se aplica al pensionista que, al poseer el control efectivo de una sociedad mercantil, está dado de alta en el RETA —autónomo societario—, aunque sus ingresos anuales totales no superen el SMI (STS 29-6-22, rec. 1472/2019), porque, además, su alta en este régimen especial no comporta, de ningún modo, que dicha actividad se realice por cuenta propia (STS 23-7-21, rec. 2956/2019).

quier trabajo por cuenta ajena, a tiempo completo o parcial, o por cuenta propia del pensionista, cuando se haya accedido a la jubilación una vez cumplida la edad ordinaria que en cada caso resulte de aplicación (jubilación activa), sin que, a tales efectos, sean admisibles jubilaciones acogidas a bonificaciones o anticipaciones de la edad de jubilación, y siempre que el porcentaje aplicable a la base reguladora de la pensión causada alcance el 100%.

La cuantía de la pensión de jubilación compatible con el trabajo será equivalente al 50% del importe resultante en el reconocimiento inicial, una vez aplicado, si procede, el límite máximo de pensión pública, o del que se esté percibiendo, en el momento de inicio de la compatibilidad con el trabajo, excluido, en todo caso, el complemento por mínimos, cualquiera que sea la jornada laboral o la actividad que realice el pensionista.

No obstante, si la actividad se realiza por cuenta propia y se acredita tener contratado, al menos, a un trabajador por cuenta ajena[31], la cuantía de la pensión compatible con el trabajo alcanzará al 100% (art. 214.2 LGSS). Quedan, por tanto, excluidos de esta modalidad de compatibilidad, aquellos sujetos encuadrados en el RETA que no ostenten la condición de empleador (v.gr. autónomos societarios[32], socios comuneros de una CB[33], socios de una sociedad civil irregular[34], socios trabajadores de CTA,...). Si el pensionista quisiera realizar un nuevo trabajo por cuenta propia o ajena, antes de iniciarlo deberá comunicarlo al INSS; de no hacerlo, sin perjuicio de las posibles sanciones administrativas que procedan (art. 25.1 y 40.1 LISOS), el pensionista deberá reintegrar el importe de la pensión indebidamente percibida (art. 94.3 O. 24-9-70).

La Entidad Gestora una vez concedida la autorización para iniciar una activi-dad lucrativa, de no ser compatible, procederá a suspender el pago de la pensión de jubilación y el derecho a la prestación de asistencia sanita-

---

31 A estos efectos, no se tomará en consideración la contratación de una persona por cuenta ajena como empleada de hogar, ya que no se trata de un trabajo ligado a la actividad empresarial del trabajador autónomo sino a su condición de "titular del hogar familiar", que no supone el ejercicio de ninguna actividad económica o profesional a título lucrativo, ni la obligación de darse de alta en el RETA (STS 26-4-23, rec. 517/2020).

32 STS 23-07-21, rec. 1515/2020.

33 SSTS 8-02-22, rec. 3087/2020 y 14-03-23, rec. 2760/2020.

34 STS 14-6-23, rec. 1744/2020.

ria inherente a la condición de pensionista (art. 94.1 O. 24-9-70). Finalizada la actividad laboral se restablecerá el pago de la pensión de jubilación.

En el supuesto de que la actividad desarrollada por el pensionista dé lugar a su incorporación en el RETA, aquél podrá optar, a efectos de cotización, por la última base por la que cotizaba en el momento de solicitar la pensión de jubilación (art. 94.1.c) O. 24-9-70). En principio, el período de tiempo que cotice sólo le servirá para mejorar el porcentaje aplicable a la base reguladora de su pensión de jubilación, pues ésta continuará siendo la misma que sirvió para calcular la cuantía inicial de la pensión. En cambio, si la cotización al RETA se realiza por tiempo superior a un año, y siempre que lo solicite el interesado, las bases de cotización podrán ser tenidas en cuenta para el cálculo de una nueva base reguladora de la pensión de jubilación, entendiéndose causada ésta el último día del mes en que se cese en la actividad realizada por el pensionista (art. 94.2.b) O. 24-9-70).

Por último, aunque la pensión de jubilación causada en el RETA será incompatible con cualquier otra pensión causada por el mismo beneficiario en otro régimen de la Seguridad Social, si para el cálculo de aquélla se han computado cotizaciones efectuadas en ese otro régimen de la Seguridad Social (art. 5.1 RD 691/1991), tal incompatibilidad no se producirá cuando la pensión causada en el régimen que no sea el de trabajadores autónomos, se derive de contingencias profesionales (AT o EP) (STS 8-03-12; rec. 891/2011).

4.12. Las prestaciones por muerte y supervivencia

La protección de las contingencias de muerte y supervivencia forma parte de la acción protectora del RETA con las siguientes particularidades (art. 318, e) LGSS y arts. 2.2, 3.4, 4.4 y 5.2 RD 1465/2001):

a) La base reguladora de estas prestaciones, cuando se deriven de contingencias profesionales, será equivalente a la base de cotización del trabajador en la fecha del hecho causante de la prestación (art. 7 RD 1273/2003, de 10 octubre).

b) El reconocimiento y pago de las prestaciones por muerte y supervivencia se llevará a cabo por la entidad gestora o Mutua colaboradora con la que se haya formalizado la cobertura de la incapacidad temporal.

c) El devengo de estas prestaciones se produce desde el día primero del mes siguiente al de la fecha del hecho causante[35], salvo que el fallecimiento derive de contingencias profesionales, en cuyo caso se produce el día siguiente al fallecimiento, siempre que la solicitud se presente dentro de los 3 meses siguientes al de las citadas fechas. Si se presenta pasado este plazo, los efectos económicos se retrotraerán a los 3 meses inmediatamente anteriores a la presentación de la solicitud.

4.13. Las prestaciones familiares

La acción protectora del RETA no incorpora la prestación familiar contributiva por hijo a cargo, prevista únicamente para trabajadores por cuenta ajena y funcionarios (art. 318, f) LGSS).

4.14. Protección por cese de la actividad

Están protegidos por esta prestación todos los trabajadores autónomos encuadrados en el RETA, que "pudiendo y queriendo ejercer una actividad económica o profesional a título lucrativo", hubieran cesado totalmente en la actividad, de manera temporal o definitiva, por alguna de las causas legalmente establecidas (art. 327 LGSS).

Aquellos trabajadores por cuenta propia que realicen actividades catalogadas como de mayor riesgo de siniestralidad y tengan cubierta la protección por desempleo en otro régimen de la Seguridad Social en el que coticen, al menos, por la base mínima del grupo de cotización correspondiente, no tienen la obligación de incorporar la protección por cese de actividad mientras mantengan esta situación de pluriactividad, aunque puedan formalizarla voluntariamente. Tampoco es obligatoria la cobertura de esta contingencia para los miembros de institutos de vida consagrada de la Iglesia Católica encuadrados en el RETA, para los trabajadores por cuenta propia menores de 30 años de edad, para los incluidos en el SETA (art. 48.4 RGA) y para los socios trabajadores de las cooperativas de trabajo asociado que hayan optado

---

[35] El hecho causante de estas pensiones se produce, cuando se derivan de una contingencia común, el último día del mes en que se produzca el fallecimiento del sujeto causante, salvo para el subsidio de defunción, en que será la fecha del fallecimiento. Cuando el beneficiario de la pensión de orfandad sea un hijo póstumo, el último día del mes de su nacimiento.

por su encuadramiento en el RETA, siempre que la cooperativa disponga de un sistema intercooperativo de prestaciones sociales complementario al sistema público que establezca un nivel de cobertura, en lo que respecta a la situación de cese de actividad, al menos equivalente al establecido para los trabajadores encuadrados en el RETA (art. 47.4 RGA).

4.14.1. Contenido de la protección

La protección por cese de actividad comprende las siguientes prestaciones (art.329 LGSS):

1. Un **subsidio** equivalente al 70% de la base reguladora del solicitante, siendo ésta el promedio de las bases por las que haya cotizado durante los 12 me ses consecutivos inmediatamente anteriores a la situación legal de cese en la actividad, computando a tal efecto el mes completo en el que se produzca tal situación (art. 13 RD 1541/2011).

La cuantía así obtenida no será, en todos los casos, la prestación económica que percibirá el trabajador autónomo, pues ésta se encuentra constreñida por unos límites máximos y mínimos fijados legalmente. Así, el importe máximo que puede obtenerse es el 175% del IPREM vigente en el momento del nacimiento del derecho e incrementado en una sexta parte, si el trabajador autónomo no tiene ningún hijo a su cargo; el 200% de dicho indicador, si el solicitante tiene un hijo a su cargo, o el 225% del IPREM si tiene dos o más hijos a su cargo.

Por contra, como garantía de percepción mínima, se fija un importe equivalente al 80% del IPREM para el trabajador autónomo que no tenga hijos a su cargo, y del 107% para el que sí los tenga[36]. La cuantía mínima no resultará aplicable a los colectivos que, autorizados por la orden anual de cotización, hayan elegido una base de cotización inferior a la base mínima ordinaria.

---

[36] Hijos a cargo los son los menores de 26 años o mayores incapacitados, en grado igual o superior al 33%, que convivan con el solicitante de la prestación y carezcan de rentas de cualquier naturaleza iguales o superiores al SMI, excluidas las pagas extraordinarias. No se exige la convivencia con el hijo cuando el solicitante declare que tiene obligación de prestar alimentos, en virtud de convenio o resolución judicial, o que lo sostiene económicamente. Se presumirá la carencia de rentas cuanto los hijos no realicen trabajos por cuenta propia o ajena o, realizándolos, no obtenga retribuciones superiores al importe indicado.

A estos efectos, se entiende por hijo a cargo los hijos menores de 26 años o mayores incapacitados, en grado igual o superior al 33%, que convivan con el solicitante de la prestación y carezcan de rentas de cualquier naturaleza iguales o superiores al SMI, excluidas las pagas extraordinarias. No se exige la convivencia con el hijo cuando el solicitante declare que tiene obligación de prestar alimentos, en virtud de convenio o resolución judicial, o que lo sostiene económicamente.

Por otro lado, se presumirá la carencia de rentas cuanto los hijos no realicen trabajos por cuenta propia o ajena o, realizándolos, no obtenga retribuciones superiores al importe indicado.

En los supuestos previstos en los epígrafes 4º y 5º del apartado 1.a) del art. 331 LGSS y en los de suspensión temporal parcial debida a fuerza mayor, el importe de la prestación será del 50% de la base reguladora, sin que sean de aplicación en tales casos de las cuantías mínimas de la prestación.

El pago del subsidio se realiza por mensualidades de 30 días o por los días que correspondan dentro del mes inmediato siguiente al de su devengo. El derecho al percibo de cada mensualidad caduca al año de su respectivo vencimiento (art. 20.1 RD 1541/2011).

2. El **abono de las cuotas de Seguridad Social (art. 329 LGSS).** El órgano gestor (mutua colaboradora o entidad gestora de la Seguridad Social) se hará cargo de las cuotas que correspondan durante la percepción de las prestaciones económicas por cese de actividad. Si la solicitud de ésta se realiza fuera del plazo fijado para ello, el órgano gestor se hará cargo de la cotización a partir del primer día del mes siguiente a haberse presentado aquélla.

Cuando el beneficiario de la prestación por cese de actividad sea un TRADE, si en el mes en que el ente gestor venga obligado a cotizar mantuviera aquél actividad con algún cliente distinto al principal, dicha obligación se producirá a partir del primer día del segundo mes siguiente al del hecho causante (art. 11.7 RD 1541/2011).

En los supuestos previstos en los epígrafes 4º y 5º del apartado 1.a) del art. 331 LGSS, el órgano gestor se hará cargo del 50% de la cuota, siendo el otro 50% a cargo del trabajador. El órgano gestor abonará a la persona trabajadora autónoma, junto con la prestación por cese de la actividad, el importe de la cuota que le corresponda, siendo aquélla la responsable del ingreso de la totalidad de las cotizaciones a la Seguridad Social.

En los supuestos en que el cese temporal o definitivo de la actividad de la trabajadora autónoma venga determinada por violencia de género o violencia sexual (art. 331.1.d) LGSS), no existirá la obligación de cotizar a la Seguridad Social, estando a lo previsto en el art. 21.5 LOMPIVG, y en el art. 38.5 de la Ley Orgánica de garantía integral de la libertad sexual.

A estos efectos, la base de cotización del periodo de percepción de la prestación por cese de actividad será la base reguladora de la misma, sin que, en ningún caso, pueda ser inferior a la base mínima o base única vigente en el correspondiente régimen de la Seguridad Social (arts. 339.1 LGSS y 14 RD 1541/2011).

Para aquellos trabajadores autónomos que durante el ejercicio de su actividad vinieran cotizando por una base inferior a la mínima ordinaria, deben cotizar por una base de cotización reducida durante la percepción de la prestación por cese de actividad (art. 14.2 RD 1541/2011).

3. El **abono de la cotización a la Seguridad Social** por todas las contingencias, a partir del 61° día de baja médica por parte de la mutua colaboradora o el SEPE con cargo a las cuotas por cese de actividad, de conformidad con lo previsto en el art. 308.2 LGSS.

4.14.2. Requisitos de acceso

Para tener derecho a la protección por cese de actividad, el trabajador autónomo ha de reunir los siguientes requisitos (art. 330 LGSS y art. 2 RD 1541/2011):

a) Estar afiliado, en alta en el RETA o en el RETM.

b) Solicitar la baja en el RETA como consecuencia del cese de actividad. En caso de establecimiento abierto al público se exige su cierre o su transmisión a un tercero. Para los TRADE se requiere que no tengan actividad a partir del día en que inicien el cobro de la prestación.

c) Tener cubierto un período de cotización efectivo por esta contingencia de, como mínimo, 12 meses ininterrumpidos e inmediatamente anteriores a la situación legal de cese, incluido el mes en el que se produzca el hecho causante de la prestación. A tal efecto, sólo computan las cotizaciones que no se hubieran tenido en cuenta con anterioridad para el reconocimiento de otra prestación de la misma naturaleza

d) Encontrarse en situación legal de cese de actividad.

e) Acreditar disponibilidad activa para la reincorporación al mercado de trabajo, suscribiendo el acuerdo de actividad, en los términos establecidos en el art. 3 de la Ley 3/2023, de 28 de febrero, de Empleo, y participar en actividades formativas, de orientación profesional y de promoción de la actividad emprendedora a las que sea convocado por el servicio público de empleo competente o el ISM (art. 330.1, c) LGSS). El incumplimiento de esta obligación constituye una infracción administrativa grave (art. 25.4, b) LISOS), sancionable con la pérdida de uno a tres meses de la prestación económica o con su extinción, en función del número de incumplimientos cometidos (art. 47, b) LISOS).

No se precisa suscribir el acuerdo de actividad cuando el cese venga determinado por las causas previstas en los epígrafes 4° y 5° del apartado 1.a) del art. 331 LGSS, ni cuando el cese de actividad sea temporal y debido a fuerza mayor.

f) En el supuesto de cese efectivo, no haber cumplido la edad ordinaria exigida para causar derecho a la pensión contributiva de jubilación, salvo que el trabajador autónomo no tenga acreditado el período mínimo de cotización exigido para acceder a dicha pensión.

g) Hallarse al corriente en el pago de las cuotas a la Seguridad Social, con los matices expuestos al tratar el mecanismo de invitación al pago. Dicha invitación sólo procede cuando el trabajador autónomo cuente, en la fecha del hecho causante, con la carencia necesaria (STS 13-2-18; rec. 844/2016)

h) Para causar derecho al cese previsto en el art. 331.1.a).4.° y 5.°, la persona trabajadora autónoma no podrá ejercer otra actividad salvo que se encuentre en situación de pluriactividad en el momento del hecho causante de la prestación por cese de actividad (art. 342.3 LGSS)

i) Cuando la persona trabajadora por cuenta propia tenga trabajadores a su cargo deberá acreditar, mediante declaración jurada, el cumplimiento de las obligaciones previstas en la legislación laboral y de Seguridad Social (art. 4.2 RD 1541/2011). Tal requisito también resulta exigible en los casos en que la persona trabajadora autónoma ejerza su actividad profesional conjuntamente con otros, con independencia de que hayan cesado o no el resto de los profesionales, así como en el supuesto de las cooperativas, cuando se produzca el cese definitivo de la actividad.

4.14.3. Situación protegida. El cese de actividad

El hecho causante de la prestación se entenderá producido el último día del mes en que tenga lugar la situación legal de cese, definitivo o temporal, de la actividad, originada por alguna de las siguientes causas (arts. 331 LGSS y 3,6 y 7 RD 1541/2011)[37]:

A) Generales

Por causas económicas, técnicas, productivas u organizativas que hagan inviable la continuidad de la actividad económica o profesional del trabajador autónomo. Se exige, en su caso, el cierre del establecimiento abierto al público, durante la percepción de la prestación, o su transmisión a terceros. La existencia de estas causas se acreditará mediante una declaración jurada del trabajador autónomo a la que acompañará, en función del motivo que origine el cese de su actividad, los documentos contables, fiscales, profesionales, administrativos o judiciales, en los que deberá constar la fecha en que se hayan producido.

Se presume que concurren estas causas cuando se den alguna de las siguientes situaciones:

1ª. Existencia de pérdidas en un año completo, superiores al 10% de los ingre-sos obtenidos en el mismo periodo, sin computar a estos efectos el primer año de inicio de actividad. Los períodos a tener en cuenta serán los inmediatamente anteriores al cese en la actividad, entendiendo su cóm puto desde la concurrencia de la causa del cese (art. 3.b) RD 1541/2011). A estos efectos, el subsidio de IT no es un concepto computable a la hora de determinar el nivel de pérdidas en la actividad profesional (STS 14-3-18; rec. 3.297/2016).

En caso de alegarse motivos económicos se podrá acompañar declaraciones fiscales (IRPF, IVA, etc.) o certificado de la Agencia Estatal de la Administración Tributaria o autoridad competente en el que conste los ingresos percibidos (art. 4.1 RD 1541/2011).

2ª. Cuando existan ejecuciones judiciales o administrativas dirigidas al cobro de deudas reconocidas judicialmente que comporten, al menos, el

---

37 La concurrencia de la situación legal de cese de actividad se acreditará con los documentos enumerados en el art. 4 RD 1541/2011, sin perjuicio de la posibilidad de presentar cualquier otro medio de prueba admitido legalmente.

30% de los ingresos correspondientes al ejercicio económico inmediatamente anterior.

Las resoluciones que se dicten al efecto, contemplado la concurrencia de la causa del cese, servirán para acreditar la situación (art. 4.2 RD 1541/2011).

3ª. La declaración judicial de concurso que impida continuar con la actividad. A estos efectos se aportará el auto por el que se acuerde el cierre de los locales, establecimientos o explotaciones así como el cese de la actividad (art. 4.3 RD 1541/2011).

Cuando se trate de un profesional por cuenta propia colegiado, además de justificar la concurrencia de la causa económica, técnica, productiva u organizativa, acreditará la situación de cese mediante certificado emitido por el colegio profesional correspondiente en el que conste la baja o el pase a la situación de no ejerciente, en ambos casos con la fecha de efectos, todo lo cual se añadirá a la documentación exigida con carácter general (art. 4.5 RD 1541/2011).

En el caso de cese de actividad por muerte del empresario titular del negocio, el trabajador autónomo que venga realizando funciones de ayuda familiar en el negocio deberá presentar, junto a la declaración jurada, certificado del Registro Civil que acredite el fallecimiento (art. 4.6 RD 1541/2011). Si la causa determinante del cese es el fallecimiento del titular del negocio, a la declaración jurada deberá acompañarse el certificado de defunción. Si es por jubilación o incapacidad permanente, el ente gestor de la prestación deberá solicitar del INSS, cuando sea necesario para el reconocimiento de la prestación, información referente a la causa alegada.

4ª. La reducción del 60 por ciento de la jornada de la totalidad de las personas en situación de alta con obligación de cotizar de la empresa o suspensión temporal de los contratos de trabajo de al menos del 60 por ciento del número de personas en situación de alta con obligación de cotizar de la empresa siempre que los dos trimestres fiscales previos a la solicitud presentados ante la Administración tributaria, el nivel de ingresos ordinarios o ventas haya experimentado una reducción del 75 por ciento de los registrados en los mismos periodos del ejercicio o ejercicios anteriores y los rendimientos netos mensuales del trabajador autónomo durante esos trimestres, por todas las actividades económicas, empresariales o profesionales, que desarrolle, no alcancen la cuantía del salario mínimo interprofesional o la de la base por la que viniera cotizando, si esta fuera inferior.

En estos casos no será necesario el cierre del establecimiento abierto al público o su transmisión a terceros.

5ª. En el supuesto de trabajadores autónomos que no tengan trabajadores asalariados, el mantenimiento de deudas exigibles con acreedores cuyo importe supere el 150 por ciento de los ingresos ordinarios o ventas durante los dos trimestres fiscales previos a la solicitud, y que estos ingresos o ventas supongan a su vez una reducción del 75 por ciento respecto del registrado en los mismos períodos del ejercicio o ejercicios anteriores. A tal efecto no se computarán las deudas que por incumplimiento de sus obligaciones con la Seguridad Social o con la Administración tributaria mantenga.

Se exigirá igualmente que los rendimientos netos mensuales del trabajador autónomo durante esos trimestres, por todas las actividades económicas o profesionales que desarrolle, no alcancen la cuantía del salario mínimo interprofesional o la de la base por la que viniera cotizando, si esta fuera inferior. A tal efecto no se computarán las deudas que por incumplimiento de sus obligaciones con la Seguridad Social o con la Administración tributaria mantenga.

En estos casos no será necesario el cierre del establecimiento abierto al público o su transmisión a terceros.

2) Fuerza mayor determinante del cese temporal o definitivo de la actividad económica o profesional. Por tal se entiende, a estos efectos, "una fuerza superior a todo control y previsión, ajena al trabajador autónomo o empresario y que queden fuera de su esfera de control, debida a acontecimientos de carácter extraordinario que no haya podido preverse o que, previstos, no se hubieran podido evitar" (art. 3 d) RD 1541/2011). Esta causa se acredita mediante declaración expedida por los órganos gestores del lugar donde se ubique el negocio o la industria afectada, a la que se acompañará declaración jurada del solicitante y la documentación que detalla el art. 5 RD 1541/2011.

Se entenderá que existen motivos de fuerza mayor en el cese temporal parcial cuando la interrupción de la actividad de la empresa afecte a un sector o centro de trabajo, exista una declaración de emergencia adoptada por la autoridad pública competente y se produzca una caída de ingresos del 75% de la actividad de la empresa con relación al mismo periodo del año anterior y los ingresos mensuales del trabajador autónomo no alcance el SMI o el importe de la base por la que viniera cotizando si esta fuera inferior.

3) Pérdida de la licencia administrativa necesaria para el ejercicio de la actividad económica o profesional que no venga motivada por la comisión de infracciones penales. Este motivo se acredita mediante la resolución correspondiente en la que conste el motivo y la fecha de efectos de la extinción (art. 6 RD 1541/2011).

4) Cese temporal o definitivo de la actividad motivado por la existencia de violencia de género y violencia sexual contra la trabajadora autónoma (art. 7 RD 1541/2011). Estas situaciones se acreditan por la declaración escrita de la solicitante de haber cesado o interrumpido su actividad económica profesional, a la que se adjuntará alguno de los siguientes documentos: auto de incoación de diligencias previas, auto acordando la adopción de las medidas cautelares de protección, o la prisión provisional del detenido, auto de apertura del juicio oral, la orden de protección o informe de acusación del ministerio fiscal o sentencia condenatoria (art. 23 LO 1/2004; art. 37 LO 10/2022).

En estos supuestos no existe obligación de cotizar a la Seguridad Social.

Si se trata de una trabajadora económicamente dependiente, la declaración de la solicitante podrá ser sustituida por la comunicación escrita del cliente del que dependa económicamente —principal— en la que conste la fecha a partir de la cual se ha producido el cese temporal o definitivo de la actividad.

5) El cese en las funciones de ayuda familiar en el negocio de su ex cónyuge como consecuencia del divorcio o separación matrimonial judicial del trabajador autónomo. Esta causa se acredita con la resolución judicial o acuerdo correspondiente, y con la documentación que constate la pérdida del ejercicio de las funciones de ayuda familiar directa en el negocio que venía realizándose con an terioridad a la ruptura matrimonial.

En este caso, como excepción a la regla general, el hecho causante ha de producirse en el plazo de seis meses inmediatamente siguientes a la resolución judicial o acuerdo que establezca el divorcio o separación (art. 3 e) RD1541/2011).

Se excluyen de la consideración de cese de actividad a efectos del devengo de esta prestación, el cese o la interrupción voluntaria de la actividad realizada por el trabajador autónomo, salvo en el supuesto de fuerza mayor indicada.

B) Específicas

Además de las anteriores, existen situaciones específicas de cese de actividad para los siguientes colectivos:

1) TRADE

Para los TRADE y para aquellos trabajadores que sin ser reconocidos como tales cumplan las condiciones legalmente exigidas para tener tal consideración, son causas específicas de la situación legal de cese de actividad (arts. 333 LGSS y 9 RD 1541/2011):

a) Terminación de la duración del contrato convenida con el cliente o finalización de la obra o servicio pactado que se acredita mediante su comunicación al registro correspondiente del servicio público de empleo con la documentación que lo justifique.

b) Incumplimiento contractual grave del cliente, que se acreditará por la comunicación escrita del mismo en la que conste la fecha del cese de la actividad, el acta resultante de la conciliación previa o mediante resolución judicial.

c) Rescisión del contrato por el cliente mediando causa justificada o injustificada. Esta causa debe acreditarse mediante comunicación escrita del cliente expedida en el plazo de diez días hábiles desde su concurrencia, en la que se haga constar, si es justificada, el motivo alegado y la fecha del cese de la actividad del trabajador autónomo, y si es injustificada, deberá constar en dicha comunicación la indemnización abonada y la fecha de producción del cese de la actividad. En defecto de esta comunicación, el TRADE podrá requerir su cumplimiento y si no obtiene respuesta en el plazo de diez días, podrá solicitar del ente gestor el reconocimiento de la prestación aportando copia del requerimiento efectuado.

En los supuestos de rescisión injustificada del contrato, también podrá el TRADE acreditar la situación legal de cese de actividad mediante el acta resultante de la conciliación previa, o por resolución judicial, independientemente de que fuese recurrida por el cliente.

No se considera en situación de cese de actividad el TRADE que, tras percibir la prestación por finalización de su relación con el cliente, vuelva a contratar con el mismo en el plazo de un año desde el momento de la extinción de la prestación, debiendo, en su caso, reintegrar la prestación económica percibida.

d) Por muerte, incapacidad o jubilación del cliente que impida la continuación de la actividad, que se acreditará mediante el certificado de defunción del Registro Civil o resolución de la entidad gestora acreditativa del reconocimiento de la prestación correspondiente, cuando tal circunstancia no le conste a la entidad u órgano gestor de la prestación, o por la comunicación emitida por el cliente en la que conste la causa de la rescisión del contrato.

En cualquier caso, si el TRADE realiza actividades económicas o profesionales para distintos clientes, además de para el principal, tendrá que aportar documentación que acredite el cese de las mismas. No se considera en situación de cese de actividad el TRADE que tras percibir la prestación por finalización de su relación con el cliente vuelva a contratar con el mismo en el plazo de un año desde el momento de la extinción de la prestación, debiendo, en su caso, reintegrar la prestación económica percibida.

2) Trabajadores autónomos que ejercen su actividad profesional de manera conjunta

Los trabajadores autónomos que ejercen su actividad conjuntamente con otros en sociedad o bajo cualquier otra forma jurídica admitida en derecho, se encuentran en situación legal de cese de actividad cuando cesen, temporal o definitivamente, en la actividad profesional por alguna de las causas siguientes (arts. 336 LGSS y 10.1 RD 1541/2011):

a) Concurrencia de causas económicas, técnicas, productivas u organizativas a que se refiere el art. 5.1 a) de la LPCATA, que determinen la inviabilidad de continuar con el ejercicio de la profesión, al margen de que se produzca o no el cese de la sociedad de la que forma parte el trabajador autónomo.

b) Fuerza mayor determinante del cese temporal o definitivo de la profesión.

c) Pérdida de la licencia administrativa necesaria para el ejercicio de la profesión, siempre que no venga motivada por incumplimientos contractuales o por la comisión de infracciones, faltas administrativas o delitos imputable al solicitante.

d) Violencia de género y sexual determinante del cese temporal o definitivo de la profesión.

e) Divorcio o separación matrimonial que conlleve el cese en las funciones de ayuda familiar prestado por el trabajador autónomo en el negocio de su ex cónyuge. Este motivo se acredita con la resolución judicial que se dicte y la documentación que constate la pérdida del ejercicio de las funciones de ayuda familiar directa en el negocio que venía realizándose.

Cuando el trabajador autónomo profesional tenga uno o más trabajadores a su cargo y concurra alguna de las causas indicadas, es requisito previo al cese de su actividad profesional el cumplimiento de las garantías y procedimientos regulados en la legislación laboral, con independencia de que hayan cesado o no el resto de los profesionales.

3) Trabajadores integrados en el SETA

Para que los trabajadores agrarios del SETA puedan acceder a la protección por cese de actividad deben haberse acogido voluntariamente a la cobertura de la prestación por cese de actividad y cumplir los requisitos establecidos con carácter general, con las precisiones y particularidades previstas en la DA 5ª RD 1541/2011, en relación a la definición y acreditación de la situación legal de cese de actividad.

Se entiende que existe cese definitivo en el ejercicio de la actividad en las situaciones siguientes: pérdidas derivadas del ejercicio de la actividad en los términos del art. 5.1.a).1º LPCATA (pérdidas en un año completo superiores al 30% de los ingresos, o superiores al 20% en dos años consecutivos y completos, sin computar a estos efectos el primer año de inicio de actividad), ejecuciones judiciales o administrativas para el cobro de deudas por el importe previsto en el art. 5.1.a) 2º LPCATA (deudas reconocidas por órganos judiciales que comporten al menos el 40% de los ingresos de la actividad del autónomo correspondientes al ejercicio económico inmediatamente anterior), declaración judicial de concurso, muerte, jubilación o incapacidad permanente del titular del negocio (donde el trabajador por cuenta propia agraria viniera realizando funciones de ayuda familiar), fuerza mayor, pérdida de la licencia administrativa, violencia de género (determinante del cese de actividad por parte de la trabajadora), o divorcio o separación matri monial (en el supuesto de que el trabajador por cuenta propia agrario ejerciera funciones de ayuda familiar en el negocio de su ex cónyuge).

Se entiende que existe cese temporal en el ejercicio de la actividad en los casos siguientes: cambio de cultivo o de actividad ganadera por causa de fuerza mayor (durante el período necesario para el desarrollo de ciclo normal de evolución del nuevo cultivo o ganadería), daño en las explotaciones agrarias o ganaderas por causa de fuerza mayor (durante el tiempo imprescindible para su recuperación), periodo de erradicación de las enfermedades (en explotaciones ganaderas), y cese por violencia de género (de la trabajadora por cuenta propia agraria).

La pérdida de la condición de comunero de las comunidades de bienes o de socio de sociedades de cualquier naturaleza, incluidos en el sistema especial para trabajadores por cuenta propia agrarios, sólo devenga derecho a la prestación cuando se acredite que el cese de la actividad es debido a las pérdidas económicas recogidas legalmente.

Durante su percepción, la base de cotización será la correspondiente a la base reguladora de la prestación, sin que, en ningún caso, pueda ser inferior a la base mínima o base única vigente en el correspondiente régimen y de acuerdo con las circunstancias específicas concurrentes en el beneficiario. Si por la actividad desarrollada hubieran cotizado por una base inferior a la mínima ordinaria, durante la percepción de la prestación se cotizará también por una base reducida.

4) Socios trabajadores de cooperativas de trabajo asociado

Los socios trabajadores de las cooperativas de trabajo asociado que hayan optado por su encuadramiento en el RETA y tengan concertada la protección de los riesgos profesionales, gozan de la protección por cese de actividad. Ésta, como se ha señalado, no resultará obligatoria cuando la cooperativa de trabajo asociado disponga de un sistema intercooperativo de prestaciones sociales, complementario al sistema público, que establezca un nivel de cobertura, en lo que respecta a la situación de cese de actividad, al menos equivalente al establecido para los trabajadores encuadrados en el RETA (art. 2.3 LPCATA).

Se considerarán en situación legal de cese de actividad, a los socios trabajadores de cooperativas de trabajo asociado que se encuentren en alguno de los siguientes supuestos (arts. 335 LGSS y 10.2 RD 1541/2011):

1) Cese temporal o definitivo en la prestación de trabajo y en la actividad de la cooperativa, que conlleve la pérdida de los derechos económicos derivados de la misma, y sea debido a alguna de las siguientes causas:

a) Expulsión improcedente, que se acreditará por la notificación del acuerdo adoptado por el consejo rector u órgano de administración correspondiente, indicando la fecha de efectos y, en todo caso, por el acta de conciliación o resolución judicial definitiva que declare su improcedencia.

b) Concurrencia de causas económicas, técnicas, productivas u organizativas o por fuerza mayor en los mismos términos expuestos para el resto de trabajadores autónomos, sin que sea necesario el cierre del establecimiento abierto al público, en caso de que no cesen la totalidad de los socios trabajadores.

   Su acreditación se realizará por la aportación de la cooperativa de los documentos de carácter contable, profesional, fiscal, administrativo o judicial que justifiquen el motivo alegado y por certificación literal del acuerdo de la asamblea general del cese definitivo o temporal de la prestación de trabajo y de la actividad de los socios trabajadores. Si el cese es por fuerza mayor, debe-rá presentarse declaración expedida por los órganos gestores del lugar donde se ubique el negocio o la industria afectada por el acontecimiento causante de la fuerza mayor en la que se hará constar su fecha de producción.

   Si el cese comporta el cierre del establecimiento abierto al público, deberá acreditarse el mismo conforme a lo previsto en el art. 4.7 RD 1541/2011, y cuando la cooperativa tuviera trabajadores por cuenta ajena, el cese definitivo de actividad deberá ir acompañado del cumplimiento de las garantías, obligaciones y procedimientos previstos en la legislación laboral, que se acreditará mediante declaración jurada (art. 4.2 RD. 1541/2011).

c) Finalización del período del vínculo societario de duración determinada, acreditada mediante certificación del consejo rector u órgano administrati vo correspondiente en la que conste la baja y la fecha de efectos.

d) Por violencia de género y violencia sexual, acreditada mediante declaración escrita de la solicitante de haber cesado temporal o definitivamente su prestación de trabajo, indicando la fecha de su producción, a la que se adjuntará la orden de protección o, en su defecto, informe del Ministerio Fiscal indicando la existencia de indicios sobre dicha condición.

e) Por pérdida de licencia administrativa de la cooperativa, acreditada mediante resolución de la extinción de la misma.

2. Cese durante el período de prueba de los aspirantes a socios por decisión unilateral del consejo rector u órgano de administración correspondiente de la cooperativa. Esta causa se acreditará por el acuerdo de no admisión del aspirante adoptado por este órgano correspondiente.

No se considerará en situación legal de cese de actividad a los socios trabajadores que tras cesar definitivamente en la prestación de servicios y la correspondiente actividad, y percibir la prestación por cese de actividad, vuelvan a ingresar en la misma cooperativa de trabajo asociado en el plazo de un año desde el momento de la extinción de la prestación, debiendo el socio trabajador reintegrar la prestación percibida.

5) Consejeros o administradores de sociedades mercantiles encuadrados en el RETA

Las situaciones legales de cese de actividad para este colectivo se producirán cuando cesen involuntariamente en el cargo de consejero o administrador de la sociedad o en la prestación de servicios en la misma y la empresa haya incurrido en pérdidas o haya disminuido su patrimonio neto por debajo de las dos terceras partes de la cifra de capital social (art. 334 LGSS).

4.14.4. Solicitud y nacimiento del derecho

La solicitud de la prestación económica podrá presentarse hasta el último día del mes siguiente al que se produzca el cese de la actividad o de la fecha que se haga constar en el documento acreditativo de la situación legal, y se dirigirá a la mutua colaboradora con la Seguridad Social con la que el trabajador autónomo haya suscrito el documento de adhesión, salvo cuando le competa a una Entidad Gestora de la Seguridad Social, en cuyo caso la solicitud se dirigirá a éste o al SEPE (art. 337 LGSS)[38].

---

[38] Al SEPE le corresponde la gestión y el reconocimiento de la prestación por cese de actividad únicamente respecto de aquellos trabajadores dados de alta en el RETA antes del 1 de enero de 1998, que hayan mantenido hasta la actualidad la cobertura de la protección de IT con el INSS, y hayan optado por la cobertura de las contingencias profesionales, pues los trabajadores autónomos dados de alta en el RETA

Presentada la solicitud, el órgano gestor resolverá en el plazo de 30 días hábiles desde que reciba la solicitud debiendo, en su caso, requerir al trabajador autónomo para que en el plazo de 10 días hábiles subsane los defectos que se observen, o aporte los documentos preceptivos para acreditar la situación legal de cese de actividad. En el supuesto de que el trabajador autónomo no se hubiera inscrito en el servicio público de empleo correspondiente, se le requerirá para que proceda a la misma en el plazo de 15 días hábiles desde la recepción de la decisión, a efectos de cumplir el compromiso de actividad, con la advertencia de que la falta de inscripción en el plazo requerido será causa de anulación del reconocimiento del derecho y del reintegro de las prestaciones indebidamente percibidas.

El derecho a la prestación económica nacerá a partir del día siguiente a aquel en que tenga efectos la baja en el RETA o RETM, de acuerdo con lo previsto en el art. 46.4,a) RDA, esto es, desde el día en que el trabajador autónomo haya cesado en su actividad, con un máximo de tres solicitudes de baja dentro del año natural, o desde el último día del mes natural en que el trabajador autónomo hubiese cesado en la actividad, para el resto de las bajas que, en su caso, se produzcan dentro de cada año natural (v. supra apdo. 2.2).

En los supuestos de cese de actividad previsto en el art.331.1.a. 4º LGSS, dado que no procede la baja en el régimen de Seguridad Social correspondiente, el derecho al percibo nace el primer día del mes siguiente a la comunicación a la autoridad laboral de la decisión empresarial de reducción del 60 por ciento de la jornada laboral de todos los trabajadores de la empresa, o a la suspensión temporal de los contratos de trabajo del 60 por ciento de la plantilla de la empresa. En el supuesto previsto en el art.331.1.a. 5º LGSS, el derecho al percibo de la prestación nace el primer día del mes siguiente al de la solicitud.

En los supuestos de suspensión temporal total o parcial de la actividad como consecuencia de fuerza mayor previstos en el art.331.1.b) LGSS, el nacimiento del derecho se produce el día en que quede acreditada la concurrencia de la fuerza mayor a través de los documentos oportunos, no siendo necesaria la baja en el régimen especial correspondiente.

Por el contrario, cuando la solicitud de la prestación se presente transcurrido el plazo indicado, y siempre que el trabajador autónomo cumpla

---

con posterioridad a dicha fecha, deben formalizar necesariamente de cobertura de la IT con una Mutua colaboradora (art. 47.3 RD 84/1996; DA. 11 LGSS).

con el resto de requisitos exigidos legalmente, el derecho a la prestación nacerá a partir del día de presentación de la solicitud, descontándose del período de percepción los días que medien entre la fecha en que debería haberse presentado y la fecha en que se presente.

Una vez reconocido el derecho a la prestación no se podrá solicitar un nuevo reconocimiento hasta que hayan transcurrido 12 meses desde la extinción del derecho anterior, y siempre que concurran los requisitos legales exigidos (art. 337 LGSS). Si el trabajador autónomo se encuentra nuevamente en situación legal de cese de actividad sin haber transcurrido dicho plazo, podrá solicitar la prestación económica dentro de los 15 días hábiles siguientes a cumplir el mismo, en cuyo caso el nacimiento del derecho se producirá a partir del primer día del mes siguiente al de la solicitud. La presentación extemporánea de la solicitud producirá el descuento de los días que medien entre el día que terminó el plazo y el de la presentación de aquella (art. 11.8 RD 1541/2011).

4.14.5. Duración

La duración de la prestación está en función de los períodos de cotización efectuados dentro de los 48 meses anteriores a la situación legal de cese de actividad, de los que al menos 12 meses deben estar comprendidos en los 24 meses inmediatamente anteriores a dicha situación de cese (arts. 338 LGSS y art. 12 RD 1541/2011). A estos efectos, no se podrá aplicar el cómputo recíproco de cotizaciones por cese de actividad y desempleo, ni entre la cotización por cese de actividad en el RETA.

Período de cotización (en meses)	Período de protección (en meses)
De 12 a 17	4
De 18 a 23	6
De 24 a 29	8
De 30 a 35	10
De 36 a 42	12
De 43 a 47	16
De 48 en adelante	24

La duración de la prestación se reconocerá en meses y se consumirá por meses, salvo que concurran circunstancias de descuento, reducción o reanudación de la prestación en cuyo caso, tanto su consumo como la cotización a la Seguridad Social podrán efectuarse por días, considerando, a esos efectos, que cada mes está integrado por 30 días. No obstante, si la reanudación se debe al cese de una actividad por cuenta propia, el consumo de la duración y la cotización se hará por meses.

4.14.6. Suspensión de la prestación

La suspensión supone la interrupción del abono de la prestación económica y de la cotización pero no afecta a la duración de aquélla, de modo que cuando finalice la causa de suspensión el trabajador autónomo tiene derecho a reanudar el cobro de la prestación económica pendiente —en la cuantía que le fue reconocida en su momento— y al abono de la cotización a la Seguridad Social, salvo que la causa de la suspensión sea la imposición de una sanción, conforme a la LISOS, que implique la reducción o pérdida del período de percepción pendiente.

Son causas de suspensión de la prestación por cese de actividad, las siguientes (art. 340 LGSS y art. 15 RD 1541/2011): a) La imposición de sanción por infracción leve o grave en los términos establecidos en el art. 47.1 LISOS; b) El cumplimiento de condena privativa de libertad; c) La realiza ción de trabajos retribuidos por cuenta propia o ajena, por tiempo inferior a 12 meses. Para poder reanudar el cobro de la prestación por cese de actividad, el beneficiario deberá acreditar que el cese constituye situación legal de cese de actividad; d) El traslado de residencia al extranjero para la búsqueda o realización de trabajo, perfeccionamiento profesional o cooperación internacional, por un período continuado inferior a 12 meses, sin perjuicio de la aplicación de lo previsto sobre la exportación de las prestaciones en las normas de la Unión Europea; e) La salida ocasional al extranjero, por tiempo no superior a 30 días naturales por una sola vez cada año, siempre que haya sido solicitada previamente y autorizada por el órgano gestor.

La reanudación de la prestación y de la cotización a la Seguridad Social no procede de oficio sino que el interesado debe presentar una solicitud dentro de los 15 días hábiles siguientes a la finalización de la causa de suspensión, acreditando la finalización de ésta y el mantenimiento de la situación de cese de actividad. Cuando la causa de suspensión haya sido la realización de un trabajo por cuenta propia, la reanudación de la prestación económica y de la cotización a la Seguri dad Social, nacerá a partir del día primero del mes siguiente al del cese en la actividad. En cambio, si concurre cualquiera de las otras causas suspensivas, el derecho se reanudará a partir del día siguiente al de finalización de la causa.

En todo caso, si la solicitud se presenta fuera del citado plazo de 15 días hábiles, la reanudación del abono de la prestación pendiente y la cotización a la Seguridad Social, nacerán a partir de la fecha de la solicitud, descontándose los días de demora producidos.

4.14.7. Extinción de la prestación

El derecho a la protección de cese de actividad se extingue por alguna de las siguientes causas (art. 341 LGSS): a) agotamiento del plazo de duración; b) imposición de una sanción (art. 47.1 LISOS); c) realización de un trabajo por cuenta propia o ajena de duración igual o superior a 12 meses, siempre que genere derecho a una nueva prestación de cese por actividad. En estos casos, el beneficiario podrá optar entre reabrir el derecho anterior por el período que reste en las mismas condiciones que fue reconocido o percibir la nueva prestación económica. Si opta por reabrir el derecho inicial, las cotizaciones que hayan generado la nueva prestación no podrán computarse para el reconocimiento de un futuro derecho. La opción podrá solicitarse en el plazo de 15 días hábiles siguientes al de la comunicación por el ente gestor del reconocimiento de la nueva prestación, naciendo el derecho a la reapertura a partir del día primero del mes siguiente al del cese en la actividad. A falta de opción expresa por el trabajador, se considerará ejercitada a favor de la última protección por cese de actividad reconocida. La opción, sea ejercida expresamente o por transcurso del plazo indicado, será irrevocable (art. 16.2 RD 1541/2011); d) cumplimiento de la edad ordinaria de jubilación salvo que no concurran los requisitos para acceder a la pensión contributiva; e) pase a la situación de pensionista de jubilación o IP; f) traslado de residencia al extranjero, salvo los casos en que proceda la suspensión; g) renuncia al derecho; h) fallecimiento del beneficiario.

El trabajador autónomo beneficiario de la prestación por cese de actividad está obligado a solicitar la baja en la prestación cuando concurra alguna de las circunstancias determinantes de la extinción del derecho o se dejen de reunir los requisitos exigidos para su percepción. El incumplimiento de esta obligación constituye una infracción administrativa grave (art. 25.3 LISOS).

4.14.8. Incompatibilidades

La percepción de la prestación por cese de actividad es incompatible con el trabajo por cuenta propia, aunque su realización no implique la inclusión obligatoria en el RETA o en el RETM, así como con el trabajo por cuenta ajena,: salvo (i) que la percepción de prestación por cese de actividad venga determina por lo dispuesto en los epígrafes 4.º y 5.º del artículo 331.1.a) LGSS, o por cese temporal parcial de la actividad derivado de fuerza mayor, supuestos en que será compatible con la actividad que cause el cese, siempre que los rendimientos netos mensuales obtenidos durante la percepción de la prestación no sean superiores a la cuantía del SMI o al importe de la base por la que viniera cotizando, si esta fuera inferior; (ii) los trabajos agrarios sin finalidad comercial, es decir, los que se realizan en huertos familiares para autoconsumo o los dirigidos al mantenimiento de las condiciones agrarias y medioambientales previstos en la normativa de la UE para las tierras agraria (art. 342 LGSS). El incumplimiento de esta obligación constituye una infracción administrativa muy grave (art. 26.2 LISOS).

En los supuestos en los que el trabajador autónomo se encuentre en situación de pluriactividad en el momento del hecho causante de la prestación por cese de actividad, ésta será compatible con la percepción de la remuneración por el trabajo por cuenta ajena que se venía desarrollando, siempre y cuando de la suma de la retribución mensual media de los últimos cuatro meses inmediatamente anteriores a la prestación por cese de actividad, resulte una cantidad media mensual inferior al importe del SMI vigente en el momento del nacimiento del derecho a dicha prestación.

Por lo que se refiere a los trabajadores por cuenta propia incluidos en el RETM, la prestación por cese de actividad será incompatible con la percepción de las ayudas por paralización de la flota.

De otro lado, la prestación por cese de actividad también resulta incompatible con la obtención de pensiones o prestaciones dinerarias del sistema de la Seguridad Social, salvo que éstas hubieran sido compatibles con el trabajo que originó la prestación por cese de actividad, así como con las ayudas o medidas de fomento de cese de actividad que se establezcan en la normativa sectorial para diferentes colectivos, o las que pudieran regularse en el futuro con carácter estatal.

4.14.9. La relación entre las prestaciones por cese de actividad, incapacidad temporal y nacimiento y cuidado del menor

Cuando el cese de actividad se produzca mientras el trabajador autónomo se encuentre en situación de incapacidad temporal, éste seguirá percibiendo el subsidio por IT, en la misma cuantía que la prestación por cese de actividad, hasta que se extinga. Dentro de los 15 días hábiles siguientes a finalizar la IT, el trabajador autónomo deberá solicitar la prestación por cese de actividad, acreditando que reúne los requisitos legalmente establecidos; reconocido el derecho, se descontará del período de percepción de la prestación por cese de actividad, como ya consumido, el tiempo que hubiera permanecido en la situación de IT, a partir de la fecha de situación legal de cese de actividad (arts. 343 LGSS y 17 RD 1541/2011).

Si durante la percepción de la prestación económica por cese de actividad el trabajador autónomo pasa a la situación de IT, que es una recaída de un proceso iniciado con anterioridad a la situación legal de cese en la actividad, percibirá el subsidio de IT en cuantía igual a la prestación por cese en la actividad; y en el supuesto de que el trabajador autónomo continuase en situación de IT una vez finalizado el período establecido inicialmente para la prestación por cese en la actividad, seguirá percibiendo el subsidio por IT en la misma cuantía en la que la venía percibiendo.

Si la IT no constituye una recaída de un proceso iniciado anteriormente, el trabajador autónomo percibirá el subsidio de incapacidad por el mismo importe que la prestación por cese en la actividad sin ampliarse la duración de esta última prestación. No obstante, si una vez finalizada la duración de esta prestación, el trabajador autónomo continuase en situación de IT, seguirá percibiendo el subsidio en cuantía del 80% del IPREM mensual y el órgano gestor de la prestación se hará cargo de las cotizaciones a la Seguridad Social hasta el agotamiento del período de duración de la prestación.

De encontrarse el trabajador autónomo en situación de nacimiento y cuidado del menor y durante la misma se produce la situación legal de cese de actividad, el autónomo continuará percibiendo el subsidio por nacimiento y cuidado del menor hasta que la misma se extingan, momento en que podrá solicitar, en el plazo de los 15 días hábiles siguientes, la protección por cese de actividad que pasará a disfrutar, siempre que reúna los requisitos exigidos, sin que proceda deducción alguna.

Si, en cambio, el beneficiario está percibiendo la prestación por cese de actividad y pasa a la situación protegida de nacimiento y cuidado del menor, se suspenderá el abono de aquella prestación y la cotización a la Seguridad Social, pasando a percibir la prestación que corresponda a dicha contingencia. Una vez extinguido el subsidio por nacimiento y cuidado del menor la entidad gestora lo comunicará al órgano gestor de la protección por cese de actividad, que reanudará de oficio su pago por la duración, cuantía y cotización a la Seguridad Social que quede pendiente hasta el agotamiento del período de duración a que se tenga derecho (art. 17.3 RD 1541/2011).

4.14.10. El pago único de la prestación por cese en la actividad

Esta modalidad de pago la podrán solicitar los titulares de la prestación por cese de actividad que tengan pendiente de recibir un período, como mínimo, de seis meses y acrediten ante el órgano gestor que van a realizar una actividad profesional como trabajadores autónomos, socios trabajadores de una cooperativa de trabajo asociado o de una sociedad laboral, o realizar una aportación al capital social de una entidad mercantil de nueva constitución o constituida en los 12 meses anteriores a la aportación, siempre que se posea el control efectivo de la misma y se realice una actividad profesional, encuadrado como trabajador por cuenta propia en el régimen de la Seguridad Social correspondiente.

La solicitud deberá presentarse con anterioridad a la incorporación del beneficiario a la cooperativa de trabajo asociado, la constitución de la sociedad o el inicio de la actividad como autónomo, resolviéndose por el organismo gestor en el plazo de 30 días desde su presentación[39].

Si el órgano gestor reconoce el derecho al beneficiario, éste deberá iniciar la actividad o acreditar, en su caso, que está en fase de iniciación y darse de alta en el RETA, en el plazo máximo de un mes. La fecha de alta se considerará coincidente con la del inicio de la actividad a los efectos de determinar el carácter previo de la solicitud.

Cuando la modalidad de pago único de la prestación por cese de actividad la haya solicitado el beneficiario, ora para incorporarse como socio trabajador a una cooperativa de trabajo asociado o a una sociedad laboral, ora para constituir una sociedad, el pago quedará condicionado a la presentación del acuerdo de admisión como socio o a la inscripción de la sociedad en el regis tro.

En cualquier caso, el abono de la prestación se realizará de una sola vez por la cuantía de la prestación por cese de actividad pendiente de percibir, calculada en días completos menos el interés legal del dinero, y beberá destinarse a: cubrir las aportaciones al capital social, incluida la cuota de ingreso, en el caso de cooperativas; a la adquisición de acciones o participaciones del capital social, en el caso de sociedades labores, a los gastos de constitución y puesta en funcionamiento de la sociedad, a la inversión necesaria para iniciar la actividad como trabajador autónomo, incluidas tasas

---

39 La solicitud debe ir acompañada de los siguientes documentos: memoria explicativa sobre el proyecto de inversión a realizar y la actividad a desarrollar, documentos que acrediten.

y tributos, pudiéndose destinar hasta el 15% de la cuantía de la prestación capitalizada al pago de servicios específicos de asesoramiento, formación e información relacionadas con la actividad a emprender.

También puede el beneficiario solicitar que la totalidad o parte del pago único, la destine el órgano gestor a cubrir los costes de cotización a la Seguridad Social, conforme a las reglas previstas en la DA 4ª. 7 RD 1541/2011.

El pago único de la prestación por cese en la actividad es compatible con otras ayudas públicas destinadas a la promoción del trabajo autónomo o a la constitución o integración en sociedades cooperativas o laborales.

Si la cantidad abonada al trabajador autónomo no se destina a la reali zación de la actividad para la que fue concedida, el órgano gestor declarará como indebido el pago único (art. 31 RD 1541/2011) y, sin perjuicio de las sanciones administrativas que procedan (art. 47.3 LISOS), instará su reclamación a través del procedimiento establecido en el art. 80 RD 1415/2004, de 11 de junio.

4.14.11. Reintegro de la prestación indebidamente percibida

Sin perjuicio de la obligación general de reintegro prevista en los arts. 55 LGSS y 17.f) LPCATA y de las sanciones que procedan por la percepción indebida de prestaciones (art. 47.3 LISOS), procederá la reclamación de reintegro de la prestación por cese de actividad en los siguientes supuestos:

a) Cuando se realicen trabajados por cuenta propia o ajena durante la percepción de la prestación

b) Cuando el TRADE, tras haber cesado con el cliente y haber percibido la correspondiente prestación contrate con el mismo cliente sin haber trascurrido más de un año desde que finalizó el percibo de la prestación

c) Cuando el socio trabajador de una cooperativa de trabajo asociado, tras haber cesado definitivamente en la prestación de trabajo y en la actividad desarrollada en la cooperativa y haber percibido la prestación, hubiera ingresado en la misma sociedad cooperativa sin haber trascurrido más de un año desde que finalizó el percibo de la prestación

d) Cuando el trabajador autónomo ejerciente de una profesión conjuntamente con otros en sociedad, cesa totalmente en el ejercicio de la misma y tras recibir la correspondiente prestación, vuelve a ejercer la profesión en el mismo plazo que en los supuestos anteriores

e) Cuando se incumplan las obligaciones específicas de motivación, información, orientación, formación, reconversión o inserción profesional para incrementar su ocupabilidad que determinen las entidades gestoras correspondientes

f) Cuando se revoque el derecho a la prestación

g) En los supuestos en los que se perciban prestaciones indebidas originadas por errores materiales o de hecho o por la constatación de omisiones o inexactitudes en las declaraciones de los beneficiarios

h) En los supuestos en los que se produzca cualquier situación que genere un cobro indebido

Corresponde órgano gestor de la prestación la declaración como indebida de la prestación y proceder a su reclamación a través del procedimiento establecido en el art. 80 RD 1415/2004, de 11 de junio (DA. 5ª LPCATA y art. 31 RD 1541/2011).

4.15. Prestación para la sostenibilidad de la actividad de las personas trabajadoras autónomas de un sector de actividad afectado por el Mecanismo RED de Flexibilidad y Estabilización del Empleo en su modalidad cíclica

Las personas trabajadoras autónomas que desarrollen su actividad en un sector afectado por el Acuerdo del Consejo de Ministros que active el Mecanismo RED en su modalidad cíclica (art. 47 bis ET), podrán causar derecho a la prestación para la sostenibilidad de la actividad (D.A. 48ª LGSS).

4.15.1. Requisitos de acceso

Para tener derecho a la prestación para la sostenibilidad de la actividad, el trabajador autónomo ha de reunir los siguientes requisitos:

A. Comunes

1. Estar de alta en el régimen especial al que se encuentre adscrita la actividad.
2. Estar al corriente en el pago de obligaciones tributarias y de Seguridad Social.

3. No prestar servicios por cuenta ajena o por cuenta propia en otra actividad no afectada por el mecanismo RED o, siéndolo, no haber adoptado las medidas previstas en el art. 47 bis ET salvo lo dispuesto en al apartado cuarto de esta disposición adicional sobre incompatibilidades.
4. No percibir una prestación de cese de actividad o para la sostenibilidad de la actividad.
5. No haber cumplido la edad ordinaria para causar derecho a la pensión contributiva de jubilación, salvo que el trabajador autónomo no tuviera acreditado el período de cotización requerido para ello.

B. Autónomos societarios, socios trabajadores de cooperativas de trabajo asociado o trabajadores autónomos que ejercen su actividad profesional de manera conjunta, y cuyas empresas tengan trabajadores asalariados

1. Resolución de la autoridad laboral autorizando la aplicación del mecanismo RED para los trabajadores de la empresa.
2. Que la adopción de las medidas del mecanismo RED afecte al 75 por ciento de las personas en situación de alta con obligación de cotizar de la empresa.
3. Que se produzca una reducción de ingresos ordinarios o ventas durante los dos trimestres fiscales previos a la solicitud presentados ante la Administración tributaria del 75 por ciento respecto de los registrados en los mismos periodos del ejercicio o ejercicios anteriores.
4. Que los rendimientos netos mensuales del trabajador autónomo durante los dos trimestres fiscales anteriores a la solicitud de la prestación, por todas las actividades económicas, empresariales o profesionales que desarrolle, no alcancen la cuantía del salario mínimo interprofesional o el de la base por la que viniera cotizando, si esta fuera inferior.
5. Cumplir la empresa con las obligaciones laborales adquiridas como consecuencia de la adopción de medidas al amparo del Mecanismo RED y estar al corriente en el pago de salarios de los trabajadores.

C. Autónomos societarios, socios trabajadores de cooperativas de trabajo asociado o trabajadores autónomos que ejercen su actividad profesional de manera conjunta, cuyas empresas no tengan trabajadores asalariados

1. Que se produzca una reducción de ingresos ordinarios o ventas durante los dos trimestres fiscales previos a la solicitud presentados ante la Administración tributaria del 75 por ciento respecto de los registrados en los mismos periodos del ejercicio o ejercicios anteriores.

2. Que los rendimientos netos mensuales del trabajador autónomo durante los dos trimestres fiscales anteriores a la solicitud de la prestación, por todas las actividades económicas o profesionales que desarrolle, no alcancen la cuantía del salario mínimo interprofesional o el de la base por la que viniera cotizando, si esta fuera inferior.

D. TRADE. Los trabajadores autónomos económicamente dependientes podrán causar derecho a la prestación para la sostenibilidad de la actividad, siempre que:

1. No presten servicios en otras empresas y la empresa para la que preste servicios se haya acogido a alguna de las medidas del art. 47 bis ET.

2. Se produzca una reducción de ingresos ordinarios o ventas, durante los dos trimestres fiscales previos a la solicitud y presentados ante la Administración tributaria, del 50 por ciento respecto de los registrados en los mismos periodos del ejercicio o ejercicios anteriores.

3. Que los rendimientos netos mensuales por todas las actividades económicas o profesionales que desarrolle, durante dicho período, no alcancen la cuantía del SMI o el de la base por la que viniera cotizando, si esta fuera inferior.

4.15.2. Contenido de la protección

El sistema de protección para la sostenibilidad de la actividad comprende las siguientes prestaciones:

a) Prestación económica equivalente al 50% de la base reguladora del solicitante, siendo ésta la correspondiente a la base de cotización prevista en el tramo 3 de la tabla reducida aplicable a las personas trabajadoras autónomas.

b) El abono de las cuotas de Seguridad Social. La MCSS o el ISM abonará a la persona trabajadora autónoma el 50% de la cotización a la Seguridad Social al régimen correspondiente, calculada sobre la base reguladora de la prestación, siendo el trabajador el responsable de ingresar la totalidad —lo recibido de la entidad gestora y el otro 50%— de las cotizaciones a la Seguridad Social.

El acceso a la prestación para la sostenibilidad de la actividad no consumirá las cotizaciones realizadas por cese de actividad, ni se considerará como consumido a efectos de la duración en futuros accesos a la misma.

El tiempo de percepción de esta prestación tendrá la consideración de alta a efectos de poder acreditar el requisito exigido para causar derecho a la protección por cese de actividad (ex art. 330.1.a) LGSS), y las cotizaciones efectuadas durante su percepción se tendrán en cuenta para el reconocimiento de un derecho posterior.

4.15.3. Solicitud y nacimiento

Las personas trabajadoras autónomas podrán solicitar la prestación para la sostenibilidad de la actividad, dentro del plazo de quince días a contar desde el día siguiente a la recepción de la resolución de la Autoridad Laboral autorizando la adopción del mecanismo RED en su modalidad cíclica (art. 47 bis ET), ante la MCSS con la que tenga cubierta la protección de cese de actividad o el ISM, acompañando a la solicitud la documentación indicada en el apartado 15 de la D.A. 48ª LGSS para cada colectivo de trabajadores autónomos.

Presentada la solicitud, la MCSS o el ISM recabarán los datos necesarios de la empresa, del trabajador o de las administraciones públicas para comprobar la concurrencia de los requisitos exigidos, dando traslado de las resoluciones reconociendo la prestación a la ITSS.

Los efectos económicos de la prestación se producirán:

a) Para los trabajadores autónomos por su condición de socios de sociedades de capital, trabajadores de cooperativas de trabajo asociado o trabajadores autónomos que ejercen su actividad profesional conjuntamente cuyas empresas tengan trabajadores asalariados, desde la fecha de la solicitud. Si ésta se presenta transcurrido el plazo de quince días indicado, los efectos económicos se producirán a partir del día primero del mes siguiente a la solicitud.

b) Para los trabajadores autónomos, trabajadores autónomos por su condición de socios de sociedades de capital, trabajadores de cooperativas de trabajo asociado o trabajadores autónomos que ejercen su actividad profesional conjuntamente cuyas empresas no tengan trabajadores asalariados, los efectos económicos se producirán a partir del día primero del mes siguiente a la solicitud.

c) Para los trabajadores autónomos económicamente dependiente, los efectos económicos se producirán a partir del día primero del mes siguiente a la solicitud.

Las resoluciones de las entidades gestoras relativas al reconocimiento de esta prestación, así como al pago de las mismas, son impugnables ante la jurisdicción social, previa interposición de la preceptiva reclamación previa ante el órgano gestor. A tal efecto, éste habrá de indicar expresamente en sus resoluciones, la posibilidad de presentar reclamación, el órgano ante el que se debe interponer, así como el plazo para su interposición.

4.15.4. Duración

En los supuestos de trabajadores autónomos, trabajadores autónomos por su condición de socios de sociedades de capital, trabajadores de cooperativas de trabajo asociado o trabajadores autónomos que ejercen su actividad profesional conjuntamente, cuyas empresas tengan trabajadores asalariados, la duración de la prestación será de tres meses, con posibilidad de prórroga con carácter trimestral, sin que en ningún caso pueda exceder de un año, incluida la prórroga.

En el caso de trabajadores autónomos, trabajadores autónomos por su condición de socios de sociedades de capital, trabajadores de cooperativas de trabajo asociado o trabajadores autónomos que ejercen su actividad profesional conjuntamente cuyas empresas no tengan trabajadores asalariados, la duración de la prestación será la que figure en la solicitud sin que pueda exceder de seis meses. Excepcionalmente podrá otorgarse tres prórrogas de dos meses hasta un máximo de seis meses, de forma que en ningún caso esta prestación podrá tener una duración superior a un año.

4.15.5. Obligaciones de los beneficiarios

El trabajador autónomo beneficiario de esta prestación que cuente con trabajadores por cuenta ajena, deberá (i) incorporarse a la actividad cuando se acuerde el levantamiento de las medidas adoptada en el mecanismo RED, manteniéndose en el desarrollo de la misma, al menos seis meses consecutivos, así como (ii) al corriente en las cotizaciones a la Seguridad Social de los trabajadores de la empresa.

Por su parte, el beneficiario que no cuente con trabajadores por cuenta ajena, deberá incorporarse a la actividad cuando finalice el derecho a la prestación, y mantenerse en el desarrollo de la actividad al menos seis meses consecutivos.

Sin perjuicio de lo dispuesto en el art. 47.3 LISOS, en caso de que incumplimiento de estas obligaciones —o de los requisitos de acceso a la prestación— será aplicable para el reintegro de prestaciones indebidamente percibidas lo establecido en el art. 55 LGSS y en el art. 80 RGR, correspondiendo a la MCSS o al ISM la declaración como indebida de la prestación.

4.15.6. Suspensión de la prestación

El derecho al sistema de protección para la sostenibilidad de la actividad se suspenderá en los siguientes supuestos:

a) Durante el período que corresponda por imposición de sanción por infracción leve o grave, en los términos establecidos en la LISOS.

b) Durante el cumplimiento de condena que implique privación de libertad.

El derecho a la percepción se reanudará, a partir del término de la causa de suspensión, siempre que el interesado lo solicite en el plazo de los quince días siguientes, acreditando que ha finalizado la causa de suspensión y que mantiene los requisitos exigidos. En caso de presentarse la solicitud transcurrido dicho plazo, la reanudación de la percepción tendrá efectos del primer día del mes siguiente a la solicitud.

la viabilidad del proyecto, certificado de haber solicitado el ingreso en las cooperativas o sociedad laboral o el proyecto de estatutos de la sociedad.

4.15.7. Extinción de la prestación

El derecho a la prestación para la sostenibilidad de la actividad se extinguirá en los siguientes casos:

a) Causar derecho a una prestación del sistema de la Seguridad Social.

b) Transcurso del plazo previsto para la percepción de la prestación.

c) Aumento de los ingresos de la empresa o del trabajador autónomo por encima de los límites establecidos.

d) Causar baja en el RETA por cualquier motivo.

e) Por imposición de sanción, en los términos previstos en la LISOS.

f) Los trabajadores autónomos con trabajadores asalariados también verán extinguida su prestación, por los siguientes motivos:

1. Incumplimiento de las obligaciones adquiridas al adoptar el mecanismo RED.
2. Pérdida por la empresa de los beneficios en la cotización a la Seguridad Social aplicables al Mecanismo RED, como consecuencia de la aplicación de lo dispuesto en la D.A. 44 LGSS.

Las resoluciones de la MCSS o del ISM relativas a la suspensión o extinción de esta prestación, son impugnables ante la jurisdicción social, previa interposición de la preceptiva reclamación previa ante el órgano gestor. A tal efecto, éste habrá de indicar expresamente en sus resoluciones, la posibilidad de presentar reclamación, el órgano ante el que se debe interponer, así como el plazo para su interposición.

4.15.8. Incompatibilidades

Las personas trabajadoras no podrán percibir, de forma simultánea, prestaciones derivadas de dos o más Mecanismos RED de Flexibilidad y Estabilización del Empleo, ya sea como consecuencia del trabajo por cuenta propia como por el trabajo por cuenta ajena, en caso de concurrir el derecho a causar dos prestaciones podrá elegir la más beneficiosa.

El percibo de la prestación para la sostenibilidad de la actividad es incompatible con:

a) La percepción de una prestación de desempleo, de mecanismo RED, de cese de actividad, con la renta activa de inserción (RD 1369/2006, de 24 de noviembre), o con cualquier otra prestación del sistema de Seguridad Social, salvo que fueran compatibles con el trabajo. Así, el tiempo en que se perciba la prestación por incapacidad temporal se descontará del tiempo de acceso a la prestación para la sostenibilidad de la actividad.

De otro lado, en el supuesto de que el hecho causante de esta prestación se produzca cuando el trabajador autónomo se encuentre en situación de nacimiento, adopción, guarda con fines de adopción o acogimiento familiar, se seguirá percibiendo la prestación por nacimiento y cuidado de menor hasta que las mismas se extingan, en cuyo momento se pasará a percibir esta prestación, siempre que reúnan los requisitos legalmente establecidos.

Si, por el contrario, durante la percepción de la prestación para la sostenibilidad de la actividad, la persona beneficiaria se encontrase en situación de nacimiento, adopción, guarda con fines de adopción o acogimiento familiar, pasará a percibir la prestación por nacimiento y cuidado de menor. Una vez extinguida la prestación por nacimiento y cuidado de menor, el órgano gestor, de oficio, reanudará el abono de la prestación para la sostenibilidad de la actividad de las personas trabajadoras autónomas hasta el agotamiento del período de duración a que se tenga derecho.

b) Con otro trabajo por cuenta propia o por cuenta ajena, salvo cuando el trabajador autónomo se encuentre en situación de pluriactividad en el momento del hecho causante, supuesto en que será compatible con la percepción de la remuneración por el trabajo por cuenta ajena que se venía desarrollando, siempre y cuando de la suma de la retribución mensual media de los últimos cuatro meses inmediatamente anteriores al nacimiento del derecho y la prestación, resulte una cantidad media mensual inferior al importe del SMI vigente en el momento del nacimiento del derecho.

4.16. Prestación para la sostenibilidad de la actividad de las personas trabajadoras autónomas de un sector de actividad afectado por el Mecanismo RED de Flexibilidad y Estabilización del Empleo en su modalidad sectorial

Las personas trabajadoras autónomas que desarrollen su actividad en un sector afectado por el Acuerdo del Consejo de Ministros que active el Mecanismo RED en su modalidad sectorial (art. 47 bis ET), podrán causar derecho a la prestación para la sostenibilidad de la actividad, que se financia con cargo a la cotización por cese de actividad (D.A. 49ª LGSS).

4.16.1. Requisitos de acceso

Para tener derecho a la prestación para la sostenibilidad de la actividad, el trabajador autónomo ha de reunir los siguientes requisitos:

A. Comunes

1. Estar de alta en el régimen especial al que se encuentre adscrita la actividad.
2. Tener cubierto el período mínimo de cotización por cese de actividad

3. Estar al corriente en el pago de obligaciones tributarias y de Seguridad Social.

4. No prestar servicios por cuenta ajena o por cuenta propia en otra actividad no afectada por el mecanismo RED o, siéndolo, no haber adoptado las medidas previstas en el art. 47 bis ET salvo lo dispuesto en materia de incompatibilidades (vid. Infra).

5. No percibir una prestación de cese de actividad o para la sostenibilidad de la actividad.

6. Suscribir el compromiso de actividad ex art. 300 LGSS

7. No haber cumplido la edad ordinaria para causar derecho a la pensión contributiva de jubilación, salvo que el trabajador autónomo no tuviera acreditado el período de cotización requerido para ello.

B. Autónomos societarios, socios trabajadores de cooperativas de trabajo asociado o trabajadores autónomos que ejercen su actividad profesional de manera conjunta, y cuyas empresas tengan trabajadores asalariados

1. Resolución de la autoridad laboral autorizando la aplicación del mecanismo RED, en su modalidad sectorial, para los trabajadores de la empresa.

2. Que la adopción de las medidas del mecanismo RED afecte al 75 por ciento de la plantilla de la empresa.

3. Solicitar a la autoridad laboral su inclusión en las medidas del mecanismo RED en su modalidad sectorial

4. Que se produzca una reducción de ingresos ordinarios o ventas durante los dos trimestres fiscales previos a la solicitud, presentados ante la Administración tributaria, del 75 por ciento respecto de los registrados en los mismos periodos del ejercicio o ejercicios anteriores.

5. Que los rendimientos netos mensuales del trabajador autónomo durante los dos trimestres fiscales anteriores a la solicitud de la prestación, por todas las actividades económicas, empresariales o profesionales que desarrolle, no alcancen la cuantía del SMI o el de la base por la que viniera cotizando, si esta fuera inferior.

6. Cumplir la empresa con las obligaciones laborales adquiridas como consecuencia de la adopción de medidas al amparo del Me-

canismo RED y estar al corriente en el pago de salarios de los trabajadores.

7. Presentar a la entidad gestora de la prestación un proyecto de inversión y actividad a desarrollar.
8. Participar en el plan de recualificación presentado a la autoridad laboral para los trabajadores por cuenta ajena.

C. Autónomos societarios, socios trabajadores de cooperativas de trabajo asociado o trabajadores autónomos que ejercen su actividad profesional de manera conjunta, cuyas empresas no tengan trabajadores asalariados

1. Que se produzca una reducción de ingresos ordinarios o ventas durante los dos trimestres fiscales previos a la solicitud, presentados ante la Administración tributaria, del 75 por ciento respecto de los registrados en los mismos periodos del ejercicio o ejercicios anteriores.
2. Que los rendimientos netos mensuales del trabajador autónomo durante los dos trimestres fiscales anteriores a la solicitud de la prestación, por todas las actividades económicas o profesionales que desarrolle, no alcancen la cuantía del SMI o el de la base por la que viniera cotizando, si esta fuera inferior.
3. Presentar a la entidad gestora de la prestación un proyecto de inversión y actividad a desarrollar.
4. Participar en el plan de recualificación presentado a la autoridad laboral para los trabajadores por cuenta ajena.

D. TRADE. Los trabajadores autónomos económicamente dependientes podrán causar derecho a la prestación para la sostenibilidad de la actividad, siempre que:

1. No presten servicios en otras empresas y la empresa para la que preste servicios se haya acogido a alguna de las medidas del art. 47 bis ET.
2. estar incluido en el plan de recualificación de las personas afectadas que la empresa deberá presentar a la autoridad laboral de conformidad con lo dispuesto en el artículo 47 bis.3 ET.
3. Se produzca una reducción de ingresos ordinarios o ventas, durante los dos trimestres fiscales previos a la solicitud y presentados ante la Administración tributaria, del 50 por ciento respecto de

los registrados en los mismos periodos del ejercicio o ejercicios anteriores.

4. Que los rendimientos netos mensuales por todas las actividades económicas o profesionales que desarrolle, durante dicho período, no alcancen la cuantía del SMI o el de la base por la que viniera cotizando, si esta fuera inferior.

4.16.2. Contenido de la protección

El sistema de protección para la sostenibilidad de la actividad comprende las siguientes prestaciones:

1. Prestación económica de pago único, cuya base reguladora será el promedio de las bases de cotización de los doce meses continuados e inmediatamente anteriores al acuerdo del Consejo de Ministros.
   a) Para los autónomos societarios, socios trabajadores de cooperativas de trabajo asociado o trabajadores autónomos que ejercen su actividad profesional de manera conjunta, cuyas empresas tengan trabajadores asalariados, la cuantía de la prestación será el 70 por ciento de la base reguladora y su determinación estará vinculada al tiempo de duración del mecanismo RED y en ningún caso podrá exceder de la fijada en el art. 338.1 LGSS para la prestación por cese de actividad.
   b) Para los autónomos societarios, socios trabajadores de cooperativas de trabajo asociado o trabajadores autónomos que ejercen su actividad profesional de manera conjunta, cuyas empresas no tengan trabajadores asalariados, la cuantía de la prestación será el 70 por ciento de la base reguladora teniendo en cuenta los periodos de cotización de conformidad con lo previsto en el art. 338 LGSS para la prestación por cese de actividad.
2. El abono de las cuotas de Seguridad Social. La MCSS o el ISM abonará a la persona trabajadora autónoma el 50% de la cotización a la Seguridad Social al régimen correspondiente, calculada sobre la base reguladora de la prestación, siendo el trabajador el responsable de ingresar la totalidad —lo recibido de la entidad gestora y el otro 50%— de las cotizaciones a la Seguridad Social.

4.16.3. Solicitud y nacimiento

Las personas trabajadoras autónomas podrán solicitar la prestación para la sostenibilidad de la actividad, dentro del plazo de quince días a contar desde el día siguiente a la recepción de la resolución de la Autoridad Laboral autorizando la adopción del mecanismo RED en su modalidad sectorial (art. 47 bis ET), ante la Mutua colaboradora con la que tenga cubierta la protección de cese de actividad o el ISM, acompañando a la solicitud la documentación indicada en el apartado Once de la D.A. 49ª LGSS para cada colectivo de trabajadores autónomos.

Presentada la solicitud, la MCSS o el ISM recabarán los datos necesarios de la empresa o de las administraciones públicas para comprobar la concurrencia de los requisitos exigidos, dando traslado de las resoluciones reconociendo la prestación a la ITSS.

Los efectos económicos de la prestación se producirán:

1. Para los trabajadores autónomos por su condición de socios de sociedades de capital, trabajadores de cooperativas de trabajo asociado o trabajadores autónomos que ejercen su actividad profesional conjuntamente cuyas empresas tengan trabajadores asalariados, desde la fecha de la solicitud. Si ésta se presenta transcurrido el plazo de quince días indicado, los efectos económicos se producirán a partir del día primero del mes siguiente a la solicitud.

2. Para los trabajadores autónomos, trabajadores autónomos por su condición de socios de sociedades de capital, trabajadores de cooperativas de trabajo asociado o trabajadores autónomos que ejercen su actividad profesional conjuntamente cuyas empresas no tengan trabajadores asalariados, los efectos económicos se producirán desde la fecha de la solicitud.

3. Para los trabajadores autónomos económicamente dependiente, los efectos económicos se producirán desde la fecha de la solicitud.

Las resoluciones de la MCSS o el ISM relativas al reconocimiento de esta prestación, así como al pago de las mismas, son impugnables ante la jurisdicción social, previa interposición de la preceptiva reclamación previa ante el órgano gestor. A tal efecto, éste habrá de indicar expresamente en sus resoluciones, la posibilidad de presentar reclamación, el órgano ante el que se debe interponer, así como el plazo para su interposición.

4.16.4. Obligaciones de los beneficiarios

El trabajador autónomo beneficiario de esta prestación que cuente con trabajadores por cuenta ajena, deberá:

1. Cotizar el 50 por ciento por todas las contingencias, incluido el cese de actividad.
2. Incorporarse a la actividad cuando se acuerde el levantamiento de las medidas adoptada en el mecanismo RED, al menos a uno de los trabajadores de la empresa
3. Mantenerse en el desarrollo de la actividad, como mínimo, seis meses consecutivos
4. Mantenerse al corriente en las cotizaciones a la Seguridad Social, tanto de las propias como la de los trabajadores o asimilados de su empresa.
5. Invertir el importe de la prestación en una actividad económica o profesional como trabajadores autónomos o destinar el 100 por ciento de su importe a realizar una aportación al capital social de una entidad mercantil de nueva constitución o constituida en el plazo máximo de doce meses anteriores a la aportación, siempre que vayan a poseer el control efectivo de la misma, conforme a lo previsto en la LGSS y a ejercer en ella una actividad, encuadrados como trabajadores por cuenta propia en el régimen especial de la Seguridad Social correspondiente por razón de su actividad.

Sin perjuicio de lo dispuesto en el art. 47.3 LISOS, en caso de que incumplimiento de estas obligaciones —o de los requisitos de acceso a la prestación— será aplicable para el reintegro de prestaciones indebidamente percibidas lo establecido en el art. 55 LGSS y en el art. 80 RGR, correspondiendo a la MCSS o al ISM la declaración como indebida de la prestación.

4.16.5. Incompatibilidades

Las personas trabajadoras no podrán percibir, de forma simultánea, prestaciones derivadas de dos o más Mecanismos RED de Flexibilidad y Estabilización del Empleo, ya sea como consecuencia del trabajo por cuenta propia como por el trabajo por cuenta ajena, en caso de concurrir el derecho a causar dos prestaciones podrá elegir la más beneficiosa.

El percibo de la prestación para la sostenibilidad de la actividad es incompatible con:

1. La percepción de una prestación de desempleo, de mecanismo RED, de cese de actividad, con la renta activa de inserción (RD 1369/2006, de 24 de noviembre), o con cualquier otra prestación del sistema de Seguridad Social, salvo que fueran compatibles con el trabajo. Así, el tiempo en que se perciba la prestación por incapacidad temporal se descontará del tiempo de acceso a la prestación para la sostenibilidad de la actividad.

   De otro lado, en el supuesto de que el hecho causante de esta prestación se produzca cuando el trabajador autónomo se encuentre en situación de nacimiento, adopción, guarda con fines de adopción o acogimiento familiar, se seguirá percibiendo la prestación por nacimiento y cuidado de menor hasta que las mismas se extingan, en cuyo momento se pasará a percibir esta prestación, siempre que reúnan los requisitos legalmente establecidos.

   Si, por el contrario, durante la percepción de la prestación para la sostenibilidad de la actividad, la persona beneficiaria se encontrase en situación de nacimiento, adopción, guarda con fines de adopción o acogimiento familiar, pasará a percibir la prestación por nacimiento y cuidado de menor. Una vez extinguida la prestación por nacimiento y cuidado de menor, el órgano gestor, de oficio, reanudará el abono de la prestación para la sostenibilidad de la actividad de las personas trabajadoras autónomas hasta el agotamiento del período de duración a que se tenga derecho.

2. Con otro trabajo por cuenta propia o por cuenta ajena, salvo cuando el trabajador autónomo se encuentre en situación de pluriactividad en el momento del hecho causante, supuesto en que será compatible con la percepción de la remuneración por el trabajo por cuenta ajena que se venía desarrollando, siempre y cuando de la suma de la retribución mensual media de los últimos cuatro meses inmediatamente anteriores al nacimiento del derecho y la prestación, resulte una cantidad media mensual inferior al importe del SMI vigente en el momento del nacimiento del derecho.

Lección 4

Sistemas especiales del régimen general y otros regímenes especiales[1]

CARMEN TATAY PUCHADES
Profesora Titular de Derecho del Trabajo y de la Seguridad Social
Universitat de València

MARÍA JOSÉ ARADILLA MARQUÉS
Profesora Titular de Derecho del Trabajo y de la Seguridad Social
Universitat de València

ADORACIÓN GUAMÁN HERNÁNDEZ
Profesora Titular de Derecho del Trabajo y de la Seguridad Social
Universitat de València

1. SISTEMAS ESPECIALES DEL RÉGIMEN GENERAL

1.1. Introducción: las distintas peculiaridades del Régimen General

Las previsiones del RG no se aplican a todos los trabajadores incluidos en su ámbito de actuación. Y ello no sólo porque, según se ha reflejado en lecciones precedentes, tales reglas resultan desplazadas por otras que se predican de algún tipo de contrato laboral como el de trabajo a tiempo parcial, sino porque además el RG alberga numerosas particularidades que se anudan a muy distintos colectivos incluidos en el mismo (art. 136.2 LGSS).

En ocasiones se trata de sujetos que se han integrado en ese régimen mediante la técnica de la asimilación a "trabajador por cuenta ajena". De modo que la norma que ha determinado la asimilación puede haber salvado alguna singularidad para los mismos. Así sucede, entre otros ejemplos: con los administradores ejecutivos de sociedades capitalistas sin control sobre las mismas; los socios trabajadores de cooperativas de trabajo asociado que optan por el RG; los clérigos de la Iglesia Católica o

1 Autoría: Sistemas especiales y RE Estudiantes, Carmen TATAY PUCHADES; RE Trabajadores del Mar, María José ARADILLA MARQUÉS; RE de la Minería del carbón, Adoración GUAMÁN HERNÁNDEZ.

Ministros de otras Iglesias y Confesiones; y las personas que realizan prácticas formativas o prácticas académicas externas externas (DA 52ª LGSS). Y algo similar ocurre con muchos funcionarios, bien porque desde un principio se han declarado expresamente comprendidos en el ámbito de aplicación del RG, o bien porque, habiendo gozado de un régimen especial, han sido abocados al RG (RD 480/1993, 2 de abril y RDL 13/2010, 3 de diciembre).

En cambio, otras veces las peculiaridades giran alrededor de trabajadores por cuenta ajena que, desde antiguos regímenes especiales de Seguridad Social, pasaron a integrase —tras la Ley 26/1985, 31 de julio— en el RG, aunque sin utilizar, a esos efectos, el nombre de "sistema especial". Es el caso de los trabajadores ferroviarios, jugadores de fútbol, representantes de comercio, toreros y artistas (RD 2621/1986, 24 de diciembre, O 20 julio 1987 y O 30 noviembre 1987), cuyas particularidades siguen salvándose por normas posteriores (art. 43.1.1 y DT 2ª RDA, arts. 30 a 34 RGCL, art. 56.1.a RGR), incluidas LPGE y las Órdenes anuales de cotización. Así, para el ejercicio 2024, ante la prórroga de la LPGE para el año 2023 y algunas previsiones contenidas en el RDL 8/2023, de 23 de diciembre, en materia de cotización debe estarse a la Orden PJC/51/2024, de 29 de enero —modificada, tras la subida del SMI, por Orden PJC/281/2024, de 27 demarzo—, por la que se desarrollan las normas legales de cotización a la Seguridad Social, desempleo, protección por cese de actividad, Fondo de Garantía Salarial y Formación Profesional durante este ejercicio (Orden de cotización, a partir de ahora).

Y, en fin, otras singularidades igualmente afectan a trabajadores por cuenta ajena, pero quedan expresamente arropadas bajo el calificativo de "sistema especial" del RG. Tanto si se trata de sistemas especiales que proceden de bien antiguo, donde se acuñaron con ese "nomen iuris", como si resultan de más tardía instauración y cubren a colectivos que se hallaron comprendidos en regímenes especiales de Seguridad Social hasta que, a partir de 1 de enero de 2012, se declararon incluidos en el RG utilizando esa denominación. Y precisamente sólo de los sistemas especiales "de iure" tratan las páginas que siguen.

1.2. Sistemas especiales que proceden del pasado

La LBSS previó la posibilidad de fijar reglas peculiares en el RG en "materia de encuadramiento, afiliación y cotización", en virtud de los que se denominaron como "sistemas especiales" (párrafo 12, Base 3ª LBSS). Y ello para aquellos trabajadores ocupados en ciertas "ramas" de la industria en las que concurría una gran "eventualidad" de los trabajos o una "variable dedicación a los mismos" y que ya no requerían de un régimen especial que limitara el alcance de su acción protectora, puesto que las anteriores restricciones que les deparaba el "Seguro de Desempleo" (art. 4 Ley 62/1961, 22 de julio), pasaron a convertirse en una particularidad dentro de la "Acción Protectora" del RG (TATAY PUCHADES, C., 2002).

De modo que, atendiendo a la estructura diseñada por la LBSS, tanto su primer Texto articulado, como los posteriores Textos refundidos de la Ley General de la Seguridad Social no sólo diferenciaron entre un RG y diversos Regímenes Especiales de Seguridad Social (arts. 9 y 10 LSS/1966, LGSS/1974 y LGSS/1994), sino que igualmente previeron que "En aquellos Regímenes de la Seguridad Social en que así resulte necesario, podrán establecerse sistemas especiales exclusivamente en alguna o algunas de las siguientes materias: encuadramiento, afiliación, forma de cotización o recaudación" (art. 11 LSS/1966, LGSS/1974 y LGSS/1994). Y tales previsiones dieron cobijo a los sistemas especiales tradicionales del RG, que fundamentalmente persiguieron adecuar las reglas que, en el pasado, determinaban la obligación de cotizar a unos trabajos intermitentes o discontinuos que generalmente giraban alrededor de temporadas o campañas.

Así, algunos sistemas especiales del RG simplemente pretendieron favorecer una cotización referida a días intermitentes o discontinuos de trabajo en el mes. Y, a esos efectos, introdujeron peculiaridades relacionadas con el "alta" y la "baja" de los trabajadores porque los plazos y la forma previstos para su tramitación obstaculizaban cualquier comunicación sucesiva de altas y bajas que permitiera una cotización ajustada a los días trabajados. De hecho, a nivel reglamentario, se determinó que a través de los "sistemas especiales" podía aprobarse "un procedimiento de encuadramiento" que permitiera sustituir "el normal de vinculación estable a una empresa", fijando "los plazos y la forma que hayan de observarse para comunicar las altas, bajas y demás variaciones de los trabajadores" (art. 77.1 O 28 diciembre 1966).

En cambio, otros sistemas especiales del RG o bien introdujeron peculiaridades para determinar la cuantía de la cotización porque en ocasiones el salario no se determinaba por unidades de tiempo, sino que se percibía "a destajo" o "a la parte", o bien modularon la "recaudación" de las cuotas porque a veces la retribución no se abonaba mensualmente sino al final de "campaña". De ahí que, también a nivel reglamentario, se indicó que mediante los sistemas especiales cabía determinar "la cuantía de la cotización mediante una forma de estimación que aplique a las peculiaridades de la actividad… las normas comunes del Régimen General en materia de tipos, bases…, y duración de la obligación de cotizar", así como el "procedimiento pertinente para que la recaudación se efectúe en función de las unidades producidas o vendidas, o de cualquier otro módulo" (art. 77.1 O. 28 diciembre 1966). Aunque para evitar que por la vía de los sistemas especiales se señalaran diferencias sustanciales con las previsiones del RG, se fijaron algunas acotaciones. Entre otras, que la determinación de la cotización debía arrojar "una cuantía que sea sensiblemente la misma que correspondería de no existir el sistema especial; manteniéndose siempre la coincidencia entre períodos de cotización y de protección, y entre el importe global de aquélla y el volumen y composición del colectivo correspondiente" y que "la cuantía de la cuota" debía adaptarse a las "modificaciones" producidas en los datos que sirvieron para fijarla, así como a revisarla "necesariamente" cuando hubiera "variaciones en los tipos y bases" del RG (art. 77.2 O. 28 diciembre 1966).

En todo caso, algunas previsiones contenidas en las antiguas Órdenes Ministeriales que todavía regulan distintos sistemas especiales del RG, se han visto implícitamente desplazadas. Ciertamente, éstas normalmente preveían una inscripción del empresario específica (con determinadas siglas) o independiente de la que, en su caso, procediera por razón de otros trabajadores integrados en el RG. Se trata de una singularidad que dejó de aplicarse cuando el número de inscripción fue reemplazado por el "código cuenta de cotización". Pues, de conformidad con el art. 13.3 RDA, el número único de inscripción que se asigne al empresario se considerará el "primero y principal código de cuenta de cotización", pero sin perjuicio de otras "cuentas de cotización" secundarias que, en su caso, se le asignen por razón, por ejemplo, de trabajadores incluidos en sistemas especiales del RG.

Asimismo las funciones que en el pasado y hasta que la "Organización Sindical" obligatoria quedó extinguida, desempeñaron tanto el "Sindicato Provincial de Frutos y Productos Hortícolas" como el "Sindicato Provincial de Hostelería" en el ámbito de algunos sistemas especiales fue asumida por distintas Asociaciones Empresariales o Profesionales. En efecto, en virtud conciertos celebrados al efecto y a cambio de un "premio gestión", dichas asociaciones a lo largo de muchos años no sólo han ido tramitando, en nombre de sus asociados, la inscripción de empresas y la afiliación, altas y bajas de los trabajadores, sino que también han actuado como colaboradoras en la gestión recaudatoria, ingresando a favor de la TGSS y durante "el segundo mes" siguiente al de su devengo, las cuotas previamente recibidas de los empresarios asociados que optaban por esta vía para el pago[2]. De modo que si, con alcance general, el art. 56.2 RGR señala que el "'Director General de la TGSS' podrá autorizar que se efectúe el pago de las cuotas correspondientes en plazos reglamentarios distintos a los establecidos con carácter general", más en particular, en su desarrollo, la DT 2ª.2 Orden TAS/1562/2005, matizaba, para las empresas de los Sistemas Especiales de Frutas y Hortalizas, de la Industria de Conservas Vegetales y para las Tareas de Manipulado y Empaquetado de Tomate Fresco del RG, que podían pagar sus cuotas a través de las asociaciones empresariales a las que pertenecían, para su ingreso por éstas dentro del segundo mes siguiente al de su devengo. Sin embargo, tal posibilidad dejó de ser viable desde 1 de enero de 2021[3].

Por lo demás, el actual art. 11 LGSS se limita a reproducir el tenor de los preceptos anteriores cuando dispone que "en aquellos Regímenes de la Seguridad Social en que así resulte necesario, podrán establecerse sistemas especiales en alguna o algunas de las siguientes materias: encuadramiento, afiliación, forma de cotización o recaudación". E igualmente el art. 43.3 RDA simplemente indica que "La afiliación, altas, bajas y variaciones de datos relativas a trabajadores incluidos en los Sistemas Especiales de los distintos Regímenes de la Seguridad Social se sujetarán a las formalidades, plazos y demás condiciones establecidas por sus normas específicas", mientras que la DT 2ª del mismo reglamento remite a "los plazos establecidos" en las "normas específicas" de los sistemas especiales del RG cuando ante ellos excluye la aplicación de "los artículos 27, en su aparta do 2, y 32, en su apartado 3.1°, de este Reglamento, respecto de los plazos para solicitar la afiliación y altas iniciales o sucesivas". O, en fin, también el art. 72.1 RGCL

---

2 Aunque esta posibilidad inicialmente se prescribió sólo para las cuotas devengadas "hasta el 31 de diciembre de 1997" (DT 2ª OM 22 febrero 1996), no obstante, el término inicialmente previsto fue sucesivamente ampliado,"hasta la fecha que determine el Secretario de Estado de la Seguridad Social (DT 2ª OM 29 mayo 1999).

3 Ciertamente, a partir de entonces se determinó que "la liquidación y recaudación de las cuotas de la Seguridad Social y por conceptos de recaudación conjunta de las referidas empresas, incluidas las posibles cuotas complementarias correspondientes a períodos anteriores a esa fecha" pasaría a efectuarse en el mismo plazo que el previstos con carácter general para el RG, aunque "sin perjuicio de que las respectivas asociaciones empresariales puedan actuar como autorizadas de aquellas en el Sistema de remisión electrónica de datos en el ámbito de la Seguridad Social (Sistema RED)" (Resolución de 21 de diciembre de 2020 de la TGSS por la que se determina la finalización del ingreso diferido de la cotización a que se refiere el apartado 2 de la disposición transitoria segunda de la Orden TAS/1562/2005).

sigue apegado a las previsiones del pasado cuando a autoriza al entonces "Ministerio de Trabajo" para establecer "sistemas especiales en cuanto a la forma de cotización" en "aquellos Regímenes de la Seguridad Social en que así resulte necesario" y ordena un par de principios para su regulación. A saber, que "la cuantía de la cotización" se determinará mediante "una forma de estimación que aplique a las peculiaridades de la actividad... las normas comunes del Régimen de que se trate en materia de tipos, bases de cotización, y duración de la obligación de cotizar", de forma que resulte una cantidad "que sea sensiblemente la misma que correspondería de no existir el sistema especial", a no ser que "deba ser superior", "manteniéndose siempre la coincidencia entre períodos de cotización y de protección"; y que "la cuantía de la cuota" deberá adaptarse a las "modificaciones" producidas en los datos que sirvieron para fijarla, teniéndose que revisar "necesariamente" cuando se efectúen "variaciones en los tipos y bases" aplicables al régimen de que se trate (art. 72.2 RGCL).

Ahora bien, no sólo se ha denunciado que las antiguas Órdenes Ministeriales que aún regulan los sistemas especiales del RG utilizan con frecuencia calificativos desfasados o inapropiados para designar a los trabajadores incluidos en sus ámbitos de aplicación (GARCÍA ORTEGA, J., 1990), sino que también se ha echado de menos una reflexión que valore si, en realidad, muchos de esos sistemas especiales siguen siendo "necesarios" (TATAY PUCHADES, C. 2002). Y esto último, al menos, por tres motivos. Primero, por haber desaparecido los obstáculos para cotizar por días intermitentes o discontinuos de trabajo en el mes, debido a las reglas que han ido introduciéndose para cotizar por razón de trabajadores con contrato a tiempo parcial vertical. Segundo, por los cambios relativos a los plazos para la tramitación de las altas y bajas de los trabajadores y, sobre todo, a la utilización de procedimientos telemáticos para dicha tramitación. Y, tercero, porque se constata que en algunos sectores en los que el salario venía determinándose "a destajo", este modo de remuneración ha ido sustituyéndose por otro que fija la retribución en atención al tiempo trabajado.

De hecho, tanto en el Informe de evaluación y reforma del Pacto de Toledo de 2011, como en la última renovación de dicho pacto de 2020, la Comisión consideró "que debe analizarse la regulación actual de estos sistemas especiales para verificar si siguen manteniéndose las razones y circunstancias que motivaron su establecimiento y, en su caso, proceder a su paulatina reordenación y simplificación".

Mientras tanto, los sistemas especiales del RG que proceden del pasado son, enumerándolos desde los que cuentan con una regulación más antigua a una más moderna:

1.2.1. Sistema especial para la industria resinera

Este sistema especial se aprobó por Orden de 3 de septiembre de 1973 para las empresas dedicadas a la explotación de pinares para la obtención de mieras y los trabajadores del monte, resineros y remasadores al servicio de las mismas. Con su establecimiento quisieron superarse las dificultades que, a efectos de cotización, representaba la remuneración "a destajo" y, generalmente, liquidada a final de "campaña" —sin perjuicio de previos pagos a cuenta—, que, para los citados trabajadores, fijaba la antigua Reglamentación de Trabajo de la Industria Resinera de 14 de julio de 1947. De ahí que se arbitraran un par de reglas.

Por un lado, los días que se consideran en alta y por los que se debe cotizar, se calculan a partir del "número de pinos en resinación" asignado a los trabajadores que constituyan "la 'mata' media normal... en cada provincia". De forma que si el trabajador resina la totalidad de los pinos que constituyen esa "mata", se entiende que está 260 días en alta; mientras que si no es titular de la "mata" media normal, entonces los días de permanencia en alta se reducen en proporción a los pinos que realmente se le asignen. Pero, en ambos casos, los días resultantes no pueden superar la duración señalada para los resineros y remasadores "en sus respectivas campañas" (art. 5 O 3 septiembre 1973).

Y, por otro lado, para liquidar las cuotas, se realizan unos ingresos mensuales a cuenta, determinados a partir de "las bases mínimas de cotización vigentes para el grupo de la categoría profesional de cada trabajador", y, después, se efectúa un ingreso único al final de la campaña para regularizar el total de la cotización (art. 6.2 O 3 septiembre 1973).

Ahora bien, en la medida en que la retribución de los trabajadores de la industria resinera va dejando de fijarse "a destajo" (por Kilo de miera) para determinarse por unidad de tiempo, este sistema especial ha ido perdiendo su razón de ser. De hecho, en algunas zonas de España en las que gozaba de implantación, se ha producido una notable disminución del número de trabajadores incluidos en el mismo (CONCEPCIÓN SEVILLANO, J.L., 1995). Y ello aunque en algunos casos su mantenimiento podría beneficiar a los trabajadores, pues si los días que, en atención a los pinos, se consideraran de "alta" excedieran de los días de trabajo efectivo —aunque sin exceder de los días de campaña—, entonces, no sólo debería cotizarse por los primeros, sino que después éstos computarían como días cotizados a efectos de causar las prestaciones de Seguridad Social.

1.2.2. Sistema especial para servicios extraordinarios de hostelería, cafés, bares y semejantes

Este sistema especial se reguló por Orden de 10 de septiembre de 1973 para quienes realizaran "los servicios extraordinarios previstos en el artículo 77 de la Reglamentación Nacional de Trabajo en la Industria de Hostelería, Cafés, Bares y similares, de 30 de mayo de 1944", con un ámbito de actuación inicialmente limitado a las "provincias de Barcelona y Madrid" (DF 1ª O 10 septiembre 1973), aunque sólo llegó a implantarse en esta última. Si bien, a efectos de la inclusión en el sistema especial, no bastaba con realizar los apuntados "servicios extraordinarios", sino que éstos debían prestarse "de forma habitual". Entendiéndose que esa habitualidad concurre desde que, al menos, se efectúen "treinta" servicios extraordinarios dentro del trimestre natural anterior, salvo que se trate del primero de cada año, porque entonces resulta suficiente con ejecutar "quince" servicios. De forma que, de no existir esa "habitualidad", procede la baja del sistema especial y el trabajador se rige por las normas comunes del RG (art. 1.2 O 10 septiembre 1973).

En todo caso, a través de este sistema especial no sólo intentaron adecuarse las reglas del RG a un trabajo de ejecución incierta e intermitente, pero denotativo de una mínima habitualidad, sino también a un trabajo que podía realizarse a favor de varios empleadores, aunque, con el tiempo, se haya dado entrada a las Empresas de Trabajo Temporal (Res. DGOSS 22 marzo 1999). De ahí que, en sustitución de los trámites de "alta" y "baja", siga disponiéndose que en el documento que porta el trabajador acreditando su inclusión en el censo correspondiente y que debe presentar el empresario, éste efectuará un diligenciado para hacer constar cada servicio extraordinario que aquél le ha prestado, devolviendo dicho documento al trabajador a la terminación del servicio (arts. 4 y 5.2 O 10 septiembre 1973). Además el trabajador también se halla obligado a comunicar, dentro de los primeros cinco días naturales de cada mes, los servicios prestados en el mes inmediatamente anterior (art. 8 O 10 septiembre 1973).

Ahora bien, si la realización de servicios extraordinarios alcanza tal asiduidad que convierte lo extraordinario en ordinario, o si el destinatario es un mismo empresario (incluido una ETT), entonces deja de estar justificada la inclusión de los trabajadores en el "sistema especial". Y ello a pesar de que la pertenencia al mismo puede resultar beneficiosa para los trabajadores, puesto que "cada servicio" que realicen, se considera como "un día de cotización" a efectos de prestaciones, incluso cuando en un mismo día hayan prestado más de un servicio (art. 1.3 O 10 septiembre 1973).

1.2.3. Sistema especial para las tareas de manipulado y empaquetado de tomate fresco realizadas por cosecheros exportadores

Este sistema especial se reguló por Orden de 24 de julio de 1976 para los trabajadores "eventuales" o "de temporada" que se dedicaran exclusivamente a la manipulación y empaquetado de tomate fresco con destino a la exportación dentro de la correspondiente "campaña", siempre que prestaran sus servicios a "empresarios cosecheros-exportadores" de dicho fruto (arts. 2 y 3 O 24 julio 1976). Entendiéndose que reúnen esta última condición "las personas naturales o jurídicas que realicen sucesivamente y por sí mismas" todo el ciclo de "producción", "comercialización" y "exportación" del tomate fresco (art. 2.2.2 O 24 julio 1976), pero también las "Cooperativas, Sociedades Agrarias de Transformación Agraria y cualquier otra fórmula societaria" que sólo se ocupen de la "comercialización y exportación de tomate fresco" siempre que estas labores recaigan sobre "productos obtenidos directamente en las explotaciones agrarias de los cooperativistas o socios" (art. único O 9 diciembre 1994).

Con el establecimiento de este sistema especial se intentó paliar el inconveniente que, a efectos de cotización, representaba una retribución que venía determinándose en régimen de explotación "a la parte". De ahí que la cuota empresarial por contingencias comunes se cifrara en "una cuota por kilogramo de tomate fresco empaquetado durante el período de que se trate" (art. 6.2 O 24 julio 1976). Cuantía que ya comprende la parte correspondiente a la retribución por el trabajo que exceda del ordinario, eximiéndose al empresario de la "cotización adicional por horas extraordinarias" (STS 9/11/1996, Recud. 2871/1993, que reitera doctrina). Y aunque las "bases" mínimas y máximas y los "tipos" de cotización del RG, deberían haber sido un punto de referencia para determinar "antes de 1 de octubre de cada año" el valor de la "cuota por kilogramo de tomate fresco empaquetado", sólo tardíamente comenzó a actualizarse su valor, utilizando a esos efectos las Órdenes anuales de cotización.

Es más, con posterioridad, se consideró urgente modificar este "sistema privilegiado de cotización", entendiendo que era "claramente deficitario" y que "carece ya de justificación" (Exp. Motivos RDL 28/2018). Y, apostando por suprimir las cuotas por tonelada de tomate fresco empaquetado, desde el ejercicio 2019 ya se determinó que la cotización se realizaría conforme a lo establecido en el RG y mediante el sistema de liquidación directo de las cuotas (DA 4ª. 1 RDL 28/2018). Pero previéndose una reducción y bonificación de la cuota empresarial por contingencias comunes, que irían reduciéndose progresivamente en sucesivas Leyes de PGE hasta su eliminación. Así, para el año 2024 y a falta de LPGE, sigue estableciéndose "una reducción del 50 por ciento y una bonificación del 7,50 por ciento en la aportación empresarial a la cotización por contingencias comunes" (art. 13 Orden de cotización). De modo que, cuando tales beneficios dejen de aplicarse, entonces los empresarios incluidos en este sistema especial que también sean productores del mismo tomate fresco destinado a la exportación, se integrarán en otro sistema especial: el SEARG (DA 4ª.2 RDL 28/2018).

Por otro lado, se ha entendido que a los trabajadores incluidos en este sistema especial no se les aplican las reglas propias de los sistemas especiales de frutas y hortalizas e industria de conservas vegetales —que se apuntan después—, y que permiten computar como períodos cotizados las partes proporcionales de descansos, festivos y vacaciones. Y ello, más concretamente, se ha interpretado a efectos de fijar la duración de sus prestaciones por desempleo (STS 21/04/2016; Recud. 3218/2014).

1.2.4. Sistema especial para trabajadores fijos discontinuos que prestan sus servicios en las empresas de exhibición cinematográfica, salas de baile, discotecas y salas de fiestas

Este sistema especial se reguló por Orden de 17 de junio de 1980 para "las empresas de exhibición cinematográfica, salas de baile, discotecas, salas de fiesta y otros locales de espectáculos análogos, respecto al personal de su plantilla que no trabaje todos los días de la semana" (art. 1 O 17 junio 1980). Aunque después su ámbito de actuación fue extendiéndose a otros sectores a través de sucesivas Resoluciones: a los "trabajadores fijos discontinuos" que prestan servicios en las "salas de bingo" (Res. DGRJSS 25 junio 1981); al "personal fijo de plantilla" de las empresas de espectáculos taurinos "que no trabaje todos los días de la semana" (Res. 24 octubre 1985); y, en fin, al "personal fijo de plantilla" de las empresas que regentan las cantinas de los estadios de fútbol u otros locales de espectáculos deportivos "que no trabaje todos los días de la semana" (Res. 24 marzo 1988). Pero quedan fuera del sistema especial tanto los trabajadores contratados temporalmente por las citadas "empresas de exhibición cinematográfica, salas de baile, discotecas y salas de fiestas", "salas de bingo" u otras análogas, como los trabajadores de Empresas de Trabajo Temporal que sean cedidos temporalmente a las primeras (Res. DGOSS 22 marzo 1999).

Con el establecimiento de este sistema especial se intentó adecuar las normas que en el RG vinculaban el mantenimiento de la obligación de cotizar a todos los días de alta del mes, a un trabajo discontinuo y, en ocasiones, de ejecución irregular. De ahí que se estableciera la obligación del empresario de presentar "durante los cinco primeros días naturales de cada mes, un parte de alta" con una "relación nominal de los trabajadores" que no vayan a trabajar todos los días de la semana, haciendo constar los "días fijos de trabajo de cada semana en dicho período" (art. 2 O 17 junio 1980), a fin de poder cotizar por esos días, aunque sin despreciar las partes proporcionales al descanso retribuido o a las correspondientes gratificaciones extraordinarias (Circular nº 2-058, 22 diciembre de 1980). Es más, como en ese parte mensual y conjunto no pueden figurar los trabajadores que ingresen al servicio de las empresas con posterioridad a su presentación, entonces las "altas" de éstos se rigen por los criterios comunes del RG, al igual que las "bajas" finales de todos los trabajadores (art. 2 O 17 junio 1980).

Asimismo algunas previsiones de este sistema especial abordan la situación de "pluriempleo", aunque en lugar de distribuir —según los criterios comunes— los límites máximo y mínimo de las "bases" de cotización en atención a la "retribución" devengada en cada empresa, la proporción tiene en cuenta los "días" o las "horas" de trabajo. Más concretamente, se establecen tres reglas.

En primer lugar, y ante la posibilidad de realizar "jornada completa" (probablemente se piensa en jornada "diaria") en una empresa afectada por el "sistema especial" y además prestar servicios "de carácter continuo y a jornada completa" en otra empresa de actividad distinta, se dispone que mientras la última empresa deberá cotizar conforme a bases de cotización íntegras —y, por tanto, comprendidas entre los límites máximo y mínimo que corresponda a los trabajadores del RG—, en cambio, la empresa incluida en el "sistema especial" tendrá que respetar iguales topes pero referidos únicamente a "los días de trabajo declarados" (art. 3.1º O 17 junio 1980).

En segundo lugar, se prescribe que si los trabajadores cumplen una "jornada completa discontinua" en varias empresas afectadas por el "sistema especial", en tal caso, "los topes mensuales máximo y mínimo de cotización vigentes en cada momento para las situaciones de pluriempleo se distribuirán entre distintas empresas, en proporción al número de días trabajados en cada una a lo largo del mes" (art. 3.3º O 17 junio 1980).

Y, en tercer lugar, se indica que si se realiza "jornada reducida" en una empresa afectada por el "sistema especial" y, a la vez, se prestan servicios de "carácter continuo y a jornada completa" en otra empresa de actividad diferente, entonces la primera empresa sólo cotizará "por la parte proporcional correspondiente a las horas de trabajo", y la segunda se ajustará a las cuantías de las bases de cotización del RG (art. 3.2° O 17 junio 1980).

1.2.5. Sistema especial para los trabajadores fijos discontinuos que prestan servicios de estudio de mercado y opinión pública

Este sistema especial se reguló por Orden de 6 de noviembre de 1989 para los "trabajadores fijos discontinuos que realicen tareas de encuestación" en "Empresas de Estudio de Mercados y Opinión Pública" (art. 1 O 6 noviembre 1989). Y ello como consecuencia del primer "Acuerdo Colectivo para las Empresas de Estudio de Mercados y Opinión Pública y sus encuestadores" (Res. 23 mayo 1988). Pero mientras que el citado Acuerdo diferenció entre tres tipos de trabajadores: los "fijos", los "fijos discontinuos" y los temporales "contratados mediante contrato por obra"; en cambio, el "sistema especial" únicamente afectó a los "trabajadores fijos discontinuos que realicen tareas de encuestación" (art. 1 O 6 noviembre 1989) y no a cualesquiera otros que se regirían por las normas comunes del RG. No obstante, algunos de los trabajadores que, conforme el apuntado Acuerdo, se consideraron "fijos discontinuos", no siempre cumplieron el presupuesto fáctico para poder subsumirse en el tipo legal del apuntado contrato[4].

En todo caso, a través del "sistema especial de inscripción de empresas y de afiliación, altas, y bajas para los trabajadores fijos discontinuos que prestan servicios de estudio de mercado y opinión pública, y regula peculiaridades en orden a determinadas prestaciones" fundamentalmente se buscó que la cotización pudiera ajustarse a días discontinuos de trabajo en el mes y cuya realización podía ser incierta "a priori". De ahí que, junto al

---

[4] Más concretamente, se permitió que quienes "venían ejecutando entrevistas" manifestaran durante el mes siguiente a la publicación del Acuerdo, su deseo expreso de suscribir con las empresas un contrato como encuestadores con "carácter de fijos discontinuos" con la única condición de haber percibido durante el año 1986 un determinado volumen de ingresos. Evidentemente, ese dato podía revelar un trabajo fijo discontinuo ejecutado de forma cíclica, pero también podía desvelar una prestación de servicios temporal, o una simple jornada inferior a los dos tercios de la habitual en la actividad, propia del, por esa época, contrato de trabajo a tiempo parcial.

"alta" y "baja" por inicio o fin de la relación laboral —cuya tramitación se ajusta a las reglas comunes del RG—, los empresarios deben presentar "a posteriori" y "dentro de los diez primeros días de cada mes, una relación nominal de sus trabajadores fijos discontinuos... con indicación de los días en que han prestado servicios durante el mes anterior y el total de los días trabajados en el mismo" (art. 3 O 6 noviembre 1989). En cambio, la previsión relativa a la "inscripción" del empresario "independiente de la que tenga formulada o deba formular" por razón de otros sujetos incluidos en el RG (párrafo 2°, art. 2 O 6 noviembre 1989), actualmente simplemente supone la asignación de un específico "código cuenta de cotización".

No obstante, este "sistema especial" contiene algunas matizaciones al hilo de un par de prestaciones de Seguridad Social. Así, a propósito de la "asistencia sanitaria" se determina —ya innecesariamente— que "durante los días en que no presten servicios efectivos en la empresa", los trabajadores permanecerán "en situación asimilada a la de alta" (art. 4.1 O 6 noviembre 1989). Mientras que al hilo de la entonces "incapacidad laboral transitoria" (hoy incapacidad temporal), se formulan dos matizaciones:

1) que "*si al inicio de una nueva fase de actividad*" el trabajador se hallara en dicha situación, en tal caso "*el empresario le incluirá en la relación nominal... haciendo constar esta circunstancia, y reiniciará sus obligaciones en materia de cotización y colaboración*" (párrafo 2°, apartado 3, art. 4 O 6 noviembre 1989);

2) y que "*si encontrándose el trabajador en situación legal de incapacidad laboral transitoria se interrumpiese o finalizase la actividad intermitente o de temporada de la Empresa*", en este supuesto, "*seguirá percibiendo la prestación en las mismas condiciones en que venía recibiéndola, excepto en lo que se refiere a su sistema de abono que pasará a ser efectuado en régimen de pago directo por la propia Entidad Gestora*" (párrafo 1°, apartado 3, art. 4 O 6 noviembre 1989). Aunque si la incapacidad temporal derivara de contingencias comunes, probablemente esa previsión podría ceder a favor de la regla dispuesta por el art. 283.1 LGSS para la extinción del contrato de quien se halla percibiendo prestación por incapacidad temporal, cuya cuantía pasa a determinarse como si se tratara de una prestación por desempleo.

Y, en fin, lógicamente ha perdido virtualidad la prescripción relativa al "*pago delegado*" de la entonces prestación contributiva consistente en una "*asignación periódica por hijos a cargo*" (apartado 2, art. 4 O 6 noviembre 1989).

1.2.6. Sistemas especiales de frutas y hortalizas e industria de conservas vegetales

Estos sistemas especiales se regularon por la Orden de 30 de mayo de 1991 que vino a unificar dos sistemas especiales anteriores, afectando a "las Empresas dedicadas a las actividades de manipulación, envasado y comercialización de frutas y hortalizas y de fabricación de conservas vegetales" (art. 1 O 30 mayo 1991), cuya ejecución se organiza en "campañas" (art. 4 O 30 mayo 1991), así como a los trabajadores empleados por las mismas "cualquiera que sea la duración de sus contratos laborales" siempre que realicen las apuntadas actividades "de manera intermitente o cíclica" (art. 2 O 30 mayo 1991). Si bien las empresas pueden "renunciar a la aplicación de las normas previstas" para los "sistemas especiales de frutas y hortalizas e industria de conservas vegetales" y acogerse a las disposiciones comunes del RG (DA O 30 mayo 1991).

Mediante el establecimiento de los "sistemas especiales de frutas y hortalizas e industria de conservas vegetales" se intentó permitir una cotización por días discontinuos de trabajo en el mes y de ejecución incierta "a priori", adecuando a esos efectos los trámites de "altas" y "bajas" de los trabajadores. De modo que, además de su "alta" inicial y su "baja" final, el empresario debe comunicar "las altas y bajas sucesivas intermedias" antes de que finalice el mes siguiente al que éstas hayan tenido lugar (art. 5.4 O 30 mayo 1991). Asimismo tiene que llevar un "Libro de Anotaciones diarias" de esas altas y bajas sucesivas, al objeto de que pueda ejercerse un control sobre el cumplimiento de sus obligaciones de Seguridad Social (art. 5.5 O 30 mayo 1991). Y, una vez identificados los días efectivamente trabajados, se cotiza sobre bases mensuales de cotización resultantes de sumar la retribución correspondiente a esos días de trabajo y las partes proporcionales de aquellos conceptos salariales que se hubieran liquidado por cada día trabajado.

De ahí que después, a efectos del cómputo de los "importes de las bases reguladoras de prestaciones y de períodos de carencia", así como "en su caso, para la determinación del porcentaje a aplicar para el cálculo de la pensión de jubilación", el número de días trabajados al mes se multiplique por determinados coeficientes, obteniéndose las llamadas "permanencias" que reflejan los días por los que en realidad se ha cotizado. Ciertamente, se determina que "a cada día o porción de día efectivo de trabajo se añadirá la parte proporcional de los días de vacaciones, festivos no recuperables y de descanso semanal que, en cada caso corresponda y por los que asimismo se haya cotizado". De forma que "cada día de trabajo se considerará como 1,33 días de cotización cuando la actividad se desarrolle en jornada laboral, de lunes a sábado", o, diversamente, "como 1,61 días de cotización cuando la actividad se realice en jornada de lunes a viernes" (art. 6 O 30 mayo 1991). Reglas que igualmente se han considerado aplicables para determinar la duración de la prestación por desempleo (STS 13/05/2002; Recud. 3687/2001), pero que no son extensibles —según ya se ha anticipado— a los trabajadores del sistema especial para las tareas de manipulado y empaquetado de tomate fresco realizadas por cosecheros exportadores (STS 21/04/2016; Recud. 3218/2014).

En cambio, pensando en los tiempos de inactividad, se prevé un peculiar "convenio especial" para los trabajadores comprendidos en "los sistemas especiales de frutas y hortalizas y conservas vegetales". En efecto, partiendo de una antigua previsión, se reguló "la suscripción de Convenio especial con la Seguridad Social, por parte de los trabajadores de temporada comprendidos en los Sistemas Especiales de Frutas y Hortalizas y Conservas Vegetales del Régimen General de la Seguridad Social" (O 25 enero 1996). De forma que al mismo todavía se refiere el art. 36.1.7 RDA, aunque hoy esas reglas peculiares que pretendían salvar las dificultades de los trabajadores comprendidos en estos sistemas especiales para acogerse al "convenio especial" genérico, se formulan desde el art. 26.2 Orden TAS/2865/2003. Más concretamente, en lugar de exigírseles "un período de mil ochenta días de cotización al Sistema de la Seguridad Social en los doce años inmediatamente anteriores a la baja" —según se requiere con alcance general para suscribir un convenio especial (art. 3.3 OTAS/2865/2003)—, simplemente deben "acreditar cotizaciones como trabajador de temporada, al menos, durante tres campañas completas". Y ello "durante los siete años anteriores a la fecha del cese en el trabajo o del agotamiento de prestaciones por desempleo". Además durante este convenio especial específico, las cuotas mensuales se calculan sobre la "base mínima de cotización por contingencias comunes vigente en cada momento" en el RG y, lejos de tener que ingresarse en el mes siguiente al de su devengo (art. 56.1.c. 1º RGR), deben liquidarse en "el segundo mes natural siguiente a aquél a que corresponda su devengo" (apartados 2.3 y 2.4, art. 26 OTAS/2865/2003).

En todo caso, tratándose de trabajadores y empresarios afectados por los "sistemas especiales" del RG que se han arbitrado para trabajos de manipulado y envasado de productos hortofrutícolas, el punto más conflictivo en el pasado consistió en discernir si procedía su inclusión en dichos sistemas especiales o si, diversamente, resultaba pertinente la integración de los trabajadores en el ya extinto Régimen Especial Agrario (REA). Y ello porque, a efectos de delimitar el ámbito de aplicación de este régimen especial, no sólo se utilizaba el concepto de "labores agrarias", sino que precisamente entre éstas se incluían, además de otras, "las de primera transformación" que "constituyan un proceso simple que modificando las características del fruto o producto y sin incorporación de otro distinto lo convierta, ya sea en bien útil para el consumo, ya sea en elemento susceptible de experimentar sucesivos tratamientos", siempre que el número de horas de trabajo que se dedicaran a las labores de transformación fuera "inferior a un tercio del que se dedicó a las labores agrarias" realizadas para obtener la misma cantidad de producto (art. 8.2.a y c RD 3772/1972). De modo que no fue fácil resolver si las operaciones de manipulado y envasado de productos hortofrutícolas podían considerarse "labores agrarias" y si, por tanto, los trabajadores dedicados a ellas debían incluirse en el REA o, por el contrario, en algunos sistemas especiales del RG. Dificultad a la que se sumó la derivada de la posible intervención de Cooperativas u otras Sociedades en la transformación y comercialización de los frutos o productos, bien obtenidos por los propios cooperativistas o socios, o bien por terceros, y que originó contrarias interpretaciones del TS en unificación de doctrina (LÓPEZ GANDÍA, J., 1992 y 1994). Al extremo de motivar que el legislador tomara partido, al menos, para los trabajadores dedicados a las operaciones de "manipulación, empaquetado, envasado y comercialización del plátano", disponiendo su expulsión del extinto REA y su inclusión en el RG, al manifestar que tales operaciones "no tendrán la consideración de labores agrarias", y ello tanto si "se llevan a cabo a en el lugar de producción del producto como fuera del mismo, ya provengan de explotaciones propias o de terceros y ya se realicen individualmente o en común mediante cualquier tipo de asociación o agrupación, incluidas las cooperativas", y al margen de que para el mismo empresario presten servicios "otros trabajadores dedicados a la obtención directa, almacenamiento y transportes a los lugares de acondicionamiento y acopio del producto" (hoy, letra g, apartado 2, art. 136 LGSS, procedente de la DA 29ª LGSS/1994, introducida por art. 22. Nueve. 1 Ley 55/1999). Además se habilitó al entonces Ministerio de Trabajo y Asuntos Sociales para extender esas mismas previsiones a los "trabajadores dedicados a las actividades de manipulación, empaquetado, envasado y comercialización de otros productos hortofrutícolas" (art. 22. Nueve. 4 Ley 55/1999), en términos que no se han producido. Y ello sin perjuicio de la previsión relativa al sistema especial para las tareas de manipulado y empaquetado de tomate fresco realizadas por cosecheros exportadores que se ha decantado por su inclusión en el SEARG cuando finalicen las decrecientes reducciones y bonificaciones en la cuota empresarial por contingencias comunes.

1.3. Sistemas especiales procedentes de extintos regímenes especiales

Aunque la LBSS apeló a la tendencia a la unidad del Sistema de la Seguridad Social, en los términos que repitieron las sucesivas LSS/1966, LGSS/1974, LGSS/1994 y que hoy sostiene la LGSS, la posibilidad de establecer "Regímenes Especiales" para "aquellas actividades profesionales en que, por su naturaleza, sus peculiares condiciones de tiempo o lugar, o por la índole de sus procesos productivos se hiciere preciso para la adecuada aplicación de los beneficios de Seguridad Social" permitió la existencia de números regímenes especiales junto al RG. Unos expresamente recogidos por los citados textos normativos y otros que se fijaron reglamentariamente para los "demás grupos... por considerar necesario el establecimiento para ellos de un Régimen Especial", aunque todos ellos debidos a "la carga histórica de una previsión dispersa y multiforme" (BAYÓN CHACÓN, G., 1972).

De hecho, hubo que esperar hasta la Ley 26/1985, 31 de julio, para que se afrontara una primera simplificación de los regímenes especiales existentes y se determinara la inclusión de algunos de ellos en el RG. Asimismo, casi diez años después y en el "Pacto de Toledo" o "Análisis de los problemas estructurales del Sistema de la Seguridad Social y de las principales reformas que deberán acometerse" (1995), se formularon un par de recomendaciones al hilo de los regímenes especiales todavía existentes. A saber, por un lado, se apuntó la conveniencia de "Modificar en lo posible la situación" de financiación de los mismos "bajo el criterio de que, a igualdad de acción protectora, debe ser también semejante la aportación contributiva" (4ª Recomendación); y, por otro lado, se recomendó "que se continúe... reduciendo de manera gradual el número de los regímenes actualmente existentes y logrando la plena homogeneización del sistema público de pensiones, de manera que a medio o largo plazo todos los trabajadores y empleados queden encuadrados o bien en el régimen de trabajadores por cuenta ajena o bien en el de trabajadores por cuenta propia..." (6ª Recomendación). Recomendaciones que, sin embargo, no llegaron a cristalizar de inmediato. Antes al contrario, más tarde siguió apuntándose la conveniencia de "agilizar en mayor medida la labor iniciada a los efectos de establecer una protección social equiparable entre los diferentes regímenes..., sin olvidar la adecuada correspondencia que debe existir entre la aportación contributiva y el nivel de acción protectora dispensada" (renovación del Pacto de Toledo de 2003), así como la necesidad de "culminar el proceso de simplificación en orden a la existencia de dos grandes regímenes en los que queden encuadrados, por un lado, los trabajadores por cuenta ajena y, por otro lado, los trabajadores por cuenta propia" (renovaciones del Pacto Toledo de 2011 y de 2020). Y como consecuencia de esas recomendaciones y de algunos Acuerdos Sociales se produjeron dos importantes modificaciones a partir de 1 de enero de 2012. A saber, por un lado, la DA 39ª Ley 27/2011, 1 de agosto, determinó que, desde la apuntada fecha, los sujetos incluidos en el antiguo Régimen Especial de Empleados de Hogar (REEH) pasarían a encuadrarse en el RG mediante el establecimiento de un sistema especial. Y, por otro lado, la coetánea Ley 28/2011, 22 de septiembre, prescribió que, también desde ese día, los sujetos incluidos en el viejo REA —que, tras la Ley 18/2007, sólo cubrió a trabajadores por cuenta ajena— pasarían a integrarse en el RG mediante el establecimiento de otro sistema especial (SEARG). Al margen de que, anecdóticamente, ambas Leyes modificaron el tenor del art. 10 LGSS/1994 y no precisamente en idénticos términos.

1.3.1. Sistema especial para los empleados de hogar

Partiendo de la protección social que dispensó el Montepío Nacional del Servicio Doméstico, la LBSS consideró que, entre los regímenes especiales, debía regularse el que, por entonces, se llamó Régimen Especial de los Servidores Domésticos. Y de este modo lo indicó el art. 10.2.h LSS/1966, aprobándose a su amparo el D 2346/1969, 25 de septiembre, que durante mucho tiempo reguló el citado régimen especial, sin perjuicio de "las restantes normas generales de obligada observancia en el sistema de la Seguridad Social" (art. 1 D 2346/1968). De hecho, algunos extremos contenidos en esa norma reglamentaria quedaron implícitamente desplazados, bien con las posteriores reformas del Título I LGSS/1974 y LGSS/1994, bien con las modificaciones que afectaron a las prestaciones reguladas en el Título II LGSS/1994 para los trabajadores del RG (DDAA 8ª y 11ª bis LGSS/1994, así como distintas disposiciones reglamentarias).

En todo caso, el extinto REEH presentaba notables deficiencias:

1) se detectaba un indebido encuadramiento, acrecentado con los, en su día, procesos de regularización de extranjeros;

2) existían labores domésticas por las que no se debía cotizar, bien porque no se llegaba al mínimo de habitualidad establecido (72 horas/mes en, al menos, 12 días o jornadas), o bien por tratarse de empleados que, considerándose exclusivos, fijos o permanentes para un cabeza de familia y cotizándose por ellos, también realizaban trabajos domésticos para otros hogares por los que resultaba inviable el ingreso de cuotas;

3) se sospechaba un trabajo clandestino, aunque, en parte incentivado, porque no se preveía la compatibilidad entre la realización de las tareas domésticas con la percepción de prestaciones o subsidios por desempleo; y

4) se producía una infraprotección de los trabajadores, reconociéndoles la IT de contingencias comunes sólo desde el 29ª día de la baja y privándoles de protección por desempleo, al margen de exigirles, cuando gozaban de la condición de discontinuos, el requisito de estar al corriente en el pago de las cuotas para acceder a las prestaciones (art. 23 D 2346/1969, y anteriores versiones de la DA 11ª bis LGSS/1994, o de la DA 39ª LGSS/1994, además de otras normas reglamentarias). Y ello aunque, a última hora, se les hubiera extendido la cobertura por contingencias profesionales (DA 54ª LGSS/1994 introducida por LPGE para 2011, así como RD 1596/2011, 4 de noviembre).

De ahí que en el Informe de evaluación del Pacto de Toledo de 2011 y en el subsiguiente "Acuerdo para la Reforma y Fortalecimiento del Sistema Público de Pensiones", se planteó la revisión de la situación de los trabajadores del entonces REEH a efectos de su integración en el RG, en los términos que finalmente determinó la DA 39ª Ley 27/2011. Pero las escuetas previsiones de esta disposición, además de dibujar un incompleto régimen jurídico, en parte parecían estar abocadas al fracaso. De hecho, en el "Informe sobre el balance de la integración de los trabajadores del Régimen Especial de Empleados del Hogar en el Sistema Especial para Empleados de Hogar en el Régimen General" (septiembre, 2012), se puso en evidencia que se estaba produciendo un efecto inverso al deseado, pues a pesar de detectarse un incremento de personas afiliadas al SEEH, se observaba un descenso de "3,28 millones" de euros en lo recaudado, debido a que únicamente "un tercio de los afiliados… cotizó por la base máxima de 748,20€", cuando con anterioridad esa cuantía operaba como base única de cotización. De ahí que, por RDL 29/2012, 28 de diciembre, se modificaron algunas reglas introducidas por DA 39ª Ley 27/2011, detallándose más el régimen jurídico del SEEH, aunque todavía quedan algunos extremos pendientes de concreción.

A) Campo de aplicación

La DA 39ª 27/2011, de 1 de agosto, determinó que "el Régimen Especial de la Seguridad Social de los Empleados de Hogar quedará integrado en el Régimen General de la Seguridad Social" con efectos "de 1 de enero de 2012" y "mediante el establecimiento de un sistema especial". De ese modo se instauraba otro sistema especial en el RG para los empleados de hogar (SEEH), que se regiría por "los términos y con el alcance indicados" en esa disposición, pero también "con las demás peculiaridades que se determinen reglamentariamente". No obstante, poco después, algunas previsiones contenidas en la DA 39ª Ley 27/2011, así como ciertos preceptos reglamentarios relativos al SEEH resultaron modificados por RDL 29/2012, 28 de diciembre, de mejora de gestión y protección social en el Sistema Especial para Empleados de Hogar y otras medidas de carácter económico y social. El resultado de tales modificaciones, ya desplazadas, se contiene en los vigentes arts. 250 y 251 LGSS, completados por disposiciones reglamentarias.

Y, más concretamente, el art. 250.1 LGSS delimita el ámbito de aplicación de este sistema especial, declarando incluidos en el mismo a los trabajadores sujetos a la relación laboral especial a que se refiere el artículo 2.1.b ET, a la vez que excluye expresamente a "los trabajadores que presten servicios domésticos no contratados directamente por los titulares del hogar familiar, sino a través de empresas, de acuerdo con lo previsto en la disposición adicional decimoséptima de la Ley 27/2011, de 1 de agosto".

Asimismo el apartado 2 del mismo precepto declara de aplicación las reglas del RG, salvando únicamente las particularidades previstas en el art. 251 LGSS relativas a su acción protectora, así como las especialidades que se determinen reglamentariamente.

B) Inscripción/afiliación/altas y bajas de trabajadores

A efectos de la inscripción del empresario, se considera como tal al "titular del hogar familiar, ya lo sea efectivamente o como simple titular del domicilio o lugar de residencia en el que se presten los servicios domésticos", aunque si la prestación de servicios se realiza "para dos o más personas que, sin constituir una familia ni una persona jurídica, convivan en la misma vivienda", entonces "asumirá la condición de titular del hogar familiar la persona que ostente la titularidad de la vivienda que habite o aquella que asuma la representación de tales personas, que podrá recaer de forma sucesiva en cada una de ellas" (art. 10.1.7 RDA).

En las solicitudes de alta en el SEEH, junto a los datos establecidos con carácter general, deberán figurar, conforme al art. 43.1.7º RDA: "el código de la cuenta de la entidad financiera en la que ha de domiciliarse el pago de la cotización", el tipo de contrato de trabajo y el contenido mínimo del mismo (número de horas de trabajo semanales, importe del salario pactado, tanto por hora realizada como al mes, incluida la parte proporcional de las pagas extraordinarias, y, en su caso, el acordado en especie, así como "la existencia o no de pacto de horas de presencia y/o de horas de pernocta, junto con la retribución por hora pactada").

C) Cotización

a) Sujetos obligados y responsables

La cotización en el SEEH seguirá las reglas previstas en orden a los sujetos obligados y responsables del ingreso de las cuotas establecidas para el RG en la sección segunda del capítulo II del título II de la LGSS, sin perjuicio de las peculiaridades que aún mantiene la DT 16ª de este texto normativo.

Y, tras haberse suprimido la posibilidad de que sea el propio trabajador quien ingrese las cuotas al SEEH (en los supuestos en que así se acordara con el empleador, por prestarle servicios durante menos de 60 horas/mes), todavía sigue indicándose expresamente que la obligación que, su caso, les correspondía, se atribuirá a las personas empleadoras, quienes asumen las obligaciones de comunicar a la TGSS los datos necesarios para el cálculo y el pago de las cuotas de la Seguridad Social, incluyendo los datos bancarios precisos, debiendo señalar además la entidad gestora o colaboradora elegida para la cobertura de las contingencias profesionales (DA 2ª RDL 16/2022, de 6 de septiembre).

Ahora bien, si el trabajador inicia una IT derivada de contingencias comunes, entonces —conforme a instrucciones de la DGSS— "*desde el día en el que se inicia dicha situación hasta el octavo día, el empleador es responsable del ingreso tanto de su aportación como de la aportación del trabajador*", pero "*a partir del día 9 el empleador deberá cotizar únicamente la aportación empresarial siendo responsable la entidad gestora o la entidad colaboradora del ingreso de la aportación del trabajador*". Y ello en tanto que no existe pago delegado de la prestación de IT (art. 251.b LGSS). De ahí que si el trabajador abre dicha situación, sea cual sea su causa, entonces, al igual que si incurre en suspensión del contrato por nacimiento y cuidado de menores o por riesgos durante el embarazo o la lactancia natural, será la EG o colaboradora de la Seguridad Social la que, al pagar directamente la correspondiente prestación, descuente al trabajador sus respectivas cuotas.

b) Bases y tipos de cotización

A efectos de determinar la cuantía de las cuotas, se establece:

Bases de cotización

Si en el antiguo REHH se establecía una única base de cotización para todos los empleados de hogar, con independencia de las horas trabajadas y del salario percibido por las mismas, en cambio, en el SEEH, lejos de operar una base de cotización idéntica para los trabajadores, se estableció una escala con distintas cuantías que han servido como bases de cotización por contingencias comunes y por contingencias profesionales hasta el ejercicio 2024 incluido, dada la suspensión del apartado 1.a).4.º de DT 16ª LGSS (DT 8ª RDL 8/2023, de 27 de diciembre), por el que se preveía la aplicación desde 1 de enero de ese año de las reglas comunes sobre bases de cotización del RG.

Se trata de bases por escalas cuyas cifras se fijan atendiendo a distintos tramos de retribución mensual que, incrementada con la parte proporcional de gratificaciones extraordinarias que prescribe el art. 147.1 LGSS, pueda percibir el trabajador del SEEH. Y que para 2024 serán (art. 15.1 Orden de cotización):

Tramo	Retribución mensual Euros/mes				Base de cotización Euros/mes
1.º	Hasta	306,00			284,00
2.º	Desde	306,01	Hasta	474,00	405,00
3.º	Desde	474,01	Hasta	644,00	559,00
4.º	Desde	644,01	Hasta	814,00	729,00
5.º	Desde	814,01	Hasta	986,00	901,00
6.º	Desde	986,01	Hasta	1.153,00	1.069,00
7.º	Desde	1.153,01	Hasta	1.323,00	1.323,00
8.º	Desde	1.323,01			Retribución mensual

En todo caso, la base de cotización mensual que utilizará la TGSS no podrá ser inferior a las siguientes (art. 15.2 Orden de cotización):

- SMI mensual incrementado en una sexta parte, para los casos de contratos a tiempo completo o cuando las horas de trabajo sean 160 mensuales o 40 semanales.
- Retribución equivalente al SMI mensual aumentado con la parte proporcional de las pagas, pero en proporción a la jornada pactada en el contrato, si se trata de contratos a tiempo parcial o cuando las

horas de trabajo sean inferiores a 160 horas mensuales o 40 semanales y la retribución acordada sea mensual.

- La cuantía prevista para el tramo en el que se incluya la retribución que resulte de multiplicar el salario mínimo por hora por el número de horas mensuales de trabajo para los supuestos de contratos a tiempo parcial, cuando los empleados de hogar trabajen por horas en régimen externo y se haya pactado una retribución por horas que incluya todos los conceptos retributivos.

Cuando a la TGSS no le constara si la retribución pactada es mensual o por horas, entonces utilizará la primera, sin perjuicio de que los empleadores puedan probar que la retribución se ha pactado por horas.

Tipos de cotización

- Por contingencias comunes: se aplican los tipos previstos en el RG. Esto es, el 28,30%, siendo el 23,60% a cargo del empleador y el 4,70% a cargo del empleado (art. 15.3 Orden de cotización).
- Por contingencias profesionales, se aplica el "*tipo de cotización previsto en la tarifa de primas... siendo la cuota resultante a cargo exclusivo del empleador*" (DT 16ª. 1.b. 2ª LGSS y art. 15.4 Orden de cotización). Y la DA 4ª Ley 42/2006, 28 de diciembre, sucesivamente modificada, establece para las "*Actividades de los hogares como empleadores de per sonal doméstico*" (CNAE 97) un tipo de cotización del 1,50% (0,80 por IT + 0,70 por IMS).
- Por desempleo: el tipo general establecido por LPGE.
- Por FOGASA: el 0,20%.
- Por la aportación finalista para el mecanismo de equidad intergeneracional (MEI) con el que nutrir el Fondo de Reserva (art. 127 bis LGSS, conforme al porcentaje que irá incrementándose a tenor de la DT 43ª LGSS): se aplicará el 0,70%, del que el 0,58% será a cargo del empleador y el 0,12% restante a cargo del trabajador (art. 15.5 Orden de cotización)

En cambio, por ahora, no hay cuota adicional por horas extraordinarias.

Y tampoco procede la cuota adicional a cargo del empresario prevista para la finalización de los contratos temporales de duración inferior a 30 días (art. 151.3 LGSS, así como art. 26.2 Orden de cotización).

b) Bonificaciones y reducciones

Con alcance general, al dar de alta a una persona en el SEEH se genera el derecho a una reducción del 20% de la cuota empresarial por contingencias comunes, así como a una bonificación del 80% de la cuota del empresario por desempleo y de su aportación al FOGASA (DA 1ª.1 RDL 16/2022, DA 3ª RDL 1/2023, de 10 de enero y art. 15.6 Orden de cotización).

Y aunque, como alternativa a esos incentivos, se previó una bonificación del 45% o del 30% de la cuota empresarial por contingencias comunes al SEEH cuando se cumplieran los requisitos de patrimonio y/o renta de la unidad familiar o de convivencia del empleador (DA 1ª.2 y 3 RDL 16/2022), no obstante, tales bonificaciones no se aplicarán hasta que no se apruebe el oportuno desarrollo reglamentario para su aplicación (DA 3ª RDL 1/2023, tras reforma dada por DF 6ª.2 RDL 2/2024, de 21 de mayo).

Asimismo la consideración de relación laboral especial de quienes se incluyen en el SEEH, no impide la posibilidad del empleador de beneficiarse de las bonificaciones por razón de los contratos formalizados para sustituir a empleados de hogar con suspensión de sus contratos de trabajo por nacimiento y cuidado de menor o por riegos durante el embarazo o la lactancia natural y celebrados con jóvenes desempleados menores de 30 años , o para sustituir a víctimas de violencia de género o de violencias sexuales arts. 17 y 18 RDL 1/2023, así como DDAA 3ª.2 y 9ª del mismo).

Por otro lado, en familias numerosas se mantiene la bonificación del 45% de las cuotas empresariales a la Seguridad Social que estuvieran aplicándose a 1 de abril de 2024, en los términos previstos por el art. 9 de la Ley 40/2003, desarrollada por el RD 1621/2005[56], así como las bonifica-

5 Cuando se estableció el SEEH, se partió del tipo inicialmente previsto para el extinto REEH (22%), que anualmente fue incrementándose y fijándose la distribución del mismo entre empleador y empleado hasta llegar a los tipos que rigen en el RG. La transitoriedad finalizó a 31 de diciembre de 2018 (DT 16ª. 1.b. 1º LGSS).

6 Más concretamente, el art. 9 Ley 40/2003, de 18 de noviembre, de protección a las Familias Numerosas, fijó dos requisitos: 1) que "los dos ascendientes o el ascendiente, en caso de familia monoparental..., ejerzan una actividad profesional por cuenta ajena o propia fuera del hogar o estén incapacitados para trabajar", salvo que se trate de una familia numerosa que "ostente la categoría de especial"; y 2) que la bonificación "sólo será aplicable por la contratación de un único cuidador por cada... familia numerosa". Además, en desarrollo de la Ley 40/2003, el art. 5 RD 1621/2005, 30 de diciembre, condicionó la aplicación de esa bonificación a los supuestos en que se contratase al empleado de hogar con carácter de fijo o

ciones a que se tenga derecho por los contratos celebrados a partir de dicha fecha al amparo de la DA 3ª bis RDL 1/2023 (DT 3ª RDL 16/2022 y DA 3ª bis RDL 1/2023, tras DDDFF 5ª.1 y 6ª.3 RDL 2/2024), hasta que se produzca la baja de tales personas cuidadoras. Estas bonificaciones serán incompatibles con los incentivos a los que se puede acceder, con alcance general, por tramitar el alta de trabajadores en el SEEH.

Evidentemente, las reducciones irán a cargo de los PGE, mientras que las bonificaciones serán asumidas por el SEPE o, en su caso, por el FOGASA. Atribuyéndose al primero y a la Inspección de Trabajo y Seguridad Social la vigilancia de los requisitos para la aplicación de los apuntados incentivos.

D) Acción protectora

a) Condiciones para acceder a las prestaciones

En el extinto REEH, por cada mes en alta, el empleado de hogar acumulaba 30 días cotizados a efectos de causar futuras prestaciones. Sin embargo, esta regla dejó de operar en el SEEH, pues a quienes cotizaban por debajo de la base del tramo superior se les empezó a aplicar las reglas propias del contrato a tiempo parcial. De hecho, como una peculiaridad del SEEH aún se establece que mientras la cotización se determine atendiendo a las bases fijadas por tramos de remuneración, a la hora de hallar "el coeficiente de parcialidad" propio de los contratos a tiempo parcial —como regla que se declara aplicable a los trabajadores del SEEH (art. 245.2 LGSS)—, se entenderán como "horas efectivamente trabajadas", aquellas que resulten al dividir "las bases de cotización" correspondientes al SEEH "por el importe fijado para la base mínima horaria" del RG (DT 16ª. 2 LGSS).

Sin embrago, al menos dos matizaciones cabe apuntar al hilo de esa previsión. En primer lugar, que su aplicación ya carecía de sentido cada vez que se hubiera cotizado por una base equivalente a la mínima mensual del RG o superior. Y, en segundo lugar, que conforme al art. 247 LGSS, en su redacción vigente desde el pasado 1 de octubre de 2023 (DF RDL 2/2023, de 16 de marzo): "A efectos de acreditar los períodos de cotización necesarios

---

exclusivo (apartado 3), indicándose que "La falta de ingreso en plazo reglamentario… determinará la pérdida automática de esta bonificación respecto de las cuotas correspondientes a periodos no ingresados en dicho plazo" (apartado 4).

para causar derecho a las prestaciones de jubilación, incapacidad permanente, muerte y supervivencia, incapacidad temporal y nacimiento y cuidado de menor se tendrán en cuenta los distintos períodos durante los cuales el trabajador haya permanecido en alta con un contrato a tiempo parcial, cualquiera que sea la duración de la jornada realizada en cada uno de ellos". Regla con la que se desplazan los criterios anteriormente fijados a efectos de acreditar los períodos cotizados exigibles para acceder a las prestaciones, así como el periodo cotizado para determinar el porcentaje con el que se calculaba la pensión de jubilación de los trabajadores con contrato a tiempo parcial, cuando de este último ya se había advertido que incurría en discriminación (STJUE 8 mayo 2019) y nulidad (SsTC 91/2019 y 92/2019)[7].

Por otro lado, al hilo de las contingencias profesionales, se determina que en el SEEH no será de aplicación el régimen de responsabilidades en orden a las prestaciones por incumplimientos del empleador en sus obligaciones de afiliación/alta y cotización a que se refiere el art. 167 LGSS (art. 251.c LGSS).

b) Alcance de la acción protectora

Sin perjuicio de las reglas excepcionales que se introdujeron durante la pandemia derivada de la COVID, durante bastante tiempo una de las peculiaridades de la acción protectora del SEEH consistía en que ésta "no comprenderá la correspondiente al desempleo" (art. 251.d LGSS ya derogado).

Sin embargo, la STJUE de 24 de febrero 2022 (asunto C-389/20) consideró que la normativa española incurría en discriminación indi-

---

7 Más concretamente, el porcentaje con que se determinaba la cuantía de la pensión de jubilación de los trabajadores con contrato a tiempo parcial dependía del período que se consideraba como cotizado tras reducir sus días en alta por el coeficiente de parcialidad correspondiente a la menor jornada realizada, aunque después los días resultantes se incrementaban con el 1,5%. Y esta solución no sólo se consideró contraria al apartado 1 del art. 4 Directiva 79/7/CEE del Consejo, 19 de diciembre de 1978, sobre la aplicación progresiva del principio de igualdad de trato entre hombres y mujeres en materias de seguridad social, en la medida que perjudicaba «en particular a las trabajadoras respecto de los trabajadores de sexo masculino» (STJUE 8 mayo 2019, asunto C 161/18); sino que, más tarde, también el TC declaró nulo «el inciso "de jubilación y" del párrafo primero de la letra c) de la regla tercera» del entonces apartado 1 de la DA 7ª LGSS/1994, tras redacción dada por art. 5.2 RDL 11/2013, como inciso que después recogió el apartado 3 del art. 248 LGSS, antes de ser suprimido (STC 91/2019, 3 de julio, seguida de otras como la STC 92/2019, 15 de julio).

recta al excluir de las prestaciones por desempleo a los empleados de hogar, en la medida en que dicha regla afectaba a un porcentaje muy superior de trabajadoras que de trabajadores y no estaba justificada por factores objetivos y ajenos a cualquier discriminación por razón de sexo. Y de ahí que se extendiera después la protección por desempleo a las personas incluidas en el SEEH en virtud del RDL 16/2022, de 6 de septiembre[8], habiéndose ratificado más tarde el Convenio 189 de la OIT, cuyo art. 14.1 insta a "adoptar medidas apropiadas a fin de asegurar que los trabajadores domésticos disfruten de condiciones no menos favorables que las condiciones aplicables a los trabajadores en general con respecto a la protección de la seguridad social"[9].

c) Peculiaridades en el régimen de las prestaciones

La única mejora que pudo advertirse al comparar el SEEH con el extinto RE EH se centró en la prestación de IT derivada de contingencias comunes, puesto que, en lugar de percibirse, como antaño, desde el 29ª día de la baja, comenzó a cobrarse desde el 9ª día de la baja, estando a cargo del empleador el abono de la prestación desde los días 4º al 8º, ambos inclusive (art. 251.a LGSS). Al margen de que, al igual que sucedía en el REEH, en el SEEH no opera la colaboración obligatoria de los titulares del hogar familiar en el pago de la IT, sino que el pago "se efectuará directamente por la entidad a la que corresponda su gestión, no procediendo el pago delegado del mismo" (art. 251.b LGSS).

Asimismo, según se preveía para los trabajadores del extinto REEH que no se beneficiaban de las reglas del RG sobre integración de lagunas o vacíos de cotización a la hora de determinar las bases reguladoras de sus pensiones de IP derivadas de enfermedad común (o de ANL desde situación de no alta) o de Jubilación, también para los trabajadores comprendidos en el SEEH se señala, aunque sólo desde el año 2012 hasta el 2023

---

8 Atendiendo a la doctrina del TJUE y decantándose por una interpretación de las normas con perspectiva de género, algunos tribunales han reconocido incluso con efectos anteriores a la modificación introducida por el citado RDL 16/2022 sobre la acción protectora de las personas incluidas en el SEEH, tanto la prestación por desempleo (STSJ Galicia 10/10/2023, rec. 566/2023), como el subsidio por desempleo para mayores de 52 años (SsTSJ Cataluña 16/03/22, rec. 5506/221 y Aragón 12/06/23, rec.200/2013).

9 Desde el 5 de diciembre de 2022 se expidió el Instrumento de adhesión al Convenio sobre el trabajo decente para las trabajadoras y los trabajadores domésticos, hecho en Ginebra el 16 de junio de 2011 (BOE 3/04/2023).

incluido, que "para el cálculo de la base reguladora de las pensiones de incapacidad permanente derivada de contingencias comunes y de jubilación causadas por los empleados de hogar respecto de los periodos cotizados en este Sistema Especial sólo se tendrán en cuenta los periodos realmente cotizados, no resultando de aplicación lo previsto en los artículos 197.4 y 209.1.b)" de la LGSS (DT 16ª. 4 LGSS).

Ahora bien, dos mejoras podrían afectar en el futuro a las personas incluidas en el SEEH. De un lado, en tanto que comúnmente se trata de trabajadores a tiempo parcial, desde 1 de enero de 2026 dejará de aplicárseles la regla dispuesta para éstos y por la cual los vacíos de cotización de las bases reguladoras de esas pensiones se integran con la base mínima de cotización de cada momento reducida de acuerdo "con el número de horas contratadas en último término", para comenzar a regirse por el art. 248.2 de la LGSS que remite a las reglas del RG (DF 10ª RDL 2/2023). Más concretamente, a su tenor: "A efectos de calcular las pensiones de jubilación y de incapacidad permanente derivada de enfermedad común, la integración de los periodos durante los cuales no haya habido obligación de cotizar se llevará a cabo en los términos establecidos" en los arts. 209.1 y 197.4 LGSS, respectivamente.

Y, por otro lado, en tanto que colectivo predominantemente femenino, las personas incluidas en el SEEH también a partir de 1 de enero de 2026 podrán beneficiarse de la DT 41ª LGSS (DF 10ª RDL 2/2023). Conforme a esta previsión: "En tanto la brecha de género sea superior" al 5% en los términos de la DA 37ª LGSS, "para el cálculo de la pensión de jubilación de las mujeres trabajadoras por cuenta ajena a las que sea de aplicación la integración de períodos sin obligación de cotizar según lo dispuesto en el artículo 209.1, los meses en los que no haya existido obligación de cotizar, desde la cuadragésima novena mensualidad hasta la sexagésima, se integrarán con el 100 por ciento de la base mínima de cotización del Régimen General que corresponda al mes respectivo. Este porcentaje será del 80 por ciento de la misma base desde la mensualidad sexagésima primera a la octagésima cuarta".

1.3.2. Sistema especial para los trabajadores por cuenta ajena agrarios

Precisamente porque los trabajadores del campo ya motivaron la aprobación de normas especiales en materia de accidentes de trabajo y en el ámbito de los Seguros Sociales y del Mutualismo Laboral, la LBSS consideró que, entre los regímenes especiales, debía situarse el de la "Seguridad Social Agraria" (párrafo 11°, base 3ª LBSS). Y así lo asumió el art. 10 LSS/1966 o sucesivos textos refundidos de la LGSS que se refirieron al "Régimen Especial Agrario". Régimen que durante mucho tiempo se reguló por D 2123/1971, 23 de julio, y, en su desarrollo, por D 3772/1972, 23 de diciembre. Aunque la remisión que desde estas normas se efectuaba a "las normas generales de obligada observancia en todo el Sistema de Seguridad Social", permitió que se entendieran desplazadas aquellas previsiones que se apartaban de lo previsto por el Título I LGSS/1974 y LGSS/1994, sobre todo, al aprobarse los reglamentos generales de desarrollo de esta última. Mientras que, en materia de acción protectora, debía acudirse a disposiciones adicionales de la LGSS/1994 y a diversas normas reglamentarias para realizar la labor de verificar qué preceptos del Título II LGSS/1994 devenían aplicables y qué previsiones propias del antiguo REA se mantenían vigentes. Y ello sin perjuicio de las singularidades que se establecían en materia de protección por desempleo.

En todo caso, el REA presentaba un par de disfuncionalidades que convenía corregir: 1) las normas que delimitaban su ámbito de aplicación no sólo se hallaban desfasadas ante las nuevas realidades de la actividad y producción agrícola, sino que impedían que emergiera una importante economía sumergida y no siempre permitían corregir las inclusiones indebidas; y 2) como la cotización por contingencias comunes descansaba en el propio trabajador, tanto si el mismo realizaba jornadas como si no las realizaba, entonces, en no pocas ocasiones, la exigencia de estar al corriente en el pago de las cuotas le impedía acceder a las prestaciones.

Y aunque ya en el "Acuerdo para la mejora y el desarrollo del Sistema de Protección Social" (2001) se proyectó la constitución de una Mesa dedicada a analizar la integración en el RG de los trabajadores por cuenta ajena del REA, no obstante, sólo tras el posterior "Acuerdo Social sobre medidas en materia de Seguridad Social" (2006) se dieron pasos para crear el SEARG.

A) Campo de aplicación

La Ley 28/2011 se limitó a integrar en el RG a quienes, a 1 de enero de 2012, se hallaban incluidos en el REA, así como a "los trabajadores por cuenta ajena que, en lo sucesivo, realicen labores agrarias, sean propiamente agrícolas, forestales o pecuarias o sean complementarias o auxiliares de las mismas en explotaciones agrarias, así como los empresarios a los que presten sus servicios", pero en "los términos que reglamentariamente se establezcan" y que aún no se han establecido. Tenor que hoy reitera el art. 252.1 LGSS.

No obstante, tal y como ocurría en el REA, se prevé la inclusión de los trabajadores en el SEARG "tanto durante los períodos de actividad... como durante los períodos de inactividad", considerándose que existen "períodos de inactividad dentro de un mes natural" cuando el número de jornadas reales que se acrediten resulte inferior al 76,67% de los días naturales del mes en que el trabajador figure incluido en este sistema especial, salvo que dentro de dicho mes se realicen "para un mismo empresario" un mínimo de 5 jornadas/semana conforme al convenio colectivo aplicable (art. 253.1 LGSS). Si bien para poder quedar incluido en el SEARG durante "los períodos de inactividad" será necesario que el trabajador haya realizado "un mínimo de 30 jornadas reales en un período continuado de 365 días" y que el mismo lo "solicite expresamente... dentro de los tres meses naturales siguientes al de la realización de la última de dichas jornadas" (art. 253.2 LGSS).

Por el contrario, procederá de oficio la "exclusión" de los trabajadores del sistema especial "durante los períodos de inactividad, con la consiguiente baja", si éstos no realizan ese mínimo de 30 jornadas en un período continuado de 365 días, o si durante "dos mensualidades consecutivas" no ingresan "la cuota correspondiente a dichos períodos" (art. 253.4 LGSS).

A los anteriores efectos, como jornadas reales también se computan: las efectuadas en un mismo día para distintos empresarios; los días en que se permanezca en IT de contingencias profesionales, en suspensión del contrato por nacimiento y cuidado de menor o riesgo durante el embarazo y la lactancia natural; los períodos en que se perciba prestaciones por desempleo de nivel contributivo; y, en fin, los días que el trabajador sea dado de alta en algún régimen de la Seguridad Social como consecuencia de programas de fomento de empleo agrario.

Sin embargo, la Ley 28/2011 no especificó qué debía entenderse por "labores agrarias". Término que —según ya se ha indicado— originó soluciones encontradas del propio TS cuando éste tuvo que dirimir si las operaciones de manipulado y envasado de productos hortofrutícolas debían considerarse como tales, pudiendo incluirse a los trabajadores que las realizaban en el REA, o si, por el contrario, éstos debían integrarse en algunos sistemas especiales del RG (LÓPEZ GANDÍA, J., 1992). Y como en su día el legislador tomó partido a favor de la expulsión del REA de los trabajadores dedicados a las operaciones de "manipulado, empaquetado, envasado y comercialización del plátano" (DA 29ª LGSS/1994 y art. 136.2.g LGSS), ahora simplemente se excluye a dichos trabajadores del SEARG (art. 251.1 in fine LGSS). De modo que todavía podrá plantearse si quienes realizan trabajos de "manipulación, empaquetado, envasado y comercialización" de otros frutos y hortalizas pueden incluirse en el SEARG o, diversamente, en los antiguos "sistemas especiales" del RG, habiéndose establecido hacia el futuro —tal y como antes ya se ha indicado—, la integración en el SEARG de los empresarios incluidos en el sistema especial para manipulado y empaquetado del tomate fresco con destino a la exportación, que también sean productores del mismo tomate (DA 4º. 2 RDL 28/2018, modificada por DF 41ª LPGE para 2021).

Por otro lado, tampoco la Ley 28/2011 entró a diferenciar entre los trabajadores agrarios por cuenta propia y los trabajadores agrarios por cuenta ajena. No obstante, quedarán fuera del SEARG e incluidos en el sistema especial para trabajadores por cuenta propia agrarios del RETA (SETA), no sólo los titulares de explotaciones agrarias, sino también su cónyuge y sus parientes "hasta el tercer grado", siempre que, siendo mayores de 18 años, "no tengan la consideración de trabajadores por cuenta ajena" y "realicen la actividad agraria de forma personal y directa en la correspondiente explotación familiar" (art. 324.3 LGSS). Si bien dado que "los hijos del titular de la explotación agraria, menores de 30 años, aunque convivan con él", también pueden ser "contratados por aquél como trabajadores por cuenta ajena, sin cotización a la contingencia de desempleo" (DA 3ª Ley 18/2007), entonces tales hijos podrán quedar incluidos en el SETA o en el SEARG. Previsión que, de conformidad con la DA 10ª LETA, el art. 12.2 LGSS extiende a los hijos que, aun siendo mayores de 30 años, tengan especiales dificultades para su inserción laboral, considerándose dentro de este colectivo a quienes: sufran parálisis cerebral, enfermedad mental o discapacidad intelectual con un grado igual o superior al 33%; padezcan discapacidad física o sensorial en un grado igual o superior al 33% e inferior al 65% si causan alta por primera vez en el sistema de la Seguridad Social; o tengan reconocida una discapacidad física o sensorial igual o superior al 65%. Debiéndose entender que tal norma también es de aplicación al SETA.

B) Actos de encuadramiento

Se efectúa una remisión a las reglas del RG en orden a la afiliación, altas, bajas y variaciones de datos de los trabajadores incluidos en el SEARG, estableciendo una única peculiaridad: que si se contrata a trabajadores eventuales o fijos discontinuos el mismo día en que comiencen su prestación de servicios, en tal caso "las solicitudes de alta podrán presentarse hasta las 12 horas de dicho día, cuando no haya sido posible formalizarse con anterioridad al inicio de dicha jornada", salvo que la jornada de trabajo acabe antes de esa hora porque, entonces, "deberán presentarse, antes de la finalización de esa jornada" (art. 254 LGSS).

A pesar de ello todavía sigue siendo necesario, en los términos que formula el art. 41.1.a) RDA para el extinto REA, que al hilo de los trabajadores temporales o, en su caso, fijos discontinuos, los empresarios comuniquen: 1) "con anterior dad al comienzo de la prestación de servicios" y "en la forma que determine la" TGSS, "la fecha prevista para la realización de la primera jornada real de cada uno de los trabajadores agrarios que empleen"; y 2) "dentro de los seis primeros días de cada mes natural" —e igualmente a la TGSS y "en la forma que la misma determine"— el número total de jornadas prestadas por cada trabajador durante el mes natural anterior o, en su caso, la no realización de la comunicada con carácter previo. Y ello a fin de poder determinar las cuotas mensuales por razón de empleados inestables.

C) Cotización

Las reglas que diseñaban la cotización de empresarios y trabajadores por cuenta ajena en el extinto REA emprendieron un complejo camino para ir acercándose a los criterios del RG (Ley 2/2008, de PGE para 2009). A tales efectos, se modificaron sustancialmente la anterior cotización por jornadas reales a cargo del empresario y la cuota fija mensual a sufragar por el trabajador, diferenciándose entre quienes tenían un contrato estable y quienes carecían de esta vinculación. De tal modo que mientras la carga contributiva del empresario iría incrementándose —aunque acompañada de relevantes reducciones—, la carga del trabajador se acercaría a la prevista en el RG, pasando a responsabilizarse únicamente del ingreso de la cotización correspondiente a sus días de inactividad. Se trata de un camino progresivo que también se ha extendido al SEARG, al menos, para el período 2012-2031.

a) Sujetos obligados y sujetos responsables

Durante los períodos de actividad se sigue el mismo esquema que en el RG, ya que el empresario es el sujeto responsable de ingresar tanto sus cuotas como las de sus trabajadores, debiendo descontarles estas últimas al hacerles efectivas las retribuciones, de modo que si no efectúa el descuento en dicho momento no podrá realizarlo con posterioridad, quedando obligado a ingresar la totalidad de las cuotas a su exclusivo cargo. Además sólo el empresario asume las cuotas por contingencias profesionales y la aportación al FOGASA (art. 255.2.a LGSS).

No obstante, si durante esos períodos de actividad el trabajador iniciara situaciones de IT, riesgo durante el embarazo o durante la lactancia natural, así como de nacimiento y cuidado del menor y corresponsabilidad en el cuidado del lactante, entonces: el empresario ingresará sus cuotas propias —bien durante todos los días, por tratarse de trabajadores indefinidos, o bien sólo durante los días contratados, por tratarse de trabajadores temporales y fijos discontinuos—; mientras que la aportación del trabajador será ingresada por la entidad que efectúe el pago directo de las correspondientes prestaciones (art. 255.4.a LGSS y art. 14.5 Orden de cotización).

En cambio, durante los períodos de inactividad, será el propio trabajador el responsable del cumplimiento de la obligación de cotizar y del ingreso de las cuotas correspondientes (art. 255.3 LGSS). Es más, igual solución se seguirá durante los días no contratados como de prestación de servicios, cuando los trabajadores temporales o fijos discontinuos inicien, en períodos de actividad, situaciones de IT o de riesgo durante el embarazo y la lactancia natural. Si bien, no deberán cotizar por tales días si perciben prestaciones por nacimiento y cuidado de menores, porque éstos tendrán la consideración de períodos de cotización efectiva a efectos de las prestaciones por jubilación, IP y muerte y supervivencia (art. 255.4.c LGSS).

b) Cuantía

Igualmente cabe diferenciar entre:

b.1) Períodos de actividad:

Las *bases de cotización* se determinan como en el RG, pero con aplicación de un porcentaje reductor creciente hasta el año 2031, a fin de que los aumentos de la cuota empresarial por contingencias comunes no superen, en términos anuales, la cuantía de 1.800 €, que era la base máxima fijada para el ejercicio 2012 (DT 18ª. 1.A y C LGSS).

– A propósito de los trabajadores indefinidos que trabajen todo el mes las bases de cotización por contingencias comunes y profesionales se equiparan a las previstas para el RG, estableciéndose las mismas bases de cotización mínimas y máximas, pero con carácter mensual[10] (art. 14.1.a Orden de cotización).

- Mientras que para los trabajadores fijos discontinuos no reconducidos a la modalidad de cotización anterior o para los temporales durante los períodos de actividad, las bases mínimas y máximas diarias serán el resultado de dividir las anteriores bases mínimas y máximas entre 23, pues sí se realizan en el mes 22 o más jornadas reales, deberá aplicarse las bases mensuales de cotización (art. 14.1.b Orden de cotización).

Y sobre las correspondientes bases de cotización se aplicarán los siguientes *tipos de cotización*:

- Por contingencias comunes:

  Si los trabajadores pertenecen al grupo 1 de cotización, se utilizarán los mismos porcentajes que en el RG. Esto es, el 28,30%, siendo el 23,60% a cargo de la empresa y el 4,70% a cargo del trabajador. Ahora bien, tras la aplicación de la reducción prevista para la base de cotización (8,10 puntos porcentuales de la base de cotización), resultará un tipo efectivo de cotización del 15,50% hasta el año 2031 (DT 18ª. 1.C.a LGSS). De tal modo que, durante el ejercicio 2024, la cuota empresarial por contingencias comunes no podrá ser superior a 279,00 €/mes o 12,68 €/jornada trabajada (art. 14.4.a Orden de cotización).

  Si los trabajadores se encuadran en los grupos de cotización 2 a 11, entonces el trabajador igualmente asume el porcentaje del 4,70%, mientras que el porcentaje del empresario se aumentará progresivamente hasta el ejercicio 2031 (DT 18ª. 1.B LGSS), aunque su aportación final se verá reducida por la aplicación de coeficientes crecientes sobre las bases de cotización, fijados en atención a la cuantía de estas últimas (DT 18ª.1.C.b LGSS). De modo tal que, para el ejercicio 2024, el tipo de cotización se concreta en el 25,42%, siendo el 20,72% a cargo de la empresa y el 4,70% a cargo del trabajador. Ahora bien, al porcentaje empresarial se le aplicarán determinadas reducciones, de modo tal que la cuota empresarial resultante no podrá ser inferior a 148,25 €/mes o 6,47 € por jornada real trabajada (art. 14.4. b Orden de cotización).

---

10 Si debido al alta o baja en el mes se trabaja una fracción del mismo, la base mensual se dividirá entre 30 para aplicarla a los días en alta de dicho mes.

No obstante, durante las situaciones de incapacidad temporal, riesgo durante el embarazo y riesgo durante la lactancia natural, así como de nacimiento y cuidado del menor o por ejercicio corresponsable del cuidado del lactante, causadas durante la situación de actividad, y a tenor del art. 14.5 Orden de cotización, se aplicará un tipo cotización distinto, según se trate de trabajadores del grupo 1 (15,50%) o de los grupos 2 al 11 (2,75%), reduciéndose además durante dichas situaciones la cotización por desempleo en un una cifra equivalente a 2,75 puntos porcentuales de la base de cotización (art. 32. 1 in fine Orden de cotización).

- Por AT y EP: se aplicarán los tipos de la vigente tarifa de primas vigente (DA 4ª Ley 42/2006), siendo las cuotas resultantes a cargo exclusivo del empresario.
- Por desempleo: los previstos para el RG; por FOGASA: 0,10% a cargo del empresario; y por FP: el 0,18%, siendo el 0,15% a cargo del empresario y el 0,03% a cargo del trabajador (art. 255.2.e LGSS y art. 32 Orden de cotización).
- Por la aportación finalista para el MEI (art. 127 bis LGSS, conforme al porcentaje que irá incrementándose gradualmente hasta el 31 de diciembre de 2050, ex DT 43ª LGSS): el 0,7% sobre la base de cotización por contingencias comunes, del que el 0,58 % será a cargo de la empresa y el 0,12% a cargo del trabajador (art. 14.3.c. Orden de cotización).
- No se devenga cotización adicional por horas extraordinarias (art. 14.7 Orden de cotización), ni procederá —al igual que se dispone respecto del SEEH— la cuota adicional a cargo del empresario prevista para la finalización de los contratos temporales de duración inferior a 30 días (art. 151.3 LGSS).

b.2) Períodos de inactividad

Tradicionalmente sólo ha venido cotizándose por contingencias comunes, siendo la cuota a cargo del trabajador (art. 255.3 LGSS). Y, más concretamente, para determinar su cuantía:

- Se parte de la base mínima de cotización mensual prevista para el grupo 7 de cotización del RG y después ésta se adecúa a los días de inactividad. Que, dentro de un mismo mes, equivaldrán a la diferencia entre los días en alta laboral en el mes y el número de jornadas reales realizadas en el mismo multiplicadas por 1,3636 (art. 14. 2 Orden de cotización).

Y sobre la base así obtenida se aplicará el tipo de cotización del 11,50%, siendo el resultado la cuota final a cargo exclusivo del trabajador (art. 14.3.b Orden de cotización).

- No obstante, al igual que en años precedentes, con efectos de 1 de enero de 2024, los trabajadores que tengan un máximo de 55 jornadas reales cotizadas en el año anterior, verán reducidas las cuotas resultantes durante sus periodos de inactividad en este ejercicio mediante la aplicación de un 19,11% (art.14.3.b in fine Orden de cotización).
- Pero además desde 1 de enero de 2024 el trabajador asumirá toda la aportación para el MEI, aplicándose el 0,7% sobre la base de cotización.

D) Acción protectora

a) Condiciones de acceso a las prestaciones

Tal y como se disponía en el extinto REA, para poder acceder a las prestaciones, será necesario que los trabajadores se hallen al corriente en el pago, al menos, de las cotizaciones correspondientes a los períodos de inactividad (art. 256.2 LGSS). No obstante, deberá entenderse aplicable el mecanismo de invitación al pago pago cuando se reúna, en su caso, el período mínimo cotizado exigido (art. 47.1 LGSS y art. 28.2 D 2530/1970).

b) Alcance de la acción protectora

En períodos de actividad jugarán las reglas comunes del RG. En cambio, para las situaciones de inactividad, expresamente se indica que el trabajador sólo quedará cubierto por las prestaciones económicas por nacimiento y cuidado de menor, incapacidad permanente y muerte y supervivencia derivadas de contingencias comunes, así como jubilación (art. 256.3 LGSS). De modo que no podrá abrir prestaciones de IT, riesgo durante el embarazo o la lactancia natural o desempleo.

c) Peculiaridades en el régimen de las prestaciones

A propósito de la IT derivada de enfermedad común se determina que "la base reguladora del subsidio no podrá ser superior al promedio mensual de la base de cotización correspondiente a los días efectivamente trabajados durante los últimos 12 meses anteriores a la baja médica" (art. 256.5 LGSS) y que la prestación "será abonada directamente por la entidad a la que corresponda su gestión, no procediendo el pago delegado de la misma", salvo que el trabajador esté cobrando prestación contributiva de desempleo y abra una situación de IT, actuando entonces el art. 283.2 LGSS (art. 256.6 LGSS).

Mientras que, a efectos del cálculo de las bases reguladoras de las pensiones de IP derivadas de enfermedad común (o de ANL desde situación de no alta) y de Jubilación, se excluye —al igual que ocurría en el extinto REA— la integración de lagunas, al indicarse que "sólo se tendrán en cuenta los períodos realmente cotizados, no resultando de aplicación lo previsto en los artículos 197.4 y 209.1.b" de la LGSS (art. 256.7 LGSS).

Y aunque se encomendó al Gobierno que, a la mayor brevedad posible realizara los estudios necesarios para suprimir la discriminación que sufren los trabajadores autónomos y los agrarios, incluidos los asalariados, a efectos de que pueda extendérseles los mecanismos de integración de los vacíos de cotización en la determinación de la base reguladora de la pensión de Jubilación (DF 44ª LPGE para 2021); no obstante, todavía no se han producido las oportunas reformas legislativas. De otro modo, sólo para los trabajadores del RETA y únicamente a partir del 1 de enero de 2026, se ha previsto la integración de lagunas durante 6 meses tras cada prestación por cese de actividad (art. 322 LGSS y DF 10ª RDL 2/2023), sin perjuicio de las mejoras que pueda proponer el observatorio que se cree (DA 50ª LGSS).

Por otro lado, si en el REA no cabía, ni la jubilación anticipada prevista para los mutualistas —salvo las excepciones que permitía la Ley 47/1998, 23 de diciembre (hoy DT 5ª. 1 LGSS)—, ni la jubilación anticipada por cese involuntario en la actividad; diversamente, ahora a efectos del SEARG se señala que, para acceder "a las modalidades de jubilación anticipada previstas en los artículos 207 y 208" de la LGSS y a efectos de acreditar el período mínimo de cotización efectiva establecido para ellas, "será necesario que, en los últimos diez años cotizados, al menos seis correspondan a períodos de actividad efectiva" en el SEARG, computándose también los períodos de percepción de prestaciones por desempleo del nivel contributivo (art. 256.4 LGSS). Y aunque, haciendo eco a viejas previsiones del REA que admitían cierta compatibilidad entre jubilación y realización de jornadas, se efectuó una remisión a favor del reglamento para que se fijara "en un plazo de 6 meses" los términos y condiciones para que la jubilación fuera compatible con "la realización de labores agrarias que tengan carácter esporádico y ocasional" (DA 7ª Ley 28/2011), no obstante, tal desarrollo no se ha producido. De ahí que o se entienden aplicables las viejas previsiones reglamentarias del REA, o se considera que la habilitación ha decaído ante las posteriores reglas sobre compatibilidad entre la pensión de jubilación y el trabajo mediante el envejecimiento activo (art. 214 LGSS).

Y, en fin, a propósito de la protección por desempleo, se excluye expresamente al cónyuge, los descendientes, ascendientes y demás parientes, por consanguinidad o afinidad hasta el segundo grado inclusive y, en su caso, por adopción, del titular de la explotación agraria en la que trabajen siempre que convivan con este. Y ello "salvo que se demuestre su condición de asalariados" (art. 286.1 LGSS).

Asimismo, al hilo d dicha protección y asumiendo previsiones que proceden del pasado, para los trabajadores del SEARG ha venido estableciéndose un distinto régimen jurídico dependiendo de si su vínculo laboral era indefinido o eventual. Aunque, para ambos casos y a efectos del número de días cotizados en los seis años anteriores a la situación legal de desempleo o al momento en que cesó la obligación de cotizar para acceder a la prestación por desempleo y para fijar su duración, cabe entender que "el número total de jornadas reales cotizadas... se multiplicará por el coeficiente 1,337, que incluye la parte proporcional de domingos, festivos y vacaciones anuales, con los límites de los días naturales del año, y de los días naturales del período inferior considerado más los que proporcionalmente correspondan a las vacaciones anuales" (art. 1 RD 864/2006, 14 de julio).

Más concretamente, se sigue el siguiente esquema:

1) Si se trata de trabajadores fijos y fijos discontinuos: se aplican las reglas dispuestas en el Título III de la LGSS (art. 286.1 LGSS). No obstante, se establecen algunas peculiaridades en orden a la cotización durante la percepción de la prestación contributiva y del subsidio asistencial que conlleva cotización por jubilación (art. 289 LGSS):

- Si se percibe prestación: se toma como base de cotización la base reguladora de la prestación, a la que se aplicará el tipo de cotización equivalente al 11, 50%, correspondiente a los períodos de inactividad (arts. 8 y 14.6 Orden de cotización). Si bien, el 73,50% de la aportación del trabajador a la Seguridad Social correrá a cargo de la EG, siendo el 26,50% restante a cargo del trabajador, a quien se le descontará de la cuantía de la prestación (art. 289.2 LGSS).

- En cambio, durante la percepción del subsidio, cabría entender que cuando se trate de beneficiarios del subsidio para mayores de 52 años, en tales casos, se utilizará como base de cotización: el 125% de la base mínima, aunque no se determine así en art. 289.3 LGSS, que estaría en este punto pendiente de actualización. De tal modo que sobre dicha base se les aplicará el tipo previsto para los períodos de inactividad (11,50%). Y la cuota resultante se minorará aplicándole un coeficiente corrector del 0,20% a fin de cotizar exclusivamente por la contingencia de jubilación (art. 23 Orden de cotización).

2) Si se trata de trabajadores por cuenta ajena eventuales: se aplicarán los arts. 287 y 288 LGSS que establecen diferencias en la protección del nivel asistencial para trabajadores residentes en las CCAA de Andalucía y Extremadura, a quienes se les permite o bien abrir residualmente el subsidio por desempleo (RD 5/1997, 10 de enero), o bien acceder a la renta agraria (RD 426/2003, 11 de abril), otorgando la misma condición a los eventuales que a los fijos discontinuas a esos efectos.

2. RÉGIMEN ESPECIAL TRABAJADORES DEL MAR

Las circunstancias especiales que concurren en el trabajo marítimo y pesquero, debido a las condiciones en que se realiza la actividad, la dispersión de la población pescadora en pequeños núcleos situados a lo largo del litoral español, así como la existencia de explotaciones carentes de una organización empresarial adecuada y el carácter intermitente del trabajo, que en muchos sectores está vinculado a determinadas costeras y a temporadas de abundancias y de escasez de capturas, han justificado la configuración de un régimen especial para los trabajadores del mar, encomendándose su regulación a una legislación específica, aunque precisándose que debe tenderse a la homogeneidad con el Régimen General (art. 10.1.b LGSS). Su regulación se encuentra en la Ley 47/2015, de 21 de octubre, reguladora de la protección social de las personas trabajadoras del sector marítimo-pesquero, que actualiza el Régimen Especial de Trabajadores del Mar (RETM) y deroga las viejas normas que lo han regulado tradicionalmente, como son el Decreto 2864/1974, de 30 de agosto, y el Reglamento General aprobado por el Decreto 1867/1970, de 9 de julio. Esta normativa básica ha de completarse con las referencias al régimen de trabajadores del mar que se contienen en las normas generales del sistema aplicables con carácter supletorio o por vía de remisión (art. 37 Ley 47/2015). La gestión del RETM corresponde, con carácter general, al Instituto Social de la Marina, ISM (DA 9 LGSS) al que se le atribuye la gestión, administración y reconocimiento del derecho a las prestaciones del RETM y de la protección social específica de las personas trabajadoras del sector marítimo-pesquero (arts. 43 y 44 Ley 47/2015, 21 oct.). Si bien, será el INSS a través de su inspección médica quien asuma las competencias previstas en materia de incapacidad temporal en la DA 1ª.4 LGSS, redacción por RDL 2/2023. Norma que entró en vigor el 17 de mayo de 2023, junto a las modificaciones realizadas sobre dichos artículos de la LGSS por el citado RDL.

2.1. Campo de aplicación

En el RETM quedan comprendidos:

1. *Como trabajadores por cuenta ajena*, los mayores de 16 años, fijos o eventuales, retribuidos a salario o a la parte, empleados en alguna de las actividades siguientes: —marina mercante, pesca marítima en cualquiera de sus modalidades, extracción de otros productos del mar, tráfico interior de puertos, embarcaciones deportivas y de recreo y practicaje, rederos y rederas, determinados tipos de buceadores, personas trabajadoras a bordo como personal de investigación y de seguridad, trabajos de carácter administrativo, técnico y subalterno de las Empresas dedicadas a las actividades anteriores, trabajo de estibadores portuarios, servicio auxiliar sanitario y de fonda y cocina prestado a los emigrantes españoles a bordo de las embarcaciones que los transportan, personal al servicio de las Cofradías Sindicales de Pescadores, y sus Federaciones, y de las Cooperativas del Mar, todos ellos conforme a las condiciones señaladas en el art. 3 Ley 47/2015; incluyéndose cualquier otra actividad marítimo-pesquera, cuya inclusión en este Régimen sea determinada por el Ministerio de Empleo y Seguridad Social—;

2. *Como trabajadores por cuenta propia o autónomos*, quienes realicen de forma habitual, personal y directa, fuera del ámbito de dirección y organización de otra persona y a título lucrativo alguna de las actividades incluidas en el art. 4 Ley 47/2015 —personas trabajadoras a bordo de embarcaciones o buques y armadores figurando como técnicos o tripulantes en actividades de: marina mercante, pesca marítima, tráfico interior de puestos, deportivas y de recreo; así como quienes realicen actividades de acuicultura en zona marítima o marítimo-terrestre, mariscadores, percebeiros, recogedores de algas y análogos, determinados buceadores, rederos y rederas, prácticos de puerto, quiénes se dediquen a la extracción de productos del mar, rederos que no realicen sus faenas por cuenta de una empresa pesquera determinada—. Se presumirá que las anteriores actividades constituyen su medio fundamental de vida, a efectos de la inclusión

en este Régimen Especial, siempre que de las mismas se obtengan ingresos para atender a sus propias necesidades o, en su caso, las de la unidad familiar, aun cuando con carácter ocasional o permanente realicen otros trabajos no específicamente marítimo-pesqueros determinantes o no de su inclusión en cualquier otro de los Regímenes del Sistema de la Seguridad Social;

3. Estarán comprendidos como familiares colaboradores y por tanto trabajadores por cuenta propia, el cónyuge y los parientes por consanguinidad o afinidad hasta el segundo grado inclusive, de cualquiera de las personas trabajadoras por cuenta propia, que trabajen con ellos en sus explotaciones de forma habitual, convivan y dependan económicamente de él, salvo que se demuestre su condición de asalariados.

4. Se consideran asimilados a trabajadores por cuenta ajena, con exclusión de la protección por desempleo y del FOGASA:

   a. Los consejeros y los administradores de sociedades mercantiles capitalistas, dedicadas a actividades marítimo-pesqueras, siempre que no posean el control de la sociedad, cuando el desempeño de su cargo conlleve la realización de las funciones de dirección y gerencia de la sociedad, siendo retribuidos por ello o por su condición de trabajadores por cuenta de la misma (art. 5.2 Ley 47/2015).

   b. Los prácticos de puerto que, para la realización de su actividad de practicaje, se constituyan en empresas titulares de licencia del servicio portuario de practicaje en un puerto. Estas entidades tendrán la consideración de empresarios respecto de los prácticos en ella incluidos y resto de personal (art. 5.2 Ley 47/2015).

También se asimilan a trabajadores por cuenta ajena las personas que realicen prácticas formativas a que se refiere la DA 52 LGSS incorporada por RDL 2/2023, que entrará en vigor en octubre de 2023, sobre la inclusión en el sistema de Seguridad Social de alumnos que realicen prácticas formativas o prácticas académicas externas incluidas en programas de formación. Según esta disposición, cuando la práctica o formación se realice a bordo de embarcaciones, la inclusión se producirá en el Régimen Especial de la Seguridad Social de los Trabajadores del Mar.

En cuanto al requisito de territorialidad, para estar incluido en este Régimen, los trabajadores ya sean, por cuenta ajena o por cuenta propia, deben de residir en España y ejercer su actividad en territorio nacional (art. 2 Ley 47/2015). Como excepción también estarán incluidas las personas trabajadoras residentes en territorio nacional que, aunque ejerzan una actividad por cuenta ajena a bordo de un buque que enarbole pabellón de un Estado miembro o de un Estado con el que se haya firmado convenio de Seguridad Social, sean remuneradas por una empresa o persona con sede o domicilio en España (art. 6.1 Ley 47/2015). Asimismo, como excepción estarán comprendidas las personas residentes en territorio nacional que trabajen en sociedades mixtas y empresas radicadas inscritas en el registro oficial, sin perjuicio de lo establecido en tratados internacionales bilaterales o multilaterales suscritos por España (art. 6.2 Ley 47/2015).

2.2. Actos de encuadramiento

Las especialidades relativas a los actos de encuadramiento son (art. 49 RD 84/1996, en la redacción del RD 504/2022):

1. En el RETM cada embarcación, plataforma fija, artefacto e instalación marina en las que las personas trabajadoras incluidas en este RETM desarrollen su actividad deberá inscribirse en el Registro de Embarcaciones que se llevará por la entidad gestora. Cada una de ellas tendrá la consideración de un centro de trabajo, al que se asignará un código de cuenta de cotización propio del que se tomará razón en el Registro de Empresarios. El código de cuenta de cotización que identifica a cada embarcación será anotado en el rol o licencia de la embarcación. La justificación de haber sido inscrita la empresa e identificada la embarcación en el Registro constituirá requisito necesario para que la autoridad de marina competente autorice su despacho para salir a la mar. El empresario debe solicitar su inscripción con carácter previo e indispensable al inicio de sus actividades.
2. La formalización de la afiliación, altas, bajas y variaciones de datos de trabajadores en este Régimen Especial se somete a los plazos y condiciones establecidos con carácter general —afiliación y alta antes del inicio de la actividad, baja dentro de los tres días naturales siguientes al cese—. Respecto de la persona trabajadora por cuenta propia, las altas solicitadas fuera de plazo no tendrán efecto retroactivo alguno.
3. La TGSS o el ISM entregarán a la empresa o al interesado un documento acreditativo de la presentación de la solicitud de afiliación y alta. El número de la Seguridad Social o, en su caso, el de afiliación a la misma será reseñado en las libretas de inscripción marítima de los interesados, cuando se trate de trabajadores que presten servicios en embarcaciones de cualquier clase. La existencia de este requisito

será comprobada por las autoridades de marina al autorizar los enrolamientos de los interesados.

4. Los trabajadores por cuenta propia incluidos en este régimen especial están obligados a proteger la incapacidad temporal derivada de contingencias comunes, las contingencias de accidentes de trabajo y enfermedades profesionales y el cese de actividad. A tal efecto, podrán optar por formalizar la cobertura de las referidas contingencias, de forma conjunta, con el ISM o con una Mutua Colaboradora, excepto en el caso de los trabajadores incluidos en el grupo tercero de cotización, que deberán formalizar la protección de la incapacidad temporal derivada de contingencias comunes con el ISM. En el supuesto de alta de oficio en este régimen especial, la cobertura de las contingencias señaladas se formalizará con el ISM, salvo que el trabajador afectado opte expresamente por una Mutua Colaboradora (art. 49.4 RGA redacción RD 504/2022). El período de vigencia y la prórroga de la cobertura de dichas contingencias, así como, en su caso, la denuncia y cambio de la entidad por la que se hubiera optado, se ajustarán a lo dispuesto para los trabajadores autónomos en el artículo 47.1 RGA. Resultará también aplicable el artículo 47.3 RGA cuando los trabajadores por cuenta propia incluidos en este régimen especial tengan cubierta la incapacidad temporal derivada de contingencias comunes en otro régimen del sistema de la Seguridad Social en el que también se encuentren en alta, en tanto se mantenga su situación de pluriactividad.

2.3. Cotización y recaudación

La obligación de cotizar al RETM recae:

- sobre los trabajadores por cuenta ajena,
- sobre los empresarios por cuya cuenta trabajen,
- sobre los trabajadores por cuenta propia o autónomos.

Los trabajadores por cuenta propia son los sujetos obligados de sus propias cotizaciones, siendo a su exclusivo cargo las aportaciones que integran la cuota; son responsables directos del cumplimiento de la obligación de cotizar (art. 51.1 y 3 RGCL, redacción RDL 13/2022). Los trabajadores por cuenta propia también son responsables subsidiarios del cumplimiento de la obligación de cotizar con respecto a sus familiares colaboradores incorporados en este régimen en virtud del art. 4.2 de la Ley 47/2015, así como las sociedades regulares colectivas y las sociedades comanditarias con respecto a sus socios industriales incluidos en este régimen por razón de su actividad marítimo-pesquera; sin perjuicio, en ambos casos, del derecho del responsable subsidiario a repetir contra el principal obligado al pago.

Por lo que respecta a las cooperativas de trabajo asociado que hayan optado por la incorporación de sus socios trabajadores en este régimen especial, como trabajadores por cuenta propia, responderán solidariamente del cumplimiento de la obligación de cotizar de aquellos.

Las especialidades en materia de cotización son las siguientes:

- Los trabajadores comprendidos en este Régimen Especial se clasificarán reglamentariamente, a efectos de cotización y su consiguiente repercusión en la acción protectora, en tres grupos (art. 10 Ley 47/2015). El primer grupo incluye a los trabajadores por cuenta ajena retribuidos "a salario", cualquiera que sea la actividad que realicen, a los trabajadores por cuenta propia salvo que proceda su inclusión en otro grupo, así como a los trabajadores por cuenta ajena, por cuenta propia o armadores retribuidos "a la parte" que ejerzan su actividad pesquera a bordo de embarcaciones de más de 150 toneladas de registro bruto (TRB). En el segundo, se incluyen las personas trabajadoras por cuenta ajena y por cuenta propia o armadores, retribuidos "a la parte" que presten servicios en embarcaciones pesqueras de más de 10 toneladas de registro bruto y hasta 150 toneladas inclusive enrolados como técnicos o tripulantes; en este grupo existen dos subgrupos A) y B), en función de las toneladas de la embarcación, entre 50 y 150, y, entre 10 y 50, respectivamente. En el tercero, las personas trabajadoras por cuenta ajena retribuidos "a la parte" que presten servicios en embarcaciones pesqueras de hasta 10 toneladas de registro bruto (TRB), enroladas como técnicos o tripulantes10y las personas trabajadoras por cuenta propia como mariscadores, percebeiros, recogedores de algas y análogos, buceadores extractores de recursos marinos, rederos y rederas y armadores que ejerzan su actividad pesquera a bordo de embarcaciones de hasta 10 TRB, estando enrolados como técnicos o tripulantes. Con efectos de 1 de enero de 2016 y vigencia indefinida, para la provincia de Bizcaia se reconoce al colectivo de neskatillas y empacadoras incorporado como personas trabajadoras por cuenta propia dentro del grupo tercero de cotización (DF 4ª Ley 47/2015, introducida por Ley 48/2015, LPGE).

  Para estar incluido en los grupos segundo o tercero como trabajador por cuenta propia, los ingresos obtenidos de tales actividades deberán constituir su medio fundamental de vida, aun cuando con carácter ocasional o permanente realicen otros trabajos (art. 10.2 Ley 47/2015). Por otro lado, los beneficios de cotización que regula la LETA dirigidos a los trabajadores del RETA, como la conocida tarifa plana de autónomos, son aplicables con carácter general a quienes como trabajadores por cuenta propia queden incluidos en el grupo primero.

– A los incluidos en el grupo primero, les son aplicables las reglas sobre cotización en función de los rendimientos de la actividad económica o profesional, reguladas para el RETA en el art. 308 LGSS, así como la cotización durante las situaciones en que se perciban determinadas prestaciones económicas de carácter temporal, regulada en el art. 309 LGSS, si bien la referencia efectuada en su apartado 2 al Servicio Público de Empleo Estatal, respecto al pago de las cuotas en la situación de incapacidad temporal con derecho a prestación económica, una vez transcurridos sesenta días en dicha situación desde la baja médica, debe entenderse hecha al Instituto Social de la Marina (art. 8 Ley 47/15, redacción por RDL 13/2022). En definitiva, lo dispuesto en los artículos 44 a 46 RGCL en cuanto a la elección de bases de cotización en función de los rendimientos netos de la actividad económica o profesional de los trabajadores autónomos y a sus posibles cambios posteriores, así como a su posterior regularización anual, resultará de aplicación a los trabajadores por cuenta propia incluidos en el grupo primero de cotización del RETM.

– La cotización para todas las contingencias y situaciones protegidas en RETM de los trabajadores incluidos en los grupos 2.º y 3.º de cotización, se efectuará sobre las remuneraciones que se determinen anualmente mediante Orden del Ministerio competente, a propuesta del ISM, oídas las organizaciones representativas del sector; y tal determinación se efectuará por provincias, modalidades de pesca y categorías profesionales, sobre la base de los valores medios de remuneración percibida en el año precedente. Las bases que se determinen serán únicas, sin que puedan ser inferiores ni superiores a las que se establezcan para las distintas categorías profesionales (art. 53.1 RGCL y art. 9 Ley 47/15). La Orden ISM/25/2023, de 13 de enero, establece para el año 2023 las bases de cotización a la Seguridad Social de los trabajadores del RETM incluidos en los grupos segundo y tercero, sin perjuicio de lo establecido en el artículo 11 de la Ley 47/2015, en relación con los coeficientes correctores.

- Para la determinación de las bases por contingencias comunes para empresas y personas trabajadoras incluidas en los Grupos 2º y 3º se aplican los coeficientes correctores establecidos en el art. 11. Los coeficientes correctores son los siguientes: Grupo II-A: 2/3; Grupo II-B: 1/2; Grupo III: 1/3 (art. 11 Ley 47/2015). Los coeficientes correctores se aplicarán a las bases por contingencias comunes, desempleo, formación profesional y cese de actividad. No afectarán a las bases reguladoras de las prestaciones y desde 1 de enero de 2016, su aplicación será incompatible con cualquier otra reducción o bonificación en la cotización, salvo que expresamente se disponga lo contrario, y manteniéndose las que vinieran disfrutando con anterioridad a la entrada en vigor de la Ley 47/2015 (art. 11 y DA 1ª Ley 47/2015).
- La base de cotización correspondiente a la protección por cese de actividad será la correspondiente a la base reguladora de la misma, sin que, en ningún caso, pueda ser inferior al importe de la base mínima o base única vigente en el RETM y de acuerdo con las circunstancias específicas concurrentes en el beneficiario; conforme al art. 48.4 RGCL (modificado por RDL 13/2023) dicha base no ha de ser en ningún caso inferior al importe de la base mínima del tramo 1 de la tabla reducida (art. 48 aplicable a los trabajadores por cuenta propia de este Régimen especial). Aquellos colectivos que, conforme a la normativa reguladora de la cotización a la Seguridad Social, durante la actividad coticen por una base inferior a la base mínima ordinaria de cotización para los trabajadores por cuenta propia o autónomos, cotizarán por una base de cotización reducida durante la percepción de la prestación por cese de actividad (art. 122.10.4 LPGE para 2023).
- A los trabajadores por cuenta propia incluidos en el RETM les resultará de aplicación los supuestos especiales de cotización previstos para el RETA en el art. 48 RGCL, redacción por RDL 13/2022, que recoge supuestos especiales de cotización en determinadas situaciones de alta y asimilada a la de alta tales como pluriactividad, jubilación activa, cotización una vez cumplida la edad ordinaria de jubilación, durante la percepción de la prestación por cese de actividad y respecto de víctimas de violencia de género que cesan en la actividad (art. 55.2 RGCL, modificado por RDL 13/2022).
- La fijación de los tipos de cotización respecto a los trabajadores por cuenta ajena incluidos en este régimen especial, así como su distribución para determinar las aportaciones de empresarios y trabajadores,

se regirá por las reglas del Régimen general. Para la cotización por *contingencias comunes* en supuestos de remuneración "a la parte", la aportación del trabajador se deduce del "monte menor" en el momento de su reparto.

– La cotización por contingencias profesionales se ajustará a las siguientes normas:

1ª Respecto de trabajadores por cuenta ajena, la cuota será a cargo exclusivo de la empresa y se efectuará de conformidad con las tarifas de primas aprobadas al efecto y que podrán ser diferentes para las distintas actividades, modalidades y tareas. Ahora bien, si emplean a trabajadores a quienes les resulte de aplicación en razón de su actividad, un coeficiente reductor de la edad de jubilación, cotizarán por el tipo más alto de la tarifa de primas; esta norma no se aplica respecto de trabajadores embarcados en barcos de pesca de hasta 10 toneladas de Registro Bruto (art. 146.4 LGSS).

2ª Respecto de trabajadores por cuenta propia, los tipos de cotización por contingencias profesionales son los mismos que los establecidos para los trabajadores autónomos del RETA;. Conforme establece el art. 18 de la Orden de cotización para 2023 (Orden PCM/74/2023), desde el 1 de enero de 2023, los tipos de cotización de los trabajadores por cuenta propia serán los siguientes:

a) Para las contingencias comunes, el 28,30 por ciento.

b) Para las contingencias profesionales:

El 1,30 por ciento, del que el 0,66 por ciento corresponde a la contingencia de incapacidad temporal y el 0,64 por ciento, a las de incapacidad permanente y muerte y supervivencia.

No obstante, cuando a los trabajadores autónomos por razón de su actividad les resulte de aplicación un coeficiente reductor de la edad de jubilación, la cotización por contingencias profesionales se determinará de conformidad con el tipo más alto de los fijados en la tarifa de primas establecida en la disposición adicional cuarta de la Ley 42/2006, de 28 de diciembre, siempre y cuando el establecimiento de dicho coeficiente reductor no lleve aparejada una cotización adicional por tal concepto.

En el RETM, respecto de los trabajadores por cuenta ajena, el nacimiento, la duración y la extinción de la obligación de cotizar, y período, forma y plazo de la liquidación de las cuotas, así como su comprobación y control, se regirán por lo dispuesto con carácter general en el art. 28 RGCL para el

Régimen general. Respecto de los trabajadores por cuenta propia, el período, forma y plazo de la liquidación de cuotas y el nacimiento, duración y extinción de la obligación de cotizar se regirán por lo dispuesto en el art. 47 RGCL para el RETA (art. 54 RGCL, redacción RDL 13/2022). El ISM colaborará con la TGSS en el desempeño de la función recaudatoria en el ámbito del RETM (art. 12.2 Ley 47/15) y conforme al art. 22.1.c) LGSS las cuotas se liquidarán mediante el sistema de liquidación simplificada.

Asimismo, en este Régimen resultará de aplicación la cotización adicional de solidaridad a que se refiere el art. 19 bis LGSS en el momento que entre en vigor dicho artículo (1 de enero de 2025, conforme RDL 2/2023 que lo incorpora a la LGSS): – a los trabajadores por cuenta propia, y en el caso de los incluidos en los grupos segundo y tercero se liquidará respecto de los rendimientos netos a que se refiere el art. 308 LGSS que superen el importe del tope máximo de cotización; – a los trabajadores por cuenta ajena, y en el caso de los incluidos en los grupos segundo y tercero se liquidará respecto de las retribuciones que superen el importe del tope máximo de cotización (disp. adic. 5ª.2 y 3 Ley 47/2015, incorporada por RDL 2/2023).

Por último también el Mecanismo de Equidad Intergeneracional será aplicable a los trabajadores del Régimen Especial del Mar, al que se aplicará el art. 127bis LGSS teniendo en cuenta lo previsto para los trabajadores de los grupos segundo y tercero a los que se refiere el art. 10 Ley 47/2015, y se calculará sobre el importe resultante de aplicar a las bases de cotización por contingencias comunes los coeficientes correctores a que se refiere el art. 11 Ley 47/2015 (disp. adic. 5ª.1 Ley 47/2015, incorporada por RDL 2/2023)[11].

2.4. Acción protectora

La acción protectora del RETM se contiene en los arts. 13 y ss. Ley 47/2015, y cabe destacar lo siguiente:

a. Por lo que se refiere a la definición de contingencias, se aplican las definiciones del Régimen General para los trabajadores por cuenta

---

[11] El sistema salarial "a la parte" consiste en la creación de un "monte mayor" que se determina por el importe bruto de la pesca, deduciendo del mismo los beneficios empresariales y determinados gastos, entre los que se incluyen las cuotas de accidente de trabajo y enfermedad profesional. El resultado es el denominado "monte menor" que se distribuye entre los trabajadores. El sistema de retribución adoptado, a salario o a la parte, vinculará por igual a todos los miembros de la tripulación, incluido el armador (art. 10.3 Ley 47/2015).

ajena, y del RETA, para los trabajadores por cuenta propia (art. 13.2 Ley 47/2015).

b. Las prestaciones y su régimen jurídico se contienen en los artículos 14 y ss. Ley 47/2015.

c. En materia de revalorización de pensiones se remite a las normas de la LGSS.

d. Se prohíbe la cesión total o parcial, retención, compensación o descuento de prestaciones, salvo para cumplir obligaciones alimenticias a favor del cónyuge e hijos o cuando se trate de obligaciones contraídas por el beneficiario dentro de la Seguridad Social; en materia de embargo y tributación se rigen por la normativa específica correspondiente.

e. Se declara la incompatibilidad de las pensiones de este Régimen Especial, salvo disposición legal o reglamentaria en contrario, y en su caso, si el trabajador pudiera tener derecho a dos o más pensiones optará por una de ellas;

f. Respecto al cómputo recíproco de cotizaciones, se establece que todos los períodos de cotización y asimilados serán totalizados, siempre que no se superpongan para la adquisición del derecho a las prestaciones. No cabe aplicarlo a la prestación por cese de actividad entre regímenes, ni a cese de actividad y desempleo.

La acción protectora es similar a la del Régimen General o a la del RETA en su caso, pero con algunas especialidades.

Quedan equiparados en las prestaciones familiares y en las prestaciones por nacimiento y cuidado del menor, corresponsabilidad en el cuidado del lactante, riesgo durante el embarazo y riesgo durante la lactancia natural, y la prestación por cuidado de menores afectados por cáncer u otra enfermedad grave. Si bien, la base reguladora del RETA prevista para la prestación por nacimiento y cuidado del menor solo se aplica a quienes pertenezcan al grupo primero. También en materia de prestación por incapacidad temporal las condiciones son equiparables a las previstas en el Régimen General, y RETA, incluido el régimen de protección en supuestos especiales de IT (art. 23.21 Ley 47/15, 21 oct. redacción LO 1/2023), si bien, respecto de las personas trabajadoras por cuenta ajena incluidas en los grupos segundo y tercero, el abono de la prestación se realiza en la modalidad de pago directo, bien por la entidad gestora, bien por la MCSS.

En cuanto a la *asistencia sanitaria,* presenta ciertas peculiaridades, como el hecho de que se prestará por el ISM cuando se encuentren a bordo o en puerto extranjero, con cargo a las empresas por cuya cuenta trabajen; la entidad gestora en estos casos reintegrará a las empresas afectadas el importe de los gastos que ocasione dicha asistencia; también será competente el ISM en el territorio español en el que no se hayan transferido las competencias en esta materia, en Ceuta y en Melilla. En el resto del territorio nacional la asistencia sanitaria será prestada por el servicio público de la comunidad autónoma correspondiente (art. 21.3 Ley 47/2015).

La protección por cese de actividad sigue las mismas reglas que para los trabajadores adscritos al RETA, incluido su carácter obligatorio (art. 327 LGSS); si bien, se regulan algunas especialidades como a efectos del cómputo del período de carencia y determinación de la duración de la prestación, como los periodos de veda obligatoria aprobados por la autoridad competente, que no se tendrán en cuenta para el cómputo de los 12 meses continuados e inmediatamente anteriores a la situación legal de cese de actividad, siempre y cuando en dichos periodos no se hubiera percibido la prestación por cese de actividad (art. 34.4 Ley 47/2015); también la incompatibilidad expresamente contemplada entre esta prestación y la percepción de ayudas por paralización de la flota contemplada en el art. 342.2 LGSS.

La gestión corresponde a la entidad que cubra las contingencias profesionales (MCSS o ISM).

Respecto de los trabajadores por cuenta ajena, la prestación por desempleo se concede en los mismos términos y condiciones y requisitos que en el Régimen General, sin perjuicio de disposiciones específicas que pudieran aprobarse (art. 33 Ley 47/2015). La prestación de alcance temporal y extraordinaria que se reguló durante el estado de alarma por razones de emergencia sanitaria por la COVID-19, así como el plan de exoneración de cuotas a empresas y trabajadores se les aplica con las mismas condiciones y alcance previstos para el Régimen General.

En materia de pensiones derivadas de muerte y supervivencia, así como las de incapacidad permanente con carácter general se rigen por las reglas comunes.

En el caso de la pensión de jubilación será reconocida en las mismas condiciones, cuantía y forma que en el Régimen General o RETA, en su caso. Como especialidad, se permite que la edad de jubilación sea rebajada mediante la aplicación de coeficientes reductores de la edad ordinaria de jubilación en razón al tiempo de desempeño efectivo de ciertas actividades, según escala prevista en el RD 1311/2007, de 5 de octubre. No procederá la aplicación de estos coeficientes cuando se acceda a la pensión desde la situación de no alta (art. 30.4 Ley 47/2015). Estos coeficientes reductores se aplican en función del trabajo efectivo realizado en cada una de las actividades mencionadas en el art. 1 RD 1311/2007, de 5 de octubre. Tienen la consideración de trabajo efectivo a tales efectos, los períodos de desembarco debidos a enfermedad y accidente así como los permisos, licencias retribuidas y vacaciones a los que tengan derecho según la legislación laboral aplicable (art. 30.2 Ley 47/2015).

La acreditación de estos períodos de vida laboral se efectúa a través de los documentos de afiliación, altas, bajas y cotización, historiales de navegación del personal titulado, libretas de inscripción marítima, rol de embarcación y certificaciones de la autoridad competente o permisos expedidos por la Comunidad Autónoma en el supuesto de mariscadores, percebeiros y recogedores de algas (art. 2 RD 1311/2007, de 5 de octubre).

Para calcular el período de reducción de la edad mínima por aplicación de los citados coeficientes se tienen en cuenta las reglas contenidas en el art. 3 RD 1311/2007.

El periodo de tiempo en que resulte rebajada la edad de jubilación no podrá ser superior a diez años y se considera cotizado a efectos de determinar el porcentaje aplicable para el cálculo de la cuantía de la pensión, sin que en ningún caso pueda ser superior al que se habría aplicado de haber continuado trabajando hasta la edad ordinaria de jubilación (art. 30.3 Ley 47/2015). Si no hay adelanto de la edad de jubilación, no debe aplicarse el coeficiente reductor para incrementar el periodo cotizado (STS de 20 de julio de 2021, Rec. 4693/2018).

Es aplicable a este Régimen la jubilación anticipada en los términos regulados para el Régimen General y específicamente y de forma transitoria a aquellos a los que se les pueda seguir aplicando la legislación anterior conforme a la disposición transitoria primera de la Ley 47/2015. También es aplicable el régimen de jubilación flexible (art. 4 RD 1132/2002), la exención de cuotas para trabajadores de 65 o más años (art. 152 y 311 LGSS) la cotización en supuesto de compatibilidad pensión y trabajo establecida en el art. 153 y 309 LGSS y la jubilación parcial (art. 215 LGSS), todo ello con el alcance establecido en la DA 1ª LGSS.

3. RÉGIMEN ESPECIAL DE LA MINERÍA DEL CARBÓN

La razón de ser del régimen especial de seguridad social de la minería del carbón tiene una particular vinculación con las características especialmente penosas del trabajo en la mina. Se trata de una actividad caracterizada por la penosidad, la peligrosidad, la especial necesidad de esfuerzo y un habitual aislamiento. Una actividad económica que, a diferencia de la situación actual, tuvo otrora un importante peso en la economía y en el mercado de trabajo del Estado español[12].

La primera regulación como tal del RE para la minería y el carbón (REMC) se realizó por el Decreto 574/1967 de 23 de marzo, con carácter de urgencia y provisionalidad. Poco después, el Decreto 384/1969, de 17 de marzo vino a sustituir el anterior[13]. En su exposición de motivos la norma afirmaba que las características determinantes del trabajo en la mina, la "dureza y peligrosidad", exigían ser contrapesadas con una especial configuración de la acción protectora y que esto justificaba la existencia de un régimen especial.

Esta norma fue de nuevo sustituida en 1973 por el mandato de la DF 5ª de la Ley 24/1972, de 21 de junio, que ordenaba al Gobierno dictar las disposiciones necesarias para la aplicación inmediata de su articulado a los Regímenes Especiales que resultaron alterados por el mismo, entre ellos el de la Minería y el Carbón. La misma norma también ordenaba que

---

12 Según los datos proporcionados por el Ministerio de Inclusión, Seguridad Social y Migraciones, el mes de mayo de 2024, el RESSNC contaba con un total de 900 personas trabajadoras (en el mes de mayo de 2023 en este régimen existían 959 personas trabajadoras, en el mes de mayo de 2022 eran 1003; en 2021, 1057; en el mismo mes de 2020, 1204; en 2019, 1547; en 2018 el número ascendía a 2.251; en mayo de 2017 a 2.492). Las 900 personas trabajadoras están ubicadas fundamentalmente en Asturias. En el año 2001 el número de trabajadores en alta en este régimen ascendía a 17.400. Utilizando datos de la Encuesta de Población Activa podemos remontarnos a 1987, año en el que en la rama de actividad "industrias extractivas" se incluían 84.200 trabajadores.

13 El antepasado directo de este Régimen Especial es la "Caja de Jubilaciones y Subsidios" de Asturias, cuyo objetivo era tanto la mejora del seguro obligatorio de vejez para los mineros, como el permitir la disminución del número de trabajadores en las minas en un momento de depresión del consumo del carbón. Tal Caja tuvo su origen en el pacto colectivo de 7 marzo de 1933 adoptado por el jurado mixto de la minería compuesto por patronos y obreros de la cuenca minera asturiana y fue estructurada y desarrollada mediante el Decreto de 28 marzo 1933, que creaba la figura de los auxilios económicos de las minas del carbón y la Orden de 30 marzo 1933.

debía tenderse hacia la mayor homogeneidad posible entre los Regímenes especiales y el Régimen General, compatibilizando esta tendencia con el establecimiento de una protección reforzada, obligación contenida en el actual art. 10, apartados 4 y 5 LGSS. La plasmación del mandato legal fue el Decreto 298/1973, de 8 de febrero, sobre actualización del Régimen Especial de la Seguridad Social para la Minería del Carbón (DREMC), desarrollado por la Orden de 3 de abril de 1973[14] (OREMC) y por otras posteriores, con abundantes modificaciones y aclaraciones[15].

En la actualidad, el régimen especial de la minería y el carbón no se encuentra enumerado en la lista contenida en el art. 10.2 de la LGSS, por lo que su existencia se apoya jurídicamente en el art. 10.2.e) de la LGSS, que establece la ya bien conocida habilitación genérica al Ministerio competente para la creación de regímenes especiales nuevos cuando sea preciso.

La estructura jurídica actual del REMC se mantiene constituida por las dos normas de 1973 y las que las desarrollan, así como por el conjunto de reglas contenidas en los artículos de la LGSS que deben ser entendidos de obligada aplicación según la disposición adicional 8ª de la LGSS. De igual observancia obligatoria es, evidentemente, el Título I de la LGSS. Por último, con carácter supletorio, deben entenderse aplicables las normas del Régimen General respecto de las materias no reguladas en las normas específicas.

Cabe añadir, como comentario general respecto del contenido de este régimen y su ámbito de aplicación, que se trata de un régimen con un buen nivel de cobertura, probablemente en términos globales el más protector, pero con un ámbito subjetivo muy reducido y que decrece de manera exponencial, generándose una brecha amplísima y en permanente aumento entre activos y pasivos.

3.1. Campo de aplicación

El artículo 2 del DREMC, en consonancia con el mismo artículo de su Orden de desarrollo, delimita el campo de aplicación del Régimen espe-

---

14 Orden de 3 de abril de 1973 para la aplicación y desarrollo del Decreto 298/1973, de 8 de febrero, sobre actualización del Régimen Especial de la Seguridad Social para la Minería del Carbón, modificado por última vez por la Orden de 8 de abril 1986, para la modificación de su artículo 20.

15 Otra norma de particular interés para la comprensión de este Régimen especial es el Estatuto del Minero, aprobado por el Real Decreto 3255/1983, de 21 de diciembre.

cial a los trabajadores que reúnan dos requisitos, el primero de carácter general y el segundo de carácter específico.

En primer lugar, deben cumplir las condiciones generales para ser considerados como trabajadores por cuenta ajena[16]. En segundo lugar, los trabajadores deben hallarse incluidos en el ámbito subjetivo de las Reglamentaciones de Trabajo u Ordenanzas Laborales relativas a la Minería del Carbón. Así, el campo de aplicación del REMC se delimita, dada la remisión expresa de las normas mencionadas, por la Ordenanza de Trabajo para las Minas de Carbón, aprobada por la Orden de 29 de enero de 1973, vigente a los únicos efectos de efectuar esta delimitación subjetiva.

Según el artículo segundo de la Ordenanza, este Régimen especial comprende a los trabajadores ocupados en la extracción de carbón en las minas subterráneas, la explotación de carbón a cielo abierto, las actividades de investigación y reconocimientos, de aprovechamiento de carbones y aguas residuales con materias carbonosas; el escogido de carbón en escombreras; la fabricación de aglomerados de carbón mineral; los hornos de producción de cok (con exclusión de los pertenecientes a la industria siderometalúrgica); el transporte fluvial de carbón y las actividades secundarias o complementarias de las anteriores.

El DREMC indica a continuación que también quedan comprendidos en el mismo los cargos directivos de las empresas que estén afectadas por la Ordenanza, siempre que no se limiten a ostentar cargos de Consejeros en las Empresas que adopten forma jurídica de Sociedad.

---

16 Esto nos remite al art. 7 de la LGSS, que como ya es bien sabido, incluye en el sistema a los trabajadores por cuenta ajena, remitiendo para la delimitación de este concepto al art. 1.1. del Estatuto de los Trabajadores, sea cual sea su sexo, estado civil y profesión. La cuestión del sexo es especialmente relevante en este Régimen especial, por cuanto la prohibición del trabajo femenino en las minas ha sido habitual, no sólo en nuestro ordenamiento, sino también en el ámbito internacional y comparado. Evidentemente, la aplicación del derecho a la no discriminación por razón de sexo sito en el art. 14 de la Constitución Española llevó al Tribunal Constitucional en su sentencia 229/1992 de 14 de noviembre, a considerar que esta prohibición era incompatible con la Carta Magna, indicando claramente que "no cabe duda de que la prohibición de trabajar en el interior de las minas a la mujer, aunque responda históricamente a una finalidad protectora, no puede ser calificada como una medida de acción positiva o de apoyo o ventaja para conseguir una igualdad real de oportunidades, ya que no favorece a ésta sino que más bien la restringe al impedir a la mujer acceder a determinados empleos". Sobre esta cuestión vid. MARTÍNEZ BARROSO, Mª R., Sistema jurídico de la seguridad social de la minería del carbón, Universidad de León, 1997, pp. 80 y ss.

Asimismo, por inclusión expresa de la DT 1ª de la OREMC este régimen incluye a los sectores laborales que a fecha de 31 de marzo de 1969 estuviesen incorporados a alguna de las Mutualidades Laborales del Carbón en virtud de resolución expresa. También incide en el ámbito subjetivo lo dispuesto en el artículo 20 del Estatuto del Minero, que considera dentro del Régimen especial a los trabajadores que incluye en su ámbito de aplicación, siempre que presten servicios en explotaciones carboníferas[17].

3.2. Actos de encuadramiento

Tal y como señala el artículo 3 de la OREMC, en materia de inscripción de empresas, afiliación y altas y bajas deben entenderse aplicables al REMC las normas del RGSS, con determinadas especialidades. Esta mención nos remite por tanto al Reglamento General de Afiliación, Altas, Bajas y Variaciones de datos (RD 84/1996, de 26 de enero), con particular atención a su artículo 50, texto al que deben añadirse las particularidades señaladas en la OREMC.

Según el artículo 50 del Reglamento, los empresarios deben cumplir la obligación de solicitar las altas y bajas de sus trabajadores idénticos términos y condiciones que los requeridos respecto del régimen general. Por añadidura, los empresarios han de remitir a la Dirección Provincial de la Tesorería General, en el plazo que determine el MTAS o, en su defecto, dentro de los quince días siguientes a la terminación de cada mes natural, por duplicado y según modelo oficial, los partes o relaciones mensuales relativos a los trabajadores que hayan ingresado y cesado en la empresa a los trabajadores que hayan cambiado de categoría o especialidad profesional o que la conserven a pesar de haber pasado a un puesto de trabajo al que correspondería otra y relativos a los trabajadores que hayan faltado al trabajo por causas que no sean las que tengan por motivo la baja médica por enfermedad común o profesio-

[17] El ámbito de aplicación del Estatuto del Minero se fija en su artículo primero de la siguiente manera: "Las normas del presente Estatuto del Minero serán de aplicación a las relaciones laborales desarrolladas en las empresas dedicadas a las labores de explotación y aprovechamiento de los yacimientos minerales y demás recursos geológicos, que se incluyen en el ámbito de la Ley 22/1973, de 21 de julio, reguladora de minas, quedando, asimismo, incluidas las labores mineras de investigación. La presente norma será aplicable en las empresas que desarrollan las labores descritas en el párrafo anterior, bien sea en la forma directa o como contratistas, subcontratistas o compañías auxiliares, y respecto de los trabajadores mineros de los distintos grupos profesionales de interior y exterior (obreros, empleados y técnicos de grado medio y de grado superior). No será de aplicación a las actividades distintas de las mencionadas a que, conforme a su objeto social, puedan dedicarse las empresas".

nal y accidente, sea o no de trabajo, y las autorizadas por las normas laborales correspondientes con derecho a retribución. Esta obligación se recoge asimismo en el art. 4 de la OREMC. Por añadidura, y según el art. 4.4 de la misma Orden, debe entenderse igualmente obligatoria la comunicación por parte de la TGSS a cada trabajador de las variaciones que le afecten, ya sea por haber cambiado de categoría o de especialidad profesional, ya sea en lo relativo a la base normalizada de cotización o al coeficiente reductor de edad a efectos de la pensión de jubilación, o en cuanto a sus faltas de asistencia al trabajo que se hayan reflejado en el parte correspondiente (art. 4 OREMC).

3.3. Cotización

Las reglas que diseñan la cotización en el Régimen Especial derivan de diversas fuentes: los artículos 56 y ss. RGCL; los artículos 5 y siguientes de la OREMC, así como lo dispuesto anualmente en la correspondiente LPGE[18] y a la diversa normativa de desarrollo[19].

La especificidad del Régimen reside fundamentalmente en la obligación de normalizar las bases de cotización por contingencias comunes. El MESS fija la cuantía de las bases normalizadas, mediante la aplicación de las reglas previstas en el art. 57 del RGCL, en la LPGE de cada año y en la Orden anual correspondiente[20]. Debe tenerse en cuenta que habitualmente esta Orden se aprueba con retraso por lo que, en estos casos, la Secretaría de Estado de la Seguridad Social fija unos plazos especiales para el ingreso de las diferencias que resulten de la aplicación de las bases que se establecen en la orden mencionada, respecto de aquellas por las que se ha venido cotizando durante ese ejercicio[21].

---

18 El art. 122.9 de la Ley 31/2022, de 23 de diciembre, de Presupuestos Generales del Estado para el año 2023 ha quedado prorrogado hasta la aprobación de los próximos PGE.

19 Orden PJC/51/2024, de 29 de enero, por la que se desarrollan las normas legales de cotización a la Seguridad Social, desempleo, protección por cese de actividad, Fondo de Garantía Salarial y formación profesional para el ejercicio 2024.

20 Orden ISM/1164/2023, de 20 de octubre, por la que se fijan para el ejercicio 2023 las bases normalizadas de cotización a la Seguridad Social, por contingencias comunes, en el Régimen Especial de la Seguridad Social para la Minería del Carbón.

21 En este sentido vid. la Resolución de 3 de noviembre de 2023, de la Secretaría de Estado de la Seguridad Social y Pensiones, por la que se establece el plazo especial para el ingreso de las diferencias resultantes de la aplicación de la Orden ISM/1164/2023, de 20 de octubre, por la que se fijan para el ejercicio 2023 las ba-

Considerando las previsiones normativas aplicables cada año, las bases de cotización por contingencias comunes se determinan según las normas siguientes[22]:

Se tendrá en cuenta el importe de las remuneraciones percibidas o que hubieran tenido derecho a percibir los trabajadores, computables a efectos de cotización por AT y EP durante el período comprendido entre 1 de enero y 31 de diciembre, ambos inclusive.

Dichas remuneraciones se totalizarán agrupándolas por categorías, grupos profesionales y especialidades profesionales y zonas mineras[23], teniendo en cuenta lo dispuesto en el artículo 57 del RGCL[24]. Los importes obtenidos, así totalizados, se dividirán por la suma de los días a que correspondan.

Este resultado constituirá la base normalizada diaria de cotización por contingencias comunes, cuyo importe no podrá ser inferior al fijado para el ejercicio inmediatamente anterior para esa categoría profesional, incrementado en el mismo porcentaje experimentado en el presente ejercicio por el tope máximo de cotización ni superior a la cantidad resultante de elevar a cuantía anual el citado tope máximo y dividirlo por los días naturales del ejercicio en curso.

Será el Ministerio de Empleo y Seguridad Social la entidad encargada de fijar la cuantía de las bases normalizadas, mediante la aplicación de las reglas previstas en el número anterior.

---

ses normalizadas de cotización a la Seguridad Social, por contingencias comunes, en el Régimen Especial de la Seguridad Social para la Minería del Carbón.

22 Vid. art. 19 de la Orden PJC/51/2024, de 29 de enero, por la que se desarrollan las normas legales de cotización a la Seguridad Social, desempleo, protección por cese de actividad, Fondo de Garantía Salarial y formación profesional para el ejercicio 2024, modificada por la Orden PJC/281/2024, de 27 de marzo.

23 Las zonas mineras en las que el Anexo de la Orden ISM/1164/2023, de 20 de octubre divide las bases diarias normalizadas de cotización, por contingencias comunes, iguales a las delimitadas por la Orden de 1973, son las siguientes: zona primera: Asturias; zona segunda: Noroeste; zona cuarta, Centro-Levante.

24 Según el art. 57 del RGCL, el Ministerio de empleo determinará las bases de cotización normalizadas correspondientes a cada año a través de una totalización dentro del ámbito territorial de cada zona establecida con esta finalidad y según las categorías, de las bases de cotización para accidentes de trabajo y enfermedades profesionales relativas al ejercicio anterior según las enfermedades profesionales relativas al ejercicio anterior y sin aplicación del tope máximo a que se refiere el artículo 9 del Reglamento, dividiéndose los totales resultantes por el número de días a que correspondan las bases totalizadas y el resultado se redondeara a cero o a cinco por exceso.

En cuanto a las contingencias profesionales, la base de cotización se calcula añadiendo a las retribuciones mensuales que tenga derecho a percibir el trabajador, o que realmente perciba en el caso de ser superiores, la parte proporcional de las pagas extraordinarias y las demás percepciones de vencimiento superior a un mes o que no tengan carácter periódico y se satisfagan en el ejercicio. La base de AT y EP sirve igualmente para el cálculo de las cotizaciones por Desempleo, Fondo de Garantía Salarial y Formación Profesional.

Debe tenerse en cuenta que el artículo 57 del RGCL establece que no será de aplicación en este Régimen Especial la cotización adicional por horas extraordinarias al formar parte dicho concepto salarial de las bases anuales normalizadas a que se refiere el apartado 1 de ese artículo[25].

Según indica el art. 19.1 de la Orden PJC/51/2024, de 29 de enero, durante la percepción de la prestación por desempleo, si corresponde cotizar en el Régimen Especial para la Minería del Carbón, la base de cotización será la normalizada vigente que corresponda a la categoría o especialidad profesional del trabajador en el momento de producirse la situación legal de desempleo. Tal base de cotización se actualizará conforme a la base vigente en cada momento que corresponda a la categoría o especialidad profesional del trabajador en el momento de producirse la situación legal de desempleo.

Respecto a la cotización en situaciones especiales, el artículo 58 del RGCL dispone las siguientes normas:

Cuando el trabajador permanezca en alta en el REMC sin tener derecho a percibir remuneración computable, las bases de cotización para contingencias comunes y profesionales serán las determinadas en el artículo 69 RGCL, que dispone que debe tenerse en cuenta la base mínima de cotización que corresponde según el grupo de cotización en que se encuadre la categoría profesional del trabajador.

En las situaciones de incapacidad temporal, maternidad, paternidad, riesgo durante el embarazo y riesgo durante la lactancia natural, así como

---

25 El artículo 19 de la Orden PJC/51/2024, de 29 de enero detalla otras especialidades de la cotización, como las relativas a la cotización por contingencias comunes respecto de los trabajadores pertenecientes a categorías o especialidades profesionales de nueva creación que no tengan asignada la correspondiente base normalizada (y que hasta que ésta se determine, se realizará en función de la base de cotización por accidentes de trabajo y enfermedades profesionales) o las relativas a la cotización en el convenio especial suscrito en el REMC cuyas normas desarrolla el mencionado artículo, entre otras.

en las situaciones asimiladas a la de alta, en las que subsista la obligación de cotizar en el REMC, la base normalizada de cotización para contingencias comunes será la que corresponda, en cada momento, a la categoría o especialidad profesional que tuviera el trabajador en la fecha en que se inicien esas situaciones o en que se produzca la situación asimilada a la de alta, salvo que para la específica situación de que se trate se halle fijada otra base de cotización diferente. En tales situaciones, la base de cotización por contingencias profesionales se determinará de acuerdo con las normas establecidas en el Régimen General para la situación de que se trate.

Cabe señalar por último que la recaudación, tanto en período voluntario como en vía ejecutiva o de apremio, se llevará a cabo de acuerdo con las disposiciones que regulan esta materia en el Régimen General.

3.4. Acción protectora

Según indica el artículo 5.2 del DREMC las prestaciones y los demás beneficios que comprende la acción protectora del REMC son los mismos que los del RGSS, aplicándose en similar extensión, forma, términos y condiciones, con las particularidades establecidas en las normas específicas de regulación de este Régimen (en idéntico sentido se expresa el artículo 11.2 de la OREMC, véase en este sentido la Disposición Adicional Primera, apartado primero de la LGSS), en el sentido de mejorar la protección en determinados aspectos dada la especial penosidad de la actividad que desarrollan los trabajadores adscritos a este régimen. Así, las particularidades más relevantes se refieren tanto a los requisitos para acceder a la prestación, en concreto a la condición de situación asimilada al alta, como a la base reguladora de las prestaciones y, especialmente, a la regulación de determinadas prestaciones como la incapacidad permanente y la jubilación.

Dentro de las situaciones asimiladas al alta se incluye en este régimen especial el denominado "paro involuntario", situación regulada en el artículo 16 de la OREMC. En el mismo se reconoce como situación asimilada a la de alta para poder causar las prestaciones por invalidez permanente, jubilación y muerte y supervivencia, el paro involuntario que subsista después de haberse agotado las prestaciones por desempleo o que se produzca sin que el interesado haya tenido derecho a estas prestaciones, cuando la pérdida del empleo no haya sido imputable al trabajador. La condición es que, cuando se produzca esta situación, el trabajador haya cumplido 55 años y cotizado por un periodo de 700 días en los 7 años inmediatamente anteriores, unos límites de edad que pueden ser rebajados en lo relativo a la pensión de jubilación. Además de estos requisitos subjetivos, el artículo 16 de la OREMC establece igualmente una serie de normas respecto del pago de las cuotas a cargo del trabajador.

En cuanto a la base reguladora de las prestaciones, el artículo 12 de la OREMC indica que la misma se determinará en función de las bases por las que se haya efectuado la cotización correspondiente al trabajador para la contingencia o situación de que se trate, con aplicación de lo determinado para esta materia en el RGSS. No obstante, para las situaciones de IT derivada de contingencias comunes, maternidad, paternidad, riesgo durante el embarazo y riesgo durante la lactancia natural y desempleo la base reguladora será la base normalizada de cotización que tuviera el trabajador en el momento de iniciarse alguna de las situaciones mencionadas.

Debe tenerse en cuenta que las nuevas situaciones especiales de incapacidad temporal introducidas por la Ley Orgánica 1/2023, de 28 de febrero, por la que se modifica la Ley Orgánica 2/2010, de 3 de marzo, de salud sexual y reproductiva y de la interrupción voluntaria del embarazo, contempladas en los artículos 169.1, 172 y 173 del TRLGSS son igualmente aplicables al REMC, tal y como aclaró el Criterio de gestión 14/2023, del INSS, de 1 junio.

Más allá de estas particularidades, la normativa del REMC establece unas reglas específicas relativas a determinadas prestaciones que examinamos a continuación.

3.4.1. La incapacidad permanente

Al respecto de la incapacidad permanente son aplicables los artículos 8 y 1720 del DREMC y de la OREMC respectivamente.

Las particularidades comienzan con la valoración de la incapacidad. Como indica el artículo 17 de la OREMC, cuando un trabajador esté afectado por reducciones anatómicas o funcionales determinadas por diversas contingencias, las mismas deben ser consideradas en conjunto a efectos de declarar la existencia inicial de una situación de incapacidad permanente y calificar el grado de la misma. Como señala el mismo artículo in fine, en todo caso será suficiente con que cualquiera de estas reducciones tomadas en cuenta para declarar la incapacidad permanente, sea debida a accidente, de trabajo o no laboral, o a enfermedad profesional, para que no se exija período previo de cotización como condición del derecho a las prestaciones que se deriven de la invalidez.

Igualmente específico de este sistema es la aplicación de las bonificaciones de la edad previstas para la jubilación en el caso de la incapacidad permanente total. Estas bonificaciones supondrán un incremento de la edad real que afectará a la aplicación de la posibilidad de obtener una sustitución excepcional de la pensión por una indemnización a tanto alzado o de conseguir un incremento de dicha pensión por presumirse la dificultad de obtener empleo en actividad distinta de la habitual anterior; igual norma se aplicará cuando la sustitución o el incremento tenga lugar en otro

Régimen de la Seguridad Social y afecte a trabajadores que estén o hubieran estado comprendidos en este REMC (artículos 8.2 DREMC y 19 OREMC).

Respecto de la incapacidad permanente absoluta y la gran invalidez el artículo 20 de la OREMC dispone que en estas situaciones los pensionistas que hayan cumplido 65 años, o la edad necesaria en el caso de aplicarse las bonificaciones mencionadas, tendrán derecho a elevar la cuantía de su pensión, equiparándola a la que correspondería, el día 1 del mes siguiente a aquel en que ejercite su derecho, a una pensión de jubilación determinada según las reglas que se establecen en el mismo artículo de la OREMC y siempre que la nueva cuantía resulte superior a la anterior.

3.4.2. La jubilación

La particularidad más relevante en este Régimen especial respecto de la jubilación es la existencia de coeficientes reductores de la edad ordinaria exigida en cada momento para acceder a la misma, una reducción derivada de la especial penosidad del trabajo en la mina, que como venimos señalando da razón de ser a la totalidad del REMC.

La reducción se regula en los artículos 9 y 21 del DRECM y de la OREMC respectivamente. La edad debe rebajarse en un período equivalente al que resulte de aplicar al período de tiempo efectivamente trabajado en cada una de las categorías y especialidades profesionales de la Minería del Carbón, el coeficiente que corresponda de conformidad con una escala determinada en la norma, que va del 0,50, en las categorías de Picador, Barrenista y Ayudantes de una u otra, al 0,05, para los trabajadores del exterior. Esta escala está claramente establecida en función de la penosidad de la actividad que se haya desarrollado. El período de tiempo en que resulte la rebaja efectuada al aplicar los porcentajes deberá computarse como periodo cotizado para incrementar el porcentaje de pensión por años de cotización.

Por otro lado, este Régimen especial también establece la posibilidad de que los pensionistas por invalidez permanente total puedan convertir esta pensión en la de jubilación. Como indican y detallan minuciosamente los artículos 10 y 22 del RMEC y de la OREMC respectivamente, estos pensionistas serán considerados en situación asimilada a la de alta para causar jubilación, siempre y cuando se cumplan los requisitos establecido en los artículos señalados.

Esta conversión tendrá efectos sobre las prestaciones de muerte y supervivencia, debiendo destacarse entre ellos los aspectos regulados en el arts. 20.5 y 22.6 de la OREMC.

En primer lugar, la norma señala que estas prestaciones se determinarán de acuerdo con la base reguladora que haya servido para el cálculo de la nueva cuantía de la pensión, y que los importes de las prestaciones de muerte y supervivencia determinados de esta manera se incrementarán con el de las mejoras o revalorizaciones periódicas que para estas prestaciones se haya establecido desde la fecha en que se hubieran producido los efectos de la nueva cuantía de la pensión o desde la fecha en que se produjo el hecho causante de la pensión a que se renunció, según proceda.

En segundo lugar, aun cuando el trabajador tenga la condición de pensionista de jubilación, si su muerte ha sido debida a accidente de trabajo o enfermedad profesional se causarán las prestaciones de muerte y supervivencia correspondientes a tales contingencias.

4. RÉGIMEN ESPECIAL DE ESTUDIANTES (SEGURO ESCOLAR OBLIGATORIO)

La LBSS apeló a la necesaria existencia de un régimen especial de Seguridad Social para el colectivo de "estudiantes" (apartado 10 g, Base 3ª LBSS), en términos que recogió el art. 10.2.i LSS/1966. Aunque, al no aprobarse una ordenación para dicho régimen, siguió operando el anterior "Seguro Escolar Obligatorio", regulado por la Ley de 17 de julio de 1953 (LSE), así como, en su desarrollo, por la Orden de 11 de agosto de 1953 (DD FF 1ª. 3 y 3ª. 3 LSS/1966). De tal forma que estas antiguas normas todavía regulan el régimen especial de estudiantes al que se refiere el vigente art. 10.2.d LGSS, o también llamado Seguro Escolar Obligatorio (SEO).

Ahora bien, no sólo se encomendó al ejecutivo que estudiara "las contingencias actuales" del SEO, "las prestaciones" que derivan del mismo, "la compatibilidad con otras modalidades generales de aseguramiento... y las necesidades derivadas de la enseñanza universitaria actual", a fin a de "presentar, en su caso, un proyecto de ley que redefina el régimen del seguro escolar" (DA 1ª RD 1791/2010), sino que en, en su día, se propuso una "revisión del conjunto de las prestaciones del sistema para adaptar aquellas que han podido perder su eficacia protectora", mencionando expresamente, entre otras, las del SEO (Recomendación 15ª en el Informe de evaluación del Pacto de Toledo de 2011).

Es más, la inclusión en el RG de algunos estudiantes que realizan prácticas podría estar alterando el colectivo cubierto por el SEO.

4.1. Campo de aplicación

Las normas del SEO "en una primera fase" cubrieron a los estudiantes españoles "pertenecientes a la Enseñanza Universitaria y de Escuelas técnicas superiores", aunque ya entonces se autorizó su extensión "mediante Decreto" tanto a "los demás grados de enseñanza", como a los estudiantes extranjeros (art. 2 LSE), pero con un límite de edad en ambos casos: "la de veintiocho años" (art. 3 LSE). De modo que esa extensión fue acometiéndose durante los años sesenta y setenta a través de sucesivos Decretos, Órdenes Ministeriales y Resoluciones administrativas (SORIANO GARCÉS, V., 1978). Máxime cuando en el entonces "Estatuto del Estudiante" se incluyó el derecho al "seguro escolar integrado en el sistema de la Seguridad Social, que les proteja ante el infortunio familiar, el accidente o enfermedad" (art. 125.4 Ley 14/1970, 4 de agosto, General de Educación y Financiamiento de la Reforma Educativa).

Además, con el paso de los años, el ámbito de aplicación del SEO no sólo siguió extendiéndose, sino que ha tenido que adecuarse a posteriores reordenaciones del sistema educativo. De hecho, las sucesivas reformas que han incidido en el ámbito de la educación, han previsto, ya expresamente o ya mediante remisiones, la cobertura de los estudiantes mediante dicho Seguro. De tal forma que en la actualidad el SEO alcanza a todos los estudiantes españoles o extranjeros en situación regular que cursen en España estudios oficiales no obligatorios, pero siempre que sean menores de 28 años (abarcando todo el curso académico en el que se cumplan esta edad). Como estudios oficiales no obligatorios se entiende, según aclaraciones realizadas muchas veces por resoluciones administrativas, los siguientes: bachillerato; 3° y 4° de ESO; formación profesional, de segundo grado, grado medio, superior y especial; prueba de acceso a cursos de grado superior de formación profesional o estudios que la sustituyan; estudios de enseñanzas deportivas declaradas equivalentes a la formación profesional; programas de cualificación profesional; centros integrados; grado superior en conservatorios de música y en conservatorios de danza, así como grado profesional en dichos conservatorios cuando los estudios se compatibilicen con bachillerato, 3º o 4º de la ESO; arte dramático; teología en los centros superiores de la Iglesia Católica; segundo curso de educación secundaria de personas adultas; y, en fin, estudios universitarios. Además, entre estos últimos, no sólo se incluyen los estudios de grado y Máster, sino también los conducentes a la obtención del título de doctor (RD 270/1990, 16 de febrero), cubriendo a los estudiantes con becas de colaboración en universidades, pero no a quienes disfruten de becas de investigación para realizar su doctorado. Ciertamente, en este último caso, con los investigadores deberá formalizarse un contrato laboral predoctoral (art. 21 Ley 14/2011 y RD 103/2019, 1 de marzo), hallándose pendiente la aprobación de un nuevo estatuto de becario (DA 2ª RDL 31/2021).

Mientras tanto, y salvo que puedan ser reconducidos al contrato formativo para la obtención de la práctica profesional adecuada al nivel de estudios (art. 11. 3 ET), el SEO cubre a los estudiantes que realizan prácticas curriculares cuando tengan menos de 28 años de edad. Y ello, aunque no se haya sopesado con el necesario detenimiento si los alumnos que, por realizar prácticas formativas o prácticas académicas externas incluidas en programas de formación (tanto si son remuneradas, como si no lo son), y que se declaran incluidos en el RG como asimilados a trabajadores por cuenta ajena (DT 52ª LGSS, vigente desde 1 de enero de 2024), duplicarán su inclusión en el sistema de Seguridad Social por quedar a la vez encuadrados en el SEO.

4.2. Actos de encuadramiento y cotización

Cuando, pensando en el Sistema de la Seguridad Social, se reguló la inscripción del empresario y la afiliación, altas/bajas de trabajadores, expresamente se dispuso que esa ordenación no sería aplicable “al colectivo incluido en el campo de aplicación del Seguro Escolar”, que seguiría rigiéndose por su normativa específica, aunque sí se matizó que los centros de enseñanza “donde se efectúe la matriculación” debían facilitar a la TGSS “la relación de alumnos matriculados en los mismos, dentro del mes siguiente al del cierre del respectivo plazo de matrícula, haciendo constar el número de la Seguridad Social, el número del documento nacional de identidad y el nombre y apellidos de cada alumno” (DA 3ª RDA). Al margen de indicarse que en el "Registro de Empresarios" que se halla a cargo de la TGSS, igualmente se incluirían "los datos relativos a los centros docentes en que se encuentren matriculados estudiantes comprendidos en el campo de aplicación del Seguro Escolar" (art. 16.2 RDA).

En cambio, cuando se ordenó la cotización con similar alcance general, sí se entró a regular la del SEO. Más concretamente, se señaló que tanto los estudiantes incluidos en su ámbito de aplicación, como el "Ministerio de Educación y Ciencia" (o Administración autonómica competente), serían sujetos obligados y sujetos responsables del pago de las cuotas "en la proporción que se establezca", puesto que la cuota comprende "dos aportaciones: a) De los estudiantes asegurados. b) Del Ministerio de Educación y Ciencia" o Administración autonómica (art. 60 RGCL).

Se trata de aportaciones cuya cuantía total asciende, desde el "curso académico 1985-1986", a "374 pesetas" (2,24 €) por estudiante asegurado y curso, correspondiendo "187 pesetas" (1,12€) al estudiante, que deberá abonarlas "en el momento mismo de pagar la matrícula correspondiente", y las "187 restantes" (1,12 €) se asumirán por el "Ministerio de Educación y Ciencia (o Administración autonómica) con los créditos presupuestarios establecidos al efecto" (art. 1.1 y 2 RD 1633/1985, 2 de agosto).

En todo caso, como se trata de una cuota "única por estudiante y curso", entonces si éste se matricula en "diversos Centros", sólo se "abonará... en uno de ellos", determinándose su cuantía "respecto de cada estudiante asegurado y curso académico" (art. 60.4 RGCL).

4.3. Acción protectora

La acción protectora del SEO comprende distintas prestaciones, ideadas para cubrir tres riesgos: "el accidente, la enfermedad y el infortunio familiar" (art. 5 O. 11 agosto 1953). Se trata de prestaciones, a las que, en su caso, se añadirán ciertas ayudas complementarias, tales como préstamos sin interés (art. 63 O. 11 agosto 1953) que resultan "incompatibles con cualesquiera otras prestaciones derivadas de análogo riesgo de que pudieran ser beneficiarios los afiliados que, teniendo además la condición de trabajadores" estén incluidos en el RG, aunque, de causarse la misma prestación en ambos regímenes, se abonaría "la diferencia en más, si la hubiere" (art. 9 O. 11 agosto 1953). Previsión que no sólo resulta anecdótica, dada la exigua cuantía que ofrecen las prestaciones económicas del SEO, sino que no resuelve los problemas de compatibilidad e incompatibilidad con las prestaciones cubiertas por otros regímenes de Seguridad Social distintos al RG (ESTEBAN LEGARRETA, R. y ARQUED SANMARTÍN, A., 2001).

Por accidente escolar se entiende "toda lesión corporal de que sea víctima el estudiante con ocasión de actividades directa o indirectamente relacionadas con su condición de tal, incluso las deportivas, viajes de estudios, de prácticas o de 'fin de carrera', y de otras similares, siempre que estas actividades hayan sido organizadas o autorizadas" por los correspondientes centros educativos (art. 5 LES). Y, como consecuencia del mismo, los estudiantes tendrán derecho a recibir asistencia sanitaria (incluyendo: internamiento hospitalario e intervención quirúrgica; suministro y renovación de los aparatos de prótesis y ortopédicos que se consideren necesarios; rehabilitación; y las pruebas médicas que se requieran para el diagnóstico o tratamiento), así como a la dispensación de los medicamentos prescritos que queden cubiertos por el Sistema de Seguridad Social. Se contempla la posibilidad de exigir el reintegro de los gastos originados por el accidente, en el supuesto de que no hubiera médico o centro concertado, o cuando se haya acudido a centros privados no concertados por requerirse una atención sanitaria urgente.

Asimismo se prevé el pago de una pensión vitalicia (art. 21 O. 11 agosto 1953) cuya cuantía actualmente asciende a 144,24 €/año, cuando el accidente ocasione al estudiante una "gran invalidez para los estudios", quedando además incapacitado para los actos esenciales de la vida. Mientras que se le abonará una indemnización si el accidente le hubiera generado una incapacidad absoluta para continuar los estudios iniciados, cuya cuantía dependerá del tiempo de estudios ya cursado y de la disminución de su capacidad para realizar una posterior actividad profesional (art. 20 O. 11 agosto 1953), oscilando entre 150,25€ a 601,01€.

En su caso, se cubrirán —con la misma cuantía del RG— los gastos de sepelio, aunque esta cifra aumentará si el accidente se hubiera producido en lugar distinto al de la residencia familiar hasta 120,20€ (art. 24 O. 11 agosto 1953). Además si el estudiante fallecido tuviera a su cargo cónyuge, hijos, ascendientes mayores de 65 años o incapacitados, o hermanos menores de edad o incapacitados para todo trabajo, se les concederá, una cuantía adicional de 300,51€.

En cambio, el infortunio familiar se entenderá acaecido bien cuando fallezca el padre o madre cabeza de familia, siempre que los ingresos familiares no superen el 75% del SMI anual por cada miembro, o bien cuando se produzca una circunstancia "sobrevenida" en el hogar que haga económicamente imposible la continuidad del estudio (art. 7 LSE). Para tales supuestos, se prevé el pago de una cuantía anual de: 86,55€; 103,85€ para estudiantes de familias numerosas; o 129,82€, si esta última es de categoría especial. Se trata de una ayuda que resulta compatible con cualesquiera becas y que podrá prorrogarse, de persistir las circunstancias y de acreditarse aprovechamiento escolar (art. 60 O. 11 agosto 1953, art. 10.5 Ley 25/1971 y DT 2ª Ley 40/2003).

Y, en fin, en casos de enfermedad, aquellos estudiantes que no sean por sí mismos titulares del derecho a la asistencia sanitaria, podrán recibirla con cargo al SEO. Esta atención incluye[26]: hospitalización con servicios de cirugía general; neuropsiquiatría; tuberculosis pulmonar y ósea; tocología; y, en ocasiones, otras especialidades (fisioterapia, cobaltoterapia, radiumterapia, riñón artificial, radioterapia y cirugía maxilofacial). Si bien para acceder a esta asistencia sanitaria se requiere un año de cotización al SEO, salvo que se proceda de 2° de la ESO o que se trate de la especialidad de tocología. Asimismo quedan cubiertas las prestaciones farmacéuticas que se prescriban, aunque con participación del estudiante en el coste de la medicación. Y en caso de fallecimiento también se cubren los gastos del sepelio en la cuantía prevista para el RG.

---

26 Información más detallada en www.seg-social.es.

Lección 5
Regímenes especiales de Seguridad Social de los funcionarios públicos

AMPARO ESTEVE SEGARRA
Catedrática de Derecho del Trabajo y de la Seguridad Social
Universitat de València

1. INTRODUCCIÓN

Punto de partida inexcusable del estudio ha de ser la toma de conciencia de que existe una diversidad de empleados públicos y no todos ellos tienen la condición de funcionarios. El funcionario es la persona física que presta servicios profesionales para una Administración pública (estatal, autonómica, local o institucional) mediante el oportuno nombramiento y con sometimiento al régimen propio de la función pública basado en el Derecho Administrativo, y no en el Derecho del Trabajo. Dentro del concepto de funcionario se puede distinguir diferentes tipos, entre los más importantes: a) el funcionario de carrera, que tras haber superado la correspondiente oposición o concurso-oposición (un proceso en el que se suma a la oposición la valoración de méritos) obtiene plaza en propiedad, de carácter permanente, figura en las correspondientes plantillas y perciben sueldo o asignación fija con cargo a las consignaciones de personal de los presupuestos de la correspondiente Administración; b) los funcionarios en prácticas; c) los funcionarios interinos que ocupan provisionalmente una plaza mediante designación o nombramiento de carácter administrativo de una plaza dotada presupuestariamente para un funcionario de carrera que ha quedado temporalmente vacante, por sustitución, ejecución de programas temporales o exceso de tareas (art. 10 EBEP). Por el contrario, no son funcionarios públicos las personas contratadas por las Administraciones públicas en régimen laboral (sean fijos o temporales), ni el personal eventual contratado para tareas de confianza o de asesoramiento, ni los contratados en régimen civil, ni al amparo de la legislación de contratos de las Administraciones públicas (TRLCSP).

A nivel sustantivo, los funcionarios se rigen esencialmente por el Estatuto Básico del Empleado Público (el llamado EBEP), que es la legislación básica estatal en la materia. Además, en cada comunidad autónoma, en uso de las competencias constitucionales art. 149.1.18ª CE, puede aprobarse normas que regulen el régimen jurídico de sus respectivos funcionarios, siempre dentro del respeto a la legislación básica estatal. Aparte de lo anterior, determinados funcionarios se regulan por estatutos específicos, como el personal estatutario del SNS o los funcionarios militares, o los funcionarios de la Administración de Justicia.

1.1. Los antecedentes históricos y la integración de los funcionarios en el sistema de Seguridad Social

Históricamente los servidores públicos han gozado de sistemas específicos de protección social basados en técnicas mutualistas y de previsión social administrativa, que precedieron a la protección social de trabajadores asalariados. En una primera etapa iban dirigidas a inválidos y veteranos de guerra retirados, así como a las familias de militares muertos en campaña. A partir de entonces, se crearon progresivamente pensiones de jubilación y retiro de funcionarios, así como las llamadas cesantías y determinadas pensiones de gracia para que distintos grupos o categorías de servidores públicos pudiesen alcanzar una pensión vitalicia cuando concluía el servicio activo. Ya en el siglo XIX proliferaron la creación de montepíos, caracterizados por la iniciativa pública en su creación y a los que obligatoriamente debían afiliarse los servidores públicos; notas éstas que diferenciaban a éstos de las cofradías y hermandades, nacidas de la iniciativa privada y donde la afiliación era voluntaria. Los Montepíos surgieron para cuerpos de funcionarios muy distintos, y se financiaban parcialmente por el Estado, y en parte, por las aportaciones de los propios funcionarios de sus sueldos. En 1831, en un contexto de fuerte crisis económica, el Estado se incautó de los fondos de los montepíos de funcionarios.

Estas formas de protección, aunque pobres, incompletas y sujetas a vaivenes, fueron muy anteriores a las de los trabajadores. Posteriormente, para los trabajadores se implantaron los seguros sociales, excluyéndose a los funcionarios que disponían de un sistema de protección específico. Concretamente, dicho sistema se articuló con carácter general para los diversos colectivos de funcionarios de la Administración central con el Estatuto de Clases Pasivas aprobado el 22 de octubre de 1926, en el que se optó por un sistema de protección social básica para cubrir los estados de necesidad provenientes de la vejez o invalidez (para los funcionarios que hubiesen abandonado el servicio activo), o para sus familiares (en caso de muerte y supervivencia), concebidas estas prestaciones como una especie de salario diferido. Ante la insuficiencia de la protección otorgada por el

Estatuto de Clases Pasivas, se articuló una protección complementaria a través de diversas mutualidades de funcionarios, que habrían de resurgir de nuevo tras la Ley General de Mutualidades de 6 de diciembre de 1941.

La Ley de Bases de la Seguridad Social de 1963, preveía que dadas las peculiaridades de dicho colectivo, se procedería a la creación de un Régimen Especial para los funcionarios públicos y militares, así como de otros regímenes especiales (para los funcionarios de Entidades Estatales Autónomas y para los funcionarios de organismos del Movimiento franquista). Sin embargo dicha previsión fue doblemente incumplida. En primer lugar, no se crearon esos regímenes especiales de funcionarios. De modo que los funcionarios no estatales fueron incluidos en el RG. En segundo lugar, tampoco el régimen especial de funcionarios públicos, civiles y militares (art. 10.2.d) LGSS-1974 y art. 10.2.c) LGSS-1994) se constituyó nunca como tal. En su lugar, se optó por mantener transitoriamente —pero aún perdura— el sistema preexistente de protección social de los funcionarios, con sus dos mecanismos de cobertura privativos de éstos, a saber: las del régimen de derechos pasivos y las mutualistas. De modo, que aunque integrados formalmente los funcionarios dentro del sistema de Seguridad Social por la vía de un régimen especial, han mantenido una protección diferenciada, conservando sus formas peculiares e históricas de protección social.

1.2. Estructura de los Regímenes Especiales de Funcionarios Públicos

Bajo la denominación de régimen especial de funcionarios, se conservan en realidad, diversos regímenes, externos o periféricos al sistema de Seguridad Social, regulados por leyes distintas del TRLGSS. Cuatro son los bloques o piezas, tres de ellos destinados a los funcionarios en activo y uno llamado de clases pasivas, para los funcionarios que abandonan el servicio activo. Los tres regímenes mutualistas son:

- **Mutualidad de Funcionarios Civiles del Estado** (MUFACE). Codificado por RDLeg 4/2000, de 23 de junio, que aprueba el Texto Refundido de la Ley sobre Seguridad Social de los Funcionarios Civiles del Estado (TRLSSFCE). Se desarrolla por el Reglamento General del Mutualismo Administrativo (RD 375/2003, de 28 de marzo, en adelante RGMA).
- **Mutualidad General Judicial** (MUGEJU). Regulado por el RDLeg 3/2000, de 23 de junio, por el que se aprueba el Texto Refundido sobre disposiciones legales vigentes sobre el Régimen Especial de la Seguridad Social del personal al servicio de la Administración de Jus-

ticia (TRLSSAJ) y como norma reglamentaria de desarrollo, el Reglamento del Mutualismo Judicial, aprobado por el RD 1026/2011, de 15 de julio (RMJ).

- **Instituto Social de las Fuerzas Armadas** (ISFAS), regulado por el RD-Leg 1/2000, de 9 de junio, por el que se aprueba el Texto Refundido de la LGSS de las Fuerzas Armadas (TRLSSFA). Su desarrollo se produce por el RD 1726/2007, de 21 de diciembre por el que se aprueba el Reglamento General de la Seguridad Social de las Fuerzas Armadas (RGSSFA).

Además, junto a esta estructura mutualista, y como ámbito común de protección para todos los funcionarios integrados en regímenes mutualistas, estaría el **régimen de Clases Pasivas** que reconoce pensiones vitalicias de jubilación o retiro (incluida la IP), muerte y supervivencia. Sin embargo, se trata de un régimen llamado a desaparecer, que ya no admitiría nuevas afiliaciones, pues es obligatoria la integración de todos los funcionarios de ingreso en el RG a efectos de estas prestaciones a partir del 1-1-2011 y también en los funcionarios que originariamente estuvieran en el RCP, pero que por promoción interna pasaran a ocupar un cargo en la administración autonómica o institucional (vid. infra ap. 1.3.2 de este Cap.).

Esta compleja estructura bicéfala incide en la protección social de los funcionarios, que se caracteriza por quedar sometida a diferentes técnicas: a) de carácter mutualista y, b) de clases pasivas o de determinadas prestaciones del RGSS. De otro lado, dentro de la protección mutualista existe una notable fragmentación normativa, en algunos casos, difícilmente justificable, pues una buena parte de las Leyes Mutualistas de los funcionarios civiles, de justicia y militares, contienen preceptos muy semejantes o que son copias literales unos de otros, actuando el régimen de funcionarios civiles como una suerte de régimen general de los otros dos regímenes especiales de funcionarios.

Y, en fin, el modelo de protección social de los funcionarios incrementa el problema de su fragmentación y dispersión, por cuanto los especialísimos Regímenes Especiales de Funcionarios públicos no encuadran a la totalidad de funcionarios, pues otros se integran en el RG. La falta de un tratamiento unitario para la protección social de los funcionarios es fruto de una cierta inercia histórica y desidia normativa y también de la defensa de intereses corporativos consecuencia de la resistencia de los propios funcionarios, que no estarían dispuestos a renunciar a sus regímenes tradicionales de protección social.

1.3. El ámbito personal: el crecimiento del Régimen General en detrimento de los Regímenes Especiales de Funcionarios

En la actualidad, los Regímenes Especiales de Funcionarios están sometidos a un proceso de homogeneización con el RG. Y ello, en un triple sentido: de una parte, más de la mitad de los funcionarios no se integra en las mutualidades de funcionarios sino en el RG (ep. 1.3.1), de otra, el RCP está llamado a desaparecer por la integración obligatoria de los funcionarios de nuevo ingreso en el RG a efectos de la prestaciones cubiertas antes en clases pasivas (ep. 1.3.2) y la gestión del Régimen de Clases Pasivas pasará a depender del INSS. El resultado de este proceso es que el colectivo de funcionarios incluidos en el RG va engrosando en detrimento de los acogidos al Mutualismo y, además se mantiene transitoriamente el RCP.

1.3.1. La reducción del ámbito subjetivo de los regímenes de funcionarios

Los RESSFP no incluyen en su ámbito de aplicación a todos los funcionarios, sino a los funcionarios de los colectivos históricos de la Administración estatal (esencialmente, los que estuvieron protegidos en el Estatuto de Clases Pasivas de 1926). En línea con la tendencia expansiva del RG, se ha producido un progresivo proceso de ampliación del RG que integraría a un colectivo creciente de funcionarios, lo que ha supuesto paralelamente una disminución del ámbito subjetivo de los funcionarios encuadrados en los RESSFP en detrimento del RG. Así, se integran en el RG los funcionarios de las Comunidades Autónomas[1], funcionarios de la Administración local[2],

---

1 Tanto los de nuevo ingreso, como los funcionarios del Estado transferidos a las Comunidades Autónomas, que hayan ingresado o ingresen voluntariamente en Cuerpos o Escalas propios de la Comunidad Autónoma, cualquiera que sea el sistema de acceso (136.2 ap. m y n) TRLGSS). En punto a esta disposición adicional tercera TRLGSS existía una cierta controversia judicial si el paso a un cuerpo de funcionarios autonómicos por promoción interna o ascenso comporta un ingreso en el sentido de las normas mencionadas y el consiguiente cambio de un funcionario que tenía un Régimen Especial de Funcionarios al RG (vid. STS, Sala 3ª, de 17-6-91, Rec. 8050/90). La cuestión sería resuelta normativamente al modificarse el TRSSFCE por la LPGE-2017, que impone la adscripción al RGSS de los funcionarios que por promoción se incorporen a la Administración autonómica o institucional, sin perjuicio de que mantengan su condición de mutualistas, que en ningún caso comportará la adscripción al RCP.

2 Estos fueron integrados en virtud del RD 480/1983, de 2 de abril, que procedió a encuadrar en el RG al personal integrado en la MUMPAL, tanto de clases activas

funcionarios de la Administración institucional del Estado[3], determinados funcionarios interinos y de empleo al servicio de la Administración Civil del Estado, el personal de carácter temporal de la Administración de Justicia, casi todos los funcionarios en prácticas[4] y los altos cargos de las Administraciones públicas que no sean funcionarios públicos (art. 136.2.ñ) TRLGSS), el personal funcionario y no funcionario de organizaciones internaciones intergubernamentales o al servicio de la Administración de la Unión Europea, al que se permite celebrar un convenio especial[5], el personal estatutario de los servicios de salud[6] y el personal de administración y servicios de las universidades.

La segunda idea que merece ser resaltada de este amplio listado de funcionarios incluidos en el RG, es que las consecuencias según se integren los funcionarios en el RG o en los Regímenes Especiales de funcionarios se han criticado por suponer una quiebra del principio de igualdad. Y es que los regímenes especiales de funcionarios se diferencian en múltiples aspectos, entre otros en: normas específicas de cotización (con cotizaciones separadas de los salarios reales en los regímenes especiales de funcionarios frente a lo que sucede en el RG), sometimiento pleno de la revisión de los actos dictados por los entes gestores a la Ley 39/2015, de procedimiento administrativo[7], impugna-

---

como pasivas, con efectos del 1 de abril de 1993. Esta integración supondría a la postre la desaparición de un régimen especial de seguridad social de los funcionarios de la Administración local, entonces existente.

3 Aunque para éstos se preveía un régimen especial en la Ley de Bases de Seguridad Social, nunca llegó a constituirse, y quedaron integrados en el RG.

4 En concreto, los que aspiren a incorporarse a cuerpos y escalas de funcionarios no sujetos al RCP.

5 Regulado según el tipo de organización bien en el RD 2072/1999, de 30 de diciembre, bien en el RD 1658/98, de 24 de julio, que regula el convenio especial en materia de asistencia sanitaria en el Régimen General de la Seguridad Social en favor de españoles residentes en territorio nacional que ostenten la condición de funcionarios o empleados de Organizaciones internacionales intergubernamentales.

6 Dicho personal, que tiene la condición de funcionario con una relación funcionarial especial, está incluido en el campo de aplicación del RG (arts. 1 y 17.1.i) Ley 55/2003, de 16 de diciembre, por el que se aprueba el Estatuto Marco de este personal).

7 Si bien con carácter general la impugnación de los actos de Seguridad Social y su revisión de oficio, así como los actos de gestión recaudatoria se encuentran excluidos de la aplicación de la Ley de procedimiento administrativo, por la DA 1ª de la misma, ello no incide en los procedimientos de revisión de los actos dictados por los entes gestores de las Mutualidades de Funcionarios y los dictados en materia de pensiones del RCP. Por otra parte, en cuanto a la revisión de actos de reconocimiento de prestaciones en perjuicio de los beneficiarios, debe tenerse en cuenta lo dispuesto en la

ción judicial ante el orden jurisdiccional contencioso-administrativo[8], etc. El hecho de que los funcionarios queden encuadrados en dos regímenes de protección muy distintos (los regímenes especiales de funcionarios y RG), sin que exista un criterio lógico para la diferenciación, más allá del mantenimiento de situaciones históricas, supone una quiebra de los principios de coherencia, equidad y racionalidad del sistema de Seguridad Social y dificulta la movilidad de los funcionarios de unos cuerpos a otros de la Administración.

1.3.2. La extinción futura del Régimen de Clases Pasivas

El RCP está destinado a su extinción en el futuro, puesto que se han aprobado diversas normas, que disponen la integración obligatoria en el RG de los funcionarios que accedan a dicha condición a partir del 1 de enero de 2011. Al no admitirse nuevas afiliaciones, se mantiene transitoriamente el RCP sólo para las pensiones causadas o que puedan causar los ya incluidos con anterioridad al 31 de diciembre de 2010. Con esta opción, el legislador ha escogido homogeneizar en el futuro a los funcionarios a efectos de las prestaciones pero con un largo periodo transitorio, manteniendo las mismas condiciones para los ya incluidos y "congelando" el RCP, que desaparecerá cuando ya no exista ningún sujeto protegido. La medida ha perseguido no sólo la armonización del sistema de Seguridad Social, sino también el incremento de los cotizantes a la Seguridad Social y de los consiguientes ingresos de la TGSS. En todo caso, para dicha integración sometida al correspondiente proceso de desarrollo reglamentario, se establecen una serie de reglas, de las que interesa destacar las dos más relevantes:

a) Dicha integración en el RG lo es a los efectos de clases pasivas, manteniéndose con el mismo alcance la acción protectora gestionada por las respectivas mutualidades de funcionarios.

DA 10.4 y 5 TRSSFCE. En el RCP, los procedimientos administrativos para el reconocimiento de prestaciones están sometidos a la regla de silencio administrativo negativo si transcurren los plazos reglamentariamente establecidos (art. 11 TRLCP).

8 Las actuaciones ante los regímenes especiales de los funcionarios públicos tanto en el ámbito del mutualismo, como en clases pasivas, quedan sometidas al Derecho administrativo y la jurisdicción contencioso-administrativa es la competente para conocer todas las cuestiones que se planteen en ambas materias. Ello supone la exclusión de la competencia material de Seguridad Social que se atribuye a la jurisdicción social, que no incluye las cuestiones litigiosas que afecten a estos regímenes especiales de funcionarios (art. 2.o) LJS).

b) Se produce con respeto de las especificidades de cada uno de los colectivos relativas a la edad de jubilación forzosa y, en su caso, a los tribunales médicos competentes para la declaración de incapacidad o inutilidad del funcionario[9].

La línea de integración se continuó primero con la LPGE-2017, que imponía la adscripción al RGSS de los funcionarios que por promoción se incorporen a la Administración autonómica o institucional, sin perjuicio de que mantengan su condición de mutualistas, que en ningún caso comportará la adscripción al RCP, según dispone el art. 7.3. y 8.1.a) TRSSFCE.

Y en segundo lugar, la tendencia a la integración se ha continuado con la atribución de la competencia para la gestión de las pensiones de los funcionarios integrados en el Régimen de Clases Pasivas INSS y al Ministerio de Inclusión, Seguridad Social y Migraciones.

2. MUTUALISMO ADMINISTRATIVO

2.1. Campo de aplicación

2.1.1. Sujetos incluidos y excluidos en el RE de Funcionarios Civiles del Estado

Están obligatoriamente incluidos en este Régimen Especial: 1) El personal funcionarial de carrera de la Administración Civil del Estado, desde el momento de su toma de posesión, rehabilitación o reingreso activo. 2) El personal funcionarial en prácticas, que aspiran a incorporarse a Cuerpos de la Administración Civil del Estado[10].

[9] En punto a la valoración de incapacidades en MUFACE y MUGEJU, corresponde al igual que en el RG, al EVI de la Dirección Provincial del INSS de la provincia en que tenga su domicilio el interesado (DA 2ª. 1 del RD 397/96). Ello se exceptúa para los funcionarios de los miembros de los Cuerpos y Fuerzas de Seguridad, el personal de las Fuerzas Armadas y la Guardia Civil. Para el Personal Militar y Guardia civil, la competencia corresponde a la Junta Médico Pericial de la Sanidad Militar (RD 944/01). Para los funcionarios del Cuerpo Nacional de Policía la valoración debe hacerse por el correspondiente Tribunal médico (vid. RD 1556/95, que regula la situación de segunda actividad).

[10] Estarán de alta como mutualistas desde el inicio del período de prácticas, hasta su toma de posesión como funcionario. Si no se produjera la misma, causarían baja en la mutualidad. Debe recordarse que los funcionarios en prácticas que aspiren

El personal funcionarial que prestaban servicios como funcionarios con anterioridad a una fecha o que sufrieron la desaparición del ente administrativo para el que desarrollaban su actividad. Estos últimos se indican en la DA 1ª TRSSFCE.

Además, pueden incorporarse opcionalmente al REFCE determinados funcionarios con regulación histórica o procedentes de determinados cuerpos enumerados en la DA 1ª TRSSFCE, apartados 2 y 3[11], o funcionarios de carrera de cuerpos docentes[12].

En otro orden de cosas, quedan excluidos expresamente del RSSFCE el personal funcionarial (art. 3.2) de:

a) La Administración Local. b) De organismos autónomos. c) la Administración Militar. d) la Administración de Justicia. e) De la Seguridad Social. f) El personal funcionarial de nuevo ingreso y en prácticas de las Comunidades Autónomas. g) El personal funcionarial Administración Civil del Estado transferidos a las Comunidades autónomas, que hayan ingresado o ingresen voluntariamente en Cuerpos o Escalas propios de la Comunidad Autónoma de destino, cualquiera que sea el sistema de acceso. h) El personal de administración y servicios propio de las universidades.

2.1.2. Sujetos incluidos y excluidos en el RE del Personal al Servicio de la Administración de Justicia

Están comprendidos en el campo de aplicación el personal al servicio de la Administración de Justicia en los términos de la LOPJ, esto es, los miembros de las carreras judicial y fiscal, los funcionarios/as de carrera del cuerpo de secretarios judiciales (ahora llamados letrados/as de la adminis-

---

a incorporarse en cuerpos o escalas de funcionarios que no estén sujetos al RCP se encuadran en el RG, conforme a lo dispuesto en el art. 136.2.l) TRLGSS.

11 Entre los distintos cuerpos destaca la posibilidad de que los funcionarios procedentes de los Cuerpos Generales Administrativo, Auxiliar y Subalterno de la Administración Militar integrados en los Cuerpos de la Administración Civil del Estado, que presten servicios en la Administración Militar o en sus organismos autónomos, puedan ejercitar su opción de incorporarse al REFCE.

12 Son los regulados por la DA 7ª de la LO 2/2006, de 3 de mayo, de Educación, acogidos a los regímenes de Seguridad Social o de previsión distintos del RCP del Estado que, en el momento de su solicitud de la jubilación voluntaria anticipada, opten por integrarse en el RSSFCE (DT 2.5 LO 2/2006, que regula los requisitos para una jubilación voluntaria anticipada a los 60 años).

tración de justicia), de médicos/as forenses, de gestión procesal y administrativa, de tramitación procesal y administrativa y de auxilio judicial[13].

Recuérdese que quedan excluidos de este Régimen Especial e incluidos en el RG, el personal de carácter temporal de la Administración de Justicia. Este personal regulado en el RD 960/1990, de 13 de julio, e integraría diversos colectivos como: jueces, fiscales y letrado de la administración de justicia en régimen de provisión temporal; jueces y fiscales y secretarios sustitutos[14], así como magistrados suplentes[15] y médicos forenses, oficiales, auxiliares y agentes interinos.

Por su condición particular, los magistrados del TC y los letrados del TS, se sitúan en servicios especiales en su carrera de origen y se mantienen en el régimen de seguridad social que tuvieran en principio[16].

2.1.3. Sujetos incluidos y excluidos en el RE de Funcionarios de las Fuerzas Armadas

Como peculiaridad del ámbito subjetivo del mutualismo militar, se incluyen ciertos colectivos de militares, aunque no tengan propiamente la condición de funcionarios, así como determinado personal temporal. Así, están obligatoriamente incluidos en el REFA, los siguientes colectivos (art. 3 TRLSSFAS): 1º) Los militares de carrera de las Fuerzas Armadas y de la Guardia Civil, que tienen una vinculación permanente. 2º) Los militares de complemento, mientras mantengan su relación de servicios[17]. 3º) Los militares profesionales de tropa y marinería, mientras mantengan su relación de servicios con las Fuerzas Armadas[18]. 4º) Los alumnos de la enseñanza

---

13 Además se incluyen los funcionarios en prácticas, aspirantes al ingreso en las carreras y cuerpos al servicio de la Administración de Justicia, los letrados de carrera del cuerpo de letrados del tribunal constitucional y los miembros de cuerpos profesionales extinguidos o integrados que conserven el derecho a pertenecer a MUGEJU.

14 Estos últimos, por preverlo expresamente el art. 444 LOPJ.

15 STS C-A de 2-7-01, Rec. 486/00.

16 Art. 20 LOTC, y art. 351.d) LOPJ.

17 Los militares de complemento son oficiales que establecen su relación de servicios profesionales mediante compromisos de carácter temporal para atender necesidades específicas de las Fuerzas Armadas.

18 Los militares de tropa y marinería establecen su relación de servicios profesionales mediante compromisos de carácter temporal (art. 3 TRLSSFA).

militar de formación[19] y los alumnos de centros docentes de formación del cuerpo de la Guardia Civil. 5°) Los funcionarios civiles de cuerpos adscritos al Ministerio de Defensa que no hayan ejercido la opción de incorporarse al REFCE[20], así como los funcionarios en prácticas de dicho Cuerpo. 6°) El personal estatutario del Centro Nacional de Inteligencia. 7°) Además se incluyen diversos colectivos de situaciones a extinguir enumerados en la DA 1ª del RGFAS. 8°) Los reservistas quedan incorporados sólo en determinadas circunstancias de activado, o en formación militar, básica o específica (art. 2.4 RGSSFAS)[21].

Cuando corresponda la inclusión se mantendrá ésta cualquiera que sea la situación administrativa de los militares, incluida la situación de retiro o jubilación con la salvedad de las de suspensión de empleo, suspensión firme y excedencia voluntaria en que el tiempo de permanencia no sea computable a efectos de derechos pasivos.

Queda excluido el personal civil no funcionario, que deberá proceder al alta en el RG.

2.1.4. Beneficiarios

En los regímenes mutualistas junto a los titulares, se encuentran los beneficiarios a los que se reconoce el derecho a disfrutar de la acción protectora de cada Mutualidad, y en particular, de la asistencia sanitaria. Están incluidos como beneficiarios del mutualismo administrativo los familiares o asimilados a cargo del mutualista (art. 15.1 RGMA, art. 14.1 RMJ), a saber: 1°) Cónyuge del mutualista o persona que conviva con el mutualista en análoga relación de afectividad a la del cónyuge con los requisitos es-

---

19 Art. 31 LO 9/2011.

20 Durante la década de los 90 del pasado siglo, determinados cuerpos de funcionarios civiles pudieron ejercitar un derecho de opción entre el REFCE o el REFA.

21 Los reservistas son militares profesionales que con 18 años de servicios y a partir de la edad de 45 años pueden pasar a esta situación hasta los 65 años. Se caracterizan porque pueden ser activados para incorporarse a las Fuerzas Armadas en situaciones de crisis. La Ley 8/2006, de 24 de abril regula el encuadramiento de los reservistas de especial disponibilidad, que se puede producir voluntariamente en el REFA, con el pago de las cotizaciones a su cargo. Estos reservistas conservan los derechos pasivos eventualmente adquiridos y tienen cubierta su asistencia sanitaria según los términos del TRLCPE (art. 19 de la L 8/2006).

tablecidos en el RG. 2°) Descendientes, hijos adoptivos y hermanos[22]. 3°) Ascendientes, cualquiera que sea su condición legal, e incluso adoptivos, tanto del mutualista, como de su cónyuge, y los cónyuges por ulteriores nupcias de tales ascendientes. 4°) Cualquier persona relacionada con el mutualista que se determine de acuerdo con lo dispuesto en el RG. Para tener la condición de beneficiarios deberán cumplir los requisitos de convivencia y vivir a expensas del titular del derecho[23].

La condición de beneficiario es incompatible de forma absoluta con la pertenencia a título propio al mutualismo administrativo o a otro régimen de Seguridad Social, o con ser reconocido como beneficiario de otro mutualista o por la pertenencia a otro sistema de seguridad social, como beneficiario (art. 19 RGMA, art. 18.2 RMJ y art. 21 RGSSFAS).

En relación con la asistencia sanitaria en el mutualismo judicial, se prevé que la condición de beneficiario en MUGEJU será incompatible con la condición de asegurado o beneficiario a efectos de la asistencia sanitaria a través del Sistema Nacional de Salud. La única excepción para reconocer la prestación sanitaria a familiares que no sean beneficiarios, es la de recién nacidos cuando el progenitor sea mutualista o beneficiario y en los supuestos de adopción o acogimiento durante los primeros 15 días (art. 15.3 TRLSSAJ).

---

22 Los descendientes e hijos adoptivos podrán serlo de ambos cónyuges o de cualquiera de ellos, y los hijos también de la persona que conviva con el mutualista en análoga relación de afectividad a la de cónyuge con los requisitos establecidos en el RG. Excepcionalmente, los acogidos de hecho quedan asimilados, a estos efectos a los familiares mencionados, previo acuerdo, de la Mutualidad General.

23 Sin embargo, se establece que el límite de ingresos que condiciona la percepción de determinadas prestaciones en el doble del IPREM (art. 14.2.b) RMJ y art. 15.2.b) RGMA). Ha de precisarse que si bien este último precepto hace referencia al doble del SMI, todas las referencias al SMI en esta materia deben entenderse hechas al IPREM.
En el caso de la mutualidad de las fuerzas armadas, se ha eliminado para determinados sujetos, el requisito de no percibir ingresos derivados del trabajo en cuantía inderior al doble del IPREM (art. 21.2 RGSSFAS). Con ello se pretende equiparar los requisitos exigibles a las personas viudas y huérfanas de afiliados del RESSFA para incorporarse o continuar integrados en su campo de aplicación, en los mismos términos en los que aparece regulado en otros supuestos del mutualismo administrativo.

2.2. Gestión

El REFCE está gestionado por la Mutualidad General de Funcionarios Civiles del Estado (MUFACE), dependiente del Ministerio de Administraciones públicas (art. 4 TRSSFCE). El REPAJ está gestionado por la Mutualidad General Judicial (MUGEJU), dependiente del Ministerio de Justicia (arts. 4 TRLSSAJ). La entidad gestora del REFA es el Instituto Social de las Fuerzas Armadas (ISFAS), dependiente del Ministerio de Defensa (arts. 4 y 5 TRLSSFA). Se trata en todos los casos de organismos públicos autónomos[24] con personalidad jurídica pública diferenciada, con patrimonio y tesorería propios. Por consiguiente, es importante remarcar la quiebra del principio de unidad de gestión del sistema de Seguridad Social, puesto que los RESSFP no se gestionan por las entidades gestoras de la Seguridad Social, sino por estas entidades específicas. Además, están incluidos en los PGE y no en los propios de Seguridad Social.

Cada una de las Mutualidades de la Administración civil, judicial o militar, ha sufrido un proceso de integración de diversas mutualidades preexistentes, en muchos casos integradas históricamente a través del Fondo Especial de cada Mutualidad.

2.3. Actos de encuadramiento

2.3.1. Incorporación inicial a la mutualidad

El carácter funcionarial de la prestación de servicios determina que la toma de posesión del funcionario suponga automáticamente la incorporación al sistema de derechos que otorga la Mutualidad respectiva, por lo que las altas y bajas de oficio tienen naturaleza de comunicación y su eventual omisión no afectaría al derecho a las correspondientes prestaciones. La incorporación inicial a MUFACE, MUGEJU o ISFAS es obligatoria para los

---

24 Como organismos autónomos se rigen por: Ley 40/2015, de Régimen Jurídico del Sector público, relativas a organismos autónomos, si bien con algunas excepciones, como singularmente el régimen de conciertos para la prestación de los servicios de asistencia sanitaria y farmacéutica. También se rige por la Ley General Presupuestaria. De forma particular, MUFACE se rige por el RD 577/97, por el que se establece su estructura de órganos de gobierno, administración y representación; MUGEJU se rige por el RD 96/2019, de 20 de octubre, que regula la composición y funciones de sus órganos de gobierno, administración y representación; ISFAS se rige por los arts. 11 a 20 del RGSSFA.

funcionarios incluidos en su ámbito de aplicación, desde el momento de su toma de posesión o, en su caso, desde el comienzo del período de práctica (art. 7 RGMA, art. 9.1 TRLSSAJ, arts. 6.1 TRLSSFAS y 21.1 RGSSFAS). La incorporación tiene carácter único y permanente, sin perjuicio de las altas[25] y bajas[26] y de las variaciones que pudieran producirse. Tras la incorpo-

25 Los funcionarios conservarán la situación de mutualista con alta obligatoria mientras se encuentren en las siguientes situaciones (art. 7 TRSSFCE y art. 10.2 RMJ): 1) Servicios especiales, salvo que pase a prestar servicios para la Administración de la Unión Europea u otra organización internacional y queden adscritos al instrumento protector específico de esa entidad (art. 8.1.c) TRSSFCE y art. 10.2 RMJ). 2) Servicios de las Comunidades Autónomas. 3) Expectativa de destino. 4) Excedencia forzosa. 5) Excedencia por cuidado de familiares. 6) Suspensión provisional o firme de funciones. 7) Funcionarios declarados jubilados (de carácter forzoso por edad, de carácter voluntario o por IP para el servicio), en este último caso, según lo dispuesto en los arts. 9.3 RGMA, 10.3 y 4 RMJ. No será obligatoria la incorporación para aquellos funcionarios retirados o jubilados que, hallándose en situación de alta en alguno de los regímenes del sistema de Seguridad Social, renuncien expresamente al REFASS (art. 21.5 RGSSFAS). Pueden realizar el alta con carácter voluntario en la Mutualidad los funcionarios que causen baja por excedencia voluntaria, pérdida de la condición de funcionarios o transferencia a Cuerpos de las Comunidades Europeas, que quieran mantener los derechos que aquélla le confiere, siempre que abonen exclusivamente a su cargo las cuotas correspondientes al funcionario y al Estado, en los términos del art. 10 RGMA, art. 11.3 RMJ y art. 23.4 RGSSFAS.

26 Causan baja en la Mutualidad (art. 8 TRSSFCE, art. 11 RMJ): 1) Los funcionarios que pasen a la situación de excedencia voluntaria en cualquiera de sus modalidades. 2) Los funcionarios que pierdan tal condición, cualquiera que sea la causa. 3) Los funcionarios que pasen a prestar servicios para la Administración de la UE o para una organización internacional y transfieran sus derechos de Seguridad Social al instrumento protector establecido en ella. En los tres supuestos anteriores, los funcionarios pueden mantener el alta, pero deberán abonar exclusivamente a su cargo las cuotas correspondientes al funcionario y al Estado. Este derecho de opción ha de ejercitarse en el plazo de un mes desde que se incurre en la circunstancia que da lugar a la baja. Transcurrido ese plazo, o en caso de renuncia o impago de las cuotas, no podrá recuperarse ni instarse la condición de mutualista con carácter voluntario (art. 10 RGMA). Como casos particulares, también causan baja: 1) Los funcionarios civiles de Cuerpos adscritos al Ministerio de Defensa que no hayan ejercido la opción de incorporarse al REFCE, así como, en su caso, los funcionarios en prácticas para el ingreso en dichos Cuerpos y el personal regido por el Estatuto de personal del Centro Nacional de Inteligencia (art. 3, ap. f) y g) TRLSSFA, en la redacción operada por la Ley 39/2007). 2) En MUGEJU, los que dejen de desempeñar el destino o ejercer funciones como jueces, fiscales o secretarios judiciales suplentes o similares y no reingresen en el cuerpo de origen en la Administración de Justicia (art. 11.1.d) MUJEGU).

ración, la Mutualidad expide el correspondiente documento de afiliación, en el que figuran los datos personales del funcionario que sean necesarios para su identificación como mutualista y su número de afiliación, que tiene carácter permanente y propio de este régimen especial de la Seguridad Social (art. 8 RGMA, art. 8 RMJ y art. 24 RGSSFA).

2.3.2. Cambio de cuerpo o afiliación a más de un régimen de Seguridad Social

Cabe distinguir varias situaciones, todas ellas contempladas en el art. 12 RGMA, y de forma particular en los otros regímenes mutualistas (art. 5 RMJ y art. 25 RGSSFA), a saber:

a) En caso de que un funcionario pase de un cuerpo a otro, dentro de la misma Administración (por ejemplo, la Civil del Estado), mantendrá su alta, afectando estos cambios tan sólo a las variaciones que puedan existir en la cotización.

b) Cuando un funcionario ocupe simultáneamente varias plazas que tengan legalmente establecida su compatibilidad, causará el alta a través de aquélla por la que perciba sus retribuciones básicas.

c) La misma actividad no puede dar lugar a la inclusión en más de un régimen de seguridad social, y será el propio funcionario quien debe optar, por una sola vez, por pertenecer a uno sólo de ellos[27].

d) En cuanto a la conservación de los derechos en curso de adquisición de quienes pasan del Régimen del Mutualismo Administrativo a otro Régimen de Seguridad Social, o viceversa, se prevé la aplicación de las disposiciones sobre cómputo recíproco de cotizaciones entre los diferentes Regímenes de Seguridad Social (art. 58 RGMA).

Además, los RESSFP están incluidos en el ámbito de los reglamentos comunitarios, lo que permite que los períodos acreditados en otros estados de la UE o del Espacio Económico Europeo sean considerados para el reconocimiento del derecho a pensión y para el cálculo del RCP.

---

27 Para el caso de profesores universitarios con plaza vinculada en el SNS se establece una regulación específica de su derecho de opción por su condición de facultativos y de docentes (DA 4ª TRSSFCE).

2.4. Cotización y financiación

Las Mutualidades de los funcionarios públicos tienen un patrimonio y tesorerías propios, por lo que sus fondos no se integran en el presupuesto de Seguridad Social ni forman parte de la caja única del sistema. Además, se sujetan a un régimen de cotización distinto, observándose una desigualdad con el RG pues los tipos de cotización de los funcionarios integrados en los RESSFP son diferentes de los trabajadores y funcionarios integrados en el RG. Y, además, al aplicarse a los haberes reguladores y no a los salarios reales, arrojan en general, una cotización más baja que los funcionarios incluidos en el RG. En efecto, a diferencia de lo que ocurre en otros regímenes del sistema de seguridad social, las bases de cotización están objetivadas y no son los salarios reales percibidos por el funcionario (como por ejemplo, ocurre para los funcionarios incluidos en el RG), sino los llamados haberes reguladores tarifados en que se clasifican los funcionarios a efectos de derechos pasivos para cada año en los PGE (art. 10.2 TRSSFCE), siendo así iguales las de todos los funcionarios pertenecientes a un mismo grupo con independencia de sus retribuciones reales.

2.4.1. Cálculo y dinámica de la cotización

La cuota mensual de cotización se obtendrá dividiendo por catorce la cantidad resultante de aplicar a la base de cotización anual, reducida en su caso, el tipo porcentual establecido cada año en la LPGE y se abonará doblemente en los meses de junio y diciembre, por tanto, no se produce el prorrateo previsto en el RG para las pagas extraordinarias.

La liquidación mensual se obtendrá aplicando una serie de reglas especiales si se trata de funcionarios en prácticas que ya tuvieran la condición de mutualistas (art. 25.4 RGMA y art. 24.4 RMJ). La base reguladora se reducirá proporcionalmente si se autoriza al funcionario a realizar una jornada reducida (art. 27 RGMA y art. 24.4 RMJ). En el caso de pagas extraordinarias, si se abonaran proporcionalmente al tiempo en que el funcionario haya permanecido en activo, la cotización por las mismas se reducirá en la misma proporción (art. 10. 4 TRSSFCE, art. 10.4 TRLSSAJ y art. 28 RGSSFAS). En cambio, no se reducen las cuotas correspondientes a períodos de tiempo en que se disfruten licencias sin derecho a retribución.

En cuanto a la dinámica de la cotización, la condición de mutualista conlleva la obligatoriedad de cotizar en tanto se mantenga la situación de alta. Ello no obstante, están exentos de la obligación de cotizar los jubilados y quienes hayan solicitado una excedencia para cuidado de hijos, menores en acogimiento o familiares (art. 23.2 RGMA, art. 22.2 RMJ y art. 26.2.a RGSSFAS[28]). Una situación distinta es la de suspensión de la obligación de cotizar por la cuota individual de los mutualistas cuando disfruten de licencia por asuntos propios y cuando se hallen en situación de suspensión firme. Otra realidad diferente es la de los mutualistas voluntarios mientras se encuentren en situación de alta facultativa, quienes abonarán a su cargo la cuota individual y la correspondiente al Estado, pues precisamente ésta es una de las finalidades que se persiguen al mantener tal situación.

La obligación de cotizar será mensual para el mutualista en alta y el devengo tendrá lugar el último día de cada mes y, en caso de baja del mutualista en la fecha de efectos de ésta, salvo que sea por fallecimiento (art. 25.2 RGMA). Por tanto, el período de liquidación estará referido a mensualidades naturales completas, aunque el devengo y/o el pago de las cuotas se efectúen por período distinto del mes. Las liquidaciones mensuales de los mutualistas en el mes en que causen alta obligatoria y en el de baja, siempre que no sea por fallecimiento, se calculará por días.

En el mutualismo administrativo se prevé un régimen general de cotización y un régimen singular. El régimen general de cotización consiste en la deducción de la cuota directamente de la nómina del funcionario, o en su defecto, la detracción se realizará sobre los trienios. Si ello no fuera posible, debe estarse al régimen singular de cotización, que consiste en el pago de las cuotas directamente por el mutualista dentro del mes siguiente al período que corresponda el ingreso (art. 32 RGMA, art. 27 RMJ y art. 31 RGSSFAS)[29].

Como quiera que la cotización en el régimen del Mutualismo administrativo se basa en la cuota individual del mutualista y la aportación estatal, las normas sobre recaudación no prevén apenas supuestos de procedimien-

---

28 Además, en el ISFAS se contemplan algunas excepciones específicas para quienes se encuentran todavía en etapas formativas no retribuidas o con escasa retribución (como los alumnos de centros docentes militares y de la guardia civil, el personal establecido en la DA 1.1.c) RGSSFAS). También están exentos los oficiales generales en la situación a extinguir de segunda reserva y los viudos y huérfanos incluidos en el REFASS.

29 Están sometidos al régimen singular de cotización: 1) Los mutualistas obligatorios en alta en situación de servicios especiales a los que no se les practique la retención de la cuota en la retribución de su puesto de trabajo o cargo efectivo que desempeñen, y no perciban trienios a través de su destino de origen, o los perciban en cuantía insuficiente para cubrir la cotización que les corresponda. 2) Los mutualistas que soliciten el mantenimiento facultativo del alta.

tos coactivos, con la salvedad de las cuotas de los mutualistas sometidos al régimen singular de cotización.

2.4.2. Prescripción y devolución de cuotas

La obligación de pago de las cotizaciones en el Mutualismo administrativo está sometida a idéntico plazo que el de las acciones de la Administración de la Seguridad Social encaminadas a exigir el pago de las cotizaciones no ingresadas (art. 24 TRLGSS), esto es, un plazo de cuatro años a contar desde la fecha en que preceptivamente debieron ser ingresadas. La prescripción quedará interrumpida por las causas ordinarias, y, en todo caso, por cualquier actuación administrativa realizada con conocimiento formal del obligado al pago de la cotización conducente a la liquidación o recaudación de la deuda y, especialmente por requerimiento del deudor. El mismo plazo de cuatro años se fija para el ejercicio del derecho de los mutualistas a la devolución total o parcial de las cuotas o el exceso de éstas ingresadas indebidamente.

2.5. Acción protectora

2.5.1. Contingencias protegidas

Se entiende por accidente en acto de servicio aquel que se produzca como consecuencia de las actividades propias de la prestación de servicios en la Administración (art. 59 RGMA y art. 57 RMJ). Se estará a lo dispuesto en el RG acerca del concepto de accidente de trabajo y las presunciones aplicables al respecto. Se considera enfermedad profesional la contraída por el mutualista a consecuencia de la prestación de sus servicios a la Administración, en las actividades que se especifican en las normas reglamentarias del RG (art. 60 RGM y art. 58 RMJ). Los accidentes y enfermedades comunes son los que no tienen la consideración de accidente en acto de servicio ni enfermedad profesional.

2.5.2. Prestaciones

Las prestaciones del Mutualismo Administrativo son las siguientes: a) Asistencia sanitaria. b) Incapacidad temporal. Respecto a la situación de IT debe tenerse en cuenta el régimen de licencias retribuidas y permisos regulados en el EBEP arts. 48 y 49). c) Riesgo durante el embarazo y riesgo durante la lactancia natural. d) Determinadas prestaciones por incapacidad permanente o inutilidad para el servicio. e) Prestaciones familiares. f) Servicios sociales y asistencia social.

La protección mutualista es pues complementaria de la protección ofrecida por las pensiones de Clases Pasivas o del RG, por lo que no incorpora a su acción protectora pensiones, excepto alguna complementaria.

Del catálogo de la acción protectora la prestación más importante gestionada por el Mutualismo es la de asistencia sanitaria y determinadas prestaciones en especie. También, es importante la exclusión de la contingencia por desempleo, dada la estabilidad que se presupone en el empleo de los funcionarios. Como excepción, para determinados militares no funcionarios que justamente tienen una vinculación temporal, sí que se contempla —pero fuera del régimen mutualista— el acceso a la protección por desempleo[30].

También es trascendente señalar que el mutualismo no prevé prestaciones específicas en punto a la protección por nacimiento, adopción, guarda con fines de adopción, acogimiento o adopción de un hijo o hija y cuidado de un hijo o permiso por cuidado de hijo menor afectado por cáncer u otra enfermedad grave. La razón es que se configuran como permisos o licencias administrativas (art. 49 del EBEP) y durante estas situaciones los funcionarios percibirán sus retribuciones íntegras. Si al término del permiso por nacimiento para la madre biológica continuase la imposibilidad de incorporarse al trabajo se iniciará la contingencia de IT.

Los permisos contemplados en el artículo 49 EBEP son:

A) Permiso por nacimiento para la madre biológica.

B) Permiso por adopción, por guarda con fines de adopción o acogimiento, tanto temporal como permanente. Cada progenitor disfrutará de 6 semanas de disfrute obligatorio e ininterrumpido tras la resolución judicial.

---

30 Es el caso de los militares de tropa y marinería para los que se prevén reglas especiales de protección por Seguridad Social, en particular, el reconocimiento de la prestación por desempleo del RG. De modo, que aunque se encuadran en el Mutualismo militar, también se incluyen en el RG a los efectos exclusivos de la protección por desempleo, considerándose situación legal de desempleo la finalización del compromiso temporal como militar de tropa y marinería que tengan suscrito (Art. 292 TRLGSS).

C) Permiso por progenitor diferente de la madre biológica por nacimiento o guarda con fines de adopción o acogimiento de duración de 16 semanas, siendo las primeras semanas de descanso obligatorio.

D) Permiso por razón de violencia de género.

E) Permiso por cuidado del menor o afectado de una enfermedad grave.

F) Permiso parental para el cuidado de hijo, hija o menor acogido por tiempo superior a un año, hasta el momento en que el menor cumpla ocho años: tendrá una duración no superior a ocho semanas, continuas o discontinuas, podrá disfrutarse a tiempo completo, o en régimen de jornada a tiempo parcial, cuando las necesidades del servicio lo permitan.

2.5.3. Asistencia sanitaria

El alcance y contenido de la prestación médica, quirúrgica, rehabilitadora y farmacéutica en el Mutualismo administrativo es similar al ofrecido en el RG, aunque existe alguna diferencia sustancial en el pago de los medicamentos (inclusive para los funcionarios públicos ya jubilados), que es de un 30 por 100 del precio frente al 10% de aportación farmacéutica de los jubilados de pensiones contributivas[31]. Sin embargo, en contrapartida las mutualidades de funcionarios prevén algunas ayudas adicionales de carácter sociosanitario sin parangón en otros Regímenes[32] y, además, como peculiaridad los titulares y los beneficiarios son depositarios de los talonarios de recetas[33]. Ahora bien, la principal singularidad está en la forma de

31 *Vid.* art. 102.5.d) y mismo precepto, apartado 9, de la Ley de Garantías y Uso Racional de los Medicamentos (RD Leg. 1/2015, de 24 de julio). Este mismo porcentaje se fija como aportación del usuario en cuanto a la prestación ortoprotésica, salvo para determinados productos de aportación reducida, donde el porcentaje a sufragar por el usuario será del 10% (art. 9.5 RD 1506/2012) o la gratuidad en casos de hospitalización o tratamientos derivados de contingencias profesionales. En lo demás, la prestación farmacéutica es similar a la del RG, incluyendo y excluyendo similares documentos y productos.

32 Las mutualidades de funcionarios pueden aprobar su propia cartera de servicios comunes, que ha de respetar, cuando menos, la cartera de servicios comunes del SNS, pero pueden otorgar ayudas adicionales, por ejemplo, ayudas económicas para prestaciones dentarias, oftalmológicas, prestaciones ortoprotésicas, para gastos por desplazamiento para recibir asistencia sanitaria, para gastos de internamiento de enfermos psiquiátricos, etc.

33 Que se recibían en papel, pero que podrán emitirse también en soporte electrónico.

dispensación de la asistencia sanitaria, que posee la peculiaridad de que puede ser prestada a los funcionarios públicos través de entidades de seguro privadas. Ello introduce una diferencia con cualquier otro régimen de Seguridad Social donde procede la adscripción obligatoria de los afiliados a los servicios públicos de salud. De este modo, corresponde al mutualista beneficiario optar en el mes de enero por recibir la asistencia sanitaria por el sistema de sanidad pública o privada, y de preferirse por el sistema privado (opción en la práctica claramente mayoritaria[34]), elegir la entidad de seguro privada entre las varias con las que cada mutualidad tiene suscrito el correspondiente concierto. En el ámbito castrense, además, está la posibilidad complementaria de acudir a la Sanidad militar[35].

La asistencia sanitaria se dispensará a los mutualistas, a los jubilados mutualistas, así como a los beneficiarios a su cargo. En este sentido, otra singularidad es que a los RESSFP no les resulta aplicable la normativa que regula en sentido restrictivo la condición de asegurado y beneficiario en punto a la asistencia sanitaria en España con cargo a fondos públicos, y mantienen el régimen específico de cada mutualidad[36].

Como quiera que la asistencia sanitaria se puede prestar por entidades de seguro privado o por el SNS, se prevé un régimen de compatibilidades e incompatibilidades que, en síntesis, vendría a establecer: A) Que el funcionario incluido en el mutualismo administrativo, si realizara un trabajo diferente, podría tener acceso a la asistencia sanitaria del SNS por este segundo trabajo. B) En caso de familiares o asimilados, no se puede mantener el derecho a la asistencia sanitaria por diferentes vías, a título derivado de familiar o asimilado. C) El derecho de asistencia sanitaria en calidad de familiar o asimilado sólo se disfruta subsidiariamente cuando éstos no accedan a la asistencia sanitaria por su propio derecho. D) Se establece la regla general de que en caso de que el beneficiario utilice servicios de atención sanitaria distintos de los que le correspondan, abonará sin derecho a reintegro, los gastos que puedan ocasio-

---

34 *Vid.* Memorias Anuales de MUFACE, MUGEJU e ISFAS, en las correspondientes webs de estas entidades donde se hacen constar los datos anuales de la modalidad de cobertura elegida.

35 Regulada por la Orden 17/12, de 15 de marzo.

36 DA 7ª del RD 1192/2012, por el que se regula la condición de asegurado y de beneficiario a efectos de la asistencia sanitaria en España, con cargo a fondos públicos, a través del Sistema Nacional de Salud, que fue modificado por el RD-L 7/2018, de 7 de julio. Para el régimen de cada mutualidad: en MUFACE al art. 15 TRSSFCE y arts. 67 a 69 RGMA; en MUGEJU, al art. 15 TRLSSAJ, y arts. 63 y 64 RMJ; y en ISFAS al art. 12.1 TRLSSFA.

narse, salvo determinadas excepciones consabidas en casos de urgencia vital o denegación injustificada por los servicios habilitados de la asistencia sanitaria. E) En el supuesto de que un funcionario/a que hubiera optado por recibir su asistencia sanitaria en entidades de seguro privadas, hubiera sido atendido/a no por éstas, sino por un Centro sanitario perteneciente al SPS, le serán reclamados los gastos de esta asistencia al tercero responsable. F) En caso de optar el funcionario/a por recibir su asistencia sanitaria en el SPS, tendrá derecho a la cartera Nacional de Servicios de Salud.

En punto a la asistencia sanitaria en el extranjero debe estarse al régimen especial de conciertos previsto en cada Mutualidad, sin perjuicio de la posibilidad de utilizar la tarjeta sanitaria europea en los desplazamientos temporales en países de la UE, del Espacio Económico Común o de Suiza.

2.5.4. Incapacidad temporal

El régimen jurídico de las situaciones de IT de los funcionarios ha sufrido reformas sucesivas en los últimos años que se han caracterizado por ir en una doble línea: de un parte, de homogeneización con el RG y acercamiento a la regulación de los trabajadores asalariados; de otra parte, recorte de las prestaciones económicas y control del absentismo en la Administración. Sin embargo, esta última línea ha sido ambivalente. Así, se produjo en el 2012 un recorte de derechos que afectó singularmente a los procesos de IT de menor duración por contingencias comunes, que tradicionalmente habían ofrecido un régimen más favorable, al garantizar a los funcionarios mediante licencias administrativas por enfermedad o complementos a cargo de la Administración empleadora, una cuantía igual o aproximada a la que percibía el funcionario en activo. Las diversas modificaciones en la protección social frente a situaciones de IT de los funcionarios eliminaron gran parte de estas ventajas, equiparando su situación en gran medida con la regulación contenida en el TRLGSS para esta prestación. Sin embargo, posteriormente, la DA 54ª de Ley 6/2018, de 23 de julio de PGE eliminó las restricciones existentes en materia de mejora de las condiciones de IT de los empleados públicos, permitiendo a cada Administración Pública acordar complementos retributivos a las anteriores prestaciones. De este modo, el marco jurídico partirá que además del subsidio que cada Administración determine, previa negociación colectiva, se fijarán las retribuciones que ha de percibir durante la situación de incapacidad temporal el personal a su servicio y al de sus Organismos y Entidades públicas dependientes. Por ejemplo, el Real Decreto 956/2018 ha reconocido la plenitud retributiva para el personal funcionario, estatutario o laboral al servicio de la Administración General del Estado, de sus Organismos o de sus Entidades Públicas dependientes, que se encuentre en la situación legal de incapacidad temporal, garantizando durante esta situación la percepción del cien por cien de las retribuciones ordinarias correspondientes al mes de inicio de la incapacidad temporal. Normas similares se han aplicado en el ámbito de las administraciones autonómicas.

Los requisitos para acceder a la situación de IT son semejantes a los del TRLGSS, en cuanto a padecer un proceso patológico que requiera asistencia sanitaria o de funcionarias en casos de menstruación incapacitante, aborto o de encontrarse en la semana trigésima novena de gestación, con la única salvedad de haberse obtenido la licencia por enfermedad de acuerdo con el procedimiento específico de la correspondiente Mutualidad[37]. La acreditación del proceso patológico se realiza a través del parte médico de baja emitido por el personal facultativo de la entidad de seguro privada o del servicio público de salud al que figure adscrito el mutualista. La gestión del pago del subsidio puede ser encomendada al órgano para el que preste servicios el funcionario, sin perjuicio de que resida en la correspondiente mutualidad, las facultades de gestión y control.

Durante la situación de IT el funcionario tiene derecho a una prestación económica en los términos fijados en la normativa de la correspondiente mutualidad. Así, por ejemplo, para los funcionarios de MUFACE se prevé que percibirán:

a) Durante los primeros tres meses, la totalidad de las retribuciones básicas y de las retribuciones complementarias del funcionario en la misma cuantía que le correspondería en cada momento en su puesto de trabajo si no se encontrase en situación de IT.

b) Desde el cuarto mes, se percibirán las retribuciones básicas, la prestación por hijo a cargo y un subsidio de la mutualidad (vid. art. 94 RD 375/2003), que tiene topada la cuantía de manera que no puede superar por estos conceptos las retribuciones íntegras del funcionario devengadas (art. 96 RD. 375/2003).

---

37 En el caso de funcionarios, el complemento otorgado por la Mutualidad, cuya cuantía, fija e invariable mientras dure la situación de IT, será la mayor de las dos cantidades siguientes (art. 96 RGMA y 20.1.b TRLSSAJ): 1ª El 80 por 100 de las retribuciones básicas (sueldo, trienios y grado, en MUFACE, y sólo sueldo y trienios en MUGEJU) incrementadas en la sexta parte de una paga extraordinaria, correspondientes al tercer mes de licencia (primer mes en MUGEJU). 2º El 75 por 100 de las retribuciones complementarias devengadas en el tercer mes de licencia (primer mes en MUGEJU). En el caso de funcionarios incluidos en MUGEJU el subsidio por IT se percibirá a partir del séptimo mes.

La regulación de la IT en la LSSFA de 2000, que es común a lo anterior, sólo afecta a los funcionarios civiles incluidos en el ISFAS[38] y al personal estatutario del Centro Nacional de Inteligencia. Por tanto, no se aplica a los militares, para los que no se ha producido una adaptación de la regulación de la IT establecida con carácter general. Para el personal militar profesional o la guardia civil, la circunstancia de insuficiencia temporal de condiciones psicofísicas para el servicio en la terminología castrense, se prevé el mantenimiento del afectado en la situación administrativa en la que estaba originariamente, y por tanto, con plenos derechos económicos[39].

La duración y extinción de la situación de IT serán las previstas para el RG (art. 169 TRLGSS), con algunas particularidades. Las recaídas no dan derecho a un nuevo proceso de IT, de manera que se establece "se considerará que existe un nuevo proceso patológico cuando las enfermedades que padezca el funcionario sean diferentes o no tengan relación directa con las del proceso anterior, y, en todo caso, cuando se hayan interrumpido las licencias durante un período mínimo de 6 meses" (art. 20.2 TRSSFCE). Debe precisarse que en el caso de las recaídas en el REPAJ o ISFAS, el plazo es de un año (art. 19.2 TRLSSAJ y art. 18.5 TRLGSSFAS).

2.5.5. Riesgo durante el embarazo y riesgo durante la lactancia natural

La protección y definición de estas contingencias es similar a la ofrecida en el RG, partiendo de los principios generales establecidos en la LO 3/2007, de Igualdad y teniendo en cuenta que en los Regímenes Especiales de Seguridad Social de funcionarios civiles y militares, así como en el REPAJ, es de aplicación supletoria el Real Decreto 295/2009 (art. 1.3). Se consideran situaciones protegidas aquellas en las que se encuentra la mujer funcionaria en los supuestos en que, debiendo cambiar de puesto de trabajo por otro compatible con su estado en los términos del art. 26 LPRL, dicho cambio de puesto no resulte reglamentaria, técnica u objetivamente posible o no pueda razonablemente exigirse por motivos justificados. Estas situaciones de riesgo durante el embarazo y riesgo durante la lactancia natural de hijos menores de 9 meses no requieren para su cobertura período

---

38 Recuérdese que los funcionarios civiles que presten servicios en establecimientos miliares pueden estar en MUFACE o en ISFAS (de acuerdo con el derecho de opción otorgado por la Ley 39/1999).

39 Art. 97 Ley 42/99, para la guardia civil y art. 121 Ley 39/07, para cuerpos militares, que regulan la insuficiencia de condiciones psicofísicas.

previo de prestación y dan derecho a la misma protección que la IT por enfermedad profesional. Igualmente, la retribución será complementada desde el primer día hasta alcanzar como máximo el cien por cien de las retribuciones que viniera correspondiendo a dicho personal en el mes anterior al de causarse la situación (art. 99.2 RGMA y art. 93.3 RMJ)[40].

2.5.6. Incapacidad permanente

La protección mutualista de esta contingencia no es completa, sino que se configura como una protección adicional sobre la regulación contenida en el RCP donde la protección de la IP se integra dentro de la protección de jubilación o retiro. En el Mutualismo Administrativo la IP es una situación que puede generar prestaciones recuperadoras, indemnizaciones (en caso de lesiones, mutilaciones o deformidades en acto de servicio) y ayudas para remunerar a quien auxilie a un gran inválido o complementos que van adosados a las pensiones del RCP (o cuando corresponda del RG).

En el REFCE, los grados de IP se definen en términos idénticos a los del RG y las prestaciones son las siguientes:

a) En el caso de IP parcial, no se produce disminución de las retribuciones del funcionario (art. 24 TRSSFCE y 103.2 RGMA). En estos casos el funcionario queda obligado a someterse a los procesos recuperación profesional. Si esta IP derivara de un accidente en acto de servicio o como consecuencia de él o de una enfermedad profesional, además de lo dicho, el funcionario tendrá derecho a percibir una indemnización equivalente a 24 mensualidades de la base de cotización al mutualismo administrativo vigente en el mes de la primera licencia por enfermedad, o del mes en que se produjo el accidente, con prorrateo de las pagas extraordinarias de junio y diciembre (arts. 103 y 110 RGMA).

b) La IP total y la absoluta darán lugar a la jubilación del funcionario por inutilidad de acuerdo con la regulación del RCP (art. 25.1 TRSSFCE). Ello sin perjuicio del derecho a recibir prestaciones recuperadoras con cargo a MUFACE, si existe posibilidad de recuperación.

---

40 *Vid.* Resolución de 1 de abril de 2019, de la Mutualidad General de Funcionarios Civiles del Estado, para la tramitación electrónica y actualización de modelos previstos en la Orden PRE/1744/2010, de 30 de junio.

c) Gran invalidez. También ocasionará la jubilación del funcionario por inutilidad de acuerdo con la regulación del RCP. Dará derecho a un complemento mensual equivalente al 50 por 100 de la pensión de jubilación que le corresponda con arreglo al RCP, destinado a remunerar a la persona encargada de su asistencia (art. 26 TRSSFCE). Reglamentariamente se han previsto determinadas circunstancias especiales, como que el mutualista no hubiera causado derecho a la pensión de jubilación por IP para el servicio por el RCP, en cuyo caso para tener derecho a la prestación de asistencia del mutualismo administrativo deberá acreditar un período previo de cotización de nueve años (art. 106.3 RGMA). También se prevé en el reglamento los efectos económicos de la prestación por gran invalidez según dicha situación se produzca en el momento de la jubilación o retiro por IP o con posterioridad (art. 107 RGMA). Asimismo, cuando la pensión de gran invalidez del RCP hubiese sido disminuida por concurrencia con otras pensiones públicas, para determinar el importe de la base para el cálculo del 50% se tendrá en cuenta que dicha base nunca pueda superar la pensión máxima establecida para cada año.

d) Las lesiones permanentes no invalidantes se protegen con derecho a una indemnización por una sola vez, bien con una indemnización calculada según el baremo establecido en el RG o bien de 24 mensualidades de la base de cotización al mutualismo administrativo en el mes de la primera licencia por enfermedad o, en su defecto, en el mes en que se produjo el accidente o se diagnosticó la enfermedad que dio lugar a las reducciones anatómicas o funcionales (arts. 109 y 110 RGMA).

En el REPAJ corresponde a la mutualidad el reconocimiento, calificación y abono que corresponda, y se conceden prestaciones para tres supuestos:

a) IP por disminución psicofísica o funcional, que vendría a equivaler a una IP total o absoluta en el RG, y que conduciría a la jubilación del funcionario. Genera el derecho a una prestación mensual (hasta que el mutualista alcance la edad de jubilación forzosa) equivalente al 20 por 100 de las retribuciones básicas ordinarias percibidas el último mes en activo, actualizable, y que se percibirá en doce mensualidades ordinarias y dos extraordinarias (art. 94 RMJ).

b) Gran invalidez. Da derecho a una prestación vitalicia destinada a remunerar a la persona encargada de la asistencia al gran inválido con una cantidad mensual equivalente al cuarenta por ciento de las retribuciones básicas ordinarias percibidas en el último mes en activo, actualizable, y que se percibirá en doce mensualidades ordinarias y dos extraordinarias. Esta prestación es incompatible con otra otorgada por la misma finalidad por un régimen público de Seguridad Social (art. 98 a 100 RMJ). Ahora bien, no es incompatible con el 20% de la IP del apartado anterior, por lo que en casos de gran invalidez se suma el 40% al 20%, con lo su importe total es del 60%.

c) Lesiones permanentes no invalidantes. Da derecho a una indemnización a tanto alzado, declarándose expresamente aplicable el baremo establecido para el RG (art. 101 RMJ).

En el REFA se reconoce algunas prestaciones económicas y en especie para quienes han sufrido una IP para el servicio, más comúnmente, denominada en el ámbito castrense, inutilidad:

a) Cuando la enfermedad o lesión que motivó el retiro o jubilación imposibilite al personal militar o civil incluido en su campo de aplicación de forma absoluta para todo trabajo, oficio o profesión (art. 22.1 TRLSSFA) y sólo en determinadas situaciones (art. 22.6), se percibe una prestación, cuya cuantía será la diferencia entre la pensión de retiro o jubilación por inutilidad permanente en el RCP, computada al año y en su cuantía inicial (no se revaloriza), y el 100% del haber regulador anual que haya servido de base de cálculo de la indicada pensión, aun cuando ésta se haya determinado al 200% de dicho haber regulador por tener su causa en acto de servicio. Esta prestación tiene naturaleza de pensión pública, por lo que su cuantía, con la pensión de jubilación, no puede superar la cuantía de la pensión máxima de Seguridad Social.

b) La gran invalidez, requiere haber causado previamente pensión de inutilidad para el servicio. Da derecho a una prestación vitalicia destinada a remunerar a la persona encargada de la asistencia al gran inválido con una cantidad mensual equivalente al 50% de la pensión de retiro o jubilación de Clases Pasivas, computadas al año y en cuantía inicial (no revalorizable, salvo previsión expresa), con el límite del 50% del importe máximo establecido para las pensiones públicas en el momento del reconocimiento. Esta pensión no tiene la consideración de pensión pública, por consiguiente, no computa en la determinación de los límites máximos de concurrencia de pensiones[41].

---

[41] Además para las pensiones de gran invalidez del Régimen Especial de las Fuerzas Armadas causadas hasta el 31-12-2015, se ha establecido su actualización en un 0.25% —con independencia de su cuantía— conforme a la DA 33 Ley 48/2015.

Previa petición, es posible sustituir esta pensión por el alojamiento y cuidado a cargo del ISFAS, cuando los gastos no representen para el ISFAS un incremento superior al 10 por 100 de la prestación total (art. 23.2 TRLSSFA).

c) Las lesiones permanentes no invalidantes y la IP parcial se protegen conforme al RG.

Quienes se jubilen por lesiones que no alcancen la entidad suficiente para dar lugar a la inutilidad absoluta o gran invalidez podrán revisar el grado de incapacidad en el plazo de tres años contados a partir de la fecha de la declaración del retiro o jubilación, siempre que no hayan alcanzado la edad para el retiro o jubilación forzosa.

2.5.7. Prestaciones familiares

Comprenden la prestación por hijo o menor acogido con discapacidad, las ayudas económicas en los casos de parto múltiple y la prestación económica por nacimiento o adopción de hijo en supuestos de familia numerosa, monoparental y en los casos de madres discapacitadas con una discapacidad igual o superior al 65 por ciento. Si bien la competencia para el reconocimiento y gestión de las prestaciones corresponde al Mutualismo Administrativo, estas prestaciones se reconocen en los términos del RG (arts. 235 a 237 TRLGSS), con alguna pequeña salvedad (por ejemplo, arts. 113 y 116 RMJ) por lo que los requisitos y el importe de las prestaciones son idénticos para los mutualistas y los afiliados a cualquiera de los regímenes del sistema de Seguridad Social (DA 1ª TRLGSS). Esta equiparación deriva del carácter universal de estas prestaciones, financiadas con cargo a los PGE.

2.5.8. Servicios sociales y asistencia social

El mutualismo funcionarial se caracteriza por incluir en el catálogo de su acción protectora un conjunto de servicios y auxilios económicos, que incluirían prestaciones en especie o, con un reembolso de gastos o medidas de asistencia y servicios sociales, que no tiene parangón con el previsto para el RG en el art. 42 TRLGSS. Estas prestaciones al reconocerse como medidas de asistencia social o servicios sociales, y no por consiguiente, como un derecho subjetivo, están sujetas a disponibilidad presupuestaria. Se recogen en el art. 129 RGMA para MUFACE, en los arts. 104 y 107 RMJ para el Mutualismo Judicial y en ISFAS, la acción social y los servicios sociales se regulan en los arts. 105 a 107 RGSSFA.

3. RÉGIMEN DE CLASES PASIVAS

3.1. Regulación y fines

El RCP es un régimen peculiar, cuyos orígenes se remontan a los años veinte del siglo pasado y que ha mantenido el esquema de protección surgido históricamente para las llamadas clases pasivas, esto es, para los diversos tipos de funcionarios incluidos en alguno de los Regímenes Especiales de la función pública —y por tanto, no integrados en el RG— que abandonasen el servicio activo. Concretamente, tiene por objeto garantizar al personal la protección frente a los riesgos de vejez, IP y muerte y supervivencia. Tras la integración obligatoria en el RG de los funcionarios que acceden a dicha condición a partir de 1 de enero de 2011, el Régimen de Clases Pasivas está destinado a extinguirse, manteniéndose transitoriamente únicamente para los colectivos adscritos al mismo con anterioridad a dicha fecha. De esta suerte, sólo está vigente para regular derechos ya causados, o los que en el futuro se puedan causar por las personas incluidas en el mismo antes del 1 de enero de 2011[42].

Por otra parte, también están incluidos otros colectivos que no tienen el "status" propio de los funcionarios públicos, como, personas que desempeñan altos cargos de la Administración (las personas expresidentas, vicepresidentas y ministras del gobierno de la nación), así como otros altos cargos de las Instituciones del Estado (personas expresidentas del Congreso de los diputados y del Senado, del Tribunal de Cuentas y del Consejo de Estado, del Tribunal Supremo, Tribunal Constitucional, del Consejo General

[42] Así, están incluidos en el RCP los funcionarios incluidos antes de 2011 de los siguientes cuerpos: los funcionarios de carrera de carácter civil de la Administración del Estado, el personal militar de carrera y el de las escalas de complemento y reserva naval y el de tropa y marinería profesional que tuvieran adquirido el derecho a permanecer en las Fuerzas Armadas hasta la edad de retiro, los funcionarios de carrera de la Administración de Justicia, los funcionarios de Carrera de las Cortes Generales, los funcionarios de carrera de otros órganos constitucionales, los alumnos de las academias y escuelas militares, el personal militar de empleo y el de las escuelas de complemento y reserva naval y el de la tropa y marinería profesional que no tenga adquirido el derecho a permanecer en las fuerzas armadas hasta la edad de retiro.

del Poder Judicial y ex personas Defensoras del Pueblo y Fiscales Generales del Estado), en favor de las cuales se reconocen determinadas prestaciones cuando fallecen o cuando alcanzan la edad de jubilación de las personas funcionarias. Excepcionalmente para estas últimas se mantiene vigente el RCP (ap. i del art. 2.1 y art. 51 del TRLCPE).

La regulación básica se contiene en el Real Decreto Legislativo 670/1987, de 30 de abril, que aprueba el Texto Refundido de la Ley de Clases Pasivas del Estado (en adelante, TRLCPE). Por otra parte, el importe de las pensiones de clases pasivas se ajustará a las normas generales sobre limitación, revalorizaciones y complementos a mínimos de pensiones públicas (DA 21ª TRLCP). Tendencia ésta que se explica no sólo por la búsqueda de equiparación entre las personas trabajadoras públicas y privadas, sino sobre todo por el sometimiento a una política común de reducción del gasto público. Ahora bien, ha de precisarse que las reglas sobre limitación de cuantía de las pensiones no son aplicables a las pensiones extraordinarias originadas por actos de terrorismo.

Las pensiones se fijan según los coeficientes que fija la LPGE para cada anualidad. El sistema de derechos pasivos distingue entre pensiones ordinarias y extraordinarias, cuya diferencia estriba en el origen de la contingencia, pues las extraordinarias derivan de un accidente o enfermedad en acto de servicio o como consecuencia del mismo.

3.2. Gestión, cotización y financiación

La gestión corresponde al INSS[43]. El RCP se financia con cargo a los PGE y sus fondos no integran la caja única del sistema de Seguridad Social. Se ha dicho que el RCP es de tipo presupuestario, no contributivo, en lo que a la aportación empresarial se refiere y es que el Estado no contribuye con una cuota fija, sino que la aportación estatal viene dada por la diferencia entre lo recaudado por cuotas de derechos pasivos a los funcionarios y el importe de las obligaciones a su cargo por pago de pensión, lo que ha permitido compensar el déficit creciente de este régimen. Además, también se financia con las cuotas, pues el personal incluido en el campo de aplicación del sistema de clases pasivas debe abonar una cuota de derechos

[43] Vid. RD de 28-4-2020 y RDL 15/2020. Frente a estas normas se planteó recurso de inconstitucionalidad núm. 2295/2020 (BOE 8-7-2020), que fue admitido por STC 13 de mayo de 2021 sobre la base de la falta de urgencia del decreto ley, luego se introdujo esta competencia del INSS en el art. 11 TRLCPE.

pasivos. La determinación de la misma resulta de la aplicación al haber regulador que sirva de base para el cálculo de la correspondiente pensión de jubilación o retiro de un tipo porcentual del 3,86 por 100, con carácter general[44] y 1,69 para la cobertura de MUFACE, ISFASS y MUGEJU. La cuantía anual se dividirá por catorce, obteniendo la correspondiente cuantía mensual, que se abonará doblemente en los meses de junio y diciembre. La recaudación de la cuota se efectúa mediante la deducción en cada nómina que se haga efectiva al funcionario, o si no fuera posible la detracción, el propio funcionario deberá ingresar directamente esas cuotas.

En cuanto al período mínimo de cotización, está igualado con el exigido en el RG para la pensión de jubilación, si bien en punto a la jubilación por IP existe una importante particularidad, pues se computan como años de servicio tanto los ya cumplidos, como los que el funcionario hubiera podido cumplir hasta llegar a la edad de jubilación. También existen singularidades en relación con las pensiones de muerte y supervivencia, al no exigirse un período previo de cotización, a diferencia del RG, donde se exigen 500 días dentro de los cinco años anteriores, si el fallecimiento deriva de enfermedad común (salvo para las pensiones de orfandad, si al fallecer el causante, éste se encuentra en situación de alta o asimilada).

En punto a la revalorización, el art. 27 TRLCPE establece el mismo sistema que el art. 58 TRLGSS, conforme al valor promedio de variación del IPC en los doce meses anteriores a diciembre de cada año.

3.3. Incompatibilidades

Se establecen reglas, llamadas de incompatibilidad interna, con la finalidad de limitar la percepción simultánea de varias pensiones del RCP, de modo que no es posible la percepción simultánea de más de tres pensiones ordinarias de Clases Pasivas de jubilación, viudedad, orfandad, o en favor de los padres, causadas por diferente personal. Igualmente, tampoco cabe la percepción simultánea de dos o más pensiones ordinarias de Clases Pasivas causadas en su favor o en el de sus familiares por la misma persona.

Además, existe un principio de no duplicidad de cobertura regulado en el art. 26 del TRLCPE, que articula las relaciones entre las pensiones

---

[44] Esta cuota prevista en el art. 23 TRLCPE se minora en un cincuenta por ciento (tipo del 1,93 por cien) para el personal militar profesional que no sea de carrera y el personal militar de las Escalas de Complemento y Reserva Naval.

de ese Régimen y otras pensiones públicas, de modo que se impide causar una pensión del RCP y a la vez en cualquier Régimen de Seguridad Social, debiendo optarse por una u otra. De este modo, los funcionarios del RCP no pueden acumular prestaciones como consecuencia de diferentes actividades si se encuentran en pluriempleo.

3.4. Pensiones ordinarias

Son pensiones ordinarias aquellas cuyo hecho causante derive de causas ajenas al servicio o no relacionadas directamente con éste.

3.4.1. Jubilación

El hecho causante de la pensión de jubilación es la extinción de la relación funcionarial, bien por retiro forzoso derivado del cumplimiento de la edad legalmente señalada (A), por incapacidad permanente para el servicio o inutilidad (B), o por retiro de carácter voluntario (C).

A) Jubilación forzosa

En el ámbito funcionarial la edad es un factor desencadenante del retiro o jubilación, a diferencia del ámbito laboral donde la jubilación se configura como voluntaria. La jubilación forzosa de los funcionarios públicos se declara de oficio al cumplir 65 años de edad (art. 67.3 EBEP), salvo para colectivos de funcionarios donde normas estatales fijen otra edad de jubilación. Las principales excepciones a esta edad son:

- Personal funcionario de los Cuerpos Docentes Universitarios: a los 70 años, pudiendo optar por jubilarse a la finalización del curso académico en que hubieran cumplido dicha edad (regulada en el artículo único de la Ley 27/1994).
- Magistrados/as, Jueces/as, Fiscales y Letrados/as de la Administración de Justicia se jubilan forzosamente a los 70 años, si bien pueden jubilarse a partir de los 65 años (arts. 386 y 445 LOPJ)[45]. También cabe la prolongación de la permanencia en el servicio activo hasta

[45] En algunos cargos no está prevista una edad de jubilación forzosa. Es el caso de los magistrados del Tribunal Constitucional o los Consejeros Permanentes del Estado.

que cumplan como máximo setenta y dos años de edad. Este régimen, se ha aplicado también a los/as notarios/as, aunque estos no están incluidos en el REFCE (art. único Ley 29/1983), así como a los/as registradores.

Exceptuando los casos anteriores, es llamativo también que la edad de jubilación para los funcionarios públicos[46], sea en general, de 65 años en contraste con el retraso progresivo de la edad de jubilación de los trabajadores. Esta diferencia se interpretaría no tanto por una búsqueda de un rejuvenecimiento de plantillas por el progresivo envejecimiento del colectivo funcionarial, sino como una vía de amortización del empleo público facilitando su jubilación.

La fijación de una edad de jubilación forzosa para los funcionarios merece algunas consideraciones relativas a diferentes cuestiones, a saber: la potestad del legislador para fijar esta edad de jubilación (a), la posibilidad de prórroga (b), y la situación específica del personal militar (c).

a) La edad de jubilación de los funcionarios públicos se rebajó con carácter general a los 65 años en 1984. Empero, dicha rebaja no fue interpretada como un avance social, en particular en los niveles altos de funcionarios de la Administración, fundamentalmente por la merma de ingresos que se producía al cesar en su vida activa por las diferencias entre el salario en activo y los haberes pasivos. No es intrascendente poner de manifiesto que diversas SSTC han reconocido que no existe un derecho adquirido de los funcionarios a jubilarse a una edad de jubilación determinada (la del momento de su ingreso a la función pública), sino que el régimen funcionarial puede ser alterado por la potestad del legislador, pudiendo causar en algunos casos unos perjuicios compensables económicamente[47]. El TS, no sin ciertas vacilaciones, acabaría por rechazar la posible responsabilidad patrimonial del Estado por la anticipación de la edad legal de jubilación respecto a la regulación anteriormente prevista en esencia, al no tratarse de un derecho patrimonializado del funcionario ni una medida expropiatoria de derechos[48].

---

46 Para los integrados en el RG la edad de jubilación forzosa es la fijada en las normas del RG para el acceso a la pension de jubilación contributiva, sin coeficiente reductor, en el art. 67.4 EBEP.

47 Entre muchas otras, STC 70/1988, de 19 de abril.

48 SSTS, Sala C-A de 30-11-92 y de 18-1-00, Rec. 692/94.

b) Aunque la edad de jubilación de los funcionarios públicos se fija con carácter general en los 65 años, sin embargo, es posible prolongar la situación de activo hasta los 70 años en determinados casos (vid. infra ap. 3.4.1.D).

c) Con carácter particular ha de hacerse mención del personal militar, que previamente a la situación de retiro conforme al RCP, pasa a la llamada situación de "reserva", a la que accede en función del empleo y la categoría conforme a un sistema complejo, y donde pueden ocupar eventualmente destinos, y donde la retribución se produce no según la legislación de clases pasivas, sino de acuerdo con el sistema retributivo del personal de las Fuerzas Armadas.

B) Jubilación por incapacidad permanente

En el RCP la IP se configura como una causa de jubilación, y no como una prestación autónoma. Además, como singularidad, no existe una distinción por grados, de IP total, absoluta, y gran invalidez. Sin embargo, lo cierto es que por el impacto de alguna STC como la 134/96, de 22 de julio, dictada sobre el trato fiscal de las pensiones por IP en el RCP respecto a las pensiones de IP del sistema de Seguridad Social, ha motivado que generalmente en la resolución de jubilación por IP del funcionario se haga constar el grado a efectos de la exención del IRPF para las pensiones de IP absoluta o gran invalidez. Además, también ha de matizarse que a través de las mutualidades de funcionarios se puede obtener un complemento de la pensión diferente según el grado de IP (*supra* ap. 2.5.5).

Por otra parte, en el caso de la jubilación por IP se ha establecido una regla específica para situaciones equivalentes una IP total, esto es cuando la inutilidad impida continuar desempeñando el puesto de funcionario, pero no inhabilite para toda profesión u oficio y acredite menos de 20 años de servicios efectivos[49]. En este caso, se producirá una minoración de un 5% sobre la cuantía íntegra (aunque exceda del importe de la pensión máxima) por cada año que falte para cumplir los 20 años de servicios efectivos. El máximo es una reducción del 25% para quienes acrediten 15 años o menos de servicios efectivos[50]. Esta reducción en la cuantía puede

---

49 DA 13ª de la Ley 2/2008, desarrollada por el RD 710/2009, de 17 de abril.

50 El cómputo de los años de servicio incluye también los períodos de cotización en otros regímenes de Seguridad Social, siempre que se haya procedido a la aplicación de las reglas de cómputo recíproco (art. 1.2 RD 710/2009).

eliminarse si con anterioridad se produce una agravación que impida desempeñar toda profesión u oficio, percibiendo en ese caso el 100 por 100 de lo que le hubiera correspondido[51]. Tampoco se aplica esta reducción a las pensiones extraordinarias. Además, a efectos de las prestaciones por muerte y supervivencia que pudiera causar el beneficiario de esas pensiones reducidas respecto a sus familiares, la base reguladora del causante ascenderá a la pensión íntegra de jubilación o retiro, sin reducción, salvo que el funcionario fallecido hubiera realizado una actividad con posterioridad a su jubilación o retiro encuadrada en algún régimen de la seguridad social, en cuyo caso la base reguladora será del 75% del importe de la pensión reconocida.

Para determinados funcionarios del cuerpo nacional de policía, personal de las fuerzas armadas y guardia civil, pueden existir situaciones donde no obstante producirse una disminución de las funciones propias de su puesto de trabajo, no se acuerda necesariamente la jubilación o retiro por IP para el servicio, si no situaciones de "segunda actividad"[52] o limitaciones para ocupar determinados destinos o el cambio de especialidad.

Además, el RD 71/2019 establece una regulación particular de la protección del RCP para determinados militares cuando se produzca un accidente, lesión o enfermedad determinantes de la insuficiencia de condiciones psicofísicas[53].

---

51 No obstante, este incremento de cuantía es incompatible con una pensión que se pudiera reconocer computando los períodos de ejercicio de una actividad por cuenta propia o ajena que motive la inclusión en un régimen público de Seguridad social.

52 Se trata de una situación para funcionarios del cuerpo nacional de policía donde el funcionario es apartado del servicio activo, percibiendo unas retribuciones especiales, si bien puede acceder a determinados puestos de gestión, asesoramiento o similares, percibiendo en ese caso, las retribuciones correspondientes al ejercicio de esas funciones como si estuviera en activo.

53 En concreto, se aplica a los militares de complemento y los militares profesionales de tropa y marinería con una relación de servicios profesionales no permanente, así como para determinados alumnos de formación militar, de cuerpos a extinguir como el personal de escalas de complementos y reserva naval y ciertos reservistas que pasen a la situación de activado. Para ello habrá de tramitarse el pertinente expediente de valoración de las condiciones psicofísicas dentro de la Sanidad Militar, pero la determinación del grado de minusvalía no tomará en cuenta las normas específicas del ámbito militar, sino el baremo previsto en una norma general como es el RD 888/2022.

C) Jubilación voluntaria

Para la jubilación o retiro a solicitud del funcionario, se exige el cumplimiento de los requisitos legales, que generalmente son que el interesado tenga cumplidos sesenta años de edad y reconocidos treinta años de servicios efectivos al Estado (art. 28.2.b) TRLCPE), o bien que exista una disposición legal específica que lo permita con carácter general o para un colectivo de funcionarios[54]. El régimen de jubilación voluntaria previsto con carácter general para los funcionarios de clases pasivas mejora el RG, pues no existe una minoración del importe de la pensión anticipada (cfr. art. 208 TRLGSS) y contrasta con la opción de política de derecho de dificultar las jubilaciones anticipadas.

Como quiera que la regulación del RCP ha sido más beneficiosa que la del RG se producían traspasos de solicitudes de jubilación anticipada en este Régimen, de modo que se introdujo alguna limitación. En concreto, en punto al requisito de treinta años, se exige que los últimos cinco años de servicios estén cubiertos en el RCP, cuando para completar los treinta años de servicios exigidos hubieran de computarse períodos de cotización a otros regímenes, por aplicación de las normas sobre cómputo recíproco de cuotas entre regímenes de Seguridad Social (las especificidades se regulan en la DA 16 TRLCPE).

En cuanto a las disposiciones legales que permiten una jubilación anticipada voluntaria, cabe mencionar diversas situaciones: el Personal de las Cortes Generales, podrá jubilarse voluntariamente cuando cumpla 60 años de edad o tenga reconocidos 35 años de servicios efectivos a las Cortes Generales o a cualquier otro ente público[55]. Asimismo, los funcionarios de los Cuerpos Docentes Universitarios podrán jubilarse voluntariamente al cumplir 65 años[56]. Los Magistrados, Jueces, Fiscales y letrados de la administración de justicia también al cumplir dicha edad, pero si lo solicitan con 6 meses de antelación de su órgano de jubilación (arts. 386.2 y 445 LOPJ).

Por último, es importante resaltar que no es posible la jubilación parcial para los funcionarios. En cuanto a la jubilación anticipada, se ha excluido a los funcionarios del RCP de la aplicación del régimen previsto para los tra-

---

54 En relación con los premios de jubilación, la Sala III del TS ha unificado que no pueden concederse por las administraciones empleadoras si no existe una norma general que las reconozca (SSTS 5-4-2022, Rec. 850/2021, entre otras muchas).

55 Art. 17.3 Acuerdo de 27-3-06.

56 Ley 27/1994.

bajadores y los funcionarios integrados en el RG en el art. 215 TRLGSS y en la DT 4ª TRLGSS, para aquellos que acreditaran cotizaciones al mutualismo laboral con anterioridad al 1-1-1967. En efecto, los funcionarios sujetos al RG pueden acogerse a la jubilación anticipada prevista en la TRLGSS, si bien, en estos casos se establece una reducción de la prestación que recibirá el jubilado anticipado en función de los años que le falten para aquella edad. Además, los funcionarios del RG podrán acogerse a otras jubilaciones anticipadas que puedan estar previstas eventualmente en la regulación administrativa de su relación de servicios.

D) Prórroga de servicios activos

La DA 25ª de la Ley 36/2014, de 26 de diciembre, de Presupuestos Generales para el Estado para el 2015, establece la aplicación en el ámbito del Régimen de Clases Pasivas del Estado, de lo ya establecido en el Régimen General de la Seguridad Social, en relación con el acceso a la pensión de jubilación más allá de la edad ordinaria de la jubilación. En principio, llegados los funcionarios a la edad legal ordinaria de jubilación (65 años) pueden pedir una prórroga y trabajar otros cinco años más hasta los 70, que sería la jubilación forzosa definitiva. Sin embargo, como para los docentes universitarios, jueces, magistrados y registradores de la propiedad, la edad de jubilación ordinaria es de 70 años, la Administración les venía negado el beneficio del incremento de la pensión de jubilación que sí tenían reconocidos otros funcionarios que no pertenezcan a los grupos mencionados, incluidos en el Régimen de Clases Pasivas o en el RGSS. Dichos funcionarios cuando acceden a la jubilación a los 70 años pueden recibir una pensión cuyo importe anual puede llegar hasta la cuantía del haber regulador en cómputo anual, mientras que para los funcionarios docentes universitarios, jueces, magistrados y registradores de la propiedad, la cuantía de la pensión quedaba limitada al importe de la pensión máxima. Esta desigualdad se cortaría con la DA 5ª de LO 7/2015, de 21 de julio, que permite incrementar su pensión a los jueces, magistrados, abogados fiscales y letrados de la Administración de Justicia, docentes universitarios y Registradores de la propiedad, mercantiles y de Bienes inmuebles, magistrados y fiscales del TS que continúen trabajando a partir de los 65 años.

El art. 67.3 LEBEP permite a los funcionarios la posibilidad de solicitar la prolongación de la permanencia en el servicio activo como máximo hasta que se cumplan 70 años de edad, pero condiciona dicha posibilidad a que la Administración competente resuelva de forma motivada la aceptación o denegación de la prolongación[57]. La prolongación de la permanencia en el servicio activo no será de aplicación a los funcionarios de aquellos cuerpos y escalas que tengan normas específicas de jubilación (por ejemplo, no se reconoce la posibilidad de prórroga en el servicio activo a determinados colectivos como policías, militares o guardia civil, personal del Centro Nacional de Inteligencia).

Distinta de la anterior posibilidad, es el supuesto de concesión de prórroga del servicio activo por defecto de carencia. Está previsto que si en el momento de alcanzar la edad para la jubilación, el funcionario tuviera más de doce años de servicios efectivos pero no hubiera completando los quince, podrá solicitar prórroga, que se le concederá si está apto para el servicio, exclusivamente para completar el correspondiente período de carencia.

Una posibilidad específica de prórroga se ha previsto para funcionarios de cuerpos docentes universitarios y profesores investigadores del CSIC en que concurran méritos excepcionales, por un máximo de cinco años y sometidos a informes de renovación anual. Esta posibilidad es distinta de la designación de profesores eméritos[58].

Otra posibilidad de prórroga se ha previsto para los miembros de la judicatura, la fiscalía o el cuerpo de personas letradas de la administración de justicia, que podrán pedir una prórroga hasta los 72 años (art. 386.2 LOPJ).

E) Carencia

El período necesario para causar la pensión ordinaria de jubilación es de quince años de servicios efectivos al Estado. El art. 32 del TRLCPE determina taxativamente las situaciones de prestaciones de servicios efectivos al Estado, sin perjuicio del reconocimiento de otros servicios por sentencia judicial o acto propio de la Administración. Se da la particularidad de que

---

[57] Se ha declarado improcedente la denegación por la Administración de una solicitud de permanencia en el servicio si no estaba suficientemente motivada y se justificaba en alegaciones genéricas (STS, Sala C-A, 16-4-12, Rec. 3014/10).

[58] El art. 81 y la DA 12 de la Ley Orgánica 2/2023, del Sistema Universitario, dispone que las universidades podrán nombrar profesores/as eméritos que hayan prestado servicios destacados en la universidad. Su prestación de servicios en la universidad no dará lugar a la inclusión en el RGSS y se admite la compatibilidad entre sus pensiones de jubilación con la retribución según determinen los estatutos de cada Universidad.

en el caso de jubilación anticipada por IP se computan como servicios efectivos los años completos que falten al incapacitado para alcanzar la edad de jubilación o retiro forzoso[59]. Por otra parte, cuando el funcionario tenga acreditados, sucesiva o alternativamente, períodos de cotización en el RG o en otro régimen de la Seguridad Social, dicho período podrá ser sumado a solicitud del interesado con los reconocidos en el RCP, siempre que no se superpongan. Dicho cómputo será válido tanto para la adquisición del derecho a la pensión como para determinar el porcentaje aplicable para el cálculo de la misma.

F) Cuantía

La determinación de la cuantía de la pensión se produce conjugando los años de servicios efectivos y los haberes reguladores objetivos publicados en la LPGE los grupos de clasificación profesional que rigen para los funcionarios públicos[60]. Los haberes reguladores se articulan sobre las retribuciones básicas de los funcionarios, por lo que, al no tener en cuenta las complementarias, no existe una correlación entre la retribución del funcionario en activo y la prestación de jubilación. Ello introduce una diferencia con el RG donde la base reguladora se obtiene sobre la suma de las bases de cotización del interesado.

Las tablas para el cálculo de la pensión de jubilación o retiro se contienen en el artículo 31 del TRLCPE, que diferencia según la prestación de servicios del funcionario se haya producido o no en el mismo Cuerpo, Escala, plaza, empleo o categoría. El 100% se alcanza tras 35 años de cotización. La pensión mensual se obtiene tras dividir por catorce la pensión anual.

El complemento de la pensión por reducción de la brecha de género también es aplicable en el RCP en los casos de jubilación forzosa (no en las jubilaciones anticipadas) jubilación por incapacidad permanente, así como también en las pensiones de viudedad (DA 18 TRLCP).

---

59 Se exceptúan de este cómputo especial las situaciones del funcionario incapacitado que en el momento de la incapacitación estuviera en situación de excedencia voluntaria o suspensión firme o situación militar legalmente asimilada (art. 31.4 TRLCPE).

60 Dichos grupos de clasificación están establecidos en el art. 76 del EBEP, en grupos A1, A2, B, C1 y C2.

G) *Incompatibilidades*

La percepción de las pensiones de jubilación o retiro de Clases Pasivas ha sido tradicionalmente incompatible con el desempeño de puestos de trabajo en el sector público. Posteriormente también se previó su incompatibilidad con el ejercicio de una actividad por cuenta propia o ajena que dé lugar a la inclusión de su titular en cualquier régimen público de Seguridad Social (art. 33.2 TRLPCE), pues anteriormente una ventaja de los funcionarios era que la pensión de jubilación era compatible con el ejercicio de una actividad profesional privada, a diferencia de las pensiones del RG[61]. No obstante, como excepción a dicha incompatibilidad se admite una jubilación flexible sometida a los siguientes requisitos:

a) acceder o haber accedido a la pensión de jubilación a una edad coincidente "al menos con la edad de jubilación forzosa para el correspondiente colectivo de funcionarios";

b) haber alcanzado el 100 por 100 como porcentaje aplicable al haber regulador a efectos de determinación de la cuantía de la pensión. En este caso, la cuantía de la pensión que se percibe en caso de desempeño de una actividad compatible es del 50 por 100 del importe resultante del reconocimiento inicial, una vez aplicado, si procediera, el límite máximo de pensión pública o el que el pensionista esté percibiendo en la fecha de inicio de la actividad, excluido, en todo caso, el complemento por mínimos, que no se podrá percibir durante el tiempo en que se compatibilice pensión y actividad (art. 33 TRLCPE)[62]. Ahora bien, la ley ha exceptuado la reducción en la pensión de jubilación, si la actividad realizada por el funcionario que se jubila es una actividad por cuenta propia y se acredita tener contratado, al menos, a un trabajador por cuenta ajena o bien el funcionario desempeña una actividad de creación artística por la que se perciban ingresos derivados de derechos de propiedad intelectual (art. 33.3 TRLCP).

---

61 Esta regla no afecta a las pensiones en favor de alumnos de centros docentes militares de formación, ni a las pensiones por inutilidad para el servicio causadas por el personal militar que no tenga adquirido el derecho a permanecer en las Fuerzas Armadas hasta la edad de retiro, reguladas, respectivamente, en los arts. 52.3 y 52 bis. 2 TRLCPE y en las normas de desarrollo reglamentario (art. 9.2 RD 710/2009).

62 Esta reducción del 50% de la pensión por desarrollar una actividad se aplica con independencia de que la actividad ya se viniera realizando por el sujeto antes de jubilarse (STS, Sala 3ª, 22-12-2020, rec. 1495/2020).

Una segunda vía de compatibilidad de actividad y pensión de jubilación está limitada a los supuestos de percibo de la pensión de jubilación o retiro por IP para el servicio. Se admite la compatibilidad, siempre que se den dos condiciones: a) Que la actividad sea distinta de la que venía realizando al servicio del Estado. b) Que el interesado no esté incapacitado para toda profesión y oficio. La compatibilidad debe solicitarse expresamente conforme al procedimiento previsto en los arts. 11 y ss. RD 710/09. De admitirse la compatibilidad, la pensión de jubilación o retiro se reducirá al 75 por ciento (si tuviera más de 20 años de servicios efectivos al Estado) o al 55 por ciento (si el interesado hubiera cubierto menos de veinte años de servicios efectivos al Estado).

Una de las notables excepciones a este régimen de incompatibilidades es la figura del profesor universitario emérito[63]. También se exceptúa de este régimen de incompatibilidades el desempeño de cargos electivos como miembros de las Asambleas Legislativas de las Comunidades Autónomas o de las Corporaciones Locales, cuando el perceptor de pensión de jubilación no preste servicios en régimen de dedicación exclusiva ni perciba retribuciones periódicas por el desempeño de estos cargos[64].

Las pensiones de jubilación o retiro de Clases Pasivas o de cualquier régimen de Seguridad Social son incompatibles con las pensiones indemnizatorias, las prestaciones compensatorias y cualquier otra percepción económica por el cese en el sector público (art. 1.2 RDL 20/2012).

3.4.2. Muerte y supervivencia

El hecho causante de estas prestaciones es el fallecimiento del causante. En el caso de personas ausentes, es necesaria la declaración de fallecimiento del ausente, no bastando la mera declaración de ausente legal (art. 34 TRLCPE).

Las prestaciones por muerte y supervivencia en el RCP presentan notables singularidades respecto al RG. En primer lugar, no se exige un período de carencia (art. 35 LCPE), lo cual resulta obviamente una ventaja comparativa de este Régimen frente al RG. Además, existen diferentes cuantías de las pensiones de viudedad, orfandad y a favor de padres res-

---

[63] Excepción esta recogida expresamente en la DA 9ª de la Ley 53/1984.

[64] *Vid.* art. 5 de la Ley 53/1984, de 26 de diciembre, de Incompatibilidades.

pecto al RG. Otras divergencias vienen dadas porque en RCP los respectivos porcentajes aplicables para cuantificar las pensiones de viudedad, orfandad y a favor de familiares se aplican a la base reguladora derivada de la pensión de jubilación que habría percibido el funcionario de no haber fallecido, a diferencia del RG donde se calcula sobre la base reguladora efectiva del causante.

La regla que se aplica es similar a la existente para la determinación del importe de la pensión de jubilación por IP, pues se toman como servicios efectivos los años completos que faltaran al interesado para alcanzar la edad de jubilación forzosa. De modo que cualquiera que sea el tiempo de servicios reales prestados, cuando se produzca el fallecimiento del sujeto causante, el período de servicios computable será el que va desde la fecha de ingreso en la Administración hasta la fecha en la que el funcionario causante cumpliría la edad de jubilación forzosa[65].

A) Viudedad

El régimen de beneficiarios es común con el RG (por ejemplo, en punto a las condiciones de las parejas de hecho o la pensión temporal de viudedad). El régimen de compatibilidades y causas de extinción de la pensión de viudedad es común al RG. Las diferencias están básicamente en la cuantía de la pensión de viudedad, que en el RCP se obtiene aplicando a un porcentaje del 50 por cien sobre la pensión ordinaria o haber regulador teórico que hubiera correspondido al causante al cumplir la edad de jubilación forzosa[66]. Este porcentaje será el 25 por 100 en el supuesto de que el

---

[65] La base reguladora de las pensiones se calcula de forma parcialmente distinta si ya era pensionista de jubilación en el momento del fallecimiento, pues la base reguladora es la pensión ordinaria de jubilación o retiro que efectivamente se hubiera señalado al causante, debidamente actualizada en su caso. Si el pensionista de jubilación o retiro por IP para el servicio no tuviera acreditados como mínimo 20 años de servicios efectivos al Estado, la base reguladora será la pensión de jubilación o retiro en la cuantía inicialmente reconocida del 75 por ciento. Por otra parte, si el causante fallece en situación de excedencia voluntaria, de suspensión firme, separado del servicio o en situación militar legalmente asimilable, es la pensión de jubilación que le hubiera correspondido al causante pero considerando solamente por los servicios prestados hasta el momento de su pase a tales situaciones.

[66] "El módulo temporal de referencia que debe utilizarse para determinar la cuantía de la pensión de viudedad por Clases Pasivas del excónyuge por divorcio o nulidad de matrimonio así como la del cónyuge actual de un funcionario, cuando el

causante de los derechos hubiera fallecido tras haber sido declarado inútil en acto de servicio o como consecuencia del mismo y de haberse señalado en su favor la correspondiente pensión extraordinaria. Los porcentajes anteriores pueden incrementarse cuando los beneficiarios cumplan determinados requisitos, singularmente, ser mayor de 65 años sin percepción de otros ingresos, rentas o pensiones (vid. Art. 39.3, DA 18 y19 TRLCPE).

B) Orfandad

Los beneficiarios, las causas de incompatibilidad y de extinción son similares al RG. Así, tendrán derecho a la pensión de orfandad los hijos (matrimoniales o naturales o legalmente adoptados) del causante menores de veintiún años o incapacitados para todo antes del cumplimiento de dicha edad o de la fecha de fallecimiento del causante (art. 41.1 TRLCPE). El derecho a la pensión con carácter vitalicio se amplía al huérfano mayor de veintiún años que antes de cumplir los veinticinco se incapacitase para todo trabajo.

Se exige que los beneficiarios de la pensión de orfandad no realicen trabajos lucrativos por cuenta propia o ajena o en caso de realizarlos, los ingresos obtenidos en cómputo anual sean inferiores al SMI en cómputo anual. Si se perciben ingresos superiores al límite quedará en suspenso por meses completos el derecho a la pensión de orfandad, pudiendo revisar de oficio la Administración la situación económica del beneficiario. Al cumplir 25 años la pensión de orfandad se extinguirá, salvo si en esa fecha está cursando estudios, manteniéndose en estos supuestos la percepción de la pensión de orfandad hasta el día primero del mes siguiente al inicio del siguiente curso académico.

La cuantía de la pensión de orfandad se obtiene aplicando unos porcentajes a la base reguladora, constituida por la pensión de jubilación que hubiera correspondido al funcionario. Los porcentajes son los siguientes:

a) el 25 por 100, en el supuesto de que existiera sólo un hijo con derecho a pensión;

---

fallecimiento del causante de los derechos se haya producido con anterioridad al momento de alcanzar la edad de jubilación o retiro forzoso, debe tomarse desde la celebración del matrimonio hasta la fecha en que el causante hubiese alcanzado la edad de jubilación o retiro" (STS C-A, 17-7-2009).

b) el 10 por 100, en el supuesto de que existieran varios hijos con derecho a pensión; aunque, en este último supuesto las pensiones resultantes se incrementarán con el prorrateo entre ellos de un 15 por 100.

Además, se establecen topes en la cuantía de las pensiones de orfandad en caso de concurrencia con pensiones de viudedad, de modo que en caso de concurrencia de huérfanos y viudo con derecho a pensión el porcentaje máximo de atribución a los primeros no podrá superar el 50 por 100; de no existir tal concurrencia, el porcentaje para los huérfanos puede alcanzar el 100 por 100 de la base reguladora. En caso de que se superen los topes, se procederá a la reducción de las pensiones proporcionalmente. Si tras la correspondiente minoración, uno de los beneficiarios de las pensiones de orfandad falleciera o perdiera la aptitud para ser titular de derecho pasivos, se procederá de oficio a un recálculo de oficio a favor de los que restaran. Igualmente procederá un recálculo si con posterioridad al señalamiento de las distintas pensiones a favor de los huérfanos del mismo causante apareciera algún nuevo beneficiario.

Las hijas e hijos que sean titulares de la pensión de orfandad causada por la víctima de violencia contra la mujer, tendrán derecho al incremento que se determine reglamentariamente para los casos de orfandad absoluta. Se presumirá la orfandad absoluta cuando se hubiera producido abandono de la responsabilidad familiar del progenitor supérstite y se hubiera otorgado el acogimiento o tutela de la persona huérfana por violencia contra la mujer a favor de terceros o familiares, así como en otros supuestos determinados reglamentariamente. En el supuesto de que hubiera más de una persona beneficiaria de esta pensión, el importe conjunto de las mismas podrá situarse en el 118 por ciento de la base reguladora. El incremento que se determine reglamentariamente para los casos de orfandad absoluta alcanzará el 70 por ciento de la base reguladora, siempre que los rendimientos de la unidad familiar de convivencia, incluidas las personas huérfanas, dividido por el número de miembros que la componen, no superen en cómputo anual el 75 por ciento del Salario Mínimo Interprofesional vigente en cada momento, excluida la parte proporcional de las pagas extraordinarias.

Cuando la muerte por violencia contra la mujer de la causante de la pensión de orfandad hubiera sido producida por un agresor distinto del progenitor de los hijos e hijas de la causante, se reconocerá el derecho a la pensión de orfandad con el incremento que correspondiese cuando los rendimientos de la unidad de convivencia en que se integran, divididos por el número de miembros que la componen, incluidas las personas huérfanas, no superen en cómputo anual el 75 por ciento del Salario Mínimo Interprofesional vigente en cada momento, excluida la parte proporcional de las pagas extraordinarias.

C) Pensiones a favor de los padres

Es un supuesto claramente subsidiario de protección por muerte del causante, ya que en el RCP, sólo es posible otorgar estas pensiones si no existe cónyuge supérstite o hijos del causante al contrario que en el RG, donde son compatibles con pensiones de viudedad y orfandad. Además, en el RG pueden incluir a otros familiares, mientras que en el RCP sólo se perciben por los progenitores del causante cuando dependieran económicamente[67] de éste en el momento de su fallecimiento y siempre que no existan cónyuge supérstite o hijos del fallecido con derecho a la pensión de viudedad u orfandad. Se trata de pensiones que se pueden causar a la vez favor de los progenitores. La cuantía de la pensión se obtiene de la aplicación de un 15 por 100 de la base reguladora. En caso de fallecimiento de uno los padres o de cese en la percepción de la pensión su valor no acrecería la del otro. Como ocurre con las pensiones de viudedad, son plenamente compatibles con el trabajo privado.

3.5. Pensiones extraordinarias

Las pensiones extraordinarias, a diferencia de las ordinarias, derivan de un accidente o enfermedad en acto de servicio o se causan como consecuencia del mismo. El derecho a estas pensiones extraordinarias no se condiciona al cumplimiento de ningún período previo de cotización, de forma similar a las contingencias profesionales en el RG donde funciona el alta presunta y no se exige carencia. Ahora bien, es en la cuantía de las pensiones extraordinarias donde se manifiestan las mayores ventajas del RCP respecto del RG. En este sentido, se les otorga un tratamiento privilegiado a estas pensiones concediendo una cuantía superior (el doble) a la que se

---

67 La DA 14 TRLCPE fija una cuantía de rentas que permite privar a los padres de la correspondiente pensión, presumiendo la dependencia económica cuando la suma en cómputo anual de todas las rentas e ingresos de cualquier naturaleza que perciba la unidad familiar sea inferior al doble del SMI y en familias monoparentales, cuando no se alcance el SMI.

conced en pensiones de jubilación o de muerte y supervivencia derivada de enfermedad o accidente común. Para la determinación de la cuantía, se debe calcular la pensión de jubilación que teóricamente correspondería al fallecido, con la ficción de computar los años efectivos de servicios más los años completos que le faltaran para alcanzar la correspondiente edad de jubilación o retiro forzoso (que se consideran como si se hubieran prestado efectivamente en su puesto). La base reguladora es del 200 por 100 de esta cantidad (art. 49.2 TRLCPE). Ello no obstante, se aplica el tope máximo de pensiones públicas lo que ha recortado la ventaja comparativa que estas pensiones representaban respecto a las causadas por contingencias profesionales en el RG.

En todo caso, al ser las pensiones extraordinarias normas de privilegio, la jurisprudencia ha establecido que su aplicación debe hacerse de modo estricto, limitando la concesión de pensiones extraordinarias por accidentes o enfermedades del servicio. Se exige que aquellos se produzcan en conexión directa con el servicio o como consecuencia directa de la naturaleza del servicio desempeñado y, como conclusión, se deduce la regla de que, en principio, la condición de accidente o enfermedad del servicio debe demostrarse por el interesado acreditando la relación de causalidad. Ahora bien, existe una presunción *iuris tantum* de existencia de acto de servicio cuando la IP o el fallecimiento del funcionario hayan acaecido en lugar y tiempo de trabajo. En caso de la enfermedad causante de la inutilidad, ésta deberá constar como adquirida directamente en acto de servicio o como consecuencia directa de la naturaleza del servicio desempeñado (art. 47 TRLCPE). Repárese en que no se aplican determinadas presunciones de accidente de trabajo contenidas en el art. 156 TRLGSS y la doctrina de las salas de lo contencioso administrativo, ha interpretado que no es discriminatoria la diferenciación entre "accidente de trabajo" o "accidente en acto de servicio", por tratarse de supuestos regulados en una legislación diversa[68].

---

[68] De este modo, no se ha admitido como accidente en acto de servicio el accidente *in itinere* (SAN, Sala C-A, 20-3-12, Rec. 556/10), ni la muerte por dolencia cardíaca ocurrida en el domicilio (SAN, Sala C-A, de 1-10-12, Rec. 366/11), ni por dolencia cardíaca acaecida en tiempo y lugar de trabajo pero manifestada con anterioridad (STSJ Galicia, Sala C-A, 4-516, Rec. 257/15); ni la incapacidad por depresión de un funcionario policial por la muerte de su hijo también policía en acto de servicio (SAN, Sala C-A, de 18-10-10, Rec. 23/09), ni el suicidio aun teniendo su origen en una depresión relacionada con el trabajo (SAN, Sala C-A, de 12-12-05, Rec. 693/03); ni la depresión por imputación de un delito del que después fue absuelto (SAN, Sala C-A, 20-4-16, Rec. 3/2016).

Dentro de las pensiones extraordinarias, se establece un régimen aún más beneficioso a las derivadas de actos de terrorismo (art. 49.3 TRLCPE). La cuantía de la pensión será directamente el doble del haber regulador que corresponda al grupo de clasificación en el que estuviera prestando servicio el funcionario en el momento de su cese activo. La cuantía resultante de tomar el 200% del haber regulador, supone no aplicar porcentaje alguno en función de los años de servicio efectivo o que pudieran abonarse hasta la edad de jubilación, y además, estas pensiones extraordinarias por actos de terrorismo no están sujetas a los límites de la pensión máxima de la LPGE, a diferencia de las pensiones extraordinarias que traen su causa de un acto de servicio, que sí lo están (art. 50.2 TRLCPE).

Como quiera que las pensiones extraordinarias derivadas de actos de terrorismo tienen un régimen más beneficioso, también son objeto de interpretación estricta en los Tribunales.

Como regla específica de incompatibilidad, las pensiones extraordinarias son incompatibles con pensiones ordinarias por el mismo hecho causante. Sí, se admite la compatibilidad con la indemnización de daños y perjuicios por responsabilidad patrimonial de la Administración (STS 12-3-91). De forma específica se prevé que las pensiones extraordinarias generadas por actos de terrorismo son incompatibles con las extraordinarias que, por los mismos hechos, pudieran corresponder, pero no con las indemnizaciones que pudieran acordarse para resarcir los daños sufridos por los afectados por actos de terrorismo. Además, si la pensión extraordinaria deriva de acto terrorista, su cuantía, tanto en favor del causante como de sus familiares con derecho a ésta, cualquiera que sea su legislación reguladora, no podrá ser inferior al doble del salario mínimo interprofesional vigente (art. 3.1 RD 851/1992).

En la pensión de jubilación, el hecho causante será la jubilación o retiro derivada de accidente o acto de servicio o como consecuencia del mismo, o por enfermedad derivada del servicio, que deberá constar como adquirida directamente en acto de servicio o como consecuencia de la naturaleza del servicio desempeñado. Como ocurre en las pensiones or-

---

Sí, en cambio cuando la jubilación forzosa por incapacidad del servicio se produce a un funcionario de prisiones amenazado como consecuencia de un acto de terrorismo (SAN, Sala C-A de 28-2-11, Rec. 524/09), o la enfermedad es consecuencia de un accidente de helicóptero (SAN, Sala C-A, de 21-12-09, Rec. 78/09).

dinarias, sobre la base de la pensión de jubilación se calculan las otras pensiones de muerte y supervivencia. Para éstas, el hecho causante es la muerte o declaración de fallecimiento del causante en acto de servicio o que éste hubiera fallecido tras haber sido declarado inutilizado en acto de servicio o como consecuencia del mismo. El derecho puede corresponder al cónyuge viudo, a los huérfanos o padres de fallecido. Así, en el caso de la de viudedad, el tipo se calcula sobre el 25 por 100 de la pensión extraordinaria de jubilación. La cuantía de las pensiones de orfandad será del 12,50 por 100 si existiera un solo hijo, 5 por 100 cada uno si existen varios hijos y a la prorrata del 7'5 por 100 entre todos ellos aplicados sobre la pensión extraordinaria. En el caso de las pensiones extraordinarias a favor de padres del funcionario fallecido, su cuantía se rebaja a un porcentaje del 7,5 por 100 sobre la pensión extraordinaria del causante en el supuesto de que el funcionario hubiera fallecido tras haber sido declarado inutilizado en acto de servicio o como consecuencia de este último (art. 45 TRLCPE). Repárese en que los porcentajes a aplicar para el cálculo de las anteriores pensiones se rebajan a la mitad respecto a las mismas pensiones ordinarias, si al causante se le hubiera reconocido una pensión extraordinaria. La razón de esta reducción es que la pensión extraordinaria es ya el 200 por 100 de la pensión ordinaria.

Si las pensiones extraordinarias de viudedad, orfandad o a favor de padres se hubieran originado como consecuencia de actos de terrorismo se establece un régimen más beneficioso, con unas reglas especiales de concurrencia para estas pensiones extraordinarias por actos de terrorismo:

a) Si sólo existe un beneficiario con aptitud legal para percibir la pensión de viudedad, orfandad o a favor de padres, éste la percibe íntegra, esto es, el 200% del haber regulador que corresponda al grupo de clasificación del causante.

b) Si concurre la pensión de viudedad con prestaciones por orfandad, la pensión de viudedad se limita al 50 por 100 de esta cantidad, repartiéndose entre los hijos la otra mitad a partes iguales. Asimismo, extinguidas las prestaciones de orfandad el cónyuge viudo puede cobrar la totalidad de la pensión íntegra, igual que si no hay pensionistas de viudedad, y sólo un huérfano con derecho a la pensión, le corresponderá a él la totalidad de la pensión íntegra del 200% del haber regulador (art. 49.3 TRLCPE).

Otra peculiaridad es que, en el caso de las pensiones por orfandad derivadas de terrorismo, cubre a los hijos menores de 23 años, salvo que con anterioridad a esa fecha estuvieran incapacitados para atender a su subsistencia. En determinados supuestos, se puede ampliar la edad hasta los 25 años (art. 41.2 y 48.3 TRLCPE), si se acreditan determinados requisitos de carencia económica. Si el huérfano se incapacitase para todo trabajo antes de cumplir los 25 años de edad, tendrá derecho a la pensión de orfandad con carácter permanente.

Lección 6
Dependencia

REMEDIOS ROQUETA BUJ
Catedrática de Derecho del Trabajo y de la Seguridad Social
Universitat de València

1. EL SISTEMA PARA LA AUTONOMÍA Y ATENCIÓN A LA DEPENDENCIA

1.1. Principios y objetivos

De acuerdo con el art. 1.1 LAAD, esta disposición legal tiene por objeto "*regular las condiciones básicas que garanticen la igualdad en el ejercicio del derecho subjetivo de ciudadanía a la promoción de la autonomía personal y atención a las personas en situación de dependencia, en los términos establecidos en las leyes, mediante la creación de un Sistema para la Autonomía y Atención a la Dependencia, con la colaboración y participación de todas las Administraciones Públicas y la garantía por la Administración General del Estado de un contenido mínimo común de derechos para todos los ciudadanos en cualquier parte del territorio del Estado español*". Se establece así un derecho de la ciudadanía a la promoción de la autonomía personal y atención a las personas en situación de dependencia que no requiere ni actividad profesional ni cotización previa alguna, y que, además, tiene el carácter de derecho "subjetivo" susceptible de ser exigido. Amparándose en los arts. 49, 50 y 149.1.1ª de la CE, y a fin de conciliar los principios de autonomía territorial, unidad, solidaridad e igualdad, la LAAD crea el Sistema para la Autonomía y Atención a la Dependencia (SAAD) con la colaboración y participación de todas las Administraciones Públicas e impone a la AGE la obligación de garantizar "*un contenido mínimo común de derechos para todos los ciudadanos en cualquier parte del territorio del Estado español*" (art. 1).

El SAAD se configura como "*una red de utilización pública que integra, de forma coordinada, centros y servicios, públicos y privados*" (art. 6.2 LAAD), esto es, como "una 'superestructura' sectorializada por razón de la materia que integra, de manera coordinada, centros y servicios de muy diversas procedencias y titularidades". Si el Sistema puede ser llamado así es porque estos centros y servicios se integran en la Red de Servicios Sociales de las respectivas CC.AA. [arts. 3.o) y 16.1 LAAD], que de esta forma se convierten en el elemento clave del SAAD. Éste se constituye, por tanto, sobre la estructura ya existente de los Sistemas de Servicios Sociales autonómicos.

Los principios inspiradores o rectores del SAAD a destacar, a la luz de los arts. 3 y 6.1 LAAD, son los siguientes:

1°) El carácter universal de las prestaciones de atención a la dependencia, lo que significa que todos los ciudadanos en situación de dependencia, sea cual sea su edad y el origen de la dependencia y con independencia de su situación familiar y socio-económica, podrán acceder a los servicios y prestaciones económicas del Sistema, en las condiciones y con los requisitos que se establezcan.

2°) La igualdad y no discriminación en el acceso a las prestaciones de atención a la dependencia. En este sentido, y en línea con lo dispuesto en los arts. 139.1 y 149.1.1ª de la CE, se reconoce a las personas en situación de dependencia, con independencia del lugar del territorio del Estado español donde residan, el derecho "*a acceder, en condiciones de igualdad a las prestaciones y servicios previstos en esta Ley, en los términos establecidos en la misma*" (art. 4.1 LAAD). Además, se consagra la garantía por la AGE de un contenido mínimo común de derechos para todos los ciudadanos, sea cual sea el lugar de su residencia, que las Administraciones Autonómicas y Locales, podrán con cargo a sus presupuestos, ampliar o mejorar.

3°) El carácter público de las prestaciones de atención a la dependencia, con independencia de las formas que adopte la gestión concreta de los servicios. De hecho, se prevé la participación de la iniciativa privada y del tercer sector en los servicios y prestaciones de promoción de la autonomía personal y atención a la situación de dependencia. No obstante, tales servicios y prestaciones son "públicos" y, por consiguiente, la responsabilidad última corresponderá a la AGE, a las CC.AA. y, en su caso, a las Entidades Locales.

En definitiva, el SAAD constituye un Sistema de derechos exigibles, de carácter universal, con unos mínimos iguales en todo el territorio del Estado español y de base pública. Sin embargo, el SAAD, que estaba llamado a ser el "cuarto pilar" del Estado de Bienestar, está sufriendo las consecuencias de la situación económica y presupuestaria actual.

1.2. Niveles de protección

Según el art. 7 LAAD y el RD 1050/2013, de 27 de diciembre, la protección de la situación de dependencia por parte del Sistema se prestará de acuerdo con los siguientes niveles:

1°) El "*nivel de protección mínimo*" establecido por la AGE en aplicación del art. 9 LAAD. Se trata del nivel mínimo de protección garantizado por el Estado "*para cada uno de los beneficiarios del Sistema, según el grado de dependencia, como condición básica de garantía del derecho a la promoción de la autonomía personal y atención a la situación de dependencia*" (art. 9.1 LAAD).

Este nivel mínimo de protección garantizado para todos los ciudadanos dependientes en cualquier parte del territorio del Estado español no queda determinado en la Ley, sino que es establecido por el Gobierno, oído el Consejo Territorial de Servicios Sociales y del SAAD (art. 9.1 LAAD), y se determina para cada uno de los beneficiarios en función del "grado de dependencia". El RD 1050/2013, de 27 de diciembre, establece la regulación del nivel mínimo de protección del SAAD garantizado por la Administración General del Estado.

La expresión cuantificada de los niveles mínimos de protección del SAAD es la siguiente (DA 106ª LPGE para el 2023)[1]:

Grado	**Mínimo de protección garantizado Euros/mes**
Grado III Gran Dependencia	290,00 €
Grado II Dependencia Severa	130,00 €
Grado I Dependencia Moderada	76,00 €

Las cuantías que se asignaban a las Comunidades Autónomas en virtud del nivel mínimo de protección se determinaban en función del número de dependientes y de su grado y nivel de dependencia. Sin embargo, el Acuerdo del Consejo Territorial del SAAD de 10 de julio de 2012 (BOE 3-8-2012), a fin estimular la atención a los dependientes mediante servicios profesionalizados, considera oportuno que la distribución de los créditos de los Presupuestos Generales del Estado a transferir a las Comunidades Autónomas para la financiación de la atención a la dependencia, incorpo-

1 El RD 1050/2013, a diferencia del RD 614/2007, no garantiza la actualización anual de estas cuantías.

re de forma progresiva, una variable que pondere positivamente la prestación de servicios frente a la prestación económica por cuidados en el entorno familiar. Y así, el art. 22.3 RD-l 20/2012 ha modificado el art. 9.1 LAAD, incorporando un nuevo inciso final, a cuyo tenor "*la asignación del nivel mínimo a las comunidades autónomas se realizará considerando el número de beneficiarios, el grado de dependencia y la prestación reconocida*". Y así, la asignación financiera del nivel mínimo de protección a cada Comunidad Autónoma se efectuará mensualmente considerando tres variables (art. 4 RD 1050/2013): el número de beneficiarios, el grado de dependencia, así como el número y tipo de prestaciones de atención a la dependencia. No obstante, para evitar desequilibrios en la financiación de unas CC.AA. respecto a otras, la asignación del nivel mínimo de protección establecida en el art. 4 RD 1050/2013 evolucionará progresivamente a lo largo de cuatro años (DT 1ª RD 1050/2013).

2º) El nivel de protección que se acuerde entre la AGE y la Administración de cada una de las CC.AA. a través de los convenios previstos en el art. 10 LAAD. Se trata del nivel de protección acordado y financiado por la AGE y la Administración de cada una de las CC.AA. en el marco de los correspondientes convenios bilaterales, incrementando el nivel mínimo de protección fijado y garantizado por el Estado. El nivel de protección que se acuerde entre la AGE y la Administración de cada una de las CC.AA. a través de los convenios bilaterales a que se refiere el art. 10 LAAD correrá a cargo de las dos Administraciones (arts. 10.4 y 32.3 LAAD). Los mismos recogerán las aportaciones del Estado derivadas de la garantía del nivel de protección definido en el apartado anterior y establecerán la financiación que corresponda a cada Administración para este nivel de prestación (arts. 10.4 y 32.3 LAAD). La aportación de la Comunidad Autónoma "*será, para cada año, al menos igual a la de la Administración General del Estado como consecuencia de lo previsto en este apartado y en el anterior*" (art. 32.3 LAAD), esto es, a la suma de las aportaciones del Estado derivadas de la garantía del nivel mínimo común para todos los ciudadanos de cualquier parte del territorio del Estado Español y del nivel acordado en el correspondiente convenio bilateral. De esta forma, el coste global de los servicios y prestaciones del SAAD en el territorio de cada Comunidad Autónoma, sumados los niveles mínimo y acordado, será asumido por partes iguales entre ambas Administraciones Públicas.

No obstante, desde el 2012 hasta la LPGE para el 2018 se venía suspendiendo la aplicación de los arts. 7.2, 8.2.a), 10 y 32.3, párrafo primero, y de la DT 1.ª LAAD[2]. En cambio, la DA 98.ª de la LPGE para el 2023 procede al establecimiento del nivel acordado entre la Administración General del Estado y las Comunidades Autónomas de financiación del Sistema para la Autonomía y Atención a la Dependencia, el cual tendrá una dotación de 783.197.420 € euros que será distribuido a cada Comunidad Autónoma de acuerdo con los criterios de reparto que se establezcan en el correspondiente Marco de Cooperación Interadministrativa. Asimismo, se establece la posibilidad de prever anticipos para la financiación de las actuaciones a desarrollar por las Comunidades Autónomas en el marco de los convenios de colaboración que formalicen con la AGE (DA 99.ª de la LPGE para el 2023).

3º) El nivel adicional de protección que pueda establecer cada Comunidad Autónoma. En este sentido, el art. 11.2 LAAD establece que las CC.AA. podrán "*definir, con cargo a sus presupuestos, niveles de protección adicionales al fijado por la Administración General del Estado en aplicación del artículo 9 y al acordado, en su caso, conforme al artículo 10, para los cuales podrán adoptar las normas de acceso y disfrute que consideren más adecuadas*"[3].

1.3. Régimen de distribución de competencias en materia de dependencia

1.3.1. Estado

Al Gobierno central, le corresponden las siguientes competencias:

a) Aprobar mediante RD el baremo que se acuerde en el Consejo Territorial de Servicios Sociales y del SAAD para valorar la situación de dependencia y determinar el grado de dependencia (art. 27.2 LAAD).

b) Establecer, previo acuerdo del Consejo Territorial de Servicios Sociales y del SAAD, las condiciones de acceso al Sistema de los emigrantes españoles retornados (art. 5.4 LAAD).

c) Determinar, tras consultar al Consejo Territorial de Servicios Sociales y del SAAD, *"el nivel mínimo de protección garantizado para cada uno de los beneficiarios del Sistema, según el grado de su dependencia, como condi-*

---

[2] Sobre la constitucionalidad de los preceptos legales que suspenden y modifican diferentes previsiones de la Ley de promoción de la autonomía personal y atención a las personas en situación de dependencia, véanse las SSTC 18/2016, de 4 de febrero, 99/2016, de 25 de mayo, y 179/2016, de 20 de octubre.

[3] STS (CA) 10.11.2015 (Rec. 748/2014).

ción básica de garantía del derecho a la promoción de la autonomía personal y atención a la situación de dependencia" (art. 9.1 LAAD), esto es, el nivel mínimo de protección de la situación de dependencia fijado y garantizado por el Estado.

d) Aprobar mediante RD los criterios establecidos por el Consejo Territorial de Servicios Sociales y del SAAD para *"determinar la intensidad de protección de cada uno de los servicios previstos en el Catálogo, y la compatibilidad e incompatibilidad entre los mismos"* (art. 10.3 LAAD).

e) Aprobar mediante RD las condiciones de acceso y la cuantía de las prestaciones económicas de atención a la dependencia que se hayan acordado por el Consejo Territorial de Servicios Sociales y del SAAD (art. 20 LAAD).

f) Determinar reglamentariamente la incorporación a la Seguridad Social de los cuidadores no profesionales en el Régimen que les corresponda, así como los requisitos y procedimiento de afiliación, alta y cotización (DA 4ª LAAD).

g) Promover, en el plazo de seis meses, las modificaciones legislativas que procedan, para regular la cobertura privada de las situaciones de dependencia (DA 7ª LAAD).

h) Establecer medidas de protección a favor de los españoles no residentes en España (art. 5.3 LAAD).

Por último, el Gobierno queda habilitado "*para dictar cuantas disposiciones sean necesarias para el desarrollo y ejecución de la presente Ley*" (DF 7ª LAAD).

La LAAD —que ha sido modificada por el RD-l 8/2010, de 20 de mayo, el RDl-20/2011, de 30 de diciembre, la Ley 2/2012, de 29 de junio, y el RD-l 20/2012, de 13 de julio— ha tenido el siguiente desarrollo normativo estatal:

- El RD 174/2011, de 11 de febrero, por el que se aprueba el nuevo baremo de valoración de la situación de dependencia.
- El RD 1050/2013, de 27 de diciembre, por el que se regula el nivel mínimo de protección —modificado por el RD 675/2023, de 18 de julio—.
- El RD 1051/2013, de 27 de diciembre, por el que se regulan las prestaciones de atención a la dependencia —modificado por los RR.DD. 291/2015, de 17 de abril, y 675/2023, de 18 de julio—.
- El RD 615/2007, de 11 de mayo —modificado por el RD 175/2011 de 11 de febrero—, regula la Seguridad Social de los cuidadores de las

personas en situación de dependencia, y la Orden TAS/2632/2007, de 7 de septiembre, añade una nueva sección, la 6ª, al Capítulo II de la Orden TAS/2865/2003, de 13 de octubre, en la que se concreta el régimen jurídico aplicable al convenio especial para los cuidadores no profesionales de personas en situación de dependencia.

- La Orden SSI/2371/2013, de 17 de diciembre, por la que se regula el Sistema de Información del Sistema para la Autonomía y Atención a la Dependencia.
- La Orden ESD/1984/2008, de 4 de julio, crea la Comisión Especial para la mejora de la calidad del Sistema para la Autonomía y Atención a la Dependencia.
- La Ley 35/2006, de 28 de noviembre, del Impuesto sobre la Renta de las Personas Físicas y de modificación parcial de las leyes de los Impuestos sobre Sociedades, sobre la Renta de no Residentes y sobre el Patrimonio, introduce una serie de medidas de fomento fiscal de la cobertura de la dependencia mediante seguros privados y planes de pensiones, modificando la regulación sustantiva de estos últimos.
- En las Disposiciones Adicionales 1ª a 5ª de la Ley 41/2007, de 7 de diciembre, por la que se modifica la Ley 2/1981, de 25-3-1981, de Regulación del Mercado Hipotecario y otras normas del sistema hipotecario y financiero, de regulación de las hipotecas inversas y el seguro de dependencia y por la que se establece determinada norma tributaria, se regulan las hipotecas inversas, el seguro de dependencia y la valoración de las disposiciones patrimoniales a los efectos de la determinación de la capacidad económica de los solicitantes de prestaciones de dependencia. También deben tenerse en cuenta Ley 1/2013, de 14 de mayo, de medidas para reforzar la protección a los deudores hipotecarios, reestructuración de deuda y alquiler social, y el Real Decreto-ley 1/2015, de 27 de febrero, de mecanismo de segunda oportunidad, reducción de carga financiera y otras medidas de orden social.

1.3.2. Comunidades Autónomas

Sin perjuicio de las competencias que la CE, los Estatutos de Autonomía y la legislación vigente les atribuyen, en el marco del SAAD corresponde a las CC.AA. las siguientes competencias:

a) Ordenar los siguientes aspectos del Sistema: los órganos de valoración de la dependencia (art. 27.1 LAAD); los órganos y el procedimiento para el reconocimiento de la situación de dependencia y del derecho a las prestaciones (art. 28 LAAD); la intensidad de los servicios de promoción de la autonomía personal y atención a las personas en situación de dependencia (arts. 5 a 10 RD 1051/2013) y el régimen de compatibilidades e incompatibilidades de los servicios previstos en el catálogo a que se refieren los arts. 15 LAAD y 2 RD 1051/2013 (art. 16.3 RD 1051/2013); los requisitos y condiciones de acceso a las prestaciones económicas (art. 11 RD 1051/2013); la *"capacidad económica"* de la persona dependiente (art. 14.7 LAAD), a considerar a la hora de priorizar el acceso a los servicios y a determinadas prestaciones económicas (la prestación económica para cuidados en el entorno familiar y, en su caso, la prestación económica de asistencia personal) y de determinar la aportación del usuario en el coste de los servicios y el importe de las prestaciones sustitutivas de los mismos (arts. 14.7 y 33 LAAD); la organización de los servicios [art. 11.1.b) LAAD]; los procedimientos de coordinación sociosanitaria, creando, en su caso, los órganos de coordinación que procedan para garantizar una efectiva atención [art. 11.1.c) LAAD]; el régimen jurídico y las condiciones de actuación de los centros privados concertados y el régimen de acreditación de los centros y servicios (art. 16.2 LAAD); la creación y actualización del Registro de Centros y Servicios, facilitando la debida acreditación que garantice el cumplimiento de los requisitos y los estándares de calidad [art. 11.1.d) LAAD]; y el desarrollo del cuadro de infracciones y sanciones previsto en la LAAD (art. 47.1 LAAD).

b) Gestionar, en su ámbito territorial, los servicios y recursos necesarios para la valoración y atención de la dependencia [art. 11.1.b) LAAD]. Las CC.AA. deben determinar los órganos de valoración de la situación de dependencia que emitirán un dictamen sobre el grado de dependencia, con especificación de los cuidados que la persona pueda requerir (art. 27.1 LAAD), reconocer la situación de dependencia, determinando los servicios o prestaciones que correspondan al solicitante en función del grado de dependencia (art. 28 LAAD), y asegurar la elaboración del correspondiente Programa Individual de Atención (PIA) [art. 11.1.e) LAAD].

c) Planificar, ordenar, coordinar y dirigir, en el ámbito de su territorio, los servicios de promoción de la autonomía personal y de atención a las personas en situación de dependencia [art. 11.1.a) LAAD].

d) Desarrollar el cuadro de infracciones y sanciones previsto en la LAAD (art. 47.1 LAAD), e inspeccionar y, en su caso, sancionar los incumplimientos sobre requisitos y estándares de calidad de los centros y servicios y respecto de los derechos de los beneficiarios [art. 11.1.f) LAAD]. Facultades de supervisión y control del cumplimiento de la normativa en vigor que se ejercerán respecto de los servicios prestados por la Administración Autonómica, las Entidades Locales y las instituciones privadas ubicadas en el territorio autonómico.

e) Evaluar periódicamente el funcionamiento del Sistema en su territorio respectivo [art. 11.1.g) LAAD].

f) Aportar a la AGE la información necesaria para la aplicación de los criterios de financiación previstos en el art. 32 [art. 11.1.h) LAAD].

1.3.3. Entidades Locales

De acuerdo con el art. 12 LAAD, las Entidades Locales "*participarán en la gestión de los servicios de atención a las personas en situación de dependencia, de acuerdo con la normativa de sus respectivas Comunidades Autónomas y dentro de las competencias que la legislación vigente les atribuye*".

1.4. Coordinación y cooperación entre las Administraciones Públicas

Para facilitar la cooperación entre las Administraciones Públicas, la LAAD prevé los siguientes instrumentos: 1°) El Consejo Territorial de Servicios Sociales y del SAAD; y 2°) Los convenios de cooperación entre la AGE y las CC.AA.

1.4.1. El Consejo Territorial de Servicios Sociales y del Sistema para la Autonomía y Atención a la Dependencia

En sustitución del anterior CTSAAD, el art. 22.2 del RD-l 22/2012 crea el Consejo Territorial de Servicios Sociales y del Sistema para la Autonomía y Atención a la Dependencia como "*como instrumento de cooperación para la articulación de los servicios sociales y la promoción de la autonomía y atención a las personas en situación de dependencia*" (art. 8.1 LAAD)[4].

---

[4] Cfr. la DA 10ª RD-l y 20/2012, de 13 de julio; y el Acuerdo de fecha 1 de marzo de 2018 del Consejo Territorial de Servicios Sociales y del Sistema para la Autonomía

1.4.2. Los convenios de cooperación entre la Administración General del Estado y las Comunidades Autónomas

En el seno del Consejo Territorial de Servicios Sociales y del SAAD, la AGE y las CC.AA. acordarán "*el marco de cooperación interadministrativa que se desarrollará mediante los correspondientes Convenios entre la Administración General del Estado y cada una de las Comunidades Autónomas*" (art. 10.1 LAAD). A través de dichos convenios, tales Administraciones "*acordarán los objetivos, medios y recursos para la aplicación de los servicios y prestaciones recogidos en el Capítulo II del presente Título, incrementando el nivel mínimo de protección fijado por el Estado de acuerdo con el artículo 9*" (art. 10.2 LAAD). Los convenios también establecerán "*la financiación que corresponda a cada Administración para este nivel de prestación, en los términos establecidos en el artículo 32 y en la disposición transitoria primera de esta Ley, así como los términos y condiciones para su revisión*" y recogerán "*las aportaciones del Estado derivadas de la garantía del nivel de protección definido en el artículo 9*" (art. 10.4 LAAD).

Los convenios de cooperación entre la AGE y las Comunidades, al igual que el resto de la normativa estatal y autonómica en materia de dependencia, pueden consultarse en la página web del SAAD (www.dependencia.imserso.es/dependencia).

1.5. Los órganos consultivos del Sistema para la Autonomía y Atención a la Dependencia

El legislador prevé cuatro órganos consultivos de participación institucional del SAAD, a saber (art. 41.1 LAAD)[5]: 1º El Comité Consultivo del Sistema para la Autonomía y Atención a la Dependencia; 2º El Consejo Estatal de Personas Mayores; 3º El Consejo Nacional de la Discapacidad; y 4º El Consejo Estatal de Organizaciones no Gubernamentales de Acción Social.

Las funciones de estos órganos "*serán las de informar, asesorar y formular propuestas sobre materias que resulten de especial interés para el funcionamiento del Sistema*" (art. 41.1 LAAD).

---

y Atención a la Dependencia por la que se aprueba el reglamento interno del Consejo Territorial de Servicios Sociales y del Sistema para la Autonomía y Atención a la Dependencia (BOE 8/3/2019).

5 Cfr. las SSTS (Sala de lo Contencioso-Administrativo) de 18 de mayo de 2011 (Rec. núm. 223/2010) y 21 de febrero de 2012 (Rec. núm. 226/2011).

1.6. La red de servicios del Sistema para la Autonomía y Atención a la Dependencia

El SAAD se configura "*como una red de utilización pública que integra, de forma coordinada, centros y servicios, públicos y privados*" (art. 6.2 LAAD). La red de centros del Sistema estará formada por "*los centros públicos de las Comunidades Autónomas, de las Entidades Locales, los centros de referencia estatal para la promoción de la autonomía personal y para la atención y cuidado de situaciones de dependencia, así como los privados concertados debidamente acreditados*" (art. 16.1 LAAD). La integración en el SAAD de los centros y servicios anteriores "*no supondrá alteración alguna en el régimen jurídico de su titularidad, administración, gestión y dependencia orgánica*" (art. 6.3 LAAD). De este modo, cada Administración territorial y cada entidad privada mantendrán la titularidad, administración, gestión y dirección orgánica sobre los centros y establecimientos dependientes de las mismas, a la entrada en vigor de la presente Ley. Las prestaciones y servicios establecidos en la Ley "*se integran en la Red de Servicios Sociales de las respectivas Comunidades Autónomas en el ámbito de las competencias que las mismas tienen asumidas*" (art. 16.1 LAAD). Por consiguiente, todos los centros y servicios para la promoción de la autonomía personal y para la atención y cuidado de las personas en situación de dependencia estarán adscritos a los Servicios Sociales de las respectivas CC.AA., incluso aquellos que venían siendo gestionados separadamente por las Entidades Locales.

Los Servicios y Centros de Servicios Sociales de atención de la dependencia, tanto públicos como privados, con o sin ánimo de lucro, que se encuentren ubicados o que actúen en el territorio de cada Comunidad Autónoma, deberán contar con la correspondiente autorización de esta e inscribirse en el Registro de Centros y Servicios. En la incorporación de los centros privados a la red de servicios del SAAD "*se tendrá en cuenta de manera especial los correspondientes al tercer sector*" (art. 16.2 LAAD), esto es, a las "*organizaciones de carácter privado surgidas de la iniciativa ciudadana o social, bajo diferentes modalidades que responden a criterios de solidaridad, con fines de interés general y ausencia de ánimo de lucro, que impulsan el reconocimiento y el ejercicio de los derechos sociales*" (art. 2.8 LAAD). Asimismo, se deberá atender, de manera específica, "*a la calidad en el empleo así como a promover la profesionalidad y potenciar la formación en aquellas entidades que aspiren a gestionar prestaciones o servicios del Sistema para la Autonomía y Atención a la Dependencia*" (art. 35.3 LAAD).

Los poderes públicos "promoverán la colaboración solidaria de los ciudadanos con las personas en situación de dependencia, a través de la participación de las organizaciones de voluntarios y de las entidades del tercer sector" (art. 16.4 LAAD).

2. LA DEPENDENCIA Y SU VALORACIÓN

2.1. La dependencia

2.1.1. Concepto de dependencia

La dependencia viene definida por el art. 2 LAAD. El apartado primero de este precepto define la autonomía como "la capacidad de controlar, afrontar y tomar, por propia iniciativa, decisiones personales acerca de cómo vivir de acuerdo con las normas y preferencias propias así como de desarrollar las actividades básicas de la vida diaria". Por su parte, el apartado segundo de este precepto describe la dependencia como "*el estado de carácter permanente en que se encuentran las personas que, por razones derivadas de la edad, la enfermedad o la discapacidad, y ligadas a la falta o a la pérdida de autonomía física, mental, intelectual o sensorial, precisan de la atención de otra u otras personas o ayudas importantes para realizar actividades básicas de la vida diaria o, en el caso de las personas con discapacidad intelectual o enfermedad mental, de otros apoyos para su autonomía personal*". Se establece, de este modo, un concepto unitario de la dependencia, que será aplicable en todos los casos, con independencia de que la causa que la haya provocado sea la vejez, la enfermedad o la discapacidad. Todos los sectores de la población y no sólo las personas mayores de una cierta edad, podrán estar afectados por la situación de dependencia, aunque las necesidades de atención puedan variar en función de la edad, el grado de dependencia, las condiciones de vida y otros factores asociados. Por lo demás, la situación de dependencia se atribuye "*a la falta o a la pérdida de autonomía física, mental, intelectual o sensorial*", por lo que quedan comprendidas la carencia inicial, la reducción o atenuación progresiva y la pérdida sobrevenida de las mismas.

Los elementos definitorios de la dependencia son cuatro:

1°) La existencia de una limitación física, mental, intelectual o sensorial que merma determinadas capacidades de la persona.

2°) La incapacidad de la persona para realizar por sí misma las "*actividades básicas de la vida diaria*" o, en el caso de las personas con discapacidad intelectual o enfermedad mental, la necesidad de "*otros apoyos para su autonomía personal*". Las "*actividades de la vida diaria*" (ABVD) son, según precisa el art. 2.3 LAAD, "*las tareas más elementales de la persona, que le permiten desenvolverse con un mínimo de autonomía e independencia, tales como: el cuidado personal, las actividades domésticas básicas, la movilidad esencial, reconocer personas y objetos, orientarse, entender y ejecutar órdenes o tareas sencillas*". Las necesidades de apoyo para la autonomía personal son las que requieren las personas que tienen discapacidad intelectual o mental "*para hacer efectivo un grado satisfactorio de autonomía personal en el seno de la comunidad*" (art. 2.4 LAAD).

3º) La necesidad de ayuda de otra u otras personas o de ayudas importantes para realizar actividades básicas de la vida diaria o, en el caso de las personas con discapacidad intelectual o enfermedad mental, de otros apoyos para su autonomía personal.

4º) La situación de dependencia, según el art. 2.2 LAAD, ha de tener "carácter permanente". No se considerarán así situaciones de dependencia, aunque materialmente lo sean, las que sólo se extiendan a un cierto y limitado período de tiempo, como es el supuesto de las enfermedades de corta duración.

2.1.2. Los grados de dependencia

La dependencia, cualquiera que sea su causa determinante, se clasificará, con arreglo a lo dispuesto en el art. 26.1 LAAD, en los siguientes grados:

a) Grado I. Dependencia moderada: cuando la persona necesita ayuda para realizar varias actividades básicas de la vida diaria, al menos una vez al día o tiene necesidades de apoyo intermitente o limitado para su autonomía personal.

b) Grado II. Dependencia severa: cuando la persona necesita ayuda para realizar varias actividades básicas de la vida diaria dos o tres veces al día, pero no requiere el apoyo permanente de un cuidador o tiene necesidades de apoyo extenso para su autonomía personal.

c) Grado III. Gran dependencia: cuando la persona necesita ayuda para realizar actividades básicas de la vida diaria varias veces al día y, por su pérdida total de autonomía física, mental, intelectual o sensorial, necesita el apoyo indispensable y continuo de otra persona o tiene necesidades de apoyo generalizado para su autonomía personal.

La dependencia, por consiguiente, se gradúa en función de la menor o mayor necesidad de la ayuda para realizar las actividades básicas de la vida diaria o, en el caso de las personas con discapacidad intelectual o enfermedad mental, de apoyo para la autonomía personal. Dicha necesidad se determinará en función de los parámetros cuantitativo y temporal. Con el primero se hace referencia al número de "*actividades básicas de la vida diaria*" para las que se precisa la ayuda de otra persona (varias en todos los grados), y con el segundo, al alcance temporal de la necesidad de ayuda diaria, diferenciándose entre ayudas de corta duración (sólo una vez al día), ayudas de periodicidad diaria de una cierta entidad (varias veces al día) y ayudas indispensables y continuas. En el caso de las personas que tienen discapacidad intelectual o mental, se distingue entre "*necesidades de apoyo intermitente o limitado*", "*necesidades de apoyo extenso*" y "*necesidades de apoyo generalizado*" para su autonomía personal.

El Anexo I del Baremo de Valoración de los grados y niveles de Dependencia (BVD) —aprobado por el RD 174/2011, de 11 de febrero—, establece las siguientes correspondencias:

a) Dependencia moderada: se corresponde a una puntuación final del BVD de 25 a 49 puntos.

b) Grado II. Dependencia severa: se corresponde a una puntuación final del BVD de 50 a 74 puntos.

c) Grado III. Gran dependencia: se corresponde a una puntuación final del BVD de 75 a 100 puntos.

A su vez, cada uno de estos grados de dependencia se clasificaba en dos niveles en función de la autonomía de las personas y de la intensidad del cuidado que requerían (art. 26.2 LAAD). Sin embargo, no existían diferencias relevantes en la forma de atender a las personas dependientes de diferente nivel dentro del mismo grado de dependencia, a la vista de los servicios y prestaciones que se les asignaban. Por ello, y en aras a la simplificación del procedimiento de valoración de la dependencia, el art. 22.10 del RD-l 20/2012 ha modificado la estructura de grados y niveles para la determinación del grado de dependencia que se contenía en el art. 26 LAAD. La nueva estructura pasa a tener una única división en 3 grados, desapareciendo la división de dichos grados en niveles.

El apartado 1 de la DF 1ª LAAD dispuso que la efectividad del derecho a las prestaciones de dependencia incluidas en la presente Ley se ejercitaría progresivamente, de modo gradual y se realizaría de acuerdo con el siguiente calendario a partir del 1 de enero de 2007: El primer año a quienes fueran valorados en el Grado III de Gran Dependencia, niveles 2 y 1. En el segundo y tercer año a quienes fueran valorados en el Grado II de Dependencia Severa, nivel 2. En el tercero y cuarto año a quienes fueran valorados en el Grado II de Dependencia Severa, nivel 1. El quinto y sexto año a quienes fueran valorados en el Grado I de Dependencia Moderada, nivel 2. El séptimo y octavo año a quienes fueran valorados en el Grado I de Dependencia Moderada, nivel 1. Pero, en aras a corregir el déficit público, se ha modificado el calendario de aplicación progresiva de la LAAD. Y así, según la nueva DF 1ª. 1 de esta disposición legal, la efectividad del derecho a las prestaciones de las personas valoradas en el Grado I, nivel 2, que no la tuvieran reconocida antes del 1 de enero de 2012, y la de las personas valoradas en el Grado I, nivel 1, o en el Grado I de Dependencia Moderada, se realizará a partir del 1 de julio de 2015[6].

2.2. La valoración de la situación de dependencia

2.2.1. El baremo para la valoración del grado de dependencia

La valoración de la existencia o no de una situación de dependencia protegible y la determinación del grado de dependencia requerirán de la aplicación de un baremo mediante el cual sea posible discriminar, con criterios objetivos, si una persona se encuentra en situación de dependencia y en qué grado corresponde encuadrarla. El grado de dependencia, a efectos de su valoración, se determinará mediante la aplicación del baremo que se acuerde en el Consejo Territorial de Servicios Sociales y del SAAD para su posterior aprobación por el Gobierno mediante Real Decreto (art. 27.2 y DF 5ª LAAD). Por tanto, dicho baremo regirá en todo el territorio del Estado Español. Idea en la que insiste el inciso final del art. 27.2 LAAD —añadido por el Real Decreto-ley 20/2012—, al señalar que "*no será posible determinar el grado de dependencia mediante otros procedimientos distintos a los establecidos por este baremo*". Además, será de aplicación universal, esto es, a cualquier persona, con diferentes estados de salud, etiología y severidad de sus problemas, edad, etc. No obstante, el mismo deberá incorporar una escala de valoración específica para los menores de 3 años (DA 13ª. 1 LAAD). A mayor abundamiento, este baremo será el instrumento de valoración de la dependencia a efectos de determinar el acceso a todos los servicios y prestaciones de atención a la dependencia.

El baremo, que tendrá entre sus referentes la Clasificación Internacional del Funcionamiento, la Discapacidad y la Salud (art. 27.2 LAAD), establecerá "*los criterios objetivos de valoración del grado de autonomía de la persona, de su capacidad para realizar las distintas actividades de la vida diaria, los inter-*

---

6 Cfr. la DF 14ª RD-l 20/2011.

valos de puntuación para cada uno de los grados de dependencia, y el protocolo con los procedimientos y técnicas a seguir para la valoración de las aptitudes observadas, en su caso" (art. 27.3 LAAD). El baremo valorará "*la capacidad de la persona para llevar a cabo por sí misma las actividades básicas de la vida diaria, así como la necesidad de apoyo y supervisión para su realización por personas con discapacidad intelectual o con enfermedad mental*" (art. 27.4 LAAD).

La valoración de la dependencia se realizará, además, teniendo en cuenta "*los correspondientes informes sobre la salud de la persona y sobre el entorno en el que viva, y considerando, en su caso, las ayudas técnicas, órtesis y prótesis que le hayan sido prescritas*" (art. 27.5 LAAD). De este modo, deben ponderarse también los aspectos básicos de las condiciones de salud alteradas, enfermedades y las deficiencias físicas, mentales, intelectuales o sensoriales que originan la dependencia y el contexto del individuo. En esta última variable se considerarán aquellas situaciones relacionadas con el entorno familiar, social y de convivencia de los solicitantes, para valorar su influencia en la situación general de los mismos. Para ello se contemplarán aspectos referidos a su unidad de convivencia, grado de atención recibido, su relación con el medio social e integración en el mismo.

El RD 174/2011, de 11 de febrero —que entró en vigor el 18 de febrero de 2012— aprueba el Baremo de valoración de los grados y niveles de Dependencia (BVD) y la escala de valoración específica para los menores de tres años que figuran como anexos I y II de este Real Decreto, sustituyendo los establecidos en el RD 504/2007, de 20 de abril. Las personas declaradas en situación de dependencia con reconocimiento de Grado con arreglo a lo establecido en el RD 504/2007, no precisarán de nueva valoración a efectos de los servicios y prestaciones de atención a la dependencia, pero cuando se realice la revisión de dichas valoraciones se aplicará el BVD o la EVE que se establecen en el RD 174/2011 (DT 1ª). En todos aquellos procedimientos iniciados con anterioridad a la entrada en vigor del RD 174/2011, en los que no se haya llevado a cabo la valoración de la situación de dependencia, se aplicarán las normas contenidas en este real decreto (DT 2ª).

Los criterios de aplicación del BVD se establecen en el Anexo 1 del RD 174/2011.

2.2.2. Órganos competentes para valorar la situación de dependencia

La valoración de la situación de dependencia mediante la aplicación del baremo que se apruebe por el Gobierno corresponderá a las CC.AA.

En este sentido, el art. 27.1 LAAD establece que éstas "*determinarán los órganos de valoración de la situación de dependencia*". No obstante, a fin de que la valoración y calificación de la dependencia sean uniformes en todo el territorio del Estado, en el Consejo Territorial de Servicios Sociales y del SAAD se acordarán "*unos criterios comunes de composición y actuación de los órganos de valoración de las Comunidades Autónomas*" (art. 27.1 LAAD).

Además, y con el fin de garantizar la igualdad en la aplicación de los baremos en todo el territorio del Estado, así como en la interpretación y, en su caso, estudio y análisis de las propuestas de modificación de los mismos, se creará una Comisión Técnica de Seguimiento que se establecerá en este Consejo Territorial, en el plazo de seis meses, con composición y funciones similares a la constituida para la valoración del grado de discapacidad.

Los órganos de valoración de las CC.AA., "*en todo caso, tendrán carácter público*" (art. 27.1 LAAD). Idea en la que insiste el art. 28.6 LAAD, al señalar que "*los servicios de valoración de la situación de dependencia {...} se efectuarán directamente por las Administraciones Públicas no pudiendo ser objeto de delegación, contratación o concierto con entidades privadas*". No obstante, dado el alto número de valoraciones a realizar en los primeros meses de aplicación de la Ley, tal restricción quedó en suspenso durante un periodo máximo de seis meses desde la fecha de inicio para la presentación de solicitudes de reconocimiento de la situación de dependencia (DT 2ª LAAD).

2.2.3. Órganos y procedimiento para el reconocimiento de la situación de dependencia y del derecho a las prestaciones del sistema

A las CCAA también les corresponderá reconocer la situación de dependencia y determinar los servicios y prestaciones correspondientes. En este sentido, el art.

LAAD dispone que *"el reconocimiento de la situación de dependencia se efectuará mediante resolución expedida por la Administración Autonómica correspondiente a la residencia del solicitante"*. No obstante, y a fin de que no existan desigualdades entre los ciudadanos en situación de dependencia en función del territorio de residencia, los recursos y procedimientos deben articularse con arreglo a pautas comunes en todo el Sistema. Por ello, el art. 28.5 LAAD establece que en el Consejo Territorial de Servicios Sociales y del SAAD se acordarán *"los criterios básicos de procedimiento para el reconocimiento de la situación de dependencia y las características comunes del órgano y profesionales que procedan al reconocimiento"* (art. 28.5 LAAD). Por lo demás, el reconocimiento de la situación de dependencia y del derecho a las prestaciones del SAAD en el ámbito territorial de las Ciudades de Ceuta y Melilla corresponde al IMSERSO, siguiendo a tales efectos el procedimiento que se prevé en la Resolución de 16 de julio de 2007 (BOE 23-7-2007).

En todo caso, "*la prescripción de servicios y prestaciones y la gestión de las prestaciones económicas previstas en la presente Ley, se efectuarán directamente por las Administraciones Públicas no pudiendo ser objeto de delegación, contratación o concierto con entidades privadas*" (art. 28.6 LAAD). No obstante, tal restricción quedó en suspenso durante un periodo máximo de seis meses desde la fecha de inicio para la presentación de solicitudes de reconocimiento de la situación de dependencia (DT 2ª LAAD).

El reconocimiento de la situación de dependencia, como se ha dicho, corresponderá a "*la Administración Autonómica correspondiente a la residencia del solicitante*" (art. 28.2 LAAD).

En cuanto al procedimiento, cabe subrayar lo siguiente:

- El procedimiento se ajustará a las previsiones establecidas en la LPAC "*con las especificidades que resulten de la presente Ley*" (art. 28.1 LAAD).
- El procedimiento "*se iniciará a instancia de la persona que pueda estar afectada por algún grado de dependencia o de quien ostente su representación*" (art. 28.1 LAAD)[7].
- La resolución de la Administración Autonómica declarará la situación de dependencia o la inexistencia de la misma. En el primer supuesto, la resolución determinará el grado de dependencia. La resolución que estime la condición de dependiente deberá establecer, además, los "*servicios o prestaciones que corresponden al solicitante según el grado de dependencia*" (art. 28.3 LAAD).
- En el marco del procedimiento de reconocimiento de la situación de dependencia y de las prestaciones correspondientes, los servicios sociales correspondientes del sistema público elaborarán el PIA en el que se determinarán "*las modalidades de intervención más adecuadas a sus necesidades de entre los servicios y prestaciones económicas previstos en la resolución para su grado, con la participación previa consulta y en su caso, elección entre las alternativas propuestas por parte del beneficiario y, en su caso, de su familia o entidades tutelares que le represente*" (art. 29.1 LAAD).

---

7 Cfr. el art. 3 RD 1051/2013.

- El art. 5 del RD-l 8/2010, de 20 de mayo, por el que se adoptan medidas extraordinarias para la reducción del déficit público, ha modificado el apartado 2 de la DF 1ª LAAD, que queda redactado como sigue: *"En el marco de lo establecido en la Ley 30/1992, de 26 de noviembre, de Régimen Jurídico de la Administraciones Públicas y del Procedimiento Administrativo Común, el plazo máximo, entre la fecha de entrada de la solicitud y la de resolución de reconocimiento de la prestación de dependencia será de seis meses, independientemente de que la Administración Competente haya establecido un procedimiento diferenciado para el reconocimiento de la situación de dependencia y el de prestaciones"*. De este modo, el PIA también debe confeccionarse dentro del referido plazo máximo para resolver[8].
- Por último, la LAAD no determina el orden jurisdiccional competente para conocer las resoluciones administrativas definitivas que sobre el reconocimiento de la situación de dependencia y del derecho a las prestaciones del Sistema se dicten por los órganos competentes. En principio, como quiera que los servicios y prestaciones de atención a la dependencia no forman parte del Sistema de la Seguridad Social, sino de la Red de Servicios Sociales de las respectivas CC.AA., es evidente que la competencia corresponderá al orden contencioso-administrativo. El art. 2.o) LJS asigna al orden jurisdiccional social las cuestiones litigiosas relativas a las prestaciones derivadas de la LAAD, teniendo a todos los efectos de esta Ley la misma consideración que las relativas a las prestaciones y los beneficiarios de la Seguridad Social. No obstante, la entrada en vigor de la atribución competencial sobre las prestaciones de dependencia en favor del orden jurisdiccional social se demora en cuanto a su efectividad, concediendo a tal fin al Gobierno el plazo de tres años para que remita a las Cortes el correspondiente Proyecto de Ley, para poder tener en cuenta la incidencia de las distintas fases de aplicación de la Ley de Dependencia en orden a una más ágil respuesta judicial (DF 7ª LJS). Por consiguiente, hasta que se cumplan tales previsiones, la competencia sigue siendo del orden contencioso-administrativo[9].

---

8 Cfr. STS (Sala de lo Contencioso-Administrativo) de 21 de diciembre de 2011 (Rec. núm. 6678/2009).

9 SSTS 17.9.2013 (Rec. 2212/2012), 8.7.2015 (Rec. 2346/2013) y 2.11.2015 (Rec. 308/2014).

- La resolución expedida por la Administración Autonómica correspondiente a la residencia del solicitante *"tendrá validez en todo el territorio del Estado"* (art. 28.2 LAAD). En el supuesto de cambio de residencia, la Comunidad Autónoma de destino revisará el PIA [art. 29.2.c) LAAD] y *"determinará, en función de su red de servicios y prestaciones, los que correspondan a la persona en situación de dependencia"* (art. 28.4 LAAD)[10].

2.2.4. Fecha de efectividad del derecho a los servicios y/o prestaciones de atención a la dependencia

Inicialmente, el reconocimiento del derecho contenido en las resoluciones de las Administraciones Públicas competentes generaba el derecho de acceso a los servicios y prestaciones correspondientes, previstos en los arts. 17 a 25 LAAD, a partir del inicio de su año de implantación de acuerdo con el calendario del apartado 1 de esta disposición o desde el momento de su solicitud de reconocimiento por el interesado, si ésta era posterior a esa fecha (DF 1ª. 2 LAAD). De este modo, la fecha inicial de devengo de las prestaciones de dependencia se vinculaba al calendario de implantación progresiva del Sistema previsto en el apartado 1 de la DF 1ª LAAD, de suerte que aquellas producían efectos a partir del 1 de enero de 2007 en el caso de los valorados en el Grado III de Gran Dependencia, del 1 de enero de 2008 en el supuesto de los valorados en el nivel 1 del Grado II de Dependencia Severa, y así sucesivamente. No obstante, si el interesado presentaba la solicitud de reconocimiento de la situación de dependencia con posterioridad a las indicadas fechas, los efectos del reconocimiento del derecho a las prestaciones se producían desde el momento de la solicitud.

En este contexto, vino a incidir el RD-l 8/2010, adoptando dos medidas complementarias, a saber:

- Por un lado, modificó el tenor de los apartados segundo y tercero de la DF 1ª LAAD, señalando que el plazo máximo para resolver el procedimiento para el reconocimiento de la situación de dependencia y del derecho a las prestaciones del Sistema será de seis meses, y que el reconocimiento del derecho contenido en las resoluciones de las administraciones públicas competentes generaba el derecho de acceso

---

[10] Cfr. el art. 17 RD 1051/2013.

a las prestaciones correspondientes, previstas en los arts. 17 a 25 de esta Ley, a partir de la fecha de la resolución en la que se reconociera la concreta prestación o prestaciones que correspondían a la persona beneficiaria y si una vez transcurrido el plazo máximo de seis meses desde la solicitud, no se había notificado resolución expresa de reconocimiento de prestación, el derecho de acceso a la prestación económica que, en su caso, fuera reconocida, se generaba desde el día siguiente al del cumplimiento del plazo máximo indicado.

- Por otro lado, según la DT 3ª del RD-l 8/2010, a las personas que hubieran solicitado el reconocimiento de la situación de dependencia con anterioridad a la entrada en vigor de este RD-l, y se les reconociera un Grado III o un Grado II, les era de aplicación la DF 1ª LAAD, en la redacción vigente en el momento de presentación de la solicitud, a cuyo tenor el reconocimiento del derecho contenido en las resoluciones de las Administraciones Públicas competentes generaba el derecho de acceso a los servicios y prestaciones correspondientes a partir del inicio de su año de implantación de acuerdo con el calendario del apartado 1 de esta disposición o desde el momento de su solicitud de reconocimiento por el interesado, si ésta era posterior a esa fecha (DF 1ª. 2 LAAD). No obstante, en tal supuesto entraba en juego la DA 6ª RD-l 8/2010 que establecía que las cuantías en concepto de efectos retroactivos de las prestaciones económicas previstas en el art. 18 LAAD, podían ser aplazadas y su abono periodificado en pagos anuales de igual cuantía, en un plazo máximo de 5 años desde la fecha de la resolución firme de reconocimiento expreso de la prestación y que el aplazamiento debía ser notificado a la persona beneficiaria de la prestación y a la AGE como responsable del nivel mínimo, a efectos de que ésta ajustase su abono al aplazamiento y periodificación de los importes de las prestaciones económicas determinado por la Comunidad Autónoma. Medida que la DT 9ª RD-l 20/2011 extendió a las solicitudes de reconocimiento de la situación de dependencia pendientes de resolución a la entrada en vigor de este real decreto-ley en relación con el derecho de acceso a las prestaciones económicas para cuidados en el entorno familiar y apoyo a cuidadores no profesionales.

Finalmente, el RD-l 20/2012 —en vigor desde el 15 de julio de 2012— ha introducido los siguientes cambios:

- En primer lugar, modifica nuevamente el apartado 3 de la DF 1ª LAAD, que queda como sigue: *"El derecho de acceso a las prestaciones derivadas del reconocimiento de la situación de dependencia se generará desde la fecha de la resolución de reconocimiento de las prestaciones o, en su caso, desde el transcurso del plazo de seis meses desde la presentación de la solicitud sin haberse dictado y notificado resolución expresa de reconocimiento de la prestación, salvo cuando se trate de las prestaciones económicas previstas en el artículo 18 que quedarán sujetas a un plazo suspensivo máximo de dos años a contar, según proceda, desde las fechas indicadas anteriormente, plazo que se interrumpirá en el momento en que el interesado empiece a percibir dicha prestación*". Por consiguiente, la fecha de efectos de la situación de dependencia seguirá siendo la de la resolución de reconocimiento de las prestaciones o, en su caso, la del día siguiente al del cumplimiento del plazo máximo para resolver el procedimiento, salvo en el caso de las prestaciones económicas para cuidados en el entorno familiar. Éstas, a partir del 15 de julio de 2012, "*dejarán de producir efectos retroactivos para aquellas personas que a dicha fecha no hayan comenzado a percibir todavía las prestaciones económicas reconocidas a su favor, quienes conservarán, en todo caso, el derecho a percibir las cuantías que, en concepto de efectos retroactivos, hayan sido ya devengadas hasta dicho momento*" y "*quedarán sujetas a un plazo suspensivo máximo de dos años a contar desde la fecha de la resolución de reconocimiento de la prestación o, en su caso, desde el transcurso del plazo de seis meses desde la presentación de la solicitud sin haberse dictado y notificado resolución expresa de reconocimiento de la prestación, plazo que se interrumpirá en el momento en que el interesado empiece a percibir dicha prestación*" (DF 1ª LAAD y DA 7ª RD-L 20/2012)[11]. Se trata de un plazo máximo de suspensión, lo que confiere un elevado margen de discrecionalidad a las CC.AA., que puede generar inseguridad jurídica y diferencias en la aplicación de la ley de difícil justificación. En otro orden de consideraciones, como se indica en el Acuerdo del 10 de julio de 2012 del CTSAAD para la mejora del sistema para la autonomía y atención a la dependencia (BOE 3-8-2012), la efectividad del reconocimiento del derecho a las prestaciones económicas del Sistema de la Dependencia, viene determinada por la resolución donde se establece la prestación, en base al PIA elaborado por los equipos de valoración, por lo que los beneficiarios que fallecieren antes de la formalización de dicha resolución, aunque tuvieran reconocido el grado de dependencia, no tienen la condición de beneficiarios de la prestación económica y, por tanto, al no haberse perfeccionado el derecho, no puede incorporarse a la herencia.

---

[11] Cfr. la DA 3ª RD 1050/2013.

- En segundo lugar, modifica la DA 6ª del RD-l 8/2010, ampliando a ocho años el plazo máximo de aplazamiento y periodificación del abono de las cuantías en concepto de efectos retroactivos de las prestaciones económicas previstas en el art. 18 LAAD.

2.2.5. La revisión del grado de dependencia y de la prestación reconocida

Aunque la declaración de dependencia exige que la falta de autonomía física, mental, intelectual o sensorial y la consiguiente necesidad de otra persona tengan carácter permanente, como la situación puede evolucionar favorablemente o agravarse, dicha calificación podrá ser objeto de revisión. En este sentido, el art. 30.1 LAAD previene que "*el grado de dependencia será revisable*". Las causas de la revisión pueden ser la "*mejoría o empeoramiento de la situación de dependencia*" o el "*error de diagnóstico o en la aplicación del correspondiente baremo*" (art. 30.1 LAAD). El procedimiento de revisión podrá iniciarse "*a instancia del interesado, de sus representantes o de oficio por las Administraciones Públicas competentes*" (art. 30.1 LAAD). El mismo, como se ha visto, se ajustará también a las previsiones establecidas en la LPAC, con las especificidades que resulten de la LAAD. Además, las normas autonómicas que regulen el procedimiento de valoración y reconocimiento de prestaciones deberán seguir los criterios que se contienen en el Acuerdo del CTSAAD de 25 de enero de 2010 (BOE 12-3-2010) en orden a los plazos de revisión de la valoración de grado de dependencia.

La resolución que ponga fin al procedimiento de revisión podrá mantener o modificar el grado de dependencia o, incluso, declarar la inexistencia de dependencia, lo que podrá determinar una alteración de las prestaciones de atención a la dependencia. Éstas "*podrán ser modificadas o extinguidas en función de la situación personal del beneficiario, cuando se produzca una variación de cualquiera de los requisitos establecidos para su reconocimiento, o por incumplimiento de las obligaciones reguladas en la presente Ley*" (art. 30.2 LAAD).

El PIA será revisado (art. 29.2 LAAD): a instancia del interesado y de sus representantes legales, en cuyo caso el efecto del silencio es positivo[12]; de oficio, en la forma que determine y con la periodicidad que prevea la normativa de las CC.AA.; y con motivo del cambio de residencia a otra Comunidad Autónoma.

---

12 STS (CA) de 26 de mayo de 2020 (Rec. 3317/2018).

3. LOS BENEFICIARIOS DE LOS SERVICIOS Y PRESTACIONES

3.1. Requisitos generales

De acuerdo con el art. 5.1 LAAD, son titulares de los derechos establecidos en la presente Ley los españoles que cumplan los siguientes requisitos:

a) Encontrarse en situación de dependencia en alguno de los grados establecidos.

b) Residir en territorio español y haberlo hecho durante cinco años, de los cuales dos deberán ser inmediatamente anteriores a la fecha de presentación de la solicitud. Para los menores de cinco años el período de residencia se exigirá a quien ejerza su guarda y custodia.

3.2. Requisitos específicos: extranjeros

En cuanto a las personas que carezcan de la nacionalidad española, junto al cumplimiento de los requisitos relativos a la situación de dependencia y la residencia, habrá que estar, según el art. 5.2 LAAD, a la Ley Orgánica 4/2000, de 11 de enero, de derechos y libertades de los extranjeros en España y de su integración social (LOEx en adelante), a los tratados internacionales y a los convenios que se establezcan con el país de origen. En el marco del Derecho de Extranjería, desde el ingreso de España en la Comunidad Europea, pueden distinguirse dos tipos de extranjeros. Los nacionales de los Estados miembros de la Unión Europea y los nacionales de terceros Estados. Mientras a los primeros se les aplica el régimen comunitario de libre circulación de ciudadanos y trabajadores, con el principio de no discriminación por razón de nacionalidad como base, a los segundos se les aplica la LOEx.

Para los menores que carezcan de la nacionalidad española se estará a lo dispuesto en las leyes del Menor vigentes, tanto en el ámbito estatal como en el autonómico, así como en los tratados internacionales (art. 5.2 LAAD). El art. 23.2 del Convenio sobre los Derechos del Niño —adoptado el 20 de noviembre de 1989 y ratificado por España el 30 de noviembre de 1990 (BOE 31-12-1990)— contempla el derecho del niño impedido mental y físicamente a recibir cuidados especiales. Los Estados parte alentarán y asegurarán, con sujeción a los recursos disponibles, la prestación del niño que reúne las condiciones requeridas y la asistencia que se solicite por parte de sus padres o los responsables de su cuidado y que sea adecuada al estado del menor y a las circunstancias de dichas personas. El art.

2 del citado Convenio advierte, además, que los derechos previstos en el mismo se aplican a los niños con independencia de toda circunstancia. El tenor de estas normas permite concluir que el menor extranjero en situación de dependencia quedará protegido, aunque no se encuentre en posesión de las correspondientes autorizaciones. La única condición que se establece es que el Estado tenga recursos disponibles y dada la configuración de derecho subjetivo de la tutela por dependencia, la inexistencia de los citados recursos no podría ser óbice para su reconocimiento. La legislación interna conduce a idéntica conclusión. Si bien la LO 1/1996, de 15 de enero, de protección jurídica del menor, no contempla ningún derecho al efecto, su art. 3 indica que los menores gozarán, entre otros, de los derechos garantizados en el ordenamiento jurídico sin discriminación, entre otras, por razón de nacionalidad y a tenor del art. 1 esta ley es de aplicación a los menores que se encuentren en territorio español. Además, el art. 14.2 LOEx determina que "*en cualquier caso, los extranjeros con discapacidad, menores de dieciocho años, que tengan su domicilio habitual en España, tendrán derecho a recibir el tratamiento, servicios y cuidados especiales que exija su estado físico o psíquico*". Por su parte, en el ámbito autonómico, los derechos de los menores también se reconocen con independencia de su situación administrativa y en algunas autonomías se reconoce el derecho a acceder a la protección de los servicios sociales. En consecuencia, en esta materia los menores extranjeros quedan protegidos con independencia de cuál sea su situación administrativa.

3.3. Las medidas de protección a favor de los españoles no residentes en España y de los emigrantes retornados

Los españoles no residentes en nuestro país y los emigrantes retornados pueden ser beneficiarios del SAAD pero la LAAD delega para ello en el reglamento. En efecto, respecto de los primeros el Gobierno podrá establecer medidas de protección (art. 5.3 LAAD). Y para el supuesto de emigrantes retornados, el art. 5.4 LAAD especifica que el Gobierno, previo acuerdo del Consejo Territorial de Servicios Sociales y del SAAD, establecerá las condiciones de acceso al mismo. En este punto ha de incorporarse lo previsto en la Ley 40/2006, de 14 de diciembre, del Estatuto de la ciudadanía española en el exterior. La DA 1ª RD 1051/2013 establece reglas específicas en torno a la atención a la dependencia de los emigrantes españoles retornados.

4. PRESTACIONES Y CATÁLOGO DE SERVICIOS

4.1. *Tipos de prestaciones: los servicios y las prestaciones económicas*

Las prestaciones de atención a la dependencia podrán tener la naturaleza de "*servicios*" (a) y de "*prestaciones económicas*" (b) e irán destinadas, por una parte, a la promoción de la autonomía personal y, por otra, a atender las necesidades de las personas con dificultades para la realización de las actividades básicas de la vida diaria (art. 14.1 LAAD).

a) El término "*servicios*" debe entenderse referido a prestaciones "técnicas" o "materiales", consistentes en obligaciones de "hacer" o de facilitar las atenciones y cuidados "en especie".

b) Las "*prestaciones económicas*" se equiparan a actuaciones de "dar" cantidades dinerarias para que sea el propio beneficiario o su ámbito el que se encargue de facilitar o proporcionar los servicios o recursos necesarios para su atención.

De entre las dos modalidades de prestación ofrecidas por el SAAD, la LAAD muestra su expresa preferencia porque la protección a estas personas se proporcione mediante "*servicios*". En este sentido, su art. 14.2 es claro al manifestar que "*los servicios del Catálogo del artículo 15 tendrán carácter prioritario*".

4.2. *Los servicios*

El art. 15.1 LAAD indica que el Catálogo de servicios "*comprende los servicios sociales de promoción de la autonomía personal y de atención a la dependencia, en los términos que se especifican en este capítulo*". A continuación, la norma procede a la enumeración de los siguientes servicios —que se entienden "*sin perjuicio de lo previsto en el artículo 14 de la Ley 16/2003, de 28 de mayo, de Cohesión y Calidad del Sistema Nacional de Salud*"—:

a) Servicios de prevención de las situaciones de dependencia y los de promoción de la autonomía personal. Su desarrollo se efectúa en los arts. 21 LAAD y 5 y 6 RD 1051/2013.

Son servicios de promoción para la autonomía personal los de asesoramiento, orientación, asistencia y formación en tecnologías de apoyo y adaptaciones que contribuyan a facilitar la realización de las actividades de la vida diaria, los de habilitación, los de terapia ocupacional, así como cualesquiera otros programas de intervención que se establezcan con la misma finalidad. En particular son servicios de promoción de la autonomía personal, además de los anteriores, los siguientes (art. 6.4 RD 1051/2013): a) Habilitación y terapia ocupacional. b) Atención temprana. c) Estimulación cognitiva. d) Promoción, mantenimiento y recuperación de la autonomía funcional. e) Habilitación psicosocial para personas con enfermedad mental o discapacidad intelectual. f) Apoyos personales, atención y cuidados en alojamientos de soporte a la inclusión comunitaria.

b) Servicio de Teleasistencia, regulado en los arts. 22 LAAD y 7 RD 1051/2013.

c) Servicio de Ayuda a domicilio, que incluye: 1) servicios de atención a las necesidades domésticas o del hogar; y 2) servicios de cuidados personales. Su regulación específica se encuentra en los arts. 23 LAAD y 8 RD 1051/2013. Tras el RD-l 20/2012, los servicios de atención a las necesidades del hogar sólo podrán prestarse conjuntamente con los servicios de cuidados personales [art. 23.b) LAAD]. No obstante, a partir del 1 de enero de 2013 y con vigencia indefinida, el nuevo art. 23 LAAD determina que *"excepcionalmente y de forma justificada, los servicios señalados en los apartados anteriores, podrán prestarse separadamente, cuando así se disponga en el Programa Individual de Atención"* y que *"la Administración competente deberá motivar esta excepción en la resolución de concesión de la prestación"* (DF 16ª Ley 17/2012, de 27 de diciembre).

d) Servicio de Centro de Día y de Noche, desarrollado en los arts. 24 LAAD y 9 RD 1051/2013[13], y en los que se distinguen: 1) centros de día para mayores; 2) centros de día para menores de 65 años; 3) centros de día de atención especializada; y 4) centros de noche.

e) Servicio de Atención residencial, regulado en los arts. 25 LAAD y 10 RD 1051/2013, y en los que también se diferencian: 1) residencias de personas mayores en situación de dependencia; y 2) centros de atención a personas en situación de dependencia, en razón de los distintos tipos de discapacidad.

El RD 1051/2013 establece los criterios para determinar la intensidad de protección de los servicios y la compatibilidad e incompatibilidad entre los mismos. Esta disposición reglamentaria, tras determinar los servicios y prestaciones que corresponden a los referidos grados de

---

13 Cfr. STS (CA) 21.2.2012, (Rec. 226/2011).

dependencia (art. 2), define las intensidades de los servicios del catálogo que habrán de concretar las CC.AA. o la Administración que, en su caso, tenga la competencia[14].

El principio de universalidad que, conforme a la LAAD, debe regir en el acceso a la protección conduce a entender que todas las personas en situación de dependencia tienen derecho a que se les proporcionen las prestaciones previstas en esta Ley (arts. 3.b], 4.1 y 4.2.k]). Ahora bien, dada la actual insuficiencia de los recursos incluidos en la red del SAAD, el propio legislador ha establecido ciertos criterios de prelación para regular la concesión de los servicios a través de la oferta pública. En este sentido, el art. 14.6 LAAD establece que "*la prioridad en el acceso a los servicios vendrá determinada por el grado de dependencia*". Al margen de admitir que la norma está haciendo referencia a la graduación de la dependencia prevista en el art. 26 LAAD, lo cierto es que el precepto no establece explicación alguna sobre la dirección a otorgar a la prioridad. Con todo, el principio legal de conceder atención preferente a las personas en situación de gran dependencia (art. 3.g]) y los criterios de prioridad temporal establecidos en el calendario de aplicación progresiva de la Ley (DF 1ª) llevan a entender que la pretensión del legislador es la de otorgar mayor primacía cuanto más grave sea la situación de dependencia, de forma que cada grado superior prevalece sobre los inferiores. Dicho de otro modo, parece que, en concreto, el orden de preferencia en el acceso a los servicios habrá de ser el siguiente: primero, personas de grado III (gran dependencia); segundo, personas de grado II (dependencia severa); y tercero, personas de grado I (dependencia moderada).

En el supuesto de tratarse de personas que tienen reconocido igual grado de dependencia, el art. 14.6 LAAD establece una segunda regla de preferencia, indicando que, en tal caso, la prioridad en el acceso a los servicios vendrá determinada "*por la capacidad económica del solicitante*". Tampoco aquí se especifica el sentido de la previsión, si bien, el espíritu y fin de la LAAD —plasmado, entre otros, en los principios generales de valoración personalizada de las necesidades de las personas conforme a principios de equidad que garanticen la igualdad real (arts. 3, e] y f])— llevan también a entender que, lógicamente, las personas con menor capacidad económica gozarán de preferencia sobre las que disfruten de un nivel económico superior. Respecto al modo de medir este

---

14 Cfr. los arts. 6.3, 8.3 y 9.4 y las DT 2ª, 3ª y 4ª.

elemento, el art. 14.7 LAAD remite la determinación de la capacidad económica a la forma que se indique en el desarrollo reglamentario, a propuesta del Consejo Territorial de Servicios Sociales y del SAAD. Con todo, el precepto legal sí preceptúa dos factores a los que la norma reglamentaria habrá de atender para fijar la fórmula de determinación de la capacidad económica del beneficiario: uno de ellos es "*la renta*" del solicitante —esto es, los ingresos efectivos—; y otro, "*el patrimonio del solicitante*", para cuya valoración, indica la LAAD, habrá de tenerse en cuenta "*la edad del beneficiario y el tipo de servicio que se presta*".

4.3. Las prestaciones económicas

La LAAD prevé tres clases de prestaciones económicas para las personas en situación de dependencia con la condición de derecho exigible, a saber:

1ª) La prestación económica vinculada al servicio (arts. 14.3 y 17 LAAD). Está prevista a favor de las personas en situación de dependencia que por aplicación del régimen de prioridad señalado en el art. 14.6 LAAD no puedan acceder al servicio social de promoción de la autonomía personal y de atención a la dependencia prescrito en su PIA mediante un servicio público o privado concertado debidamente acreditado. La prestación económica estará, en todo caso, vinculada a la adquisición del servicio social de promoción de la autonomía personal y de atención a la dependencia prescrito en el PIA de la persona en situación de dependencia (art. 17.2 LAAD), que deberá ser prestado "por una entidad o centro acreditado para la atención a la dependencia" (art. 14.3 LAAD). Por consiguiente, el servicio podrá ser dispensado por una entidad o centro, se sobreentiende que privado no concertado, pero no por un profesional autónomo. Por lo demás, como la Ley no distingue, la entidad o centro prestador del servicio podrá ser con o sin ánimo de lucro. En todo caso, ha de tratarse de una entidad o centro "acreditado para la atención a la dependencia" (art. 14.3 LAAD).

2ª) La prestación económica para cuidados en el entorno familiar y apoyo a cuidadores no profesionales (arts. 14.4 y 18 LAAD)[15]. Se trata de una prestación destinada a que la persona dependien-

[15] Cfr. STS (CA) 16.9.2022 (Rec. 5653/2020).

te sea atendida en su "*entorno familiar*" con carácter informal, lo que responde a la necesidad de respetar la libertad de elección de las personas dependientes, que muchas veces prefieren ser cuidados en su entorno directo. Sin embargo, tras el Real Decreto-ley 20/2012, "*la determinación de la prestación económica por cuidados en el entorno familiar corresponderá a la Administración competente, a propuesta de los servicios sociales*" (art. 29.1 LAAD).

El art. 12 RD 1051/2013 establece lo siguiente a propósito de este tipo de prestaciones:

- En primer lugar, que *"tienen carácter excepcional"*.
- En segundo lugar, que podrán asumir la condición de cuidadores no profesionales de una persona en situación de dependencia, "*su cónyuge o pareja de hecho y sus parientes por consanguinidad, afinidad o adopción hasta el cuarto grado de parentesco, así como las personas de su entorno relacional que, a propuesta de la persona en situación de dependencia, estén en condiciones de prestarle los apoyos y cuidados necesarios para el desarrollo de la vida diaria*" [letra a)]. Cuando la persona tuviera reconocida la situación de dependencia en grado III o II será necesaria la convivencia con la persona cuidadora no profesional. En cambio, cuando la persona tuviera reconocida la situación de dependencia en grado I, podrá exceptuarse dicho requisito de convivencia, siempre que se asegure la atención inmediata por parte de la persona cuidadora no profesional.

  A mayor abundamiento, se establecen las siguientes condiciones de acceso a la prestación económica para cuidados en el entorno familiar, como requisitos de las personas cuidadoras no profesionales de las personas en situación de dependencia [art. 12.b) RD 727/2007]:

1.ª Que la persona en situación de dependencia esté siendo atendida mediante cuidados en el entorno en el momento de elaboración o de revisión del programa individual de atención.

2.ª Que la persona cuidadora cuente con idoneidad para prestar adecuadamente los apoyos y cuidados.

3.ª Que la persona cuidadora asuma formalmente los compromisos necesarios para prestar los apoyos y cuidados de la persona en situación de dependencia.

4.ª Que la persona cuidadora realice las acciones formativas que se le propongan, siempre que sean compatibles con el cuidado de la persona en situación de dependencia.

5.ª Que la persona cuidadora facilite el acceso de los servicios sociales de las Administraciones públicas competentes, a la vivienda de la persona en situación de dependencia con el fin de comprobar el cumplimiento de los requisitos o variación de las circunstancias, previo consentimiento de la persona beneficiaria.

En fin, la Comunidad Autónoma o Administración competente revisará el cumplimiento de los requisitos de acceso a la prestación y de las obligaciones exigidas, a fin de comprobar que no se produzca una variación de cualquiera de los mismos, y controlarán el seguimiento de los cuidados en el entorno familiar, con la finalidad de comprobar la idoneidad y calidad de atención de los mismos, pudiendo en su caso, resolver la suspensión o extinción de la prestación [art. 12.c) RD 1051/2013].

Tratándose de cuidados informales, realizados por familiares o a título de amistad, benevolencia o buena vecindad [art. 1.3.d) ET], lo más razonable es entender que entre la persona dependiente y su cuidador no existe un contrato de trabajo. En este sentido, el art. 2.d) RD 1620/2011, de 14 de noviembre, excluye del ámbito de aplicación de la relación laboral especial del servicio del hogar familiar a "*las relaciones de los cuidadores no profesionales consistentes en la atención prestada a personas en situación de dependencia en su domicilio, por personas de la familia o de su entorno, no vinculadas a un servicio de atención profesionalizada, de acuerdo con la Ley 39/2006, 14 de diciembre, de promoción de la autonomía personal y atención a las personas en situación de dependencia*".

El cuidador no profesional debe "*ajustarse a las normas sobre afiliación, alta y cotización a la Seguridad Social que se determinen reglamentariamente*" (art. 18.3 LAAD). A tales efectos, el RD 615/2007 facilita el recurso al instituto del convenio especial previsto en el art. 166 LGSS, al que deben acogerse los cuidadores no profesionales para acceder a la protección del sistema de la Seguridad Social, en tanto se perciba la prestación económica regulada en la LAAD, y cuya financiación corre a cargo del Estado. Efectivamente, la DA 14ª LGSS establece que las cuotas a la Seguridad Social y por Formación Profesional establecidas cada año en función de lo previsto en el art. 4 RD 615/2007 serán abonadas conjunta y directamente por el IMSERSO a la TGSS. Las previsiones del RD 615/2007 se desarrollan en la nueva sección 6ª del Capítulo II de la Orden TAS/2865/2003, de 13 de octubre, añadida por la Orden TAS/2632/2007, de 7 de septiembre. Los cuidadores no profesionales se encuentran en situación de asimilación al alta "*a efectos de las prestaciones de jubilación y de incapacidad permanente y muerte y supervivencia, derivadas de accidente, cualquiera que sea su carácter, o de enfermedad, con independencia de su naturaleza*" (art. 3 RD 615/2007).

3ª) La prestación económica de asistencia personal (arts. 14.5 y 19 LAAD). La prestación económica de asistencia personal, cuyo régimen jurídico se contiene en los arts. 2.7, 14.5 y 19 LAAD, está dirigida a "*las personas en situación de dependencia, en cualquiera de sus grados*", para que puedan contratar un asistente personal para la autonomía, durante un número de horas, que les facilite el acceso a la educación y al trabajo, así como una vida más autónoma en el ejercicio de las actividades básicas de la vida diaria. El objetivo principal de esta prestación es facilitar el acceso a la educación y al trabajo de las personas con gran dependencia, por lo que parece estar orientada hacia los menores de sesenta y cinco años. Por lo demás, a tales fines, la persona dependiente podrá contratar los servicios de una entidad o de un profesional autónomo.

En cuanto al régimen jurídico común a estas prestaciones, cabe subrayar lo siguiente:

1º) Los requisitos y condiciones de acceso a las prestaciones económicas "*se establecerán por la comunidad autónoma o Administración que, en su caso tenga la competencia, teniendo en cuenta los acuerdos que adopte el Consejo Territorial de Servicios Sociales y del Sistema para la Autonomía y Atención a la Dependencia*" (art. 12 RD 1051/2013).

2º) Las cuantías máximas de las prestaciones económicas son las siguientes (art. 13.1 y Anexo IV RD 1051/2013):

Grado	**Prestación económica vinculada al servicio**	**Prestación económica de asistencia personal**	**Prestación económica por cuidadosen el entorno familiar**
Grado III	747,25 €	747,25 €	455,40 €
Grado II	445,30 €	747,25 €	315,90 €
Grado I	313,50 €	313,50 €	180,00 €

En cualquier caso, debe subrayarse que se trata de cuantías máximas. Ciertamente, el importe de la prestación económica para cada persona beneficiaria se determinará aplicando a la cuantía máxima un coeficiente reductor según su capacidad económica, de acuerdo con lo establecido por la Comunidad Autónoma o Administración que, en su caso, tenga la competencia y que tendrá en consideración lo que se acuerde por el Consejo Territorial de Servicios Sociales y del Sistema para la Autonomía y Atención a la Dependencia (art. 13.2 RD 1051/2013). No obstante, se establecen las cuantías mínimas, en cualquiera de sus grados, que se determinan en el Anexo V del RD 1051/2013.

3º) En el supuesto de concurrencia en el beneficiario de una prestación económica de atención a la dependencia con "cualquier otra prestación de análoga naturaleza y finalidad establecida en los regímenes públicos de protección social", se prevé, no propiamente un régimen de incompatibilidad, que obligaría a optar por una de las prestaciones concurrentes, sino la deducción de la cuantía de las prestaciones económicas de atención a la dependencia (art. 31 LAAD)[16]. En particular, serán objeto de compensación y deducción las siguientes prestaciones: el complemento de gran invalidez regulado en el art. 196.4 LGSS, el complemento de asignación económica por hijo a cargo mayor de 18 años con un grado de minusvalía igual o superior al 75%, el de necesidad de otra persona de la pensión de invalidez no contributiva y el subsidio de ayuda a tercera persona de la Ley 13/1982, de 7 de abril, de Integración Social de los Minusválidos[17].

4º) Las prestaciones económicas son inembargables salvo en el caso del pago de alimentos, en el que será el tribunal el que fijará la cantidad que pueda ser objeto de embargo (art. 14.8 LAAD).

4.3. El régimen de incompatibilidad de las prestaciones

De conformidad con el art. 25.bis LAAD y el art. 16 RD 1051/2013, el "*régimen de incompatibilidades*" es el siguiente:

1º) Serán incompatibles las prestaciones económicas entre sí y con los servicios incluidos en el catálogo, salvo con los servicios de prevención de las situaciones de dependencia, de promoción de la autonomía personal y de teleasistencia.

---

16 Cfr. art. 14 RD 1051/2013.

17 Las personas beneficiarias de los subsidios de garantía de ingresos mínimos y por ayuda de tercera persona, continuarán con el derecho a la percepción de los mismos de acuerdo con lo establecido en el art. 8.3 y en la DT Única del RD-Leg. 1/2013, de 29 de noviembre.

2º) Los servicios serán incompatibles entre sí, a excepción del servicio de teleasistencia que será compatible con el servicio de prevención de las situaciones de dependencia, de promoción de la autonomía personal, de ayuda a domicilio y de centro de día y de noche.

3º) Las Administraciones públicas competentes podrán establecer la compatibilidad entre los servicios de ayuda a domicilio, centro de día y de noche, prestación de cuidados en el entorno familiar y apoyo a cuidadores no profesionales y asistencia personal.

4º) Las CC.AA. podrán establecer un régimen propio de compatibilidades con cargo al nivel adicional de protección, de acuerdo con lo establecido en el art. 7.3 LAAD.

5. FINANCIACIÓN DEL SISTEMA Y APORTACIÓN DE LOS BENEFICIARIOS

5.1. La financiación del Sistema para la Autonomía y Atención a la Dependencia por las Administraciones Públicas

De acuerdo con el art. 32 LAAD, la financiación del SAAD "*será la suficiente para garantizar el cumplimiento de las obligaciones que correspondan a las Administraciones Públicas competentes y se determinará anualmente en los correspondientes Prepuestos*".

a) La financiación del Sistema correrá a cargo de la AGE y/o de las Administraciones de las CC.AA. en función del nivel de que se trate, a saber:

   La financiación del nivel mínimo de protección correrá íntegramente a cuenta de la AGE (arts. 9.2 y 32.2 LAAD). A tales efectos, la Ley de PGE de cada ejercicio *"determinará la cuantía y la forma de abono a las Comunidades Autónomas de las cantidades necesarias para la financiación de los servicios y prestaciones"* previstos en este nivel de protección (DA 1ª LAAD).

   No obstante, las aportaciones de la AGE en concepto de nivel mínimo garantizado quedan condicionadas al cumplimiento de los requisitos establecidos en la LAAD, y en cualquier caso a los siguientes (art. 3 RD 1050/2013):

1°) Que el procedimiento de reconocimiento de la situación de dependencia "*haya sido iniciado a solicitud del interesado o de quien ostente su representación*". Por consiguiente, la AGE no hará efectiva a las CC.AA. las cantidades que procedan en concepto de nivel mínimo de protección garantizado respecto de los beneficiarios reconocidos de oficio, lo que en muchas autonomías está previsto en relación con las personas que ocupan plazas en centros de la red pública o privada concertada de la correspondiente Comunidad Autónoma.

2°) Que la situación de dependencia o, en su caso, su revisión se haya realizado siguiendo el procedimiento establecido para ello, mediante la correspondiente resolución y con aplicación del baremo de valoración de la dependencia vigente en el momento de realizarse la valoración o revisión. De esta forma, si la valoración o revisión de la situación de dependencia se llevan a cabo mediante la aplicación de otros mecanismos, la AGE no se hará cargo de la financiación del nivel mínimo de protección.

3°) Que se acredite mediante la correspondiente certificación mensual, expedida por la persona titular del órgano competente de la Comunidad Autónoma responsable de la gestión de la atención a la dependencia, "*la efectividad del derecho, es decir que el beneficiario ha comenzado a recibir el respectivo servicio o prestación económica, así como la obligación, en su caso, de aportación económica por parte del beneficiario, y las altas, bajas, traslados, revisiones, suspensión de la prestación y otras modificaciones producidas en el periodo al que se refiera la certificación*".

4°) Que todos los datos y el contenido de las resoluciones de reconocimiento de la situación de dependencia que deban incorporarse por las CC.AA. al SISAAD se encuentren efectivamente recogidas en dicho sistema. En todo caso figurarán incluidos en el SISAAD los siguientes datos: el grado de las personas beneficiarias, la prestación reconocida, la fecha de efectividad del derecho, la capacidad económica (renta y patrimonio) del beneficiario, y su aportación en el coste del servicio, en su caso

El Gobierno, oído el Consejo Territorial de Servicios Sociales y del SAAD, "*determinará el nivel mínimo de protección garantizado para cada uno de los beneficiarios del Sistema, según el grado de su dependencia, como condición básica de garantía del derecho a la promoción de la autonomía personal y atención a la situación de dependencia*" y "*la asignación del nivel mínimo a las comunidades autónomas se realizará considerando el número de beneficiarios, el grado de dependencia y la prestación reconocida*" (art. 9.1 LAAD).

b) El nivel de protección que se acuerde entre la AGE y la Administración de cada una de las CC.AA. a través de los convenios bilaterales a que se refiere el art. 10 LAAD correrá a cargo de las dos Administraciones (arts. 10.4 y 32.3 LAAD). Los mismos recogerán las aportaciones del Estado derivadas de la garantía del nivel de protección definido en el apartado anterior y establecerán la financiación que corresponda a cada Administración para este nivel de prestación (arts. 10.4 y 32.3 LAAD). La aportación de la Comunidad Autónoma "*será, para cada año, al menos igual a la de la Administración General del Estado como consecuencia de lo previsto en este apartado y en el anterior*" (art. 32.3 LAAD), esto es, a la suma de las aportaciones del Estado derivadas de la garantía del nivel mínimo común para todos los ciudadanos de cualquier parte del territorio del Estado Español y del nivel acordado en el correspondiente convenio bilateral. De esta forma, el coste global de los servicios y prestaciones del SAAD en el territorio de cada Comunidad Autónoma, sumados los niveles mínimo y acordado, será asumido por partes iguales entre ambas Administraciones Públicas. Por consiguiente, el alcance de la cobertura del nivel mínimo que se establezca por el Estado repercutirá en las aportaciones de las CC.AA. para la financiación de este segundo nivel. Por lo demás, las aportaciones autonómicas quedarán referidas a los servicios y prestaciones previstos o comprometidos en los respectivos convenios bilaterales, sin que sean computables a tales efectos los recursos económicos destinados por las CC.AA. a los servicios y prestaciones debidos a la iniciativa exclusivamente autonómica.

Al establecer las obligaciones asumidas por cada una de las partes para la financiación de los servicios y prestaciones del Sistema, los convenios recogerán "*criterios de reparto teniendo en cuenta la población dependiente, la dispersión geográfica, la insularidad, emigrantes retornados y otros factores*" (art. 32.3 LAAD).

Los convenios bilaterales tendrán una vigencia anual o plurianual (art. 32.3 LAAD) y podrán ser revisados por las partes en los términos y condiciones previstos por ellos mismos (art. 10.4 LAAD).

Para favorecer la implantación progresiva del Sistema, durante el período comprendido entre el 1 de enero de 2007 y el 31 de diciembre de 2015, la AGE se comprometió a establecer "*anualmente en sus Presu-*

puestos créditos para la celebración de los convenios con las administraciones de las Comunidades Autónomas de acuerdo con el artículo 10 de esta Ley" (DT 1ª LAAD). Pero, desde el 2012 hasta la LPGE para el 2021 se venía suspendiendo la aplicación de los arts. 7.2, 8.2.a), 10 y 32.3, párrafo primero, y de la DT 1ª LAAD[18]. En cambio, la DA 98.ª de la LPGE para el 2023 procede al establecimiento del nivel acordado entre la Administración General del Estado y las Comunidades Autónomas de financiación del Sistema para la Autonomía y Atención a la Dependencia, el cual tendrá una dotación de 783.197.420 € euros que será distribuido a cada Comunidad Autónoma de acuerdo con los criterios de reparto que se establezcan en el correspondiente Marco de Cooperación Interadministrativa. Asimismo, se establece la posibilidad de prever anticipos para la financiación de las actuaciones a desarrollar por las Comunidades Autónomas en el marco de los convenios de colaboración que formalicen con la AGE (DA 99.ª de la LPGE para el 2023).

c) El nivel de protección adicional al fijado por el Estado y al acordado, en su caso, conforme a los convenios, que pueda establecer cada Comunidad Autónoma correrá a cargo de sus presupuestos (art. 11.2 LAAD).

5.2. La participación de los beneficiarios en el coste de los servicios

Los beneficiarios de los servicios de promoción de la autonomía personal y de atención a la dependencia participarán en la financiación de los mismos (art. 33.1 LAAD). La universalidad del Sistema no supone, por tanto, la gratuidad de los servicios. El Consejo Territorial de Servicios Sociales y del SAAD fijará los criterios de participación del beneficiario en el coste de los servicios [arts. 8.2 d) y 33.3 LAAD], que serán desarrollados en los Convenios que se celebren entre la AGE y cada una de las Administraciones de las CC.AA. (art. 33.3 LAAD). Para fijar la participación del beneficiario, se tendrá en cuenta "*el tipo y coste del servicio y su capacidad económica personal*" (art. 33.1 LAAD). A tales efectos, se considerará de modo particular "*la distinción entre servicios asistenciales y de manutención y hoteleros*" (art. 33.3 LAAD). De este modo, la participación de los usuarios no será uniforme,

[18] Cfr. la DA 66ª de la LPGE para el 2018 sobre el Fondo de apoyo para la promoción y desarrollo de infraestructuras y servicios del Sistema de Autonomía y Atención a la Dependencia; el art. 5 del RD-l 6/2019; y la DF 17.ª de la LPGE para 2023.

sino en función de su capacidad económica, lo que resulta coherente con el hecho de que la financiación del Sistema sea vía impuestos, en tanto que una parte de éstos no son progresivos. En cualquier caso, se establece que "*ningún ciudadano quedará fuera de la cobertura del Sistema por no disponer de recursos económicos*" (art. 33.4 LAAD).

Por lo demás, como subraya la STC 27/2017, de 16 de febrero, las Comunidades Autónomas tienen la competencia financiera para la creación y regulación de las tasas por prestación de los servicios de atención asistencial del catálogo del sistema para la autonomía y atención a la dependencia en su respectivo territorio al ser precisamente las competentes para prestar tales servicios públicos. Y si las Comunidades Autónomas son competentes para crear las tasas sobre las que se articula el "copago" instaurado en el art. 33 de la Ley 39/2006, también lo serán para determinar el concepto concreto de capacidad económica del usuario dependiente que va a configurarse como elemento de cuantificación de las mismas. No obstante, la legislación que ha dictado el Estado con base en el art. 149.1.1 CE —como en este caso, el art. 14.7 de la Ley 39/2006— deberá sin duda ser respetada por el legislador autonómico titular de la competencia financiera sobre el establecimiento y regulación de estas tasas.

Lección 7
Infracciones y responsabilidades en materia de Seguridad Social

MARÍA AMPARO GARCÍA RUBIO
Profesora Titular de Universidad
Departamento de Derecho del Trabajo
y de la Seguridad Social. Universitat de València

1. LOS INCUMPLIMIENTOS EN MATERIA DE SEGURIDAD SOCIAL: SU DOBLE PROYECCIÓN EN EL ÁMBITO PENAL Y ADMINISTRATIVO

Uno de los elementos estructurales de las normas jurídicas —incluidas, obviamente, las de Seguridad Social— es el hecho de que su inobservancia da lugar a la reacción del ordenamiento jurídico mediante la previsión de la imposición de una sanción, concebida como mecanismo para compeler al cumplimiento y eficacia de las obligaciones normativas. En concreto, el sistema de sanciones públicas por incumplimiento de las normas de Seguridad Social ha sido diseñado en nuestro ordenamiento a través de un doble nivel: penal y administrativo.

1.1. Responsabilidad en el orden penal

Por un lado, se encuentran las sanciones previstas en el ordenamiento penal, que recaen sobre tipos delictivos específicos que el legislador ha considerado especialmente cualificados por su gravedad o intencionalidad y que son sancionados en el articulado del Código Penal mediante pena de prisión y, en su caso, multa, así como, adicionalmente, la pérdida de la posibilidad de obtener subvenciones o ayudas públicas y del derecho a beneficios o incentivos fiscales o de Seguridad Social durante un determinado período. El alcance de estas penas —duración o cuantía— varía en función del delito y de las circunstancias legalmente establecidas, y su imposición corresponde a los órganos de la jurisdicción penal, previa la tramitación del correspondiente proceso judicial. En concreto, los delitos específicos tipificados en materia de Seguridad Social son los siguientes.

1.1.1. Delitos "contra la Seguridad Social"

a) En atención al perjuicio causado al sistema de Seguridad Social, el legislador tipifica varios delitos.

- En primer lugar, el art. 307 CP sanciona la acción u omisión consistente en defraudar a la Seguridad Social, ya sea eludiendo el pago de las cuotas y conceptos de recaudación conjunta, ya sea obteniendo indebidamente devoluciones de las mismas, o ya sea disfrutando de forma indebida de deducciones por cualquier concepto, siempre que, en cualquiera de estos casos, la cuantía de las cuotas defraudadas o de las devoluciones o deducciones indebidas exceda de 50.000 euros. Para la determinación de esta cantidad, indica el precepto, se estará al importe total defraudado durante cuatro años naturales[1]. Respecto a la conducta relativa al impago de cotizaciones, y en la medida en que lo tipificado es el "*fraude* a la Seguridad Social", la jurisprudencia penal viene entendiendo que el delito no se comete por el mero hecho de no pagar, sino que "la sanción penal está prevista para quien defrauda eludiendo, es decir, para quien ocultando la realidad no declara correctamente o simplemente no declara y, además, no paga. Es decir, que a los efectos de estos delitos, la defraudación consiste en ocultar la deuda o los hechos que la generan…" (STS 27 octubre 2009, rec. 548/2009; o STS 19 noviembre 2018, rec. 2811/2017). Ahora bien, el precepto aclara que la mera presentación de los documentos de cotización no excluye la defraudación, cuando ésta se acredite por otros hechos.
- Conforme al art. 307 bis CP, la pena se agrava cuando la misma conducta delictiva descrita en el art. 307 CP va acompañada de alguna de las siguientes circunstancias: a) que la cuantía de las cuo-

---

1 STS 2 junio 2022, rec. 3622/2020: "será desde ese momento que no se realiza el primer ingreso cuando habrá de iniciarse el cómputo de los "cuatro años naturales", a contar de fecha a fecha, y cuando supere esos 50.000 euros, podremos, entonces, hablar de delito"; y "no será necesario, en todo caso, esperar a que transcurran los cuatro años, porque, si en un periodo de tiempo inferior, desde la primera elusión hasta completar ese exceso de los 50.000 euros, no se ha llegado a ellos, habrá quedada cumplida la condición objetiva de punibilidad que permite acudir a la vía penal", de forma que "lo fundamental,…, a efectos penales es que la cantidad defraudada supere los 50.000 euros en un tiempo máximo de cuatro años consecutivos, por lo que, si los supera en uno, en dos o en tres, no habrá necesidad de esperar más tiempo".

tas defraudadas o de las devoluciones o deducciones indebidas exceda de ciento veinte mil euros; b) que la defraudación se haya cometido en el seno de una organización o de un grupo criminal; o c) que la utilización de personas físicas o jurídicas o entes sin personalidad jurídica interpuestos, negocios o instrumentos fiduciarios o paraísos fiscales o territorios de nula tributación oculte o dificulte la determinación de la identidad del obligado frente a la Seguridad Social o del responsable del delito, la determinación de la cuantía defraudada o del patrimonio del obligado frente a la Seguridad Social o del responsable del delito.

- También el art. 307 ter CP tipifica como delito la conducta de quien obtenga, para sí o para otro, el disfrute de prestaciones del Sistema de la Seguridad Social, la prolongación indebida del mismo, o facilite a otros su obtención, por medio del error provocado mediante la simulación o tergiversación de hechos, o la ocultación consciente de hechos de los que tenía el deber de informar, causando con ello un perjuicio a la Administración Pública[2]. Conforme apunta el Tribunal Supremo, se trata de un tipo que exige dolo y que puede concurrir por acción u omisión, sin supeditar la punibilidad al importe de la defraudación, "que es típica a partir del primer euro", sin perjuicio de que, como dispone el precepto, la pena se atenúe "cuando los hechos, a la vista del importe defraudado, de los medios empleados y de las circunstancias personales del autor, no revistan especial gravedad"[3].

---

2 P.ej. STS 18 mayo 2020, rec. 3368/2018.

3 STS 26 junio 2020, rec. 2552/2019, que señala que "si ni por los medios empleados ni por las circunstancias personales del autor el hecho revistiera mayor gravedad, una defraudación inferior a los 10.000 euros abriría la aplicación al tipo atenuado"; asimismo añade que "dentro del parámetro de los 'medios empleados', sin ánimo de exhaustividad, se valorarán como factores para apuntalar la especial gravedad que excluya el subtipo, aunque la cantidad no llegue a 10.000 euros, la constitución fraudulenta de empresas y sociedades, en las que sin actividad real se simulen y aparenten relaciones laborales inexistentes para obtener prestaciones sociales fraudulentas; el otorgamiento de escrituras instrumentales mendaces; y también aquellos en los que se hayan materializado acuerdos con trabajadores para, a cambio de dinero, generar a su favor periodos ficticios de cotización a la Seguridad Social"; finalmente también apunta que "como circunstancias personales del delincuente habremos de considerar las situaciones, datos o elementos que configuran el entorno social y el componente individual de cada sujeto, la edad de la persona, su grado de formación intelectual y cultural, su madurez psicológi-

b) En todo caso, con carácter común a los tres delitos tipificados, se dispone que el sujeto infractor quedará exento de responsabilidad penal cuando regularice su situación ante la Seguridad Social, con carácter previo a que se le haya notificado la iniciación de actuaciones inspectoras o, de no haberse producido éstas, antes de que se haya interpuesto querella o denuncia o se tenga conocimiento formal del inicio de diligencias. En el caso de los arts. 307 y 307 bis, dicha regularización se entiende producida cuando el obligado procede al completo reconocimiento y pago de las deudas indicadas. En el supuesto del art. 307 ter CP, la exención de responsabilidad criminal requiere que el sujeto reintegre una cantidad equivalente al valor de la prestación recibida incrementada en un interés anual equivalente al interés legal del dinero aumentado en dos puntos porcentuales, desde el momento en que las percibió.

Asimismo, en todos los casos, se prevé la posibilidad de que pueda imponerse al obligado o al autor del delito la pena inferior en uno o dos grados, siempre que, antes de que transcurran dos meses desde la citación judicial como imputado, satisfaga la deuda con la Seguridad Social y reconozca judicialmente los hechos.

1.1.2. Delitos “contra los derechos de los trabajadores”

El art. 311 CP tipifica las siguientes conductas delictivas:

– La de quienes, mediante engaño o abuso de situación de necesidad, imponen a los trabajadores a su servicio condiciones laborales o de Seguridad Social que perjudiquen, supriman o restrinjan los derechos que tengan reconocidos por disposiciones legales, convenios colectivos o contrato individual[4].

---

ca, su entorno familiar y social, sus actividades laborales, su comportamiento posterior al hecho delictivo y sus posibilidades de integración en el cuerpo social... Así como también aquellos que referencia el artículo 50.5 CP con alusión a ‘la situación económica del reo, deducida de su patrimonio, ingresos, obligaciones y cargas familiares’. En el parámetro se pueden valorar aspectos tales como los conciertos criminales, los planes urdidos y la utilización abusiva de personas vulnerables o de sus documentos para aparentar las relaciones laborales inexistentes”.

[4] Por ejemplo, la jurisprudencia penal ha apreciado este delito cuando la empresa no entrega copia de los contratos suscritos, no paga los salarios y no da de alta en la Seguridad Social (STS 5 febrero 1999, rec. 4025/1997), o ante situaciones de retribución mínima, jornadas exageradas e inexistencia de afiliación, respecto a

- También, la de quienes impongan condiciones ilegales a sus trabajadores mediante su contratación bajo fórmulas ajenas al contrato de trabajo, o las mantengan en contra de requerimiento o sanción administrativa.
- Asimismo, la de quienes den ocupación simultáneamente a una pluralidad de trabajadores sin comunicar su alta en el régimen de la Seguridad Social que corresponda o, en su caso, sin haber obtenido la correspondiente autorización de trabajo, siempre que el número de trabajadores afectados sea al menos de: a) el 25% en empresas o centros de trabajo que ocupen a más de cien trabajadores; b) el 50% en empresas o centros de trabajo que ocupen a más de diez trabajadores y no más de cien; o c) la totalidad de los mismos, en empresas o centros de trabajo que ocupen a más de cinco y no más de diez trabajadores[5].

1.2. Responsabilidad en el ámbito administrativo

Por otro lado, también actúa el ordenamiento administrativo sancionador, previsto para ilícitos de la Seguridad Social que el legislador ha considerado menos cualificados y que se tipifican como infracciones administrativas, cuya comisión es objeto de la correspondiente sanción administrativa —principalmente, y según el sujeto infractor, multa económica o suspensión o extinción de prestaciones, pero en ningún caso privación de libertad (art. 25.3 CE)—. En este caso, tanto las infracciones como sus correlativas sanciones se encuentran tipificadas en la LISOS (RDLeg. 5/2000), a la que directamente se remite el art. 135 LGSS, con carácter general para todo el sistema de Seguridad Social. Como salvedad, sin embargo, el legislador ha introducido ciertas peculiaridades en relación con los regímenes especiales de funcionarios, que cuentan con una regulación específica en cuanto

---

trabajadores inmigrantes en paro, con obligaciones familiares y escasa fuerza económica (STS 28 noviembre 2006, rec. 194/2006), o igualmente, ante condiciones laborales de explotación laboral en que se contraviene clamorosamente la normativa, "tanto en lo relativo al horario y jornadas laborales, como en cuanto a las normas de comportamiento, con ausencia de contrato, de seguridad social como de seguro médico" (STS 5 abril 2016, rec. 10381/2015). También, STS 13 noviembre 2019, rec. 10121/2019, con relación al ejercicio obligado de la prostitución.

5 V.gr. SSTS 23 febrero 2017, rec. 1916/2016; 26 marzo 2019, rec. 1354/2018.

a inspección, recaudación, e infracciones y sanciones[6]. Asimismo, alguna prestación cuenta con su propia normativa tipificadora de infracciones y sanciones: es el caso del ingreso mínimo vital (arts. 38 a 40 Ley 19/2021).

Dejando estas particularidades y ciñendo nuestro análisis a la regulación general aplicable al sistema de Seguridad Social, las citadas sanciones se imponen directamente por la autoridad administrativa, previa tramitación de un procedimiento administrativo, regulado en la propia LISOS y en el RPIS (RD 928/1998). Ahora bien, a posteriori, la resolución sancionadora que, en su caso, resulte puede ser objeto de revisión en vía jurisdiccional, ya sea en el orden social o ya sea en el orden contencioso-administrativo, según la materia afectada.

Hecha esta breve presentación general, los epígrafes que siguen se dirigen a analizar con más detenimiento la fiscalización administrativa sobre las normas de Seguridad Social, así como algunas de sus consecuencias derivadas.

2. INFRACCIONES Y RESPONSABILIDADES ADMINISTRATIVAS EN MATERIA DE SEGURIDAD SOCIAL

2.1. Principios materiales de Derecho Administrativo Sancionador

Tanto la jurisprudencia como la propia normativa han venido a reconocer que los principios propios del Derecho Penal —tanto materiales, como procedimentales— son de aplicación, aun con ciertos matices, al Derecho Administrativo Sancionador, a fin de asegurar unas mínimas garantías jurídicas a la persona sobre la que se pretenda imponer una sanción —SSTC 18/1981, de 8 de junio; 212/1990, de 20 de diciembre— (arts. 25 a 31 Ley 40/2015, de Régimen Jurídico del Sector Público [LRJSP]).

Esta asimilación comporta la adecuación y respeto en la esfera administrativa sancionadora de los siguientes principios materiales:

a) *Principio de legalidad*, consistente en la exigencia de que tanto las infracciones como las sanciones se encuentren tipificadas en una norma con rango de "ley formal" —como es el RDLeg. 5/2000— (art. 25.1 CE y arts. 25 y 27.3 LRJSP).

---

6 Art. 133.4 LGSS, art. 44 Ley 53/2002, arts. 158 y ss. RD 375/2003 —RGMA—, arts. 125 y ss. RD 1726/2007 —RGSSFA—, arts. 136 y ss. RD 1026/2011 —RMJ—.

b) *Principio de tipicidad,* que implica la exigencia de que la norma legal defina —o tipifique— de forma clara y precisa cuáles son las conductas que el ordenamiento califica como infracciones y cuáles las concretas sanciones previstas para tales ilícitos, de manera que el administrado conozca por anticipado y con la suficiente certeza qué comportamientos resultan punibles y cuál es el castigo o mal que su realización acarrea (art. 27 LRJSP).

c) *Principio de irretroactividad,* expresado en el art. 9.3 CE y concretado en el art. 25.1 CE, cuando afirma que nadie puede ser sancionado por conductas que en el momento de producirse no constituyan infracción administrativa según la legislación vigente en aquel momento. Este principio conlleva la necesidad de aplicar las sanciones vigentes en el momento de producirse el ilícito siempre que aquéllas sean más beneficiosas para el inculpado que las existentes al tiempo de enjuiciarse su conducta; y *a sensu contrario,* ha significado admitir que sí cabe la aplicación retroactiva de normas sancionadoras posteriores cuando éstas son más favorables que las previstas en el momento de cometerse la infracción (art. 26 LRJSP).

d) *Principio de imputabilidad y personalidad de la pena,* que significa que la responsabilidad por un ilícito sólo puede ser atribuida a quien haya participado en su comisión.

e) *Principio de culpabilidad,* conforme al cual, la imposición de una sanción requiere que la conducta infractora sea imputable al sujeto sancionado a título de dolo o culpa —aun por concurrencia de mera *culpa in vigilando* o incumplimiento del "deber de cuidado"—, sin que resulte admisible la responsabilidad objetiva por la simple realización de los hechos —SSTC 76/1990, de 26 de abril; 219/1988, de 22 de noviembre— (art. 28.1 LRJSP). El respeto a este principio de culpabilidad rige con independencia de que el sujeto infractor sea una persona física o jurídica (STC 246/1991, de 19 de diciembre). Asimismo, este principio resulta exigible en los supuestos de responsabilidad administrativa derivada —solidaria o subsidiaria— (STC 76/1990, de 26 de abril).

f) *Principio de proporcionalidad,* según el cual, tanto el legislador como los aplicadores del Derecho deben tener en cuenta que la sanción impuesta debe guardar la debida adecuación o congruencia con la gravedad del ilícito cometido —STC 62/1982, de 15 de octubre— (art. 29 LRJSP).

g) *Principio "non bis in idem"*, cuyo respeto prohíbe la imposición de dos o más sanciones —ya sean administrativas y/o penales— cuando se dé la triple identidad de que el castigo recaiga sobre un mismo sujeto, por idénticos hechos y por igual fundamento. En tal caso, la normativa ha establecido la regla de que la sanción penal sobre un determinado sujeto goza de preferencia aplicativa sobre la sanción administrativa, de forma que la potestad administrativa sancionadora queda excluida cuando los tribunales penales aprecian que los hechos infractores constituyen delito (art. 31 LRJSP, art. 3 LISOS).

2.2. Concepto de infracción administrativa de Seguridad Social

De acuerdo con el art. 20.1 LISOS, son infracciones en materia de Seguridad Social "las acciones y omisiones de los distintos sujetos responsables a que se refiere el artículo 2.2 de la presente Ley, contrarias a las disposiciones legales y reglamentarias que regulan el sistema de la Seguridad Social, tipificadas y sancionadas como tales en la presente Ley". De esta definición legal interesa destacar los siguientes rasgos.

a) El legislador tipifica como infracciones administrativas los incumplimientos, ya sea por acción o por omisión, de las normas legales y reglamentarias en materia de Seguridad Social, si bien, en atención al principio de legalidad, únicamente cuando se encuentren tipificados y sancionados en la propia LISOS.

Como puede apreciarse, las conductas tipificadas constituyen siempre infracciones a las obligaciones impuestas por la ley o por los reglamentos, pero, en cambio, dicha tipificación no se extiende a los incumplimientos de las previsiones contenidas en los convenios colectivos, lo que resulta especialmente relevante respecto a la Seguridad Social complementaria o mejoras voluntarias. Con todo, ello no significa que tales previsiones convencionales queden totalmente al margen de la potestad administrativa sancionadora en el orden social. Así, por ejemplo, aunque se califica como infracción "laboral" —y no de Seguridad Social—, el art. 8.15 LISOS tipifica como ilícito muy grave: "el incumplimiento por la empresa de la obligación de instrumentar los compromisos por pensiones con el personal de la empresa en los términos establecidos en la normativa reguladora de los planes y fondos de pensiones"[7]. Incluso,

---

7 Cfr. D.A. 1ª RDLeg. 1/2002,TRLPFP.

más allá del limitado alcance objetivo de esta previsión, desde algunas posiciones doctrinales se ha defendido la consideración de las mejoras voluntarias, en general, como condiciones de trabajo y su posible reconducción a las infracciones administrativas "laborales" a que se refiere el art. 5 LISOS (BLASCO PELLICER; GARCÍA MURCIA). En tal sentido, es significativo que el art. 12.1.c] de la Ley 23/2015 atribuya a la Inspección de Trabajo y Seguridad Social la función de vigilancia en relación con "los sistemas de mejoras voluntarias de la acción protectora de la Seguridad Social, además de cualesquiera modalidades de sistemas complementarios voluntarios establecidos por convenio colectivo".

b) Para ser objeto de sanción administrativa, las infracciones de Seguridad Social tipificadas en la LISOS deben haber sido cometidas por alguno de los sujetos responsables previstos en el art. 2.2 LISOS: esto es, los empresarios; los trabajadores por cuenta propia o ajena o asimilados (cfr. art. 7.1.a] LGSS), así como los perceptores y solicitantes de las prestaciones de Seguridad Social; las entidades de formación o aquellas que asuman la organización de las acciones de formación profesional para el empleo programada por las empresas, de forma individual o en agrupación de empresas y los solicitantes y beneficiarios de las ayudas y subvenciones públicas de formación profesional para el empleo; las Mutuas Colaboradoras con la Seguridad Social (MCSS) y las demás entidades colaboradoras en la gestión, en el ámbito de la relación jurídica de Seguridad Social; y asimismo, las entidades o empresas responsables de la gestión de prestaciones en cuanto a sus obligaciones en relación con el Registro de Prestaciones Sociales Públicas (cfr. arts. 3 y 8 RD 397/1996), así como los demás sujetos obligados a facilitar información de trascendencia recaudatoria en materia de Seguridad Social (v.gr. entidades financieras —art. 47 RD 696/2018—).

Con remisión a los mismos términos descritos, el art. 20.2 LISOS añade que "a los efectos de la presente Ley se asimilan a las infracciones y sanciones en materia de Seguridad Social las producidas respecto de otras cotizaciones que recaude el sistema de Seguridad Social". Tal asimilación comprende, por tanto, las obligaciones relativas a las cuotas correspondientes al FOGASA y a la formación profesional.

2.3. Tipificación de infracciones administrativas

A fin de satisfacer el principio de tipicidad, la LISOS, en sus arts. 21 a 32, realiza la descripción de los tipos infractores en materia de Seguridad

Social, y en cumplimiento del principio de proporcionalidad, procede a su calificación en leves, graves y muy graves. A efectos expositivos, la LISOS sistematiza estas infracciones administrativas en atención al sujeto infractor, según se expone a continuación.

2.3.1. Infracciones de empresarios, entidades dedicadas a la formación, trabajadores por cuenta propia y asimilados

Concretamente, los arts. 21 a 23 LISOS se destinan a tipificar las infracciones cometidas principalmente por los empresarios, pero también por los trabajadores por cuenta propia y asimilados, así como por las entidades de formación y por aquellas que asumen la organización de acciones de formación profesional para el empleo programada por las empresas.

A) Infracciones leves

Dentro del art. 21 LISOS se precisan las infracciones de estos sujetos responsables que el legislador ha calificado como "leves" en materia de Seguridad Social y que se corresponden con el incumplimiento de obligaciones de carácter formal o documental o de remisión de información: por ejemplo, no conservar, durante cuatro años, la documentación o registros informáticos sobre el cumplimiento de las obligaciones en materia de afiliación, altas y bajas, así como los documentos de cotización y los recibos justificativos del pago de salarios y del pago delegado de prestaciones; no comunicar en tiempo y forma las bajas de los trabajadores que cesen en la empresa; o, entre otras, no remitir a la entidad gestora los partes médicos de baja o alta de incapacidad temporal o los cambios en los documentos de asociación o adhesión para la cobertura de contingencias.

B) Infracciones graves

En el art. 22 LISOS se tipifican las infracciones de empresarios, trabajadores por cuenta propia y asimilados calificadas como "graves" y que, por lo general, se refieren a la omisión o cumplimiento indebido de determinadas obligaciones materiales: principalmente —y dentro de un largo listado—, infracciones relativas a los actos de encuadramiento —v.gr. inicio de actividad sin solicitud de inscripción de empresa, no comunicación de la apertura y cese de actividad de los centros de trabajo a efectos de su identificación, la no solicitud de afiliación y alta de trabajadores, o la comunicación de baja en un régimen de trabajadores por cuenta ajena pese a continuar la misma prestación de servicios con un alta indebida en un régimen de trabajadores por cuenta propia—; también, y a salvo de las excepciones previstas, el impago de cuotas en la cuantía correspondiente habiendo cumplido en plazo las obligaciones establecidas en "los apartados 1 y 2 del artículo 26" LGSS [vigente art. 29 LGSS], o el disfrute indebido de reducciones, bonificaciones o incentivos respecto al importe de las cuotas; o asimismo, el incumplimiento de deberes vinculados al disfrute de prestaciones —v.gr. inobservancia de las obligaciones económicas derivadas de la colaboración obligatoria en la gestión, formalización de la protección con entidades distintas de las debidas, impago en caso de haber sido declarada la empresa como responsable, no entregar la documentación necesaria para su tramitación, dar ocupación con comunicación de alta a beneficiarios de prestaciones de disfrute incompatible con el trabajo por cuenta ajena, etc.—.

C) Infracciones muy graves

En el art. 23 LISOS se describen los tipos infractores muy graves en que pueden incurrir empresarios, trabajadores por cuenta propia y asimilados. En su mayoría, se trata también de incumplimientos de obligaciones sustantivas en materia de Seguridad Social, pero que conllevan una especial gravedad por cuanto, por lo general, denotan cierto ánimo defraudatorio por parte del sujeto infractor, con incidencia en el estado financiero del sistema de Seguridad Social: son, fundamentalmente, conductas consistentes en el impago de las cuotas sin haber cumplido en plazo las obligaciones establecidas en "los apartados 1 y 2 del artículo 26" LGSS [vigente art. 29 LGSS], o en el pago incorrecto por beneficiarse indebidamente de reducciones con fraude a la Seguridad Social o a los derechos de los trabajadores —v.gr. falsedades en los datos para beneficiarse de deducciones en las cuotas, o pactar con los trabajadores que éstos asuman el pago de las cuotas a cargo del empresario—; o asimismo, se incluyen también actuaciones dirigidas a facilitar a los trabajadores el disfrute indebido del derecho a prestaciones o a su cuantía —v.gr. comunicar o consignar datos falsos o inexactos, simulación de contratación laboral, incremento indebido de la base de cotización del trabajador, o dar ocupación a beneficiarios de prestaciones incompatibles con el trabajo por cuenta ajena sin darles de alta—. Asimismo, se ha incluido también la conducta consistente en incumplir lo dispuesto en los Reglamentos de la Unión Europea sobre Coordinación de Sistemas de Seguridad Social, respecto a la determinación de la legislación de seguridad social aplicable, cuando dicho incumplimiento dé lugar bien a la inscripción o alta en el sistema de seguridad social español de empresas, trabajadores por cuenta ajena o por cuenta propia, o bien a la falta de alta y cotización en el sistema de seguridad social español de personas desplazadas a España desde otro Estado Miembro de la Unión Europea, a efectos de prestar servicios tanto por cuenta ajena como por cuenta propia.

En estos ilícitos muy graves, el empresario incurre en una infracción por cada uno de los trabajadores que hayan solicitado u obtenido fraudulentamente las prestaciones de Seguridad Social (art. 23.2 LISOS).

2.3.2. Infracciones de trabajadores o asimilados, beneficiarios y solicitantes de prestaciones

En los arts. 24 a 26 LISOS se tipifican las infracciones de Seguridad Social por las que pueden ser sancionados los trabajadores o asimilados y los beneficiarios y solicitantes de prestaciones.

A) Infracciones leves

El art. 24 LISOS se encarga de tipificar los ilícitos calificados como leves, consistentes básicamente en el incumplimiento de obligaciones de información o comparecencia: por ejemplo, no facilitar a la entidad correspondiente o a la empresa los datos necesarios para su afiliación o alta (apartado 1); o no comparecer ante la entidad gestora de las prestaciones, previo requerimiento y salvo causa justificada (apartado 2). A su vez, el citado art. 24 LISOS establece tipos infractores de similar naturaleza en relación específica con los solicitantes o beneficiarios de prestaciones por desempleo de nivel contributivo o asistencial —o en su caso, de trabajadores por cuenta propia solicitantes o beneficiarios de la prestación por cese de actividad—: por ejemplo —y todo ello, a salvo de causa justificada—, no comparecer a los requerimientos de los servicios públicos de empleo o las agencias de colocación colaboradoras, no devolverles en plazo el justificante de haber comparecido para cubrir las ofertas de empleo, o no cumplir las exigencias del acuerdo de actividad en los términos establecidos en el art. 3 de la Ley 3/2023, de Empleo (apartado 3), así como no facilitar a la entidad gestora de las prestaciones de desempleo la información necesaria para garantizar la recepción de sus notificaciones y comunicaciones (apartado 4).

B) Infracciones graves

El art. 25 LISOS describe los tipos infractores calificados como graves y que, por lo general, constituyen incumplimientos relativos a los requisitos necesarios para el mantenimiento del derecho a prestaciones: en concreto, efectuar trabajos por cuenta propia o ajena durante la percepción de prestaciones cuando exista incompatibilidad normativa —sin perjuicio de lo dispuesto para las prestaciones de desempleo y cese de actividad (art. 26.2 LISOS)— (apartado 1); y salvo causa justificada, no comparecer a los reconocimientos médicos ordenados por las entidades gestoras o colaboradoras o no aportarles la información requerida relacionada con la continuidad de la prestación, así como no comunicar las bajas en las prestaciones cuando se produzcan situaciones de incompatibilidad, suspensión o extinción del derecho —excepto la de no figurar inscritos como demandantes de empleo en el servicio público de empleo competente—, o cuando se dejen de reunir los requisitos y se haya percibido indebidamente la prestación (apartados 2 y 3). También en su apartado 4, el precepto tipifica infracciones específicas para los solicitantes o beneficiarios de prestaciones por desempleo de nivel contributivo o asistencial, o de trabajadores por cuenta propia solicitantes o beneficiarios de la prestación por cese de actividad: en concreto, y salvo causa justificada, rechazar una oferta de empleo adecuada ofrecida por los servicios públicos de empleo o las agencias de colocación colaboradoras, o negarse a participar en actividades ofrecidas por dichas entidades consistentes en acciones, programas o actividades señalados en el itinerario o plan personalizado para la mejora de la empleabilidad y el acceso al mercado de trabajo.

C) Infracciones muy graves

En el art. 26 LISOS se tipifican las infracciones de los trabajadores, asimilados y beneficiarios y solicitantes de prestaciones que el legislador ha considerado como muy graves y que se corresponden, fundamentalmente, con conductas dirigidas a la obtención y disfrute fraudulento de prestaciones, describiendo la norma algunas manifestaciones específicas: por ejemplo, prolongación del derecho mediante la aportación de datos falsos; simulación de relación laboral; compatibilizar la solicitud o el percibo de prestaciones o subsidio por desempleo, así como la prestación por cese de actividad de los trabajadores autónomos, con el trabajo por cuenta propia o ajena —salvo en los casos previstos normativamente—; etc.

2.3.3. Infracciones de las Mutuas Colaboradoras con la Seguridad Social (MCSS)

En los arts. 27 a 29 LISOS se tipifican las infracciones administrativas de posible imputación a las MCSS, relativas a incumplimientos de sus obligaciones tanto frente a la Administración como respecto a los empresarios asociados y los trabajadores protegidos.

A) Infracciones leves

El art. 27 LISOS describe los tipos infractores leves de las MCSS que, principalmente, incluyen incumplimientos de obligaciones formales de carácter documental e informativo, que el legislador considera de menor relevancia: por ejemplo, inobservar los deberes de remisión y conservación de libros y otra documentación —incluida la relativa a los reconocimientos médicos obligatorios—; no remitir al organismo competente, en plazo y forma, los partes de accidentes de trabajo de carácter leve; etc.

B) Infracciones graves

En el art. 28 LISOS se tipifican las infracciones calificadas como graves que, por lo general, o bien se corresponden con ilícitos de deberes documentales de mayor trascendencia —v.gr. no llevar al día y en forma los libros obligatorios y los libros de contabilidad, o no remitir al organismo competente en plazo y forma los partes de accidentes de trabajo y enfermedad profesional de carácter grave, muy grave o mortal—, o bien se trata de incumplimientos de obligaciones materiales del régimen jurídico de las MCSS, tanto en relación con su gestión interna —normas sobre funcionamiento, régimen económico...—, como respecto a su actividad hacia los asociados —especialmente, en materia de reglas sobre asociación de empresas y de la prestación por cese de actividad de los autónomos—.

C) Infracciones muy graves

El art. 29 LISOS se encarga de tipificar los ilícitos muy graves de las MCSS, referidos fundamentalmente al incumplimiento de obligaciones sustantivas relevantes y que atentan a los fines y principios básicos de estas entidades: por ejemplo, asunción de actividades no autorizadas, no contribuir al sostenimiento económico de los servicios comunes de la Seguridad Social y no cumplir las obligaciones sobre reaseguro o compensación de resultados, actuación con ánimo de lucro o sin respetar las reglas de incompatibilidad, irregularidades en los ingresos percibidos y en el destino de los excedentes, contribución a la obtención indebida de la prestación por cese de actividad de los autónomos, etc.

2.3.4. Infracciones de las empresas que colaboran voluntariamente en la gestión

Por su parte, los arts. 30 a 32 LISOS contienen los ilícitos de las empresas que voluntariamente colaboran en la gestión de la Seguridad Social (art. 102 LGSS), diferenciándose así de las infracciones ligadas a la colaboración obligatoria (cfr. art. 22.4 LISOS).

A) Infracciones leves

También aquí los ilícitos tipificados como leves en el art. 30 LISOS coinciden con incumplimientos de obligaciones documentales o informativas: por ejemplo, no llevar en orden y al día la documentación exigida, o no dar cuenta semestral al comité de empresa de la aplicación de las cantidades percibidas para el ejercicio de la colaboración.

B) Infracciones graves

El art. 31 LISOS tipifica los ilícitos graves, consistentes en el incumplimiento por las empresas colaboradoras de obligaciones materiales relacionadas con la asistencia sanitaria —v.gr. prestación en instalaciones propias inadecuadas, sin coordinarse con los servicios sanitarios de la Seguridad Social o con personal ajeno a éstos (salvo autorización)—, o también, la inobservancia de normas relativas a la concesión de prestaciones o deberes económicos y contables.

C) Infracciones muy graves

El art. 32 LISOS describe los ilícitos considerados como muy graves, consistentes en el ejercicio de la función de colaboración sin autorización o sin reunir los requisitos exigidos, o en ciertas desviaciones económicas a finalidades ajenas a las preceptuadas —v.gr. destinar los excedentes de la colaboración a fines distintos de la mejora de las prestaciones; o no aplicar a los fines exclusivos de la colaboración, incluyendo en ella la mejora de las prestaciones, las cantidades deducidas de la cuota reglamentaria—.

2.3.5. Infracciones de las mutualidades de previsión social

Por último, para las mutualidades de previsión social autorizadas para actuar como alternativas al Régimen Especial de los Trabajadores por Cuenta Propia o Autónomos, el art. 32 bis LISOS tipifica como infracción grave la conducta consistente en no poner a disposición de la TGSS la relación telemática de los profesionales colegiados en ellas integrados a la que se refiere la D.A. 18ª.4 LGSS, en el plazo y con el contenido establecido en dicha disposición.

2.4. Prescripción de las infracciones de Seguridad Social

El legislador ha establecido que las infracciones administrativas en materia de Seguridad Social prescriben a los cuatro años desde la fecha de la infracción (art. 4 LISOS y art. 24.1.c] LGSS), de forma que, transcurrido dicho plazo, el ilícito queda impune y el sujeto infractor ya no puede ser imputado por su comisión.

Ahora bien, en el cómputo de este período han de tenerse en cuenta las diferentes circunstancias que, conforme a los arts. 24.3 LGSS y 7.2 RPIS, actúan como causa de interrupción de dicho plazo de prescripción: entre otras, el plazo se interrumpe por cualquier actuación administrativa con conocimiento formal del sujeto responsable conducente a la comprobación de la infracción —por ejemplo, el inicio de la actividad inspectora— o dirigida a la constatación, liquidación o recaudación de la deuda —especialmente, la extensión de una reclamación de deuda o acta de liquidación—, también por acta de infracción debidamente notificada o requerimiento, así como por la iniciación del procedimiento de oficio ex arts. 148 y ss. LJS, o por cualquier actuación del sujeto responsable que implique reconocimiento de los hechos constitutivos de la infracción o de la deuda.

2.5. Sanciones y otras responsabilidades derivadas

En cumplimiento de los principios de legalidad y tipicidad, también la LISOS se encarga de tipificar las sanciones que corresponden a los tipos infractores descritos —y no prescritos—, diferenciando según el sujeto.

2.5.1. Sanciones a empresarios o asimilados

En sus arts. 39 a 46 bis, la LISOS se encarga de fijar el régimen sancionador aplicable tanto a los empresarios —en su condición de tales o de empresas colaboradoras—, como, en general, a otros sujetos que no tengan la condición de trabajadores o asimilados, incluidas las MCSS. La sanción principal prevista para estos sujetos consiste en la imposición de una multa económica, a la que, en su caso, pueden añadirse sanciones adicionales de naturaleza distinta, así como responsabilidades de distinta índole.

A) Multas

a) Como sanción típica, los empresarios y demás sujetos indicados son sancionados con el pago de una cuantía económica que, en atención al principio de proporcionalidad, se fija conforme a los dos siguientes pasos (arts. 39.1 y 40.1 LISOS): primero, la multa a aplicar queda determinada por la calificación del ilícito como leve, grave o muy grave; después, una vez calificada la infracción por su gravedad, la ley prevé la posibilidad de sancionar cada una de ellas en tres grados distintos —mínimo, medio y máximo—, estableciendo para cada uno de ellos un tope mínimo y uno máximo, de forma que la cuantía que finalmente se imponga debe quedar contenida entre uno y otro parámetro.

   En concreto, las reglas establecidas para la determinación de las multas por infracciones de Seguridad Social son las que siguen:

   - Las infracciones leves se penalizan con multas que en su grado mínimo pueden oscilar entre 70 a 150 €; en su grado medio entre 151 a 370 €; y en su grado máximo entre 371 a 750 €.
   - Las infracciones graves en su grado mínimo pueden ir de 751 a 1500 €; en su grado medio de 1.501 a 3.750 €; y en su grado máximo de 3.751 a 7.500 €.

     No obstante, se contemplan previsiones específicas respecto a determinadas infracciones graves:

     - las tipificadas en el art. 22.2 LISOS —falta de afiliación y alta de trabajadores—, en el art. 22.7.a) LISOS —determinadas ilicitudes en la afiliación y altas de trabajadores por cuenta propia— y en el art. 22.16 LISOS — comunicar baja en un régimen de trabajadores por cuenta ajena pese a continuar idéntica prestación de servicios, sirviéndose de un alta indebida en un régimen de trabajadores por cuenta propia— se sancionarán con la multa siguiente: en su grado mínimo, de 3.750 a 7.500 €; en su grado medio, de 7.501 a 9.600 € y, en su grado máximo, de 9.601 a 12.000 €.

- la tipificada en el art. 22.3 LISOS —impago de cuotas, habiendo presentado los documentos de cotización— se sancionará en grado mínimo con multa del 50 al 65% del importe de las cuotas y demás conceptos de recaudación conjunta no ingresados, incluyendo recargos, intereses y costas; en su grado medio, la multa será del 65,01 al 80%; y en el grado máximo, del 80,01 al 100%.

– Las infracciones muy graves, en su grado mínimo se sancionan con multas comprendidas entre 7.501 a 30.000 €; en su grado medio entre 30.001 a 120.005 €; y en su grado máximo entre 120.006 a 225.018 €.

Con todo, también aquí se establecen previsiones específicas respecto a determinadas infracciones muy graves:

- la tipificada en el art. 23.1.a) LISOS —ocupación de perceptores de prestaciones incompatibles con el trabajo por cuenta ajena, sin darles de alta— se sancionará con la multa siguiente: en su grado mínimo, de 12.001 a 30.000 €; en su grado medio, de 30.001 a 120.005 € y, en su grado máximo, de 120.006 a 225.018 €. Asimismo, una vez firme, la sanción se hará pública en la forma prevista reglamentariamente —previsión también aplicable a la infracción ex art. 23.1.h) LISOS—.

- la tipificada en el art. 23.1.b) LISOS —impago de cuotas, sin haber presentado los documentos de cotización— se sancionará en grado mínimo con multa del 100,01 al 115% del importe de las cuotas y demás conceptos de recaudación conjunta no ingresados, incluyendo recargos, intereses y costas; en su grado medio, la multa será del 115,01 al 130%; y en su grado máximo, del 130,01 al 150%. Al respecto, en cuanto a la determinación de los grados, *vid.* art. 39.2 LISOS (*infra*).

- la tipificada en el art. 23.1.k) LISOS —indebida retención o descuento superior al legal de la parte de cuota del trabajador, sin ingreso en plazo—, se sancionará en su grado mínimo con multa del 100,01 al 115% del importe de las cuotas no ingresadas y descontadas a los trabajadores o del exceso del descuento legal, incluyendo recargos, intereses y costas; en su grado medio, con multa del 115,01 al 130%; y en su grado máximo, con multa del 130,01 al 150%.

b) En la determinación del grado de la sanción y, dentro de él, de la cuantía de la multa a imponer, la Administración goza de discrecionalidad, si bien, se trata de una discrecionalidad reglada, en la que debe valorar una serie de circunstancias de graduación tasadas por la ley (art. 39.2 LISOS): negligencia e intencionalidad del sujeto infractor, existencia de fraude o connivencia, incumplimiento de advertencias previas y requerimientos de la Inspección de Trabajo y Seguridad Social, cifra de negocios de la empresa, número de trabajadores o de beneficiarios afectados, o perjuicio causado y cantidad defraudada.

Ahora bien, el propio art. 39.5 LISOS precisa que estos criterios de graduación no podrán utilizarse para agravar o atenuar la infracción cuando estén contenidos en la propia descripción del ilícito administrativo: así, por ejemplo, la existencia de fraude o connivencia es un elemento propio e intrínseco a varios de los tipos infractores. Por otra parte, el número de trabajadores o beneficiarios afectados será relevante en la graduación de determinados ilícitos, pero recordemos que existen otros en que la ley exige entender que existe una infracción y una sanción distinta por cada uno de los trabajadores afectados —v.gr. 22.2, 22.9, 22.11 22.12, 23.2 LISOS—.

En algunos ilícitos se introducen, no obstante, reglas específicas.

Así, como matización a lo dicho, el art. 40.1.e) LISOS indica que, cuando en una misma actuación inspectora se constaten varias infracciones de los arts. 22.2, 22.7.a), 22.16 y 23.1.a) LISOS, la sanción a proponer para cada una de ellas se incrementará en los porcentajes siguientes, si bien, la cuantía no podrá exceder de 12.000 € en cada infracción del art. 22.2 LISOS y de 225.018 € en cada infracción del art. 23.1.a) LISOS: a) un 20% en cada infracción cuando se trate de dos trabajadores, beneficiarios o solicitantes; b) un 30% cuando se trate de tres; c) un 40% cuando se trate de cuatro; y d) un 50% en cada infracción cuando se trate de cinco o más trabajadores, beneficiarios o solicitantes.

Además, ha de tenerse en cuenta el criterio de graduación específico fijado en el art. 39.2 LISOS para las infracciones tipificadas en los arts. 22.3 y 23.1.b) LISOS, consistentes en el impago de cuotas: en estos ilícitos, la sanción se impondrá en grado mínimo cuando la cuantía no ingresada, incluyendo recargos e intereses, no supere los 10.000 €, en su grado medio cuando dicha cuantía esté comprendida entre 10.001 y 25.000 €, y en su grado máximo cuando sea superior a los 25.000 €. Asimismo, se impondrá la sanción en su grado máximo, cualquiera que fuera la cantidad no ingresada, cuando el sujeto responsable hubiera cotizado en cuantía inferior a la debida mediante la ocultación o falsedad de las declaraciones o datos que tenga obligación de facilitar a la Seguridad Social.

c) Junto a estos criterios generales, la LISOS y normas concordantes contemplan otras circunstancias específicas que pueden igualmente incidir en la cuantificación de la multa. Algunas agravantes son comunes al resto de infracciones del orden social, con independencia de la materia: es el caso de la llamada "infracción continuada" (art. 39.7 LISOS) o de la "reincidencia" (arts. 41 LISOS y 14.5 RPIS). Existen también otras circunstancias que pueden, en cambio, minorar la cuantía a pagar.

Una de ellas es una atenuante específica en la materia de Seguridad Social. En concreto, se prevé que, cuando la Inspección haya extendido simultáneamente actas de infracción y de liquidación por los mismos hechos (infra, 6), las sanciones en materia de Seguridad Social propuestas se reducirán automáticamente al 50%, siempre que el infractor dé su conformidad a la liquidación practicada e ingrese su importe en el plazo preceptivo, si bien, sólo cuando la cuantía de la liquidación supere la de la sanción propuesta inicialmente (art. 34.4 LGSS y art. 40.3 LISOS).

Otra posibilidad, de carácter general, es la prevista en el art. 14.6 RPIS, en el que se dispone que, si la sanción propuesta tuviera exclusivamente carácter pecuniario, el sujeto responsable podrá ver reducido el importe de la sanción en un 40% si renuncia a presentar alegaciones y recursos en vía administrativa y procede al pago antes de dictarse la resolución. La normativa establece reglas específicas para los supuestos en que son varios los sujetos responsables y solo alguno de ellos manifiesta esa voluntad de abono previo (cfr. art. 17.1 RPIS). Esta reducción no es aplicable a las comentadas sanciones propuestas en actas de infracción concurrentes con actas de liquidación por los mismos hechos, respecto a las que ya juega la posible disminución arriba referida.

B) Sanciones accesorias y otras consecuencias

Junto al abono de la multa, tanto los empresarios como las empresas colaboradoras pueden quedar sometidos a otras sanciones y responsabilidades.

a) Empresarios

En concreto, para los empresarios, esas consecuencias adicionales pueden ser las siguientes.

- Cuando incurran en las infracciones muy graves tipificadas en el art. 23 LISOS en materia de protección por desempleo, se dispone que los empresarios perderán automáticamente, y de forma proporcional al número de trabajadores afectados, los beneficios derivados de los programas de empleo o formación profesional para el empleo (ayudas, bonificaciones...), afectando a los de mayor cuantía y con efectos desde la fecha de la infracción. Además cabe, potestativamente, excluirlos de un nuevo acceso a tales beneficios por un período máximo de dos años a contar desde la resolución sancionadora (art. 46.1 LISOS). No obstante, dicha exclusión se dispone imperativamente, en todo caso y por un periodo de cinco años, cuando la infracción cometida estuviera tipificada como muy grave en la letra h) del art. 23.1 LISOS.

  Estas mismas medidas se aplicarán cuando el empresario haya cometido la infracción grave tipificada en el art. 22.2 LISOS —falta de afiliación y alta—, si bien, en principio, el plazo de exclusión del acceso a beneficios podrá ser de un año, pudiendo ampliarse a dos años en caso de reiterar la misma conducta en un período de 365 días (art. 46.2 LISOS).

- Asimismo, y aunque no constituye propiamente una sanción sino una reparación del daño causado, ha de tenerse en cuenta que, conforme al art. 23.2 LISOS, los empresarios deben responder solidariamente del reintegro de las cantidades que los trabajadores hayan percibido indebidamente en concepto de prestaciones con ocasión de los ilícitos previstos en las letras a), c) y e) del art. 23.1 LISOS. Pero, simultáneamente, el art. 43.3 LISOS añade que, respecto a la infracción prevista en el art. 23.1.c) LISOS, la empresa responderá directamente de la devolución de las cantidades indebidamente percibidas por la persona trabajadora, siempre que no concurra dolo o culpa de esta.

- Adicionalmente, las personas en que haya recaído sanción firme por la infracción grave prevista en el art. 22.2 LISOS, así como por infracciones muy graves en materia social, no podrán contratar con el sector público (art. 71.1.b] LCSP).

b) Empresarios que colaboran voluntariamente en la gestión

Asimismo, también se dispone que, junto a la multa, y cuando las circunstancias del supuesto lo requieran, podrán aplicarse a los empresarios que voluntariamente colaboran en la gestión de la Seguridad Social las siguientes sanciones (art. 45 LISOS y art. 28.2 RPIS):

- La suspensión temporal de la autorización para colaborar por plazo de hasta cinco años.
- La retirada definitiva de la autorización para colaborar, con pérdida de la condición de entidad colaboradora.

C) Compatibilidad con otras responsabilidades

Conforme señala el art. 43.1 LISOS, las sanciones administrativas indicadas pueden imponerse a los sujetos responsables, sin perjuicio de las demás responsabilidades exigibles a los mismos, de acuerdo con los preceptos de la LGSS y de sus disposiciones de aplicación y desarrollo. Esta previsión significa que la multa económica y las posibles sanciones accesorias son perfectamente compatibles con otras responsabilidades que la normativa de Seguridad Social haga recaer sobre el sujeto infractor: así, además de las consecuencias liquidatorias derivadas del impago de cotizaciones, es lo que ocurre con la responsabilidad directa sobre el abono de prestaciones que el art. 167.2 LGSS impone en caso de incumplimiento de obligaciones en materia de afiliación, altas y bajas, y cotización. En cambio, ya antes se ha advertido respecto a la incompatibilidad de la responsabilidad administrativa sancionadora con la responsabilidad penal cuando en la infracción concurra la triple identidad de sujetos, hechos y fundamento.

Desde otra perspectiva, no hay que olvidar la existencia de supuestos en que las empresas pueden adquirir responsabilidad derivada respecto a las obligaciones de Seguridad Social: así, el art. 42.1 LISOS se encarga de recordar que las infracciones a lo dispuesto en los arts. 42 a 44 ET —supuestos de contratas de propia actividad, cesión ilegal y sucesión de empresa, en que se impone una responsabilidad de carácter solidario— determinarán la responsabilidad de los empresarios afectados en los términos allí previstos; y asimismo, también el art. 43.2 LISOS indica que las responsabilidades entre empresas de trabajo temporal y empresas usuarias en materia de Seguridad Social se regirán por lo dispuesto en el art. 16.3 Ley 14/1994, que, según el supuesto, impone una responsabilidad subsidiaria o solidaria.

2.5.2. Sanciones a solicitantes y beneficiarios de la Seguridad Social

El art. 47 LISOS se encarga de tipificar el régimen sancionador establecido para los solicitantes y beneficiarios de pensiones o prestaciones de Seguridad Social —incluidas las de desempleo y la de cese de actividad de los trabajadores autónomos—. Su regulación presenta sustanciales diferencias respecto al previsto para los empresarios y sujetos asimilados. Por un lado, las sanciones tipificadas no consisten en la imposición de una multa económica, sino en la pérdida temporal o extinción de la prestación. Por otro lado, si bien también aquí existe una diversificación de las sanciones según se trate de infracciones leves, graves o muy graves, no se prevé, en cambio, diferenciación de grados dentro de cada una de ellas y, en consecuencia, no se establecen criterios de graduación de la responsabilidad, que funciona con cierto automatismo en su aplicación, salvo para alguna sanción adicional que resulta potestativa.

En todo caso, el art. 47.3 LISOS advierte que las sanciones impuestas a estos sujetos deben entenderse "sin perjuicio del reintegro de las cantidades indebidamente percibidas". Este reintegro por el beneficiario infractor no tiene naturaleza sancionatoria, sino que constituye la simple restitución de un enriquecimiento injusto (STS 23 septiembre 1992, recud. 2125/1991; y STSJ Murcia 22 noviembre 1996, rec. 2771/1994).

En concreto, las sanciones tipificadas son las siguientes:

a) Respecto a las infracciones leves, la sanción que como regla general se establece es la pérdida de la pensión o prestación durante un mes.

   Ahora bien, el precepto señala dos reglas específicas. La primera para las infracciones leves relacionadas con las prestaciones por desempleo de nivel contributivo o asistencial que se encuentren tipificadas en el art. 24, apartados 2, 3 y 4, de la LISOS; en concreto, estos ilícitos habrán de sancionarse conforme a la siguiente escala: la primera infracción, con pérdida de un mes de prestaciones; la segunda infracción, con pérdida de tres meses de prestaciones; la tercera infracción, con pérdida de seis meses de prestaciones; y la cuarta infracción, con la extinción de prestaciones. La segunda peculiaridad se prevé para la infracción leve del art. 24.3 LISOS en relación con la prestación por cese de actividad de los trabajadores autónomos, que también se sancionará conforme a la siguiente escala: la primera infracción, con pérdida de quince días de prestación; la segunda infracción, con pérdida de un mes y quince días de prestación; la tercera infracción, con pérdida de tres meses de prestación; y la cuarta infracción, con la extinción de la prestación. En ambos casos, estas escalas se aplicarán a partir de la primera infracción y siempre que entre la comisión de una infracción leve y la anterior no hayan transcurrido más de los 365 días previstos en el art. 41.1 LISOS para la reincidencia, con independencia de cuál sea el tipo de infracción.

b) En cuanto a las infracciones graves, como regla general se establece que los ilícitos tipificados en el art. 25 LISOS se sancionarán con pérdida de la prestación o pensión durante un período de tres meses. Sin embargo, también aquí se prevén reglas especiales.

De una parte, estableciendo una consecuencia más grave, se señala que, cuando las infracciones graves tipificadas en el número 2 del art. 25 LISOS se produzcan en relación con prestaciones por incapacidad temporal, la sanción consistirá en la extinción de la prestación.

De otra parte, cuando se trate de las infracciones graves tipificadas en los apartados 3 y 4 del art. 25 LISOS respecto a las prestaciones por desempleo de nivel contributivo o asistencial, su sanción se determinará conforme a la siguiente escala: la primera infracción, con pérdida de tres meses de prestaciones; la segunda infracción, con pérdida de seis meses de prestaciones; y la tercera infracción, con la extinción de prestaciones. Asimismo, en el caso de la prestación por cese de actividad de los trabajadores autónomos, la infracción grave prevista en el art. 25.4.b) LISOS se sancionará de acuerdo con la siguiente escala: la primera infracción, con pérdida de un mes y quince días de prestación; la segunda infracción, con pérdida de tres meses de prestación; y la tercera infracción, con extinción de la prestación. También aquí estas escalas se aplicarán a partir de la primera infracción y cuando entre la comisión de una infracción grave y la anterior no medien más de los 365 días previstos en el art. 41.1 LISOS, con independencia del tipo de infracción.

c) Por lo que se refiere a las infracciones muy graves, se establece que las mismas se sancionarán con pérdida de la pensión o prestación durante un período de seis meses. No obstante, en caso de prestaciones o subsidios por desempleo o de la prestación por cese de actividad del trabajador autónomo, la sanción será la extinción. Además, se prevé que, de forma potestativa, se podrá excluir a los infractores del derecho a percibir cualquier prestación económica y, en su caso, ayuda de fomento de empleo durante un año, así como también del derecho a participar durante ese período en formación profesional para el empleo.

3. LA ACTUACIÓN INSPECTORA

A salvo las ya comentadas particularidades que rigen respecto a los regímenes especiales de funcionarios públicos[8], el órgano encargado de constatar las infracciones administrativas descritas y de iniciar el procedimiento administrativo que, en su caso, conduzca a la imposición de la correspondiente sanción es la Inspección de Trabajo y Seguridad Social (arts. 5.2.d] y 133 LGSS), cuya Ley de ordenación es la Ley 23/2015, de 21 de julio —LIT—, con el complemento, en tanto no se oponga a ella, del RD 138/2000, de 4 de febrero, por el que se aprueba el Reglamento de su organización y funcionamiento —RIT—.

3.1. Funciones de la Inspección en materia de Seguridad Social

a) La "vigilancia y exigencia del cumplimiento" de la normativa relativa al sistema de Seguridad Social constituye una de las principales funciones de la Inspección.

Concretamente, la ley especifica que la Inspección ejercerá esta función fiscalizadora sobre las siguientes normas de Seguridad Social: a) en materia de campo de aplicación, inscripción, afiliación, altas y bajas de trabajadores, cotización y recaudación de cuotas; b) sobre obtención y disfrute de prestaciones, así como de los sistemas de mejoras voluntarias de la acción protectora, además de cualesquiera modalidades de sistemas complementarios voluntarios establecidos por convenio colectivo; y c) sobre MCSS y otras formas de colaboración en la gestión de la Seguridad Social, así como la inspección de la gestión y funcionamiento de las entidades y empresas que colaboran

---

[8] Conforme al art. 133.4 LGSS, "lo dispuesto en la presente Ley en materia de inspección no será de aplicación a los Regímenes Especiales de Funcionarios Civiles del Estado, Fuerzas Armadas y Funcionarios al servicio de la Administración de Justicia, en tanto no se disponga otra cosa por el Gobierno".

en la misma o en la gestión de otras prestaciones o ayudas de protección social (art. 12.1.c LIT y art. 133.2 LGSS).

b) Junto a su principal función de vigilancia, la Inspección tiene también asignados otros cometidos con alcance sobre la materia de Seguridad Social. De manera específica cabe hacer mención a su función de asistencia técnica, consistente en facilitar información y asesoramiento especializado, a los siguientes sujetos: a) a empresas y trabajadores; y b) a entidades y organismos de la Seguridad Social, cuando les sea solicitada (arts. 12.2 y 17.1 LIT y art. 133.2.c] LGSS). Igualmente, ha de destacarse la función de la Inspección consistente en elaborar informes en el curso de procedimientos administrativos y judiciales (arts. 12.2 y 17.1 LIT y 2.1.5 RIT).

3.2. Cuerpos funcionariales de la Inspección con cometidos sobre Seguridad Social

Las anteriores funciones asignadas a la Inspección de Trabajo y Seguridad Social son desempeñadas por los dos cuerpos de funcionarios que integran este órgano administrativo, si bien, con alcance diferente (art. 3 LIT).

El primero de ellos es el Cuerpo Superior de Inspectores de Trabajo y Seguridad Social. Los funcionarios que lo integran tienen asignadas la totalidad de las funciones atribuidas a la Inspección, incluidas, por tanto, todas las de Seguridad Social ya mencionadas (arts. 12 y 15.1 LIT).

Junto al anterior se sitúa el Cuerpo de Subinspectores Laborales —en lo que aquí interesa, en la escala de Empleo y Seguridad Social—, funcionarios que también realizan funciones de inspección, así como de apoyo, colaboración y gestión para el desarrollo de la labor inspectora, bajo la dirección y supervisión técnica de los Inspectores de Trabajo (arts. 3 y 14.1 LIT). Sus competencias no llegan a ser totalmente coincidentes con las de los Inspectores, aunque, en lo que aquí interesa —la materia de Seguridad Social—, su actuación resulta amplia y relevante. En concreto, al margen de poder asesorar a empresarios y trabajadores y de las posibles funciones adicionales que puedan encomendarles los responsables de la Inspección, las funciones asignadas a los Subinspectores en el ámbito específico de Seguridad Social —y que comparten con los Inspectores— son las de comprobación del cumplimiento de las normas sobre campo de aplicación, inscripción, afiliación, cotización, altas y bajas, recaudación, colaboración obligatoria de las empresas en la gestión de la Seguridad Social, y obtención y percepción de prestaciones, incluidas las de desempleo y cese de actividad. En comparación, pues, con los Inspectores, no se atribuye expresamente a los Subinspectores la fiscalización sobre las mejoras voluntarias ni sobre las MCSS y empresas que colaboran voluntariamente en la gestión.

3.3. Desarrollo de la actividad inspectora

En el desarrollo de la actividad inspectora sobre la materia de Seguridad Social, que actúa como fase previa al procedimiento administrativo sancionador —y también al procedimiento de liquidación de cuotas—, la Inspección queda sometida a las reglas comunes que rigen su función fiscalizadora en cualquiera de las materias que tiene asignadas. Baste, pues, con recordar brevemente los principales aspectos relativos a su actuación.

a) En cuanto a su inicio, la actividad inspectora puede ponerse en marcha mediante las cuatro vías siguientes (arts. 20.3 LIT y 52.1.a] LISOS, y arts. 9 RPIS y 22 y 23 RIT):

- por propia iniciativa del Inspector;
- como consecuencia de una orden superior, ya provenga de la autoridad competente, o ya sea a través de órdenes de servicio, básicamente en aplicación de los planes relativos a la actuación inspectora;
- a instancia de los órganos públicos, bien mediante petición de cualquier órgano jurisdiccional, o bien como respuesta a requerimientos de órganos administrativos —organismos de la Seguridad Social u otros—;
- y por las denuncias, quejas y peticiones de cualquier particular.

b) Una vez iniciada, la actividad inspectora habrá de desarrollarse dentro de los plazos de duración previstos normativamente (arts. 21.4 LIT y 8.2 RPIS), y podrá llevarse a cabo por cualquiera de estas tres formas de actuación (arts. 13, 18 y 21 LIT y 15 RIT):

- mediante la realización de visitas a los centros de trabajo y demás organismos sometidos a su control, en cualquier momento y sin necesidad de previo aviso, si bien, con obligación de notificar su presencia al empresario o persona inspeccionada salvo cuando pueda perjudicar el éxito de las funciones inspectoras;
- a través de requerimientos dirigidos a: a) los empresarios, trabajadores y demás sujetos obligados a colaborar, quienes pueden ser

llamados a personarse ante la Inspección en la oficina pública, bien para efectuar las aclaraciones pertinentes o bien para presentar la información o documentación que se solicite; b) los organismos públicos —entre ellos, las entidades gestoras y los servicios comunes de la Seguridad Social—, quienes, asumiendo la condición de colaboradores, habrán de facilitar a los órganos inspectores los datos, documentos, informes o dictámenes que se juzguen oportunos (arts. 77.1.i] y 134 LGSS y art. 16 LIT); y c) a cualquier persona natural o jurídica, que quedará obligada a proporcionar a la Inspección la información que ésta le requiera, siempre que tenga trascendencia en los cometidos inspectores y se deduzca de las relaciones económicas, profesionales o financieras que dichas personas tengan con terceros sujetos a la acción inspectora —entre otros, la obligación alcanza a las entidades colaboradoras de los órganos de recaudación de la Seguridad Social y a las entidades depositarias de dinero—;

- y asimismo, la Inspección puede desempeñar su labor por medio de expediente administrativo cuando el contenido de su actuación permita iniciar y finalizar aquélla, permitiéndose desarrollar su actividad mediante la comprobación de datos o antecedentes que obren en las Administraciones públicas.

c) Para facilitar su labor de fiscalización, el legislador ha dotado a Inspectores y Subinspectores de un buen número de facultades investigadoras (arts. 13 LIT y RIT):

- entrar y permanecer en los centros de trabajo y establecimientos sujetos a su control, sin perjuicio del respeto al derecho a la inviolabilidad del domicilio;

- practicar cualquier diligencia de investigación, examen o prueba que se considere necesario: en particular, interrogar a empresarios y trabajadores, pudiendo exigir la identificación, o razón de su presencia, de las personas que se hallan en el centro de trabajo; exigir a empresarios y trabajadores la presentación de documentación, incluida la que figure en soporte electrónico (libros, registros, documentos de Seguridad Social —de inscripción, afiliación, alta, baja, justificantes del abono de cuotas o prestaciones—, documentos justificativos de retribuciones...); y también se les atribuyen prerrogativas dirigidas a obtener pruebas materiales, tales como efectuar fotografías o grabaciones de imágenes;

- además, la Inspección puede contar con el apoyo de las Fuerzas y Cuerpos de Seguridad (arts. 16.8 LIT y 50.6 LISOS).

El reconocimiento de estas facultades comporta para los particulares un deber paralelo de colaboración, de forma que la oposición al ejercicio de esas prerrogativas inspectoras da lugar a las denominadas "infracciones por obstrucción", tipificadas en el art. 50 LISOS y sancionadas con la multa económica establecida en el art. 40.1 LISOS, agravada cuando se obstaculiza la constatación de determinados ilícitos de Seguridad Social.

En concreto, esa agravación específica se produce cuando la actuación inspectora obstaculizada estuviera dirigida a comprobar la situación de alta de trabajadores que presten servicios en una empresa y pudiera derivar la comisión de las infracciones tipificadas en los arts. 22.2 y 23.1.a) LISOS (art. 40.1.f] LISOS). En tales casos, las reglas especiales son las siguientes: a) las infracciones de obstrucción graves se sancionan en su grado mínimo, con multa de 3.750 a 7.500 €; en su grado medio, de 7.501 a 9.600 € y, en su grado máximo, de 9.601 a 12.000 € —en cambio, en el resto de casos la multa oscila entre 751 y 7500 €—; b) consiguientemente, las infracciones de obstrucción muy graves se sancionan desde 12.001€ hasta el tope general de 225.018 €, y además, una vez firmes las sanciones, se dispone que se harán públicas en la forma prevista reglamentariamente.

3.4. Resultado de la actividad inspectora y medidas a adoptar

Una vez finalizada la actuación inspectora, si la Inspección concluye que la conducta investigada es constitutiva de una infracción administrativa tipificada, imputable y no prescrita, el ordenamiento posibilita que los órganos inspectores puedan hacer frente al ilícito mediante dos tipos de instrumentos: las medidas de carácter preventivo y las actas de la Inspección de Trabajo —ello, por supuesto, al margen de que sus constataciones puedan llevar a la Inspección a promover otras actuaciones dirigidas tanto a la recaudación de cuotas (v.gr. formular una propuesta de liquidación para que la Tesorería extienda la correspondiente reclamación de deuda en los términos previstos en los arts. 33.1.a] LGSS y 30 RPIS), como a iniciar de oficio otros procedimientos judiciales y administrativos, distintos a los sancionatorios y liquidatorios[9]—.

---

9 En concreto, además del proceso penal (arts. 17.3 LIT y 5 RPIS), existen diversos procedimientos en materia de Seguridad Social, en que los órganos inspectores ostentan ciertas facultades de incoación: entre otros, procedimientos sobre ins-

3.4.1. Medidas preventivas: en especial, los requerimientos de pago de cuotas

La Inspección tiene la posibilidad de responder a las infracciones de Seguridad Social mediante la adopción de las siguientes medidas de prevención: advertencias —o recomendaciones— y requerimientos (art. 49 LISOS, arts. 22.1 y 22.2 LIT, art. 11.5 RPIS). Como rasgo común, ambas medidas preventivas se caracterizan por consistir en la concesión al sujeto infractor de un determinado plazo en el que subsanar las irregularidades. Asimismo, una y otra medida coinciden en que, a diferencia de las actas, ninguna de ellas da lugar, por sí sola, a la apertura del procedimiento administrativo sancionador o, en su caso, de liquidación de cuotas.

a) Con carácter general para cualquier infracción administrativa, la normativa contempla expresamente la posibilidad de advertir o requerir como alternativa al inicio del procedimiento sancionador. Esta facultad queda, no obstante, supeditada a la concurrencia de dos exigencias: que las circunstancias del caso así lo aconsejen —apreciación que queda a la libre y discrecional valoración del órgano inspector (SSTS 9 noviembre 1990; y 20 febrero 1998, rec. 6543/1992)—, y que el incumplimiento constatado no provoque daños ni perjuicios directos a los trabajadores o a sus representantes. En tal caso, si el sujeto responsable subsana las irregularidades en el plazo concedido —a determinar por el órgano inspector—, en ese momento deben entenderse finalizadas las actuaciones inspectoras. Por el contrario, si al término del plazo fijado, el infractor no ha corregido los incumplimientos imputados, en ese caso la Inspección debe proceder a la extensión de la pertinente acta de infracción y al consiguiente inicio del procedimiento sancionador.

b) De manera particular, cuando los ilícitos constatados pueden dar origen a la extensión de un acta de liquidación de cuotas por deudas con origen en alguna de las circunstancias previstas en las letras a), b) y c) del art. 34.1 LGSS —esto es, falta de afiliación o alta, diferencias

cripción de empresas, afiliación y altas y bajas de trabajadores, así como encuadramiento de empresas y trabajadores en el régimen de la Seguridad Social que proceda (art. 22.7 LIT), procedimientos de evaluación y declaración de las situaciones de incapacidad (RD 1300/1995 y Orden de 18-1-1996), procedimiento de recargo de prestaciones (art. 22.9 LIT), o también, procedimiento sobre recargos o reducciones en las primas de aseguramiento de accidentes de trabajo y enfermedades profesionales (art. 22.10 LIT) de cotización por trabajadores dados de alta ya resulten o no directamente de las liquidaciones o datos transmitidos o de los documentos de cotización presentados, o derivación de responsabilidad del sujeto obligado al pago—, la normativa prevé la posibilidad de que la Inspección extienda un requerimiento específico de pago de cuotas. Esta facultad se regula en el propio art. 34.1 LGSS y el art. 35 RPIS. De acuerdo con estos preceptos, el requerimiento podrá dirigirse a los sujetos obligados al pago de las cuotas adeudadas para que procedan a su ingreso efectivo, siempre que exista previo reconocimiento de la deuda por aquéllos ante el funcionario actuante. En tal caso, el ingreso de la deuda por cuotas contenida en el requerimiento habrá de hacerse efectivo en el plazo que determine la Inspección, que no será inferior a un mes ni superior a cuatro meses. Si el sujeto responsable cumple el requerimiento, la Inspección se abstendrá de iniciar tanto el expediente liquidatorio como el sancionatorio. Por el contrario, el incumplimiento del requerimiento generará la extensión del acta de liquidación y de infracción por impago de cuotas, con el consiguiente inicio del procedimiento liquidatorio y sancionador.

3.4.2. Las actas de la Inspección de Trabajo y Seguridad Social

El segundo tipo de medidas que pueden adoptar los Inspectores y Subinspectores al constatar incumplimientos de la normativa de Seguridad Social son las actas, entendidas como documentos en que los órganos de la Inspección plasman los hechos comprobados durante su investigación (arts. 22.5, 22.6 y 14.5 LIT y arts. 12 y ss. y 31 y ss. RPIS). En la actualidad, se distinguen dos tipos de actas: las actas de infracción, mediante las que se abre el procedimiento administrativo sancionador; y las actas de liquidación, como instrumento mediante el que iniciar el procedimiento administrativo para reclamar en período voluntario el pago extemporáneo de determinados descubiertos de cotización.

Una característica común a ambas actas es el especial valor probatorio que el ordenamiento les atribuye. En concreto, la normativa establece que "los hechos constatados" por los Inspectores y Subinspectores y que se formalicen en las actas de infracción y de liquidación observando los requisitos legales pertinentes "tendrán presunción de certeza, sin perjuicio de las pruebas que en defensa de los respectivos derechos o intereses pueden aportar los interesados" (arts. 53.2 LISOS y 23 LIT).

4. ACTAS DE INFRACCIÓN Y PROCEDIMIENTO ADMINISTRATIVO SANCIONADOR

Como se ha dicho, la extensión del acta de infracción da inicio al procedimiento administrativo sancionador, en el que, como consecuencia de la ya comentada traslación, aun con matices, de los principios penales al Derecho Administrativo Punitivo, habrán de respetarse las garantías procedimentales establecidas en favor del inculpado en el art. 24.2 CE: entre otras, el derecho a ser informado de la acusación, a formular alegaciones y no declarar contra sí mismo, a utilizar los medios de prueba pertinentes, así como el derecho a la presunción de inocencia (art. 53 LPAC).

La tramitación procedimental no es exactamente igual para todos los ilícitos de Seguridad Social, pues, junto al procedimiento sancionador general, el legislador ha introducido ciertas especialidades cuando la sanción recae sobre solicitantes o beneficiarios de prestaciones.

4.1. Procedimiento sancionador general

Con carácter general, el procedimiento administrativo aplicable para imponer sanciones a los ilícitos de Seguridad Social es el regulado en los arts. 51 a 54 LISOS, desarrollados por el RPIS, y donde rigen de forma subsidiaria las previsiones de la "Ley 30/1992" —desde 2 de octubre de 2016 sustituida por la LPAC—.

4.1.1. Inicio: las actas de infracción y su contenido

El legislador ha previsto que el procedimiento administrativo sancionador se iniciará de oficio por acta inspectora de infracción, documento que despliega en el procedimiento otras importantes funciones, como la de servir de pliego de cargos y actuar como propuesta de sanción, al margen de su ya destacado valor como medio de prueba (art. 52.1.a] LISOS, 23 LIT y art. 13 RPIS). Para poder ejercer estas funciones, la normativa exige que las actas de infracción habrán de incluir en su contenido los siguientes requisitos y menciones (arts. 53 LISOS y 14 RPIS):

a) Datos de identificación del presunto sujeto infractor: nombre y apellidos o razón social, domicilio, actividad, documento nacional de identidad, número de identificación fiscal, código de cuenta de cotización a la Seguridad Social y, en su caso, número de Seguridad Social de autónomos. Si se comprobase la concurrencia de responsable subsidiario o solidario, se exige, además, que en el acta se haga constar tal circunstancia, fundamentación fáctica y jurídica de su presunta responsabilidad y los mismos datos exigidos para el responsable directo.

b) La descripción de los hechos comprobados por el Inspector o Subinspector, con expresión de los relevantes a efectos de la tipificación de la infracción. Además se indicarán los criterios en que se fundamenta la graduación de la propuesta de sanción, y los medios de prueba utilizados en la comprobación de los hechos, precisando si la actuación se ha desarrollado mediante visita, comparecencia o expediente administrativo.

   Este requisito se ve modulado en caso de que las actas de infracción tengan origen en el marco de actuaciones administrativas automatizadas —esto es, las realizadas íntegramente por la Inspección a través de medios electrónicos, en que la intervención del personal inspector solo se produce de forma indirecta— (art. 53.1.a] LISOS y capítulo IX RPIS). En tal caso, las actas de infracción se generarán en virtud de los datos, antecedentes e informes que obren en el sistema de información del Organismo Estatal Inspección de Trabajo y Seguridad Social, así como en las bases de datos de las entidades que le prestan su auxilio y colaboración. En consecuencia, estas actas de infracción reflejarán los hechos comprobados como resultado de la actuación administrativa, con expresión de los relevantes a efectos de tipificación de la infracción, los medios utilizados para su comprobación, y la indicación expresa de que se trata de una actuación administrativa automatizada iniciada mediante expediente administrativo.

c) La infracción o infracciones presuntamente cometidas, con expresión del precepto o preceptos vulnerados, y su calificación. La referencia en plural a "la infracción o *infracciones* presuntamente *cometidas*" guarda relación con el mandato del art. 16 RPIS, que, entre otras posibilidades, dispone que, cuando en la misma actuación inspectora se estimasen varias presuntas infracciones en materia de Seguridad Social "deberán acumularse en una sola acta". Ahora bien, la propia norma impide esta acumulación cuando concurran supuestos de responsabilidad solidaria o subsidiaria, y también cuando concurran infracciones que conlleven sanciones exclusivamente pecuniarias con otras en que se propongan sanciones accesorias junto a la sanción principal. Asimismo, exige que la acumulación respete la distribución de competencias entre órganos de la Administración estatal, así como entre el Estado y las CCAA (cfr. art. 149.1.17 CE —vid. Lección 1ª—).

d) Número de trabajadores de la empresa y número de trabajadores afectados por la infracción, cuando tal requisito sirva para graduar la sanción o, en su caso, calificar la infracción.

e) La propuesta de sanción, su graduación, y su cuantificación, que será el total de las sanciones propuestas si se denunciara más de una infracción. Además, se incluirá la propuesta de las sanciones accesorias que procedan. Asimismo, si la sanción propuesta tuviera exclusivamente carácter pecuniario, se hará mención a la posibilidad de aplicar la ya comentada reducción prevista en el art. 14.6 RPIS.

f) Órgano competente para resolver, órgano competente para realizar los actos de instrucción y ordenación del expediente sancionador, y plazo para la interposición de alegaciones ante éste.

g) Indicación del funcionario que levanta el acta y su firma. Además, en caso de que el acta de infracción se haya extendido por un Subinspector Laboral, será necesario que conste el visado del Inspector del que técnicamente dependa cuando corresponda a infracciones graves y muy graves, con su firma e indicación del que la efectúe (art. 14.5 LIT, art. 12.3 RPIS).

   También esta exigencia queda modulada en caso de actas de infracción extendidas en el marco de actuaciones administrativas automatizadas, pues, en este caso, simplemente se exige que las actas deben ir firmadas con el Sello Electrónico Cualificado de la Inspección de Trabajo y Seguridad Social.

h) Fecha del acta de infracción

4.1.2. Instrucción

Una vez extendida el acta de infracción, comienza la fase de instrucción del procedimiento.

Actualmente, la normativa remite a preceptos diferentes la regulación de la tramitación e instrucción, en función de que el expediente sancionador se desarrolle en el ámbito de competencias de las CCAA (art. 18 RPIS) o de la Administración General del Estado (art. 18 bis RPIS), conforme al reparto competencial establecido. Con todo, la principal diferencia entre ambas regulaciones se encuentra en la determinación del órgano instructor. En el ámbito autonómico, su identificación corresponderá a las CCAA. En el ámbito estatal, la instrucción y ordenación del procedimiento sancionador se atribuye a la Jefatura de Unidad Especializada de Seguridad Social de la Inspección, si bien, se matiza que, cuando la competencia para resolver corresponda a los Jefes de las Inspecciones Provinciales y en ellos concurra también la condición de Jefe de Unidad Especializada de Seguridad Social, las funciones de instrucción y ordenación deberán asignarse a un funcionario dependiente orgánicamente de la Administración estatal. Por lo demás, se observa casi total identidad en las reglas de instrucción y ordenación que se establecen en los respectivos expedientes sancionadores —autonómico y estatal— y que comprenden las siguientes actuaciones.

a) *Notificación del acta.* A fin de salvaguardar el derecho del inculpado a estar informado de la acusación y poder construir su defensa, los arts. 52.1 LISOS y 17 y 46 RPIS exigen la preceptiva notificación del acta al presunto sujeto o sujetos responsables, en el plazo de diez días hábiles desde el término de la actuación inspectora, entendiéndose por éste el de la fecha del acta.

   En cuanto al contenido a notificar, aparte lógicamente del texto íntegro del acta, se exige incluir la advertencia de que los presuntos sujetos responsables podrán formular escrito de alegaciones, acompañado de la prueba que estimen pertinente, en el plazo de quince días hábiles contados desde el siguiente a la notificación, ante el órgano instructor del expediente. También se deberá advertir de que, en caso de no efectuar alegaciones, el acta de infracción podrá ser considerada propuesta de resolución, con los efectos previstos en los arts. 18 y 18 bis RPIS. Asimismo, cuando la sanción propuesta sea exclusivamente pecuniaria y no se proponga sanción accesoria, se advertirá al sujeto responsable de que, en el mismo plazo de quince días, puede presentar ante el órgano instructor escrito manifestando su voluntad de pago anticipado conforme al art. 14.6 RPIS.

b) *Alegaciones y pruebas.* Una vez notificada el acta de infracción, el presunto sujeto responsable puede formular su defensa mediante la ya mencionada presentación de alegaciones y pruebas ante el órgano instructor en el plazo de quince días hábiles. A tal fin, se reconoce que los sujetos imputados tendrán derecho a vista de los documentos obrantes en el expediente (art. 17.4 RPIS).

   Por lo que se refiere concretamente a la prueba, la regulación específica resulta escasa, lo que obliga a acudir a la normativa administrativa general. Desde esta perspectiva, parece poder entenderse que, en ese plazo inicial de quince días hábiles, el inculpado podrá presentar su escrito de alegaciones junto a la prueba documental y la propuesta de los restantes medios de prueba de que intente valerse. De hecho, en los arts. 18.3 y 18 bis. 3 RPIS se prevé que, recibidas las alegaciones, o transcurrido el plazo señalado para efectuar las mismas, el instructor podrá acordar la apertura del período de prueba, conforme a lo dispuesto en el art. 17 del derogado RD 1398/1993, en el que se disponía un plazo no superior a treinta días ni inferior a diez días, en términos análogos a los ahora previstos en el art. 77.2 Ley 39/2015.

Una vez aportados los documentos o la propuesta correspondiente, el órgano instructor habrá de admitir y practicar los medios de prueba que sean adecuados para la determinación de los hechos.

c) *Otras actuaciones durante la instrucción.* Dado que la presentación de alegaciones es una facultad potestativa del presunto infractor, la normativa establece consecuencias diferentes en función de cuál haya sido su opción.

Si no se hubiese formalizado escrito de alegaciones, los arts. 18.2 y 18 bis. 2 RPIS indican que continuará la tramitación del procedimiento hasta dictarse la propuesta de resolución que corresponda. Un supuesto específico es aquel en que el sujeto responsable hubiera manifestado su voluntad de pago anticipado conforme al art. 14.6 RPIS: en este caso, se le facilitarán los documentos o instrucciones precisas para el pago de la sanción reducida, que deberá efectuarse y acreditarse ante el órgano instructor en un plazo máximo de diez días hábiles desde el siguiente a la notificación de dicha documentación; transcurrido ese plazo, el órgano instructor dictará su propuesta de resolución.

Por el contrario, si se hubiesen formulado alegaciones en plazo, los arts. 18.3 y 18 bis. 3 RPIS establecen que el órgano instructor podrá recabar informe ampliatorio del Inspector o Subinspector que practicó el acta y que habrá de emitirse en el plazo de quince días. En dicho informe se valorarán las pruebas aportadas o que se hubieren practicado y las alegaciones producidas. Con carácter general, la solicitud de este informe queda sujeta a la discrecionalidad del órgano instructor. No obstante, a modo de excepción, se prevé su carácter preceptivo cuando en las alegaciones se invoquen hechos o circunstancias distintos a los consignados en el acta, insuficiencia del relato fáctico de la misma, o indefensión por cualquier causa; en esta situación, si se trata de un acta de infracción extendida en el marco de una actuación administrativa automatizada, el expediente deberá asignarse a un actuante con funciones inspectoras para que elabore el informe, que de ser efectuado por un Subinspector/a Laboral deberá contar con el visado del Inspector/a de quien técnicamente dependa cuando corresponda a infracciones graves y muy graves (art. 47 RPIS).

También como medida de defensa del inculpado se dispone que cuando de las diligencias practicadas se desprenda la invocación o concurrencia de hechos distintos a los reseñados en el acta, el órgano instructor, antes de emitir su propuesta de resolución, dará audiencia al interesado por término de ocho días con vista de lo actuado, a fin de que pueda presentar nuevo escrito de alegaciones dentro de los tres días siguientes, a cuyo término quedará visto para la propuesta de resolución (arts. 18.4 y 18 bis. 4 RPIS).

d) *Propuesta de resolución.* Las actuaciones anteriores concluyen con una propuesta de resolución que deberá remitirse por el órgano instructor, junto con el expediente, al órgano competente para resolver con una antelación mínima de quince días al del vencimiento del plazo para dictar resolución —seis meses desde la fecha del acta, conforme al art. 20.3 RPIS—. En función de las conclusiones alcanzadas por el órgano instructor, dicha propuesta de resolución podrá declarar bien la no existencia de infracción o de responsabilidad —en cuyo caso podrá proponer el sobreseimiento del expediente sancionador y su archivo—, o bien la existencia de infracción y responsabilidad —en cuyo caso, efectuará la propuesta de sanción a imponer—. En el supuesto específico en que el sujeto responsable hubiera mostrado su voluntad de pago anticipado conforme al art. 14.6 RPIS, la propuesta de resolución indicará, bien la realización del pago y la fecha de cobro, o bien la falta de pago.

e) *Suspensión del procedimiento.* Antes de dictarse la resolución final, la tramitación descrita puede verse interrumpida por concurrir causa de suspensión del procedimiento. En concreto, a fin de salvaguardar el principio *non bis in idem* y otorgar preferencia aplicativa a la sanción penal sobre la sanción administrativa, el legislador ha establecido ciertas previsiones de índole procedimental, que suelen consistir en la obligación de la Administración de trasladar el tanto de culpa al órgano competente cuando entienda que el ilícito puede tener relevancia penal, procediéndose a partir de ese momento a la inmediata suspensión del procedimiento administrativo sancionador hasta que bien el Ministerio Fiscal decida no interponer acción o, en otro caso, hasta que se sustancie el proceso penal: si finalmente se dicta una sentencia penal condenatoria y ésta adquiere firmeza, se archivan las actuaciones administrativas; si por el contrario, el tribunal penal estima que no existe delito, puede proseguir el procedimiento administrativo sancionador, si bien la Administración quedará vinculada por los hechos declarados probados en el proceso penal (art. 3.3 LISOS y art. 5 RPIS).

4.1.3. Finalización del expediente sancionador

Al margen de otras posibles causas de finalización del procedimiento —v.gr. desistimiento o renuncia (art. 84 LPAC)—, lo normal es que el expediente sancionador concluya mediante resolución.

a) El órgano competente para dictar dicha resolución viene determinado por la atribución de competencias sancionadoras contenida en los arts. 48 LISOS y 4 RPIS[10]. Obviamente, cuando la competencia sancionadora corresponde a una Comunidad Autónoma, el ejercicio de tal función se ejercerá por los órganos y en los términos fijados por las respectivas normas autonómicas (art. 48.2 LISOS). Las sanciones accesorias serán acordadas por el mismo órgano que sea competente para imponer la sanción principal (art. 48.3 LISOS).

b) Por lo demás, la resolución administrativa que pone fin al procedimiento debe dictarse conforme a lo dispuesto en el art. 20 RPIS.

De acuerdo con este precepto, una vez recibidas las actuaciones y la propuesta de resolución del órgano instructor, si el órgano competente para resolver entiende que la instrucción no está completa, tiene todavía la posibilidad de que se practiquen las diligencias que estime necesarias. De esta forma, a la vista de las actuaciones previas y de las posibles nuevas diligencias, el órgano decisor habrá de dictar resolución en el plazo de diez días desde que finaliza la tramitación del expediente —esto es, desde la recepción de la propuesta de resolución o, en su caso, desde la última diligencia practicada con posterioridad—.

El contenido de la resolución dependerá de la conclusión alcanzada por el órgano decisor respecto a la debida formalización del acta y la acreditación de la existencia de infracción y responsabilidad del presunto infractor.

---

[10] Ello sin perjuicio de las particularidades establecidas en los regímenes especiales de funcionarios públicos (art. 44 Ley 53/2002, y su desarrollo en RRDD 375/2003, 1726/2007 y 1026/2011).

En función de tal conclusión, la resolución administrativa finalizará o no con la imposición de la sanción administrativa que, en su caso, se concrete.

Dicha resolución habrá de ser notificada a los interesados, advirtiéndoles de los recursos que correspondan contra ellas, órgano administrativo o judicial ante el que hubieran de presentarse y plazo de interposición. Además, si se imponen sanciones pecuniarias, la notificación contendrá el importe a ingresar, y el plazo, lugar y forma de ingreso en período voluntario (art. 21 RPIS). Ahora bien, si el sujeto infractor hubiese hecho efectivo el pago de la sanción con carácter previo a la resolución (art. 14.6 RPIS), se le indicará la imposibilidad de interponer cualquier recurso o acción en vía administrativa contra la resolución.

Necesariamente ha de recordarse que el momento en que se notifique dicha resolución administrativa no podrá superar el período de seis meses desde la fecha del acta en los términos fijados en el art. 20.3 RPIS, pues en caso contrario se entenderá que el procedimiento administrativo ha caducado.

4.1.4. Recursos y ejecución de las resoluciones sancionadoras

a) Contra las resoluciones recaídas en los procedimientos sancionadores se pueden interponer los recursos administrativos y jurisdiccionales que legalmente procedan (art. 54 LISOS). Es más, requisito previo para acceder a la vía jurisdiccional es que previamente se haya agotado la vía administrativa. Y ello sólo ocurre cuando la resolución sancionadora de instancia o bien ha sido dictada por un órgano que carece de superior jerárquico —ministro, consejo de ministros u órganos equivalentes de las CCAA (art. 23 RPIS)— o bien cuando frente a ella se interpone recurso de alzada (arts. 121 y 122 LPAC).

   El recurso de alzada puede interponerse en el plazo de un mes, ante el órgano superior competente, cuya resolución sí agotará la vía administrativa. Dicha resolución del recurso no podrá nunca agravar la situación inicial del recurrente, quedando vedada la reformatio in peius (art. 119.3 LPAC). En caso de que transcurran tres meses desde la interposición del recurso sin que haya recaído resolución, el recurso se entenderá desestimado y quedará expedita la vía jurisdiccional (art. 23 RPIS).

   Con todo, conforme viene reiterándose, no cabrá recurso de alzada cuando, conforme al art. 14.6 RPIS, el sujeto responsable haya abonado la sanción con carácter previo a la resolución (art. 23.1 RPIS).

b) Una vez agotada la vía administrativa, cabe ya interponer recurso ante los tribunales. En la actualidad, la competencia para conocer de la revisión de las resoluciones administrativas sancionadoras en materia de Seguridad Social se ejerce por la jurisdicción laboral (art. 2.s] LJS). No obstante, se exceptúan las resoluciones administrativas referidas a los aspectos previstos en el art. 3.f) LJS, cuyo conocimiento sigue correspondiendo a la jurisdicción contencioso-administrativa: en concreto, dicho art. 3.f) LJS se refiere a "impugnaciones de los actos administrativos en materia de Seguridad Social relativos a inscripción de empresas, formalización de la protección frente a riesgos profesionales, tarifación, afiliación, alta, baja y variaciones de datos de trabajadores, así como en materia de liquidación de cuotas, actas de liquidación y actas de infracción vinculadas con dicha liquidación de cuotas y con respecto a los actos de gestión recaudatoria, incluidas las resoluciones dictadas en esta materia por su respectiva entidad gestora, en el supuesto de cuotas de recaudación conjunta con las cuotas de Seguridad Social y, en general, los demás actos administrativos conexos a los anteriores dictados por la Tesorería General de la Seguridad Social; así como de los actos administrativos sobre asistencia y protección social públicas en materias que no se encuentren comprendidas en las letras o) y s) del artículo 2" (*vid.* Lección 24). No obstante, respecto a esta previsión se ha interpretado por el Tribunal Supremo que "por lo que respecta al ejercicio de la potestad sancionadora tan solo excluye las 'actas de infracción vinculadas con dicha liquidación de cuotas y con respecto a los actos de gestión recaudatoria'", por lo que considera que cuando la sanción se impone como consecuencia de un acta de infracción por falta de alta a la Seguridad Social, sin que simultáneamente se practique liquidación de cuotas y sin que la impugnación verse sobre el importe de dichas cuotas, ha de entenderse que la competencia para conocer del recurso frente a la resolución administrativa sancionadora corresponde al orden jurisdiccional social (ATS, Sala de Conflictos de Competencia, de 24 septiembre 2014); y por la misma lógica, el mismo criterio se sigue cuando la sanción trae causa de un acta de infracción por impago de cotizaciones, pero sin existir acta de liquidación de cuotas a la que se vincule (SSTS 22 julio 2015, rec. 4/2012; 9 diciembre 2020, rec. 5/2018).

c) Sin perjuicio de lo anterior, la normativa dispone que, una vez las resoluciones administrativas hayan alcanzado firmeza en vía administrativa, "serán inmediatamente ejecutivas" (art. 24 RPIS).

El art. 25.2 RPIS se dedica a regular el modo de hacer efectiva la recaudación del importe de las sanciones pecuniarias impuestas por la Administración General del Estado por infracciones de Seguridad Social, remitiendo la cuestión a las normas autonómicas respecto a las sanciones impuestas por las CCAA (art. 25.3 RPIS). Concretamente, se indica que las sanciones pecuniarias en esta materia serán recaudadas por la TGSS, que procederá a su reclamación a los solos efectos recaudatorios en los términos establecidos en el Reglamento General de Recaudación de la Seguridad Social (RD 1415/2004). De no efectuarse el ingreso en los plazos señalados, se instará la recaudación en vía ejecutiva por los órganos y procedimientos establecidos en dicho Reglamento.

4.2. Especialidades en el procedimiento de imposición de sanciones a trabajadores, solicitantes y beneficiarios de prestaciones

La regulación general expuesta respecto al procedimiento administrativo sancionador presenta algunas particularidades cuando la sanción recae sobre los trabajadores, solicitantes y beneficiarios de prestaciones de Seguridad Social. En función de la infracción y su gravedad se distinguen hasta tres procedimientos con especialidades.

4.2.1. Procedimiento sancionador por infracciones leves y graves en materia de prestaciones

El art. 37 bis RPIS establece diversas especialidades en el procedimiento sancionador cuando éste tiene por objeto la imposición de sanciones por infracciones leves y graves de los solicitantes o beneficiarios de prestaciones del sistema de Seguridad Social. En síntesis, las principales peculiaridades respecto a la regulación común son las siguientes.

a) El procedimiento se iniciará por comunicación de la Inspección a la entidad gestora competente, pero también, como resultado de los antecedentes o datos obrantes en la propia entidad. El escrito de iniciación deberá contener, al menos, los siguientes requisitos: los hechos constatados y la forma de su comprobación, la infracción presuntamente cometida con expresión del precepto vulnerado, la existencia de reincidencia, en su caso, y la propuesta de sanción.

b) Con apoyo en el art. 47.1.d) LISOS, se prevé que, una vez iniciado el procedimiento y en el supuesto de que la trasgresión de las obligaciones afecte al cumplimiento y conservación de los requisitos que dan derecho a la prestación, la entidad gestora podrá suspender cautelarmente dicha prestación hasta que la resolución administrativa sea definitiva. En el caso de prestaciones o subsidios por desempleo, la suspensión cautelar supondrá la interrupción del abono de la prestación económica y de la cotización a la Seguridad Social.

c) Tras el desarrollo del procedimiento, habiéndose concedido al interesado plazo para alegaciones y prueba, el órgano competente dictará la correspondiente resolución, que, según el art. 37 bis RPIS, pondrá ya fin a la vía administrativa y se considerará inmediatamente ejecutiva. Agotada la vía administrativa, dicha resolución podrá ser recurrida ante la jurisdicción del orden social.

Si dicha resolución no fuera sancionadora y previamente se hubiera declarado la suspensión cautelar de la prestación o subsidio, se reanudará de oficio su percepción, incluso con atrasos, siempre que el beneficiario reúna los requisitos para ello, o desde o hasta el momento en que éstos concurran.

4.2.2. Procedimiento sancionador por infracciones muy graves en materia de prestaciones

También con apoyo en el art. 47.1.d) LISOS se prevé que, cuando la Inspección levante acta por infracción muy grave con propuesta de extinción de las prestaciones de Seguridad Social, habrá de remitir copia del acta a la entidad gestora competente para que, si la transgresión de las obligaciones afecta al cumplimiento y conservación de los requisitos que dan derecho a la prestación, dicha entidad proceda a la suspensión cautelar de las prestaciones o subsidios. Conforme al art. 38 RPIS, tal suspensión habrá de notificarse al interesado y se mantendrá hasta la resolución definitiva del procedimiento sancionador, que se tramitará conforme a las reglas generales ya expuestas —en concreto, el precepto se remite a lo dispuesto en el art. 18 bis RPIS para los expedientes que son competencia de la Administración General del Estado—.

4.2.3. Procedimiento sancionador para trabajadores autónomos solicitantes o beneficiarios de la prestación por cese de actividad

El art. 38 bis RPIS establece también especialidades para los procedimientos de imposición de sanciones administrativas a trabajadores autónomos solicitantes o beneficiarios de la prestación por cese de actividad. Como principales particularidades respecto al procedimiento general ya visto para el ámbito de la Administración estatal, cabe destacar las siguientes.

a) También aquí se prevé que, en el caso de infracciones muy graves, se remitirá, en su caso, por el Jefe de la Unidad Especializada de Seguridad Social de la Inspección propuesta de suspensión cautelar del disfrute de la prestación, sobre la que deberá pronunciarse el órgano competente para resolver. Dicho acuerdo de suspensión se mantendrá hasta la resolución definitiva del procedimiento sancionador y supondrá la interrupción del abono de la prestación económica y de la cotización a la Seguridad Social.

b) Las resoluciones recaídas en los procedimientos sancionadores serán susceptibles de recurso ante el Ministro del área.

5. ACTAS DE LIQUIDACIÓN Y PROCEDIMIENTO ADMINISTRATIVO LIQUIDATORIO

Determinados ilícitos de Seguridad Social pueden a su vez llevar a la Inspección a extender actas de liquidación, cuya regulación se encuentra en el art. 34 LGSS y arts. 31 a 33 RPIS.

5.1. Objeto de las actas de liquidación

El legislador concibe las actas de liquidación como mecanismo de reclamación de cuotas impagadas en plazo, a efectos de que el sujeto obligado proceda a su ingreso dentro del período voluntario. Su extensión se prevé para supuestos en que, no existiendo una previa y correcta liquidación de la deuda, el legislador ha considerado que, por sus características, la liquidación a efectuar no debe asignarse a la Tesorería como ocurre con las reclamaciones de deuda, sino que requiere la actuación de la Inspección y de su actividad investigadora. Concretamente, la formalización de actas de liquidación procede ante deudas por cotizaciones con origen en alguna de las siguientes situaciones:

a) Falta de afiliación o de alta de trabajadores en cualquiera de los Regímenes del Sistema de la Seguridad Social —*v.gr.* supuestos de trabajo sumergido—.

b) Diferencias de cotización por trabajadores dados de alta, tanto cuando no resulten directamente de las liquidaciones o datos de cotización transmitidos o de los documentos de cotización presentados dentro o fuera de plazo, como cuando resulten y proceda realizar una valoración jurídica por la Inspección de Trabajo y Seguridad Social sobre su carácter cotizable —*v.gr.* no declaración de retribuciones reales a efectos de cálculo de la base de cotización—.

c) Por derivación de la responsabilidad del sujeto obligado al pago por aplicación de norma con rango de ley, cualquiera que sea su causa y régimen de la Seguridad Social aplicable. A efectos de delimitar los supuestos en que procede formalizar reclamación de deuda (art. 33.2 LGSS) o acta de liquidación, la doctrina interpreta que ha de seguirse el criterio que rija para exigir el débito al deudor principal (MATEOS/MARTÍN).

d) Aplicación indebida de las bonificaciones en las cotizaciones de la Seguridad Social, previstas reglamentariamente para la financiación de las acciones formativas del subsistema de formación profesional para el empleo.

5.2. Contenido de las actas de liquidación

A efectos de cumplir su función de liquidar la deuda y proceder a su reclamación al sujeto obligado, la normativa exige que el contenido de las actas de liquidación incluya las siguientes menciones (art. 32 RPIS).

a) Determinación del Régimen de Seguridad Social de aplicación, esto es, el régimen en que, conforme al criterio de la Inspección, se encuadra el trabajador que ha dado lugar a los descubiertos reclamados.

b) Datos de identificación del sujeto o sujetos responsables: nombre y apellidos o razón social, domicilio, actividad, documento nacional de identidad o número de identificación fiscal, código de cuenta de cotización en la Seguridad Social y, en su caso, número de identificación del Régimen Especial de Trabajadores Autónomos. En caso de existencia de presunto responsable solidario o subsidiario, se hará constar tal circunstancia, el motivo de su presunta responsabilidad, y los datos de identificación señalados.

c) Los hechos comprobados por el funcionario actuante y descritos con suficiente precisión —sin que basten meras calificaciones jurídicas, como "falta de afiliación, alta o cotización" (STS 24 junio 1997, rec. 10359/1990)—. También han de indicarse los elementos de convicción y medios de constatación utilizados, y las disposiciones infringidas con expresión del precepto o preceptos vulnerados.

d) Los datos en que se hayan fundado los órganos inspectores para cuantificar el débito: período de descubierto, relación nominal y grupo de cotización de los trabajadores afectados —o, en su caso, relaciones contenidas en las declaraciones oficiales formuladas por el presunto responsable, referencia suficientemente identificadora del contenido de tales declaraciones, o relaciones nominales y de datos facilitadas y suscritas por el sujeto responsable—; bases de cotización —determinadas conforme a las reglas de los arts. 35.2 LGSS y 32.2 y 3 RPIS— y tipos de cotización aplicados; y cuantos otros datos pueda el funcionario actuante obtener o deducir a los fines indicados, exigiéndose menciones específicas para los supuestos de responsabilidad derivada, así como para los que tienen origen en bonificaciones y reducciones en las cuotas o conceptos de recaudación conjunta.

e) Determinación de la cuantía final de la deuda, indicando su importe principal, y, en su caso, los recargos, intereses y costas devengadas hasta la fecha en que se extienda el acta, y la suma total de dichos conceptos.

f) Indicación de la entidad con la que el sujeto obligado tiene concertada la contingencia de accidentes de trabajo y enfermedades profesionales.

g) Indicación de si, por los mismos hechos, se practica o no acta de infracción.

h) Indicación del funcionario que extiende el acta de liquidación con su firma. En caso de ser formalizada por un Subinspector se exige visado del Inspector (art. 12.4 RPIS).

i) Indicación expresa de la posibilidad de alegaciones ante el correspondiente Jefe de la Unidad de la Inspección especializada en Seguridad Social, a las que se podrán acompañar pruebas, advirtiendo de que tal posibilidad habrá de ejercerse en el plazo de quince días hábiles desde la notificación del acta (Resolución 10-11-2004).

j) Fecha del acta de liquidación.

5.3. Procedimiento

La formalización de las actas abre el expediente administrativo liquidatorio, conforme a la tramitación prevista en el art. 34 LGSS y art. 33 RPIS.

a) *Notificación.* Una vez extendidas, las actas de liquidación de cuotas se notifican por la Inspección al sujeto responsable, con el carácter de liquidaciones provisionales. En su caso, también se notificarán a los responsables subsidiarios o solidarios, y en caso de responsabilidad solidaria, las actas se tramitarán en el mismo expediente administrativo.

En dicha notificación, y como ya consta en el acta, se habrá de indicar a los sujetos responsables la posibilidad de presentar alegaciones y pruebas ante el correspondiente Jefe de la Unidad de la Inspección especializada en Seguridad Social, en un término de quince días desde la fecha de notificación.

El acta de liquidación también se notificará a los trabajadores interesados, quienes, de no estar conformes con los períodos y bases de cotización recogidas en el acta o con la procedencia de la liquidación, podrán formular alegaciones en las mismas condiciones que el presunto responsable. Asimismo, el acta se comunicará a la TGSS.

Antes de vencer el plazo de quince días para formular alegaciones, los interesados podrán ingresar el importe de la deuda señalada en el acta de liquidación, justificando el pago ante la Inspección en idéntico plazo. En tal caso, la liquidación provisional realizada por la Inspección se convierte en definitiva.

b) *Defensa y propuesta de resolución.* En el caso de que los obligados al pago y demás interesados formulasen alegaciones, podrá solicitarse informe ampliatorio al Inspector o Subinspector que formuló el acta, y se dará vista y audiencia al alegante por plazo de diez días en que podrá alegar y probar nuevamente lo que estime conveniente.

Transcurrido el plazo de alegaciones sin que se hayan formulado las mismas, o el de la audiencia y segundas alegaciones, el Jefe de la Unidad Especializada de Seguridad Social de la Inspección efectuará propuesta de resolución que podrá proponer la elevación a definitiva de la liquidación practicada o bien la modificación o anulación del acta practicada.

c) *Suspensión del procedimiento.* A diferencia de lo que sucede en el procedimiento administrativo sancionador, la comunicación al Ministerio Fiscal de indicios de delito a efectos de su examen en el ámbito penal no suspende el procedimiento de liquidación (arts. 5.2 y 36 RPIS), a salvo de que el juez lo acuerde en los términos del art. 307.4 CP, en cuyo caso "una vez finalizado el procedimiento judicial penal, la liquidación administrativa se deberá ajustar a lo decidido en la resolución judicial firme”[11].

d) *Resolución.* Sin perjuicio de lo anterior, la mencionada propuesta de resolución deberá remitirse, junto con los antecedentes y con una antelación mínima de quince días al del vencimiento del plazo para dictar resolución, al órgano competente de la Dirección General o Provincial de la TGSS, que dictará resolución elevando a definitiva la liquidación que proceda, o bien modificando o anulando el acta practicada. Dicho plazo máximo para dictar la resolución de los expedientes liquidatorios de cuotas será de seis meses, computados desde la fecha del acta en los términos previstos en el art. 20.3 RPIS. La resolución dictada se notificará a los interesados.

e) *Recursos y recaudación de la deuda.* Contra la resolución que pone fin al expediente liquidatorio cabe recurso de alzada ante el superior jerárquico del órgano que la dictó.

En todo caso, con independencia de que se interponga o no recurso de alzada, los importes señalados en la resolución deberán hacerse efectivos en la TGSS hasta el último día del mes siguiente al de su notificación. En caso de no efectuarse el ingreso, se iniciará el procedimiento de deducción o el procedimiento de apremio previsto en los arts. 38 y ss. LGSS, salvo que se garantice con aval bancario suficiente o se consigne el importe en los términos reglamentariamente establecidos en la TGSS. De haberse interpuesto recurso de alzada y haberse garantizado el importe con aval suficiente o consignado el mismo, se suspenderá el procedimiento recaudatorio hasta los quince días siguientes a aquel en que se notifique la resolución del recurso de alzada.

La resolución del recurso de alzada agota la vía administrativa y es susceptible de recurso ante la jurisdicción contencioso-administrativa (art. 3.f] LJS).

6. ACTAS DE INFRACCIÓN Y DE LIQUIDACIÓN POR LOS MISMOS HECHOS: PECULIARIDADES PROCEDIMENTALES

En numerosas ocasiones, unos mismos hechos constatados pueden dar lugar a que los Inspectores y Subinspectores procedan a formalizar tanto un acta de infracción, como un acta de liquidación. Ello ocurre cuando el

---

11 SSTS, S. Cont-Admvo, 11 y 12 mayo 2021, rec. 5949/2019 y 7461/2019.

ilícito en materia de Seguridad Social implica a su vez una ausencia de cotización que debe ser liquidada y recaudada en los términos vistos. En tales casos, y a fin de evitar resultados contradictorios entre el procedimiento sancionador y el procedimiento liquidatorio, el legislador ha dispuesto que la Inspección habrá de practicar simultáneamente el acta de infracción y el acta de liquidación por los mismos hechos, imponiendo su tramitación conjunta conforme a las peculiaridades previstas en los arts. 34.4 LGSS y 34 RPIS (art. 53.3 LISOS).

a) Las actas de infracción y liquidación por los mismos hechos deberán contener los requisitos generales establecidos para cada tipo de ellas, si bien, el acta de infracción podrá remitirse, en cuanto al relato de hechos, al contenido del acta de liquidación y sus anexos, haciéndolo constar. Además, en estas actas de infracción solo cabrá la acumulación de infracciones que se refieran a hechos con efecto liquidatorio en la correspondiente acta de liquidación.

   Ambas actas se practicarán con la misma fecha y se notificarán simultáneamente.

b) Por lo demás, el procedimiento aplicable a ambas actas será conjunto y responderá al establecido para las actas de liquidación. Tan sólo cabe apuntar que la propuesta de resolución del Jefe de Unidad especializada de Seguridad Social de la Inspección será única para ambas actas, y que también será única la resolución final dictada por la Dirección General o la respectiva Dirección provincial de la TGSS, rigiendo el mismo régimen de recursos visto para las actas de liquidación. Asimismo, la presentación de alegaciones o de recurso contra una de las actas se entiende como formulado también para la otra, salvo que se manifieste lo contrario (art. 18 bis. 5 RPIS).

c) En todo caso debe tenerse en cuenta que las sanciones propuestas en las actas de infracción se reducirán automáticamente al 50% de su cuantía si el infractor diese su conformidad a la liquidación practicada, ingresando su importe en el plazo señalado en el art. 34.3 LGSS —hasta el último día del mes siguiente al de su notificación, una vez dictado el correspondiente acto administrativo definitivo de liquidación—, y en su caso, en el art. 33.1, párrafo 3° del RPIS —antes del vencimiento del plazo señalado para formular alegaciones—. Ahora bien, esta reducción automática sólo podrá aplicarse en el supuesto de que la cuantía de la liquidación supere la de la sanción propuesta inicialmente (arts. 34.4 LGSS, 40.3 LISOS y 34.2 RPIS).

Lección 8
Reclamaciones judiciales en materia de Seguridad Social

GUILLERMO E. RODRÍGUEZ PASTOR
Profesor Titular de Derecho del Trabajo y de la Seguridad Social
Universitat de València

1. SEGURIDAD SOCIAL E INTERMEDIACIÓN LABORAL. EL PROCESO LABORAL. COMPETENCIA Y ÓRGANOS DEL ORDEN SOCIAL

1.1. Reclamaciones judiciales y materias de Seguridad Social

Las normas de Seguridad Social, como se ha ido analizando, reconocen determinados derechos a los ciudadanos, así como también diversas obligaciones. Esos derechos y obligaciones generan situaciones conflictivas.

Esas incidencias, que pueden ser múltiples, tienen derecho a obtener una respuesta fundada jurídicamente cuando el ciudadano siente lesionado sus derechos. En esos casos la respuesta debe venir, a falta de cualquier otro medio de solución, de los órganos judiciales en virtud del derecho de tutela judicial efectiva (art. 24 CE).

No obstante, no siempre serán los órganos judiciales del mismo orden los que darán respuesta al ciudadano. En efecto, aunque la materia de la Seguridad Social es propiamente una materia social y en consecuencia su conocimiento correspondería al orden social de la jurisdicción, lo cierto es que a efectos competenciales se podría señalar, gráficamente, que la Seguridad Social se ha concebido como un monto de dinero en el que entran aportaciones —fundamentalmente a través de cotizaciones— y, por otro lado, sale dinero —en forma esencialmente de prestaciones—. Pues bien, esta última vertiente, la prestacional, es la que se ha asociado a la materia social y, como se verá, su conocimiento judicial se atribuye al orden social.

Por el contrario, la función de recaudación, en sentido amplio, se entiende que está presidida más bien por actuaciones de gestión administrativa, concretamente de gestión recaudatoria y se ha querido mantener en el orden jurisdiccional que se ocupa de las cuestiones propiamente administrativas, el orden jurisdiccional contencioso-administrativo.

En cuanto sigue se hará mención a la competencia del orden social y la regulación de los procesos que ante él se producen en materia de Seguridad Social; por el contrario los recursos judiciales contra los actos de la gestión recaudatoria se analizarán, por razones sistemáticas, en conjunto con el régimen de infracciones y sanciones en materia de Seguridad Social en cuanto a los recursos administrativos y en una breve aproximación en cuanto al procedimiento judicial ante el orden contencioso-administrativo.

Para iniciar el análisis del proceso social en cuanto se relaciona con la Seguridad Social hay que empezar por delimitar exactamente la aproximación competencial que se ha hecho, estableciendo más en concreto las materias que se entienden incluidas en la competencia del orden jurisdiccional social y las que se excluyen y se remiten al orden contencioso-administrativo.

1.2. Cuestiones en materia de Seguridad Social atribuidas al orden social

La LJS para delimitar la competencia del orden jurisdiccional social en materia de Seguridad Social opera en sentido positivo y en sentido negativo.

En sentido positivo el art. 2 LJS establece aquellas materias que expresamente quedan atribuidas a la competencia de este orden social y en el art. 3 LJS las que expresamente quedan excluidas de la competencia de este orden, cuestiones que se analizan seguidamente.

En concreto el art. 2 LJS atribuye competencia al orden jurisdiccional social para conocer de las siguientes cuestiones:

1°) En general en materia de Seguridad Social, incluida la protección por desempleo y la protección por cese de actividad de los trabajadores autónomos (art. 2.o) LJS). Esta competencia se extiende también a los supuestos de imputación de responsabilidades a empresarios y terceros por estas prestaciones.

2°) Referidas a aquellas prestaciones de protección social que establezcan las Comunidades Autónomas en el ejercicio de sus competencias, dirigidas a garantizar recursos económicos suficientes para la cobertura de las necesidades básicas y a prevenir el riesgo de exclusión social de las personas beneficiarias (art. 2.o LJS).

3º) Que surjan en la aplicación de los sistemas de mejoras de la acción protectora de la Seguridad Social, incluidos los planes de pensiones y contratos de seguro siempre que su causa derive de una decisión unilateral del empresario, de un contrato de trabajo o de un pacto, acuerdo o convenio colectivo (art. 2.q) LJS; STS Civil 29-4-2024, rec. 6490/19), incluidas las mejoras como complementos de prestaciones o indemnizaciones que pudieran establecerse a favor de cualquier beneficiario por las Administraciones Públicas, especialmente en casos de AT o EP.

4º) Que surjan entre los asociados y las Mutualidades, excepto las establecidas por los Colegios Profesionales, en los términos que estaban previstos en los arts. 64 y siguientes LOSSP, así como entre las fundaciones laborales o entre éstas y sus beneficiarios, sobre cumplimiento, existencia o declaración de sus obligaciones específicas y derechos de carácter patrimonial, relacionados con los fines y obligaciones propios de estas entidades (art. 2.r) LJS).

5º) Que deriven de la impugnación de los actos de las Administraciones Públicas sujetos a derecho administrativo y que pongan fin a la vía administrativa, dictadas en el ejercicio de sus potestades y funciones en materia de Seguridad Social, distintas de las ya mencionadas en los apartados anteriores, e incluyendo las dictadas en ejercicio de la potestad sancionadora en la materia (por ejemplo, sanciones en materia de desempleo) (art. 2.s) LJS)—. En todo caso en estas cuestiones como se verá opera ampliamente la exclusión de la gestión recaudatoria.

6º) En un intento de atribuir en general las cuestiones relativas al desempleo y cuestiones conexas al orden social de la jurisdicción, se atribuyen a este orden ciertas cuestiones que, aunque propiamente no sean de Seguridad Social, guardan relación con ella, concretamente, como se dijo, con el desempleo y la ocupación.

Se trata de todas las cuestiones que se produzcan en materia de intermediación laboral, tanto los litigios que surjan entre los trabajadores y el servicio público de empleo, las agencias de colocación y otras entidades colaboradoras, como los que surjan entre estas agencias y entidades y el propio servicio público de empleo (art. 2.p) LJS).

7º) Finalmente se atribuyen a este orden la competencia sobre las cuestiones que surjan en materia de valoración, reconocimiento y calificación del grado de incapacidad, así como las prestaciones derivadas de la LPAPD (art. 2.o) LJS). No obstante todas las previsiones relativas a la competencia del orden social sobre las cuestiones derivadas de la LPAPD quedan diferidas en cuanto a su aplicación efectiva hasta que se fije la entrada en vigor de esas previsiones competenciales por una ley cuyo proyecto debe remitir el Gobierno en el plazo de tres años (DF 7ª. 2 LJS), a cuyo efecto debía tenerse en cuenta que no ha sido infrecuente que previsiones similares relacionadas con otras materias se incumplan, demorando la competencia hasta el momento en que se cumplan esas previsiones.

Con esas atribuciones competenciales se regula en sentido muy amplio la competencia en materia de Seguridad Social del orden social pero, aunque la atribución competencial sea muy amplia, no es total pues su interpretación requiere tener en cuenta las exclusiones expresas reguladas en el art. 3.f) LJS, a las que ya se hizo referencia y que afectan especialmente a la gestión recaudatoria; además también están excluidas de la competencia del orden social las cuestiones judiciales que se susciten en materia del régimen específico de Seguridad Social de los funcionarios públicos que, al igual que las restantes cuestiones que les afectan, se resuelven ante el orden jurisdiccional contencioso-administrativo.

En consecuencia, la competencia del orden social afecta, esencialmente, a la materia prestacional; especialmente a las cuestiones judiciales sobre prestaciones contributivas y no contributivas de la Seguridad Social, incluidas las que correspondan a las Mutuas de Accidentes de Trabajo y las correspondientes al régimen de protección por desempleo, incluyendo en este caso, conforme al art. 303 LGSS, la solución de recursos contra las decisiones de la EG competente sobre reconocimiento, denegación, suspensión o extinción de las prestaciones y las resoluciones en materia de la modalidad de pago único[1]. También las mejoras establecidas sobre las mismas por las empresas y otras entidades, incluso en algún caso las que puedan establecerse para todos los empleados públicos —como ya se indicó—, lo que comprendería en ese específico supuesto cuestiones que afectarían incluso a los funcionarios públicos.

Se incluyen también expresamente los litigios en materia de prestación por cese de actividad de los autónomos y los que se susciten en materia de reconocimiento de la condición y grado de discapacidad, solventando así cualquier duda que pudiera existir.

---

1 [Por todas STS 8 de marzo de 1995, en unificación de doctrina, Rec. 2939/1994 (Tol 266290)].

También en general las pretensiones sobre reconocimiento del grado de discapacidad y otras cuestiones que no son propiamente gestión recaudatoria pues, aunque tengan alguna conexión con la materia se entiende que prevalece el concepto prestacional, como por ejemplo, reclamaciones de las Mutuas sobre reintegros de capital coste renta que constituyeron al efecto del abono de alguna prestación[2].

La competencia atribuida al orden social es plena y, por ello, no se limita a las cuestiones de fondo, sino que también alcanza a la valoración, en esas materias, de la corrección del procedimiento administrativo en el que se hayan podido dictar las resoluciones, pudiendo impugnarse las resoluciones administrativas, por ejemplo, como consecuencia de infracciones de las normas que regulan el procedimiento administrativo[3], aunque siempre impugnando la resolución final del procedimiento.

Por otro lado, como se ha visto, la competencia no se extiende solamente a las cuestiones que se susciten en torno al régimen público de la Seguridad Social, sino, también a las que deriven de los regímenes complementarios.

En consecuencia, son competencia del orden social los litigios sobre planes de pensiones y contratos de seguros siempre que guarden relación con la existencia de una relación laboral o asimilada a estos efectos.

En cuanto a la competencia sobre los litigios entre asociados y Mutualidades, debe precisarse que esas Mutualidades son las constituidas al amparo de la Ley de Mutualidades de 1941, que posteriormente pasaron a estar reguladas en la legislación mercantil sobre seguros, pero manteniéndose la competencia del orden social en relación con los pleitos citados. En las cuestiones entre Fundaciones laborales y sus asociados se está haciendo alusión a la labor prestacional de estas Fundaciones que complementan la protección que depara el régimen público de Seguridad Social.

1.3. Materias de Seguridad Social que corresponden al orden contencioso-administrativo

El art. 3 LJS concreta ciertas materias de Seguridad Social en relación con las que las cuestiones litigiosas que se planteen no serán competen-

---

2 Tal como ha entendido el Tribunal Supremo e unificación de doctrina, por ejemplo, en STS de 9 de abril de 2019, Rec. 2150/2017 *(Tol 7260500)*.

3 Véase, por ejemplo, STS 19 de noviembre de 2002, en unificación de doctrina, Rec. 428/2002.

cia del orden social, sino que serán conocidas por el orden jurisdiccional contencioso-administrativo.

Además de las cuestiones relativas a ciertos funcionarios a las que ya se hizo mención, la exclusión más importante es la que se concreta en el art. 3 f) LJS, que excluye de la competencia del orden social la gestión recaudatoria.

Conforme al citado precepto la competencia del orden social no alcanza a la resolución de las impugnaciones de los actos administrativos en materia de Seguridad Social relativos a inscripción de empresas, formalización de la protección frente a riesgos profesionales, tarificación, afiliación, alta, baja y variaciones de datos de trabajadores, así como en materia de liquidación de cuotas, actas de liquidación y actas de infracción vinculadas con dicha liquidación y con respecto a los actos de gestión recaudatoria y demás actos administrativos distintos de los de gestión de prestaciones, así como las resoluciones en materia de gestión recaudatoria dictadas por su respectiva EG en el supuesto de cuotas de recaudación conjunta, y en general todos los actos conexos con las anteriores resoluciones, así como cualquier acto que no se encuentre comprendido entre las materias prestacionales atribuidas al orden social en el art. 2 LJS.

En definitiva, el precepto confirma que en materia prestacional el art. 2 LJS atribuye, en general, la competencia al orden social, pero que, por el contrario, en la gestión recaudatoria, entendida además en el sentido amplio que concreta el precepto, compete al orden contencioso-administrativo. Por ejemplo, compete al orden contencioso-administrativo aquellos litigios que tienen por objeto declarar la obligación de cotizar o determinar el importe y alcance de las cotizaciones, STS 18-10-2004, rcud. 269/03; o las controversias sobre una posible infracotización que pueden afectar a la base reguladora de la futura pensión de jubilación, STS 8-3-2023, rcud. 1251/22.

La otra gran exclusión en materia de Seguridad Social, que viene a confirmar la solución jurisprudencial, es la relativa las cuestiones judiciales que susciten las reclamaciones relativas a responsabilidad patrimonial de las entidades gestoras y servicios comunes de la Seguridad Social, así como de las demás entidades, servicios, y demás órganos del Sistema Nacional de Salud y de los centros concertados con él, por los daños o perjuicios causados con ocasión o por la asistencia sanitaria a sus usuarios y beneficiarios de la Seguridad Social, exclusión competencial que se produce aunque en la producción de dichos daños concurran terceros o exista un seguro de responsabilidad.

Esta exclusión competencial sobre las reclamaciones por lo que se podrían calificar de "daños médicos" se regula en el art. 3 g) LJS, que confirma, así, la atribución competencial sobre esos litigios al orden contencioso-administrativo, tal como se desprendía, por un lado, del RD 429/1993, de 26 de marzo, dictado en desarrollo reglamentario de la LRJAP y, por otro y especialmente, del art. 2 e) de la Ley 29/1998, reguladora de la Jurisdicción Contencioso-Administrativa.

2. LA MODALIDAD PROCESAL DE LA SEGURIDAD SOCIAL

2.1. La modalidad procesal de las prestaciones de Seguridad Social: concepto

La estructura de la LJS responde a la tradicional de las anteriores leyes de procedimiento laboral, que diferenciaban entre un proceso ordinario y unas modalidades procesales en las que se establecían algunas o bastantes, según los casos, reglas específicas y diferentes de las que regían en el proceso ordinario. Entre esas modalidades tradicionalmente había existido una relativa a la Seguridad Social.

La LJS ha mantenido esa regulación y establece algunas especialidades en estas reclamaciones, especialmente cuando se dirigen contra las Entidades Gestoras o servicios comunes de la Seguridad Social pública, manteniendo al respecto una modalidad específica, cuya denominación aclara, incluso, el ámbito prestacional como ámbito competencial natural en la materia del orden jurisdiccional social.

Esta modalidad se regula, bajo la denominación de modalidad procesal "de las prestaciones de la Seguridad Social", en los arts. 140 a 145 LJS. En lo no previsto en esos preceptos y en otros que se dirán, se aplican las reglas del proceso ordinario. Junto a ella se regulan otros dos supuestos de litigios en materia de Seguridad Social que cuentan con reglas especiales, regulados en los arts. 146 y 147 LJS.

La previsión del art. 146 LJS desborda incluso el ámbito de la Seguridad Social, pues se refiere a la posible revisión de actos declarativos de derechos por las entidades o los órganos y organismos gestores, así como por el Fondo de Garantía Salarial. En esos supuestos se aplican las específicas reglas que contempla el artículo y, solamente en cuanto estemos en materia de Seguridad Social y puedan resultar aplicables, se aplican las reglas de la modalidad procesal específica, lo que será difícil en general, por lo que normalmente en esos litigios, además de las reglas que se detallan en el precepto indicado se aplican normalmente las del proceso ordinario, reguladas en los artículos 76 y siguientes de la LJS.

En cuanto a lo previsto en el art. 147 LJS, debe señalarse que en él se contempla la solución de las reclamaciones que pueden dirigir las entidades o los organismos gestores en relación con las prestaciones de desempleo contra el empresario que ha cesado a los trabajadores, ocasionando con ello la generación de esas prestaciones (art. 147 LJS). En estos litigios se aplican las específicas reglas que detalla el precepto y las reglas generales (art. 147.3 LJS), lo que parece remitir a las reglas del proceso ordinario reguladas en los artículos ya mencionados.

Además, como se verá, dentro de la modalidad general relativa a las prestaciones, aparecen unas reglas específicas para los litigios relativos a la impugnación de las altas médicas, contenidas especialmente, aunque no exclusivamente, en el art. 140.3 LJS. Ello hará que estos supuestos se contemplen posteriormente en forma diferenciada para establecer las reglas especiales que rigen en los mismos.

2.2. La modalidad procesal de las prestaciones de Seguridad Social: delimitación de su objeto

El objeto de esta modalidad procesal parece limitado. Conforme al art. 140 LJS, parece destinada exclusivamente a las reclamaciones que efectúen los beneficiarios en torno a las prestaciones de la Seguridad Social pública y que vayan dirigidas contra los organismos gestores y entidades colaboradoras en la gestión, incluidas las MCSS. En otros litigios distintos de los indicados, las reglas aplicables serían, pues, las del proceso ordinario a las que se hace remisión.

Además, la modalidad procesal se configura como un proceso revisorio de la resolución adoptada en su caso por el organismo gestor o colaborador. Puede afirmarse lo anterior, pues, como se verá, existen limitaciones adicionales en cuanto al objeto, porque en relación con el mismo sólo podrán suscitarse, salvo supuestos excepcionales, las cuestiones ya planteadas o analizadas en el previo expediente administrativo o solicitud del interesado. Por la misma razón de que se trata de revisar la resolución final del procedimiento y como regla general, los actos de instrucción o trámite del mismo no son impugnables judicialmente de forma separada[4], sin per-

---

4 Véase, por ejemplo y por todas, STS, en unificación de doctrina de 25 de septiembre de 2003, Rec. 1445/2002 (*Tol 317146*).

juicio de que, como ya se dijo, la impugnación de la resolución final puede basarse, también, en la defectuosa tramitación del procedimiento.

Por otro lado, la voluntad legal sobre el objeto limitado de esta modalidad se confirma en cuanto que la LJS excluye la posibilidad de acumulación de pretensiones de Seguridad Social cuando no tengan la misma causa de pedir (art. 26.6, LJS). Incluso en materia de AT, pese a la regla general a favor de la acumulación de procesos que rige en esa materia y que responde a la idea de evitar innecesarias duplicidades de juicios, se regula que no son acumulables las acciones que se hayan tramitado en expedientes diferentes (por ejemplo, la determinación de la prestación, por un lado, y el posible recargo por falta de medidas preventivas por otro) (art. 30.2 LJS).

La interpretación lógica de estas reglas lleva a que, normalmente, tampoco puedan acumularse pretensiones que no sean de Seguridad Social, pues no tendría sentido limitar la acumulación entre pretensiones de Seguridad Social y no hacerlo con pretensiones que ningún punto de contacto tienen entre sí.

Sí que resulta acumulable a las acciones de Seguridad Social la alegación de la lesión de derechos fundamentales y libertades públicas (arts. 26.6 y 140.1 LJS), lo que podrá motivar en su caso la solicitud de los pronunciamientos complementarios previstos en el art. 182 LJS.

En todo caso, esta alegación de vulneración de derechos fundamentales y libertades públicas en materia de Seguridad Social puede plantearse igualmente por la modalidad procesal específica prevista al respecto en los arts. 177 y siguientes de la LJS, pues el art. 184 LJS no excluye la posibilidad de que reclamaciones de Seguridad Social se tramiten por la vía de la modalidad procesal de tutela de los derechos fundamentales y libertades públicas.

En esa especial modalidad se puede plantear exclusivamente la cuestión relativa a la lesión de derechos fundamentales y libertades públicas, no otros motivos para suscitar el litigio que respondan a cuestiones de legalidad ordinaria, tal como expresamente contempla en este específico supuesto el art. 140.1 LJS, y en general se regula en el art. 178.1 LJS, lo que hace poco atractiva la posibilidad. Si se acude al proceso de tutela de derechos fundamentales y libertades públicas, las reglas aplicables serán las previstas para el mismo en los citados arts. 177 y siguientes de la LJS y no las previstas en la modalidad procesal de prestaciones de la Seguridad Social, por lo que, en general, no le será aplicable cuanto sigue.

Por último debe señalarse que, concretado como se ha visto el objeto de la modalidad procesal prestacional en materia de Seguridad Social y tal como se avanzó en general, cuando se reclamen prestaciones de Seguridad Social complementaria al empresario o a entidades privadas (por ejemplo la indemnización establecida en un seguro de vida, la cantidad correspondiente a un plan de pensiones con origen en el contrato de trabajo, etc.) normalmente se aplicarán las reglas del proceso ordinario y no las de esta específica modalidad procesal prestacional. Se hace remisión en consecuencia a cuanto al respecto se establece en los arts. 76 y siguientes de la LJS.

2.3. *La exigencia de actos previos: reclamación previa o agotamiento de la vía administrativa*

Todas estas reclamaciones se sujetan al trámite de reclamación previa cuando se demanda a Entidades Gestoras o servicios comunes (art. 140 LJS) e incluso cuando se demande a entidades colaboradoras. Esta reclamación previa se sujeta a las especiales reglas establecidas en la LJS (art. 71 LJS) y se ha mantenido en esta materia a diferencia de lo que ha ocurrido en las restantes reclamaciones contra las Administraciones Públicas.

En ningún caso estas reclamaciones prestacionales se sujetan al trámite de conciliación (art. 64.1 LJS), pues ese acto previo está expresamente excluido en todos los procesos que versen sobre Seguridad Social, lo que es lógico en la mayor parte de los casos porque la conciliación, como acto previo, encuentra sentido en la medida que quien es citado a tal acto pueda satisfacer la pretensión que se le efectúe. Por eso, ante las dificultades para que esto se produzca, cuando el demandado es un organismo que actúa sujeto al Derecho Público, la ley sustituye esa conciliación por el agotamiento de los recursos administrativos o, en el caso de las acciones en esta materia, por otro acto previo: la reclamación previa (arts. 69 a 73 LJS y disposición final tercera LPAC), que tiene la doble finalidad, constitucionalmente legítima, de dar a conocer, con carácter previo a su planteamiento procesal, el litigio al órgano que va a ser demandado y permitirle una solución extraprocesal del mismo[5].

Además de lo que se expuso cuando se utilizaba la vía de tutela de derechos fundamentales y libertades públicas, cuando no sea así y se utilice

5 Como, por ejemplo, señala la STC 120/1993, de 19 abril (*Tol 82143*).

la modalidad prestacional normal, existen dos excepciones a la exigencia de reclamación administrativa previa en las acciones de Seguridad Social.

La primera es, en realidad, una exoneración de actos previos que se da en los supuestos de impugnación del alta médica cuando se adopte dicha decisión por agotamiento del plazo máximo de 365 días previsto para la incapacidad temporal. No en los restantes casos de impugnación de alta médica, en los que sí que se exige reclamación previa si bien su tramitación se sujeta a unos plazos especiales.

La segunda excepción, es la posibilidad de que en otras normas se exija el agotamiento de la vía administrativa mediante algún otro medio para poder demandar judicialmente después; por ejemplo, imponiendo la necesidad de plantear un recurso administrativo; en esos casos, ese recurso servirá de agotamiento de la vía administrativa y frente a su resolución podrá ya demandarse judicialmente sin necesidad de reclamación previa (arts. 69.1 y 2 LJS), aunque ciertamente esto no es lo más normal en las acciones de Seguridad Social.

En general, y a salvo de las especialidades que se dirán, esta reclamación previa específica en materia de Seguridad Social se rige por las reglas que se prevén para cualquier reclamación previa.

En consecuencia, al demandarse deberá acreditarse el cumplimiento del trámite obligatorio, acompañando copia de la resolución que recayó sobre la reclamación previa o, en los casos de silencio administrativo, acreditación de su interposición, con copia de todo ello para la entidad demandada (art. 69.2 LJS). Cuando no se acredite su interposición o cuando se haya interpuesto erróneamente conciliación en lugar de reclamación previa, se produce un defecto subsanable que deberá ser advertido por el Letrado de la Administración de Justicia a efectos de requerir de subsanación conforme al art. 81.1 LJS (art. 140.2 LJS), concediéndose 4 días para subsanar el defecto acreditando que se había interpuesto previamente la reclamación o, incluso, que en ese plazo se ha interpuesto dándose por cumplimentado el trámite, en este último supuesto si, entre la presentación efectiva y el momento de celebración del juicio, la Administración tuvo el plazo que para resolver le concede la legislación[6]. Debe tenerse en cuenta que estas reglas especiales están excluyendo la regla general del silencio administrativo positivo que rige en general en otras cuestiones; en

---

6 Por todas, SSTC 120/1993, de 19 abril (*Tol 82143*) y 144/1993, de 26 abril (*Tol 82197*) y STS de 30 de marzo de 1992, Rec. 1233/1991, entre otras.

esta materia la existencia de silencio administrativo conlleva la no admisión, la denegación de la petición o reclamación previa[7].

Las reglas específicas aplicables a esta reclamación son concretamente las siguientes:

1ª) Está sujeta a un plazo específico, distinto de los de caducidad y prescripción que con carácter general se regulan para las acciones laborales y de Seguridad Social. En concreto se presentará ante el órgano que hubiese dictado la resolución frente a la que quiera demandarse en el plazo de los 30 días siguientes a la notificación de la mencionada resolución si es expresa; o, en caso contrario, en el mismo plazo a contar desde la fecha en que, conforme a la normativa reguladora del procedimiento de que se trate, deba entenderse producido el silencio administrativo ante la falta de resolución expresa.

Este organismo expedirá recibo de la presentación de la reclamación previa (art. 71.7 LJS), normalmente sellando una copia de la misma; este recibo o copia sellada será el documento que, en su caso, deberá acompañarse a la demanda a efectos de justificar el agotamiento de este trámite previo.

Antes de presentar la demanda, necesariamente se tiene que haber agotado la vía previa, esto es, la presentación de la reclamación administrativa previa en el plazo de los 30 días siguientes a la denegación de lo solicitado. Ahora bien, mientras el derecho reclamado no hay prescrito o caducado, se podrá reiterar la reclamación previa de haber caducado la anterior, sin perjuicio de los efectos retroactivos que puedan derivar de la nueva reclamación previa. Por tanto, para accionar judicialmente necesariamente se tiene que haber formulado previamente la reclamación administrativa previa, STS 7-11-2023, rcud. 3657/22.

Es posible que el interesado desee demandar pese a no existir un acuerdo previo. Al respecto hay que diferenciar dos supuestos (art. 71.4 LJS):

a) El primero se da cuando el organismo correspondiente está obligado a proceder de oficio, en cuyo caso el interesado debe hacer una petición de que se dicte un acuerdo inicial, petición que ya tiene valor de reclamación previa, por lo que, denegada

---

[7] Al respecto así lo ha entendido con claridad, unificando doctrina, STS de 18 de diciembre de 2018, Rec.2993/2016 *(Tol 7011716).*

o transcurrido el plazo para resolver, puede demandarse judicialmente sin necesidad de más trámites.

b) El segundo caso se da cuando el organismo o entidad correspondiente no está obligado a proceder de oficio, que es lo que ocurre en la mayoría de las ocasiones, en cuyo caso el interesado debe instar la adopción de una resolución inicial y, de no producirse la misma, entender que se ha denegado por silencio administrativo, procediendo entonces a interponer en el plazo antes aludido la correspondiente reclamación previa, por lo que solamente podrá demandar una vez resuelta esta o transcurrido el plazo para resolverla.

2ª) Debe tenerse en cuenta que el art. 143.4 LJS veda expresamente a ambas partes aducir en el proceso hechos distintos a los alegados en el expediente administrativo, lo que coincide en buena medida con la regulación general del proceso para cualquier reclamación previa o trámite de recurso administrativo (arts. 72.1 LJS) y en relación con la demanda (art. 80.1.c) LJS), preceptos conforme a los que las partes no podrán introducir ni en la posterior demanda ni en el proceso variaciones sustanciales (tiempo, cantidad o conceptos) sobre los hechos y peticiones formulados en la reclamación previa o en el trámite de recurso administrativo, siendo posibles, solamente, correcciones de errores que no introduzcan alteraciones sustanciales y alegaciones de nuevos hechos que se hubiesen producido con posterioridad (art. 80.1.c) LJS).

Puede verse, pues, que estas reglas rigen en la reclamación previa en materia de Seguridad Social, pero en relación con lo alegado en el expediente administrativo.

En consecuencia, el contenido de la reclamación previa debe ser muy parecido al de la posterior demanda, al menos en cuanto a identificación de afectados, exposición de hechos y peticiones que se formulan, sin perjuicio de que en la posterior demanda se podrán añadir aquellas cuestiones que se hayan puesto en evidencia en el marco de la tramitación administrativa así como los hechos nuevos o de los que se hubiese tenido conocimiento con posterioridad (arts. 72 LJS y 143.4 LJS) —lo que en su caso deberá demostrarse—[8].

---

8 Así, por ejemplo, en los procesos sobre grado de incapacidad permanente no se consideran hechos nuevos ajenos al expediente «las dolencias que sean agrava-

3ª) La LJS reitera la obligación que tiene la Administración de contestar expresamente la reclamación previa, concediéndole para ello el plazo de 45 días, que no debe confundirse con el que inicialmente pueda tener para resolver la solicitud del interesado, que en general estará regulada en las normas de Seguridad Social[9]. En cuanto al plazo específico para resolver la reclamación previa en materia de Seguridad Social, una vez transcurrido el mismo se entenderá denegada por silencio administrativo la mencionada reclamación previa (art. 71.5 LJS).

4ª) La demanda deberá presentarse, en su caso, en el plazo de 30 días desde que se notifique la resolución o desde que se haya producido la denegación por silencio administrativo de la reclamación previa o petición con valor de tal. En cualquier caso, también aquí, lo decisivo es que la Administración disponga de ese plazo para resolver desde que se formula la reclamación hasta que se produce el juicio, por lo que en algún supuesto se ha entendido que es irrelevante, de concurrir tal circunstancia, que la demanda se presentase antes del transcurso de ese plazo[10].

5ª) El transcurso de estos plazos para interponer la demanda no conduce, de por sí, a la pérdida de derechos, sino a la pérdida de eficacia de la reclamación previa (caducidad de la instancia), por lo que nada impide reiniciar el procedimiento de solicitud reiterando, en su caso, la reclamación previa (art. 71.4 LJS), sin perjuicio de la posible prescripción de derechos o de los efectos retroactivos —en su caso la limitación de los mismos— que puedan proceder.

6ª) La presentación de la reclamación previa suspende el plazo de caducidad e interrumpe el de prescripción hasta que se conteste a la reclamación o transcurra el plazo que la Administración tiene para contestar (art. 73 LJS).

7ª) Si la Administración acepta lo solicitado en la reclamación previa, el litigio está resuelto por una resolución que obliga a la Administración, aunque no es título ejecutivo a efectos judiciales.

---

ción de otras anteriores, ni las lesiones o enfermedades que ya existían con anterioridad y se ponen de manifiesto después, ni siquiera las que existían durante la tramitación del expediente, pero no fueron detectadas por los servicios médicos», STS de 1 de diciembre de 2021, rcud. 345/2019.

9 Vid. Real Decreto 286/2003, de 7 de marzo, por el que se establece la duración de los plazos para la resolución de los procedimientos administrativos para el reconocimiento de prestaciones en materia de Seguridad Social.

10 Al respecto [STS de 17 de diciembre de 1996, Rec. 1486/1996 (*Tol 235924*)].

Si la aceptación es sólo parcial, se producirá la misma solución que se ha expuesto en cuando a la parte de lo solicitado que sea aceptada; en cuanto a la parte no aceptada no se habrá resuelto el litigio, pudiéndose producir la demanda judicial en los términos que a continuación se exponen.

Si la Administración resuelve en sentido negativo de forma expresa, el reclamante podrá demandar ante el órgano jurisdiccional social competente en los plazos mencionados.

Si la Administración no contesta en el plazo que esté fijado en relación con la cuestión concreta, el interesado puede entender denegada por silencio administrativo negativo la petición efectuada y proceder a demandar (arts. 73 LJS), lo que de todas maneras no excusa a la Administración de su obligación de contestar; pudiéndose incluso, de existir resolución tardía, computar los plazos para demandar, aunque sólo en las acciones sujetas a plazo de prescripción, desde esa contestación extemporánea.

En los supuestos en los que se alegue vulneración de derechos fundamentales y se acuda a la modalidad correspondiente, el plazo para demandar es de 20 días, sin necesidad, como se dijo, de interponer reclamación previa pues parece que, entonces, debe aplicarse la regla prevista en el art. 70.2 LJS.

Cuando esta pretensión de vulneración de derechos fundamentales o libertades públicas se acumule a fundamentos de legalidad ordinaria y se presente, en consecuencia, por la modalidad prestacional, las reglas en cuanto a plazos no son estas últimas, sino las generales que se señalaron con anterioridad.

8ª) Existe una regulación especial para la reclamación previa contra resoluciones de alta médica expedidas por los correspondientes servicios, que se analizará al abordar esas reclamaciones.

2.4. Reglas sobre la tramitación general del litigio

2.4.1. Reglas sobre competencia

Para conocer de estas demandas en instancia son competentes los Juzgados de lo Social (art. 6 LJS). Territorialmente es competente el Juzgado que ejerza esa competencia en el territorio en el que radique la sede del órgano del que emane la resolución recurrida —incluso la que se produce por silencio administrativo— o, a elección del demandante, el que sea competente en el territorio donde radique su propio domicilio, salvo que el acto emane de una Administración autonómica o inferior y dicho domicilio se encuentre en un territorio distinto al que no alcance la competencia del Tribunal Superior de Justicia competente en el territorio de esa Administración autonómica o inferior (art. 10.2.a LJS).

En los casos de mejoras complementarias de la protección de la Seguridad Social, en los que se demanda a entidades privadas, mutualidades, etc., la competencia corresponde al Juzgado que la ejerza en el territorio del domicilio del demandado o del demandante a elección de éste (art. 10.2.b LJS).

2.4.2. Reglas sobre remisión del expediente administrativo

Al margen de lo expuesto y de lo que se dirá en materia de impugnación de altas médicas, la mayor especialidad que contempla la LJS en estos litigios es la necesidad de contar con el expediente administrativo en el que se dictó la resolución recurrida (art. 143 LJS). A este efecto el Letrado de la Administración de Justicia recabará de la EG o del organismo gestor o entidad colaboradora, al admitir a trámite la demanda, requiriéndoles al respecto, para que envíen el citado expediente o una copia más todos los antecedentes que posean en relación con el contenido de la demanda.

La remisión debe producirse por escrito o preferentemente por medios informáticos y del expediente completo o de las actuaciones practicadas, todo ello foliado, autentificado y acompañado de un índice de los documentos que contenga, en los diez días siguientes; si se remite el expediente original, se procede a su devolución por el Letrado de la Administración de Justicia una vez firme la sentencia, dejándose nota de esta circunstancia en los autos (art. 143.1 LJS).

Además, se solicita información y el organismo debe informar sobre la posible existencia de otras demandas en las que se deduzcan pretensiones en relación con el mismo acto administrativo, al efecto de posibilitar su acumulación para que se resuelvan en un único procedimiento.

A la vista del expediente, el órgano judicial debe decidir, en su caso, sobre el posible emplazamiento de interesados que todavía no figuren en el proceso pues todos los interesados han de tener la posibilidad de participar en el juicio.

Como es una práctica demasiado frecuente que esa remisión no se produzca, la LJS regula lo que ocurre en estos casos, estableciendo la regla general de que, pese a esa falta de remisión del expediente administrativo, el juicio se celebrará el día señalado, salvo que se justificase suficientemente la omisión (art. 144.1 LJS), en cuyo caso, aunque la LJS no lo dice, parece que debe entenderse que lo que procederá es suspender el acto del juicio y conceder un nuevo plazo para la aportación de aquel o declararse la imposibilidad de su aportación (por ejemplo por pérdida, deterioro, etc.), al efecto de que no entren en juego las posibilidades que a continuación se analizan. En todo caso, antes de eso el Letrado de la Administración de Justicia debe reiterar la petición de remisión del expediente por vía urgente.

Pese a que esa es la regla general, la LJS permite que el demandante, si le conviene la aportación del expediente administrativo, solicite en el caso de que este no se remitiese en plazo, la suspensión del juicio para que se reitere la orden de remisión del expediente en un nuevo plazo de diez días (art. 144.2 LJS). De acordarse esta suspensión y nuevo requerimiento del expediente administrativo, si llegada la fecha del nuevo señalamiento este expediente no se hubiese remitido, el órgano judicial podrá tener por probados los hechos alegados por el demandante cuya prueba fuera imposible o difícil por medios distintos al propio expediente administrativo (art. 144.3 LJS).

Además, pueden adoptarse las medidas previstas en el art. 75.5 LJS — imposición de apremios pecuniarios y multas coercitivas—.

En todo caso, la falta de remisión del expediente, produzca el efecto que produzca, se notificará por el Letrado de la Administración de Justicia al director de la EG o servicio común, a efectos de una posible exigencia de responsabilidad disciplinaria al funcionario correspondiente (art. 145 LJS), si bien el órgano judicial no interviene posteriormente en los trámites que a partir de ahí pudieran derivarse.

Debe tenerse en cuenta, también, que el expediente administrativo, como se verá, puede ser esencial para concretar las posibles alegaciones de las partes, que no podrán ser diferentes a las que en él consten salvo los supuestos que ya se comentaron (arts. 72 y 143.4 LJS).

2.4.3. Reglas específicas para las reclamaciones en materia de AT y EP

También hay una regla general de tramitación, pero solo en materia de AT y EP, que conduce a la posibilidad de acordar un embargo preventivo de los bienes de la empresa posible responsable en la materia.

En efecto, conforme al art. 142 LJS, si en las demandas por AT y EP no se consigna el nombre de la Mutua o EG que asegura ese riesgo, y que lógicamente ha de ser parte en el proceso, el Letrado de la Administración de Justicia, antes del señalamiento del juicio, requerirá a la empresa en la que se produjo el AT o EP para que presente el documento que acredite la cobertura del citado riesgo en el plazo de cuatro días. Si no lo hiciese, a la vista de las circunstancias que concurran y tras oír a la TGSS, el Juez puede acordar un embargo preventivo de bienes del empresario en cantidad suficiente para asegurar el resultado del juicio.

No es una obligación del Juez, sino una facultad del órgano judicial, que no está obligado a adoptar esta resolución, pero que puede hacerlo, en cuyo caso el embargo se practica por los trámites ordinarios para cualquier otro embargo laboral. Igual decisión se adoptará en relación con cualquier otra medida de aseguramiento del riesgo o de mejoras voluntarias o complementarias que en estos casos el empleador o terceros debieran tener aseguradas pero no se acredite tal situación.

2.4.4. Posibilidad de personación de los organismos gestores y otras entidades de la Seguridad Social

Por último, hay que señalar que las Entidades Gestoras u organismos gestores y la TGSS pueden personarse y ser tenidas por parte en cualquier proceso en materia de Seguridad Social en el que tengan interés (art. 141 LJS), pese a que no hayan sido demandadas. Se trata de una posibilidad, no de una obligación; es, pues, una intervención voluntaria pese a lo que el Letrado de la Administración de Justicia debe velar porque en los pleitos en los que puedan tener ese interés se les comuniquen las resoluciones desde la admisión a trámite de la demanda, correspondiendo a esas entidades, en su caso, decidir si les interesa comparecer, en cuyo caso, de personarse, serán tenidas por parte pero a partir de ese momento, sin que su comparecencia haga detener ni retroceder el curso de las actuaciones.

Si comparecen, lo hacen en calidad de parte y, por tanto, con posibilidad de alegar, probar, recurrir, etc. En todo caso, comparezcan o no, se les pueden solicitar todos los antecedentes de que dispongan en relación con los hechos objeto del procedimiento.

2.5. Reglas en materia de demanda y en la legitimación

Además de lo que se acaba de exponer en cuanto a personación de organismos gestores, de la LJS se deduce que la legitimación activa la tiene, normalmente, el trabajador o beneficiario de la Seguridad Social, que es quien en definitiva reclamará prestaciones.

No puede descartarse que en algún caso la legitimación la tenga el empresario, aunque no para reclamar prestaciones que deben ser abonadas al trabajador sino, por ejemplo, para discutir el grado de invalidez cuando haya sido declarado responsable de la prestación[11] o, por citar otro caso, para cuestionar el reconocimiento de un recargo de prestaciones por falta de medidas de seguridad y salud laboral.

En cuanto a la legitimación pasiva, la LJS no la regula, si bien, como es lógico, en principio la tendrá la EG, servicio común o Mutua que deba abonar o satisfacer la prestación reclamada por el trabajador. Además, litisconsorcialmente, en los casos en que el empresario pueda resultar responsable del abono por incumplimientos en el alta, cotización, etc., este deberá ser demandado también.

Por el contrario, no procede que sea demandado en situación litisconsorcial cuando ninguna responsabilidad puede alcanzarle porque no se le impute irregularidad alguna que pueda hacerle responsable total o parcial de la prestación solicitada.

Cuando el empresario sea el demandante e impugne su declaración como responsable o el reconocimiento, grado o cuantía de una prestación reconocida a favor del trabajador, también litisconsorcialmente, además de dirigir su demanda contra la entidad que reconoció la prestación, debe demandar al beneficiario de la citada prestación.

Por otro lado, la LJS regula, como ya se analizó, el plazo para interponer la demanda, que es, como regla general, el de 30 días a contar del siguiente a la notificación de la resolución denegatoria de la reclamación previa o de aquel en el que deba entenderse producido el silencio administrativo (art. 71.6 LJS).

En otro orden de cosas, y como se avanzó, debe tenerse en cuenta la vinculación de los hechos sustanciales que se aleguen en la demanda a los

---

11 Como se ha reconocido, por ejemplo, en SSTS de 14 de diciembre de 1992, Rec. 2500/1991 y 20 de octubre de 1992, Rec. 2446/1991 (Tol 232353) entre otras resoluciones.

que se alegaron en la reclamación previa y que consten en el expediente administrativo y en cuanto a las peticiones, estas también deben coincidir con las inicialmente formuladas, salvo en aquellos aspectos derivados de las mismas o cuando se reduzcan las que inicialmente se efectuaron, lo que no plantea problemas pues resulta más ventajoso para el demandado (arts. 72 y 143.4 LJS).

Finalmente debe tenerse en cuenta que los trabajadores y beneficiarios de la Seguridad Social gozan en estas reclamaciones del derecho de justicia gratuita, conforme a la Ley 1/1996, de 10 de enero, de Asistencia Jurídica Gratuita y están exentos en las mismas del abono de tasas judiciales conforme al art. 4.2 de la Ley 10/2012, de 20 de noviembre, que introdujo las tasas judiciales, en la redacción que le da el Real Decreto Ley 1/2015, que declara exentas a todas las personas físicas.

2.6. Las alegaciones en el juicio oral

Las alegaciones que en el juicio puedan efectuar las partes están limitadas a lo que se alegó en la reclamación previa y en la contestación a la misma o a lo que conste en el expediente administrativo, salvo lo que se refiera a hechos acecidos con posterioridad a la demanda o que se hayan conocido con posterioridad (arts. 72 y 143.4 LJS), lo que incluye a posibles dolencias que se hayan agravado, o que hayan ocurrido o se hayan detectado con posterioridad.

En todo caso, la vinculación lo es en cuanto a los hechos fundamentales, pero no en cuanto a los fundamentos jurídicos; pudiendo aplicar el órgano judicial, en virtud del principio iura novit curia, fundamentos jurídicos distintos a los alegados y que consten en el expediente administrativo, incluso a efectos de denegar la prestación solicitada por la ausencia de algún requisito legal para su concesión (lo que sería un hecho constitutivo basado en normas jurídicas)[12].

2.7. Reglas probatorias

Además de la remisión del expediente que, de incorporarse a los autos, tendrá valor de prueba documental, existen tres reglas probatorias que

---

[12] Como han resuelto, por todas, SSTS de 23 de enero de 2001, Rec. 2352/2000 y de 10 de marzo de 2003, Rec. 2505/2002.

deben tenerse en cuenta; todas ellas en relación con los procesos por AT y EP, pero dos más generales y la otra más concreta.

La primera más general hace referencia los litigios que versen sobre la determinación de la contingencia, sobre faltas de medidas de seguridad laboral y, también, en cualquier otro en que se considere necesario. En esos casos la LJS determina que, si no constase ya en los autos el Letrado de la Administración de Justicia antes del juicio recabará un informe de la Inspección de Trabajo sobre las circunstancias en que sobrevino el accidente, trabajo que realizaba el accidentado, salario que percibía y base de cotización, informe que debe ser emitido en el plazo de diez días (art. 142.2 LJS); este informe resulta de obligatoria constancia en el expediente judicial, aunque no es vinculante para el órgano judicial. Si no se remite el informe en el plazo indicado, el Letrado de la Administración de Justicia debe reiterar su solicitud con una antelación de al menos cinco días al juicio.

La segunda regla más general, hace referencia a la posibilidad de que en estos litigios sobre AT y EP, además del informe de la Inspección de Trabajo, pueda solicitarse también un informe de los organismos públicos competentes en materia de prevención y salud en el trabajo y de cualquier entidad o institución legalmente habilitada al efecto. Estos informes son opcionales, se piden solamente si el órgano judicial lo considera necesario y no resultan vinculantes para él y en principio no tienen carácter en sentido estricto de prueba documental.

La regla más concreta se establece en el art. 96.2 LJS que en los litigios en los que se reclamen responsabilidades por AT o EP establece una auténtica inversión de la carga probatoria. Esa regla, en estos litigios prestacionales podría ser aplicable, en su caso, en las reclamaciones sobre recargo de prestaciones por falta de medidas preventivas (art. 164 LGSS). Conforme a la misma, corresponde a los deudores de seguridad —normalmente el empresario— y a quienes hayan concurrido en la producción del daño (mandos, arquitectos, técnicos preventivos, etc.), demostrar que adoptaron todas las medidas necesarias para evitar el riesgo, así como cualquier hecho que aleguen y que pueda excluir o disminuir su responsabilidad. En este sentido, además, el precepto señala que la culpa no temeraria, la imprudencia profesional del trabajador o la confianza del mismo por el desarrollo habitual del trabajo, no servirán como elemento que excluya la responsabilidad de los anteriores, aunque normalmente los órganos judiciales entienden que sí que puede disminuir la cuantía que se reconozca en su favor, por ejemplo, aplicando el recargo de prestaciones en su porcentaje mínimo (el 30 %).

Finalmente cabe aludir a la importancia que en estos litigios puede tener la prueba pericial médica y, en ese sentido, las reglas sobre reconocimiento de la persona para la emisión de un dictamen médico o psicológico, establecidas en el art. 90.5, 6 y 7 LJS; así como la posibilidad de que emita un dictamen el médico forense a petición de parte y si el órgano judicial lo estima procedente, lo que también puede acordarse de oficio sin necesidad de que las partes o alguna de ellas lo pida (art. 93.2 LJS).

2.8. Reglas en materia de sentencia y en materia de recursos

En cuanto a la sentencia no hay especialidades sobre las reglas que rigen la sentencia del proceso ordinario.

A efectos de recurso, las reglas aplicables, además de las que se dirán en materia de impugnación de altas médicas, son las que a continuación se expondrán.

En principio, son recurribles siempre las sentencias que resuelvan sobre reconocimiento o denegación del derecho a obtener prestaciones de la Seguridad Social, incluidas las de desempleo, o sobre el grado de incapacidad permanente aplicable (art. 191. 3 c) LJS); o reconocimiento del complemento de maternidad, STS 21-12-2023, rcud. 4909/22.

En cuanto a las sentencias que resuelvan sobre reclamaciones de cantidades a tanto alzado o diferencias en las prestaciones, se sujetarán a la regla general en materia de reclamaciones de cantidad para recurrir (esto es, existe recurso si se reclaman más de 3000 euros) (art. 191. 2 g) LJS). En estos casos, si se reclama una cantidad a tanto alzado, la cuantía se calcula por la diferencia entre lo reconocido y lo reclamado; si se reclaman prestaciones económicas periódicas, la cuantía litigiosa viene determinada por el importe de la prestación básica o de las diferencias reclamas, ambas en cómputo anual, sin que se tome en cuenta las eventuales actualizaciones o mejoras, ni los intereses o recargos por mora (art. 192. 3 LJS; STS 22-2-2022, rcud. 29/19). Asimismo, son recurribles las sentencias que resuelvan sobre complementos por mínimos (STS de 13 enero 2021, rec. 4803/2018) y sobre determinación de la contingencia (STS de 13 enero 2021, rec. 2245/2019). También está sujeta al criterio de la cuantía de 3.000 € la impugnación de una sanción en materia de Seguridad Social, STS 23-1-2024, rcud. 2297/21.

También existirá recurso cuando, aunque el asunto no lo tendría en condiciones normales, pueda demostrarse la afección general de la cuestión suscitada en el litigio (art. 191. 3 b) LJS), esto es, que la misma cuesción afecta o puede afectar a una buena parte de los beneficiarios de la Seguridad Social.

El recurso procedente es, inicialmente, el de Suplicación, ante la Sala de lo Social del TSJ de la Comunidad Autónoma respectiva, sin perjuicio de que posteriormente frente a la sentencia de este cupiese la interposición de un Recurso de Casación para la Unificación de Doctrina ante la Sala de lo Social del TS.

2.9. Ejecución definitiva y ejecución provisional

También en materia de ejecución, tanto definitiva, como provisional, existen reglas especiales aplicables a esta modalidad procesal.

2.9.1. Reglas sobre ejecución definitiva

A las ejecuciones que se produzcan en el marco de esta modalidad y cuando las condenadas sean entidades públicas, se les aplican las reglas sobre ejecución definitiva contra entes públicos (art. 287 LJS).

En todo caso la LJS regula una especialidad para aquellas sentencias en las que se declare a algún sujeto responsable del pago de una prestación (art. 288 LJS), que en realidad, más que un acto de ejecución, son un conjunto de actuaciones para la determinación de la cantidad en que se concreta dicha responsabilidad a efectos de que, de no ser ingresada, se pueda proceder, entonces sí, a su exigencia en forma de ejecución forzosa por cantidad, para lo que sería, en su caso, competente el propio órgano del orden social.

Cuando una empresa resulta responsable del recargo de prestaciones por falta de medidas de seguridad, para que en la ejecución de sentencia proceda intereses moratorios, es necesario que el demandante los hubiera solicitado con la demanda y que hubiera habido condena en la sentencia, STS 30-5-23, rcud. 507/20.

La LJS establece que, una vez firme la sentencia condenatoria a la constitución de un capital coste de la prestación, el Juzgado remitirá copia certificada a la EG o servicio común competente, que comunicará al citado órgano judicial en el plazo máximo de diez días el importe del capital, lo que se notificará a las partes, requiriendo a la condenada para que lo ingrese en el plazo de otros diez días. De existir discrepancias en torno al capital, una vez suscitadas las mismas por la parte afectada, se resolverán por el órgano judicial, en su caso por la vía incidental del art. 238 LJS.

2.9.2. Reglas sobre ejecución provisional

La LJS regula específicamente la ejecución provisional de las sentencias en materia de Seguridad Social (arts. 294 a 296 LJS).

En este sentido, cuando la sentencia haya condenado al abono de prestaciones de pago periódico, será inmediatamente ejecutiva, quedando el condenado obligado al pago de la prestación, hasta el límite de su responsabilidad, mientras dure la tramitación del recurso.

La acreditación de que se ha comenzado el pago de la prestación o de que se ha ingresado el capital por el declarado responsable a este efecto, es requisito que condiciona la posibilidad de recurrir pues, de incumplirse, se pone fin inmediatamente al trámite del recurso (art. 230.4 LJS).

Debe indicarse que la ejecutividad inmediata implica que no hace falta petición de parte solicitando la ejecución provisional para que se deba proceder de este modo, sin perjuicio de que, obviamente, la citada solicitud de la parte puede producirse. Con esta medida se garantiza el disfrute por el beneficiario lo más rápido posible de la prestación reconocida, teniendo en cuenta que, posiblemente, la tramitación del juicio ya haya demorado considerablemente la eficacia de ese derecho.

Como se trata de una ejecución provisional, que tiene carácter autónomo en relación con el proceso principal del que depende, la LJS regula que las cantidades percibidas por el beneficiario no se reintegrarán por este aunque la sentencia que en su favor se dictó se revoque; y no solo ello, sino que incluso conservará el derecho al percibo de la que no hubiese cobrado pero correspondiese a fechas anteriores a la firmeza de la sentencia que revocó la concesión de la prestación (art. 294.1 y 2 LJS).

Por la misma razón, lo percibido en concepto de ejecución provisional no puede compensarse con las cantidades que proceda percibir en atención a la condena definitiva, sin perjuicio lógicamente de no duplicar el pago de la prestación por un mismo período.

Cuando la sentencia no reconozca una prestación que haya de abonarse periódicamente en el futuro, sino que condene al abono de una cantidad a tanto alzado, bien porque sea esto lo que corresponda, bien porque el período de disfrute de la prestación reclamado haya ya finalizado, se señala que el beneficiario puede solicitar su ejecución provisional (art. 295 LJS). Puede verse, pues, que a diferencia del supuesto anterior en este caso la ejecución provisional no es automática, sino que requiere que la parte interesada la solicite expresamente. Si se produce la indicada solicitud esta ejecución se concreta en el derecho al percibo de anticipos reintegrables en los términos que en general están previstos en los arts. 289 a 293 LJS (295 LJS).

Por otro lado, cuando la sentencia no tenga un contenido directamente económico, sino que condene a obligaciones de hacer o no hacer, también puede ejecutarse provisionalmente, requiriéndose al igual que en el caso anterior solicitud expresa del beneficiario, pero en este supuesto la ejecución provisional no se produce necesariamente, sino a criterio judicial, debiendo el órgano judicial ponderar las circunstancias concurrentes en orden a acceder o no a la solicitud de ejecución provisional. Si se acordase la misma, no se exige fianza al solicitante (art. 296 LJS), como es característico en todas las ejecuciones provisionales laborales, y el órgano judicial fijará los términos en que esta ejecución provisional deba producirse, pues no necesariamente deberá cumplirse todo lo que hubiese sido objeto de condena, sino aquello que el órgano judicial considere razonable, una vez ponderadas las circunstancias. De revocarse la sentencia, cesará el cumplimiento de lo provisionalmente ejecutado, sin obligación de indemnización por el trabajador en virtud del carácter autónomo de la ejecución provisional.

3. ESPECIALIDADES EN LOS PROCESOS DE IMPUGNACIÓN DE ALTAS MÉDICAS

En principio, la LJS establece que a los procesos de impugnación de altas médicas se les aplican las reglas para los procesos sobre prestaciones de la Seguridad Social que se han comentado, pero con algunas especialidades que en algún caso ya han sido avanzadas, pero que ahora se abordan globalmente, que en su mayor parte se contienen en el art. 140.3 LJS, y pueden enumerarse las siguientes:

1ª) La reclamación previa, como se dijo, no se exige cuando se impugne el alta médica producida por agotamiento del plazo de 365 días de incapacidad temporal; en este supuesto la demanda ha de interponerse en el plazo de veinte días desde que el alta produzca efectos o se produzca la notificación de la misma (art. 71.1, 5 y 6 LJS).

En los restantes casos sí que debe interponerse reclamación previa, como ya se dijo también, interposición que debe producirse en el plazo de once días desde que se notificó el alta o surtió efectos; el organismo al que se dirige tiene siete días para contestar y, transcurrido ese plazo, se produce silencio administrativo negativo, entendiéndose desestimada la reclamación y debiendo, si se desea, interponerse la demanda en los veinte días siguientes (art. 71.1, 5 y 6 LJS).

2ª) La demanda se dirige exclusivamente contra la EG y, en su caso, la colaboradora (por ejemplo, la Mutua). No es preciso demandar a los servicios sanitarios públicos, salvo cuando sean ellos los que hayan emitido el alta, ni a la empresa, salvo que se cuestione la determinación de la contingencia.

3ª) El proceso es urgente y preferente y, además, el mes de agosto es hábil (art. 43.4 LJS).

4ª) El acto de la vista se ha de señalar dentro de los cinco días siguientes a la presentación de la demanda y la sentencia debe dictarse en el plazo de tres días, limitándose a la cuestión de la confirmación o no del alta, sin condicionar otros procedimientos ni ningún extremo relativo a la incapacidad temporal que sea distinto del alta médica. Como esta modalidad tiene por objeto la impugnación de altas médicas, no es adecuada para que las mutuas puedan impugnar las bajas médicas (STS 19-1-2022, rcud. 2470/19).

5ª) Lo anterior se debe a que esta acción es inacumulable con ninguna otra, incluida la reclamación de diferencias económicas en la prestación que deberán, en su caso, reclamarse en otro litigio. En consecuencia, la sentencia se limita, en su caso, a ordenar la reposición en la prestación en los términos y plazos que legalmente procedan.

6ª) La sentencia es siempre irrecurrible, con independencia de la prestación económica que viniera percibiéndose (art. 191.2 LJS; STS 25-2-2016, Rec. 3721/14).

En todo lo no previsto se aplican, como se ha dicho, las reglas establecidas para la modalidad prestacional que se expusieron con anterioridad.

4. LOS LITIGIOS SOBRE LA REVISIÓN DE LOS ACTOS DECLARATIVOS DE DERECHOS EN PERJUICIO DE LOS BENEFICIARIOS

La LJS establece la imposibilidad de que las EG o servicios comunes revisen por sí mismos en perjuicio del beneficiario los actos declarativos de derechos. La prohibición no es a la revisión, sino a la revisión unilateral; por ello, si estas entidades desean hacer esa revisión deben formular demanda ante el Juzgado de lo Social competente contra el beneficiario y será el órgano judicial el que, en su caso, resuelva lo que proceda al respecto.

La ley establece que esta acción prescribirá a los cuatro años, a contar lógicamente desde que fuese posible la indicada revisión, sea cual sea el motivo que se alegue para ella y aunque al amparo del mismo pudiera entenderse como nulo el acto declarativo de derechos.

La sentencia que se dicta en estos litigios es inmediatamente ejecutiva, permitiendo ajustar, en su caso, inmediatamente la prestación o derecho reconocido a lo que se diga en ella, sin perjuicio del recurso que contra la misma pudiera interponer el beneficiario (art. 146.4 LJS).

Aunque la LJS habla de que la revisión deberá hacerse mediante demanda, nada impide que estas entidades la soliciten por vía de reconvención cuando sean demandadas por el beneficiario en cuyo favor se dictó el acto que quiere revisarse; en todo caso esta posibilidad está sujeta a la regla general de que debe anunciarse en la contestación a la reclamación previa, expresando lo que se pide y los hechos en que se funda la pretensión de revisión (art. 85.3 LJS).

Esta imposibilidad de revisión de oficio no alcanza a la mera revisión o rectificación de errores materiales o de hecho o aritméticos, así como a la que derive de la constatación de omisiones o inexactitudes en las declaraciones del beneficiario, a los actos en materia de protección por desempleo y por cese de actividad de los autónomos, y a los actos de reconocimiento de una prestación de muerte y supervivencia motivada por condena al beneficiario por delito de homicidio cuando la víctima sea el sujeto causante de la prestación (art. 146.2 LJS).

En todo caso, en muchos supuestos, es difícil valorar si se está en este supuesto o en una auténtica revisión, por lo que la admisión de esta posibilidad debe valorarse de forma muy estricta, pues la imposibilidad de revisión de oficio garantiza la seguridad jurídica y por tanto cualquier actuación que la flexibilice debe ser de aplicación restrictiva frente a la regla general de la imposibilidad de revisar de oficio. Una interpretación amplia de estos supuestos excepcionales conduciría a unas facultades revisorias enormes y, por tanto, inadmisibles.

También se exceptúan las revisiones de prestaciones por desempleo y por cese de actividad de los trabajadores autónomos, siempre que se efectúen en el plazo de un año desde la resolución del organismo gestor que no hubiese sido impugnada y sin perjuicio de la posibilidad contemplada en el art. 147 LJS a la que a continuación se hará referencia.

Por otro lado, la demanda en la que se pida la revisión de oficio puede solicitar, también, la devolución de las cantidades indebidamente percibidas que no estén prescritas.

Lo que sí que puede hacerse es revisar las prestaciones ya reconocidas para ajustarlas a cambios legales, entendiéndose que en esos casos la entidad pública está obligada por el principio de legalidad a actuar en el sentido de acomodar la prestación a las nuevas reglas que se hayan aprobado, siempre que le afecten.

También queda fuera de la prohibición de revisión de oficio, la revisión de incapacidades por alteración de las circunstancias de salud del beneficiario, pues en este caso se está valorando un hecho sobrevenido dentro de las posibilidades legalmente establecidas al respecto sobre revisión de incapacidades[13].

En los casos en los que se reclama solicitando la revisión de un acto declarativo de derechos en esta materia de Seguridad Social, el proceso no tiene mayores especialidades que las mencionadas.

5. LOS LITIGIOS INICIADOS MEDIANTE DEMANDA POR LA ENTIDAD GESTORA DE LAS PRESTACIONES DE DESEMPLEO POR REITERACIÓN FRAUDULENTA EN LA CONTRATACIÓN TEMPORAL

El art. 147 LJS regula la tramitación de las demandas que interponga la EG de las prestaciones de desempleo con la pretensión de que se considere al empresario de los trabajadores, responsable de las prestaciones de desempleo reconocidas a éstos y puedan, en consecuencia, reclamársele.

Estas demandas se producen cuando la Entidad Gestora comprueba que un trabajador, en los cuatro años anteriores al reconocimiento de una prestación de desempleo, ha percibido ya similares prestaciones por la finalización de contratos temporales realizados con la misma empresa y, en opinión de esa Entidad, se entienda que esas anteriores contrataciones temporales y su reiteración pudiera resultar abusiva o fraudulenta, que es

---

13 Al respecto, por ejemplo y entre otras [SSTS de 29 de octubre de 1993, Rec. 4078/1992 (*Tol 234439*) y de 12 de diciembre de 1994, Rec. 1349/1994 (*Tol 234290*)].

precisamente lo que el órgano judicial valorará a efectos de entender, en su caso, responsable al empresario.

Cuando la Entidad entienda que se da este supuesto, en el plazo máximo de seis meses desde el reconocimiento de la última prestación, la misma puede dirigirse de oficio al órgano judicial competente, mediante una comunicación sujeta a los requisitos generales de la demanda (art. 80 LJS) y acompañada de copia del expediente o expedientes administrativos en que se fundamente la reclamación.

La pretensión de esta demanda es que entendiéndose que se ha producido esa abusividad o fraude de ley en la sucesión de contratos temporales, se declare al empresario responsable del abono de las prestaciones de desempleo, salvo la correspondiente al último contrato, y se le condene a la devolución a la EG de la cuantía de las mismas junto con las cotizaciones a la Seguridad Social correspondientes.

En ningún caso la demanda y la sentencia que puedan dictarse afectan al reconocimiento de las prestaciones al trabajador, que se consideran en todos los casos correctas. Recibida la comunicación-demanda, el Letrado de la Administración de Justicia la revisa, al igual que cualquier otra demanda, y si detecta algún defecto requiere de subsanación concediendo a la EG un plazo para hacerla de diez días (que es superior al que generalmente se concede en otros supuestos, en los que solamente se otorgan cuatro días). Una vez subsanada, o si no procede la subsanación, se admitirá la demanda.

En caso de haberse requerido la subsanación y no producirse la misma, el Letrado de la Administración de Justicia dará cuenta al Juez para que resuelva lo procedente que, si el requerimiento de subsanación era adecuado, normalmente será no admitir la demanda.

Las reglas de tramitación aplicables a estos litigios son las propias del proceso ordinario, si bien están excluidos los actos previos al tratarse de una demanda en materia de Seguridad Social y no ser exigible, tampoco, la reclamación previa en cuanto la EG es aquí la demandante. Esas reglas del proceso ordinario se matizan con algunas especialidades; concretamente la LJS establece las siguientes:

1ª El empresario y el trabajador que hubiesen celebrado los sucesivos contratos tendrán la condición de parte en el proceso, si bien, lógicamente, no tienen facultades plenas de disposición sobre el proceso, pues ni pueden pedir la suspensión ni el trabajador desistir del mismo. El empresario es evidentemente el legitimado pasivo y en cuanto al trabajador su condición de parte no prejuzga la posición procesal que adopte, pues puede oponerse a la pretensión de la EG o apoyar la misma. La LJS prevé que se les cite como parte pero, si no asisten al juicio, el procedimiento se seguirá de oficio. En su condición de parte sí que tienen capacidad para alegar, probar y recurrir la sentencia.

2ª La carga de la prueba incumbe al empresario, existiendo una presunción "iuris tantum" (susceptible por tanto de prueba en contrario) de certeza de los hechos contenidos en la comunicación-demanda. En todo caso, de aportarse prueba de cualquier tipo por el empleador, la valoración conjunta de la misma y su contraste con la presunción corresponde al órgano judicial.

3ª La sentencia estimatoria será inmediatamente ejecutiva, aunque se recurra.

4ª Cuando la sentencia sea firme, se comunicará a la Inspección de Trabajo a efectos de la exigencia, en su caso, de la correspondiente responsabilidad por las infracciones administrativas que haya podido cometer el empresario al suscribir contratos temporales abusivos o en fraude de ley.

6. LA IMPUGNACIÓN DE ACTOS ADMINISTRATIVOS NO PRESTACIONALES EN MATERIA DE SEGURIDAD SOCIAL

Las impugnaciones de las resoluciones administrativas derivadas de actuaciones no prestacionales en materia de Seguridad Social que no estén excluidas del conocimiento del orden social en el art. 3 LJS, han pasado a ser competencia de los órganos judiciales del orden social.

Realmente la mayor parte de las actuaciones en materia de Seguridad Social, o tienen contenido prestacional o están excluidas del conocimiento por el orden social, en todo caso para las que residualmente queden bajo la competencia del orden social (posiblemente como se dijo sanciones en materia de prestaciones de desempleo, grado de discapacidad, cuestiones relativas a la dependencia cuando pasen a ser competencia del orden social, etc.) la LJS ha regulado una modalidad procesal específica en los arts. 151 y 152, aunque también en otros preceptos dispersos a lo largo de la LJS existen disposiciones aplicables a la misma, cuyos aspectos más relevantes son los que a continuación se enumeran.

6.1. Normas aplicables en la modalidad procesal

Por un lado, la LJS establece algunas reglas específicas —arts. 151 y 152—, pero, además, también en determinados preceptos establece otras reglas aplicables, por ejemplo, al regular la competencia de los diferentes órganos judiciales del orden social o al regular los actos previos o los recursos o, finalmente, la ejecución.

Ahora bien, estas reglas se aplican salvo que no haya otras específicas que regulen alguna cuestión, como ocurre, por ejemplo, en relación con los litigios de Seguridad Social que tengan contenido prestacional. Pero es que, además, la LJS remite en todo lo no previsto a las reglas y principios que rigen el proceso ordinario (art. 151.1).

En todo caso, en algún supuesto concreto no se hace remisión a las reglas del proceso ordinario, por no existir previsiones aplicables en la materia o no ser adecuadas las existentes, sino a las reglas de otra modalidad. Así ocurre específicamente en relación con el señalamiento del juicio, la reclamación del expediente administrativo, el emplazamiento de los interesados, la congruencia entre las posiciones y lo mantenido en las vías previas y, en general, en los aspectos regulados en los arts. 143 a 145 LJS, a los que se hace expresa remisión en todas esas cuestiones (art. 151.8 LJS), preceptos que rigen las reclamaciones en materia prestacional de Seguridad Social, por lo que todo lo que al respecto se dijo resulta aplicable.

En lo que aún pueda entenderse como no previsto, las reglas supletorias no serán las de la Ley de Enjuiciamiento Civil, como es normal, sino las de la Ley 29/1998, de 13 de julio, Reguladora de la Jurisdicción Contencioso-Administrativa (LJCA), aunque solamente si resultan compatibles con los principios que inspiran el proceso social y con las adaptaciones necesarias, tal como se dispone en el art. 151 y en la Disposición final cuarta de la LJS.

En realidad, en algunas cuestiones se hace específica remisión a dichas reglas, por ejemplo, en cuanto al agotamiento de la vía administrativa —art. 151.2 LJS—, o en cuanto a la ejecución de la sentencia —art. 287.3 LJS—, pero en las demás no se aprecia con claridad que la LJCA puede aplicarse porque las cuestiones cuentan con regulación suficiente en la LJS. La supletoriedad de la LJCA es, pues, bastante residual.

6.2. *Reglas que regulan la competencia de los órganos judiciales sociales en la materia*

Funcionalmente, en principio, estos litigios corresponderán en su mayor parte a los Juzgados de lo Social, pues son competentes para conocer de las impugnaciones de las actuaciones administrativas en materia laboral cuando procedan de autoridades de la Administración Central de rango inferior a ministro o Secretario de Estado y de las de rango inferior al órgano de gobierno de las Comunidades Autónomas (art. 6 LJS).

Cuando la competencia no corresponda a los Juzgados de lo Social, se atribuye conforme a los arts. 7, 8 y 9 LJS, pudiendo corresponder, conforme a las reglas en ellas contenidas y en función de la autoridad que haya dictado la resolución impugnada a la Sala de lo Social del Tribunal Superior de Justicia de la Comunidad Autónoma, a la Sala de lo Social de la Audiencia Nacional —solamente si el acto se ha dictado por autoridades de la Administración General del Estado con rango de Ministro o Secretario de Estado y no es confirmatorio del dictado por autoridades inferiores—, o a la Sala de lo Social del Tribunal Supremo cuando el acto recurrido se haya dictado por el Consejo de Ministros.

6.3. *Reglas concretas aplicables a los aspectos más relevantes de la tramitación en la instancia*

La LJS establece una serie de reglas de tramitación de la modalidad procesal que se analiza que se refieren a aspectos más concretos. De ellas, dejando al margen de momento las relativas a los recursos y las ejecuciones y centrando el análisis en la fase de instancia, parece importante hacer referencia a las que a continuación se exponen.

1ª) La LJS contempla cuatro tipos de sujetos legitimados: los legitimados activamente, los legitimados pasivamente, los interesados que deben ser citados y los terceros a los que se reconoce la capacidad para comparecer en el proceso en defensa de intereses generales.

Conforme al art. 151.5 LJS están legitimados activamente para promover el proceso los destinatarios del acto o resolución impugnada y quienes ostenten derechos o intereses legítimos en su revocación o anulación. Lógicamente, en la medida que estos litigios que se contemplan derivan de un previo procedimiento administrativo, serán los sujetos afectados por la resolución dictada en aquél los legitimados para impugnar la resolución del mismo.

La legitimación pasiva corresponde a la Administración autora de la resolución o acto impugnado.

Los directamente afectados por el litigio parecería que son solamente estos sujetos, pero cabe la posibilidad de terceros que pudieran tener derechos o intereses legítimos que quedasen afectados de algún modo por la resolución.

En atención a lo anterior el art. 151.5 LJS señala que pueden comparecer en el proceso como parte y que deben ser emplazados, todos los sujetos que estén en las siguientes situaciones: empresarios y trabajadores afectados o sus causahabientes, así como los terceros a los que pudieran alcanzar las responsabilidades por los hechos considerados por el acto objeto de impugnación y quienes pudieran haber resultado perjudicados por los citados hechos. Como la LJS habla de que deben ser emplazados y en materia de emplazamientos remite a las reglas de los arts. 141 a 143 LJS, es plenamente aplicable lo que el primero de estos artículos establece, obligando al Letrado de la Administración de Justicia a realizar las actuaciones necesarias para constatar quienes pueden estar en estas situaciones, al amparo claro es, de los datos que estén en el expediente —si es que está a su disposición— y pueda conocer o se deriven de la demanda efectuada, que en principio, como se verá, debería identificar a estos interesados, y comunicarles ya desde el principio la resolución de admisión a trámite y el señalamiento de vista, para que puedan comparecer desde el principio y ser tenidos por parte, a lo que no están obligados pero a lo que sí tienen derecho.

En todo caso, aunque no compareciesen desde el inicio, pueden hacerlo en cualquier momento posterior y serán tenidos por parte desde ese mismo momento.

Es más, puede ocurrir que la condición de posible interesado se advierta al recibirse el expediente administrativo, en cuyo caso será aplicable la regla del art. 143.3 LJS, que ordena al órgano judicial que en ese caso les emplace para que puedan comparecer en el acto del juicio, procurando que ese emplazamiento se produzca con al menos cinco días hábiles de anticipación al mismo, aunque sin resultar obligados los plazos de citación establecidos con carácter general en el art. 82 LJS (10 días como regla más común —art. 82.1 LJS—). Si no se les hubiese comunicado la existencia del proceso y tampoco se hiciese en este momento, puede haberse producido un vicio esencial en la tramitación del mismo, susceptible de corrección a través de los recursos e incidentes oportunos.

Finalmente, el art. 151.6 LJS reconoce la posibilidad de que comparezcan en el proceso y sean tenidos por parte, pero sin obligación de emplazamiento, sin que su intervención haga retroceder o detenga el curso de las actuaciones, y siempre que acrediten su interés en defensa de los intereses económicos y sociales que les son propios, los sindicatos y asociaciones empresariales más representativos, así como los implantados en el ámbito del conflicto y los órganos de representación unitaria de los trabajadores en el ámbito de la empresa afectada, así como el empresario. Como en este supuesto no existe una obligación de emplazamiento, la ausencia de esos sujetos, aunque se deba a su desconocimiento del proceso, no produce ningún defecto en la tramitación del mismo, correspondiendo pues a quienes estén en esta última posición procesal enterarse de la existencia del litigio por sus propios medios y decidir si comparecen, aunque, eso sí, si lo hacen son partes por expresa disposición legal y, desde ese momento, ostentarán todas las facultades como tales (alegar, probar, etc.).

2ª) En materia de actos previos se exige el agotamiento de la vía previa conforme a los arts. 69 y siguientes LJS.

Conforme al art. 69.2 LJS, la Administración que adopte la resolución ha de informar al interesado de los recursos o reclamación previa que proceda contra el acto. No será necesario interponer reclamación previa si la vía administrativa se ha agotado de otra forma, por ejemplo, a través de recursos cuando así proceda en atención a las normas de procedimiento administrativo, debiendo recordarse que, salvo en materia de Seguridad Social, normalmente esto es lo que ocurrirá por la supresión de la reclamación previa en las restantes materias cuando se demanda a una Administración Pública.

Existe una regulación expresa de las actuaciones cautelares, además de las que pudieron adoptarse en el marco del procedimiento administrativo. En concreto, el art. 152 LJS contempla la posibilidad de que los interesados en cualquier momento del proceso soliciten la suspensión del acto impugnado o cuantas medidas aseguren la efectividad de la sentencia. En general esta posibilidad está reservada a los supuestos en los que la ejecución del acto, propia de las resoluciones administrativas firmes en esa vía administrativa, pudiera hacer perder su finalidad a la demanda. La decisión es discrecional e, incluso concurriendo el supuesto mencionado, la suspensión podrá denegarse en atención a la posible perturbación grave de los intereses generales o a intereses de terceros que el órgano judicial ponderará en atención a las circunstancias concurrentes.

3ª) En cuanto a la demanda, debe señalarse que, conforme al art. 151.7 LJS, esta deberá interponerse en el plazo que se deriva del art. 69 LJS, esto es, el de dos meses desde que se debió entender agotada la vía administrativa previa, siendo aplicable el efecto de interrupción de la prescripción y suspensión de la caducidad de los actos previos y recursos en vía administrativa, tal como se desprende de los arts. 69 y 73 LJS.

Estos plazos interrumpidos o suspendidos se reanudan desde el día siguiente a la notificación que ponga fin a la vía administrativa o desde que transcurra el plazo para que se entienda denegada —normalmente un mes (art. 69.2 LJS)—.

Como requisitos especiales de esta demanda pueden citarse los siguientes:

- Deberá identificar con precisión la resolución o el acto impugnado; incluso lo más aconsejable puede ser acompañar copia de la misma y hacer referencia a ella en el escrito de demanda.
- Deberá identificar con precisión la Administración autora de la resolución impugnada —que es la que tiene legitimación pasiva, por lo que en realidad este requisito es la aplicación concreta de las reglas generales en materia de demanda—.
- Deberá indicar las restantes personas o entidades cuyos derechos o intereses legítimos pudieran verse afectados por la estimación de las pretensiones efectuadas, a efectos de la aplicación de las reglas que ya se analizaron sobre su emplazamiento y personación.
- Por supuesto debe acreditarse el agotamiento de la vía administrativa.

La omisión de cualquiera de los requisitos formales motiva la actuación del Letrado de la Administración de Justicia requiriendo de subsanación en plazo de cuatro días para, a continuación, tener por subsanados los defectos o, en caso contrario, dar cuenta al órgano judicial para que adopte las medidas pertinentes (art. 151. 4 LJS), incluso la del archivo de las actuaciones si considerase no admisible la demanda (art. 81.2 LJS).

4ª) En materia de juicio oral y prueba, como se dijo, se hace remisión a las reglas de los arts. 141 a 143 LJS que son las propias de los procesos en materia de Seguridad Social. De ellas, lo que resulta más claramente aplicable son las reglas sobre remisión del expediente administrativo. En lo demás, la tramitación procesal se sujeta a las reglas previstas para el proceso ordinario, tal como ya se avanzó.

En materia de prueba existe una regla especial que, en realidad, reafirma las que establecen las normas sobre prevención de riesgos laborales y sobre infracciones y sanciones en el orden social. En efecto, conforme al art. 151.8 LJS se reconoce la presunción de veracidad de los hechos que constaten los Inspectores de Trabajo (también los Subinspectores de Empleo y Seguridad Social según literalmente dice la LJS) y que se formalicen en las correspondientes actas con los requisitos legales pertinentes, si bien en materia de Seguridad Social la citada regla debe tener escasa aplicación en este concreto procedimiento, no en otros de contenido prestacional.

El mismo carácter se atribuye a los restantes hechos constatados por funcionarios con carácter de autoridad que se formalicen en documento público, observando igualmente los requisitos legales. En todos los casos se trata de presunciones "iuris tantum", susceptibles de prueba en contrario que podrá presentar quien intente desvirtuar la citada presunción, lo que impide que pueda considerarse inconstitucional esta presunción legalmente reconocida.

5ª) Conforme al art. 151.9 LJS la sentencia puede declarar la inadmisibilidad de la demanda por los motivos generales (carencia de jurisdicción, interposición fuera de plazo, ausencia de presupuestos procesales insubsanables, etc.), o cuando el acto impugnado sea reproducción de otros anteriores definitivos y firmes, o confirmación de otros consentidos por no haber sido recurridos en tiempo y forma.

Puede confirmar el acto impugnado cuando sea ajustado a derecho.

Puede estimar la demanda en caso contrario y revocar total o parcialmente, según proceda, el acto impugnado, declarándolo no conforme a derecho.

Puede anular el acto impugnado por omisión de requisitos de forma esenciales que hayan causado indefensión pero que sean subsanables, en cuyo caso puede disponer la nulidad de todo el procedimiento para retrotraerlo al momento en que los mismos se produjeron a efectos de su subsanación. Lógicamente si no fuesen subsanables la resolución impugnada sería contraria a derecho y nula.

Incluso puede declarar caducado el procedimiento administrativo, lo que no impide, si hay plazo para ello, nuevas actuaciones de la Administración, aunque el procedimiento caducado no habrá surtido efecto interruptivo de dicho plazo.

En lo demás (forma de la sentencia, efectos adicionales de la misma, etc.) se estará a las reglas del proceso ordinario.

6.4. Reglas en materia de recursos

Los recursos judiciales que proceden son los normales en función del órgano que haya dictado la resolución judicial que se pretenda recurrir. En todo caso la LJS establece unas cuantías específicas para que el recurso sea admisible.

Así, el recurso de suplicación sólo procede cuando estas sentencias se refieren a litigios cuya cuantía, si se puede calcular, excede de 18.000 euros (art. 191.3 g) LJS), pues eso es lo que debe deducirse del precepto, aunque este literalmente no afirme que en los de cuantía inferior no proceda el recurso, sino que en los que superen esa cuantía o no se pueda calcular la cuantía procede siempre recurso de suplicación. La interpretación lógica, en sentido contrario de lo que literalmente se afirma, conduce a entender que los litigios de cuantía inferior, en este supuesto concreto de impugnación de resoluciones administrativas sobre seguridad social en materia no prestacional, no son susceptibles de recurso.

El recurso de casación sólo procede cuando la cuantía exceda de 150.000 euros (art. 206.1.a) LJS) y el asunto no se haya visto en un Juzgado de lo Social, por lo que dicho recurso tiene una escasa aplicación en estos litigios.

Como se ha visto, si la cuantía no se puede calcular procederá recurso en uno y otro supuesto.

6.5. Reglas en materia de ejecución

Finalmente, en cuanto a ejecución, hay que estar a las reglas específicamente previstas en materia de ejecución contra entes públicos, contempladas en el art. 287 LJS.

El principio general es el de autoejecución, debiendo cumplir el ente público la sentencia en el plazo de dos meses o en el inferior que pudiera establecerse, si se estima necesario, por el órgano judicial. Transcurrido ese plazo la parte interesada podrá solicitar la ejecución judicial y el órgano judicial podrá adoptar cuantas medidas sean precisas para el citado cumplimiento, haciéndose remisión, como ya se dijo, a las previsiones de la LJCA, de la que serían aplicables los arts. 103 a 113, si bien las medidas más claras, contenidas en el art. 109, coinciden sustancialmente con las que el propio art. 287 LJS establece.

En concreto, conforme a este último precepto el órgano judicial puede señalar, previo nuevo requerimiento a la Administración para que cumpla la sentencia en el plazo de un mes, y, en su caso, citando a las partes a una comparecencia mediante el correspondiente trámite incidental, lo siguiente:

- Órgano y funcionario responsable del cumplimiento del fallo; en el supuesto de no haberse individualizado el funcionario, se puede requerir al órgano administrativo para que identifique el funcionario o autoridad que sea responsable de ello; lógicamente existe responsabilidad individual de este funcionario o autoridad.
- Plazo máximo para el cumplimiento.
- Medios con los que el cumplimiento ha de llevarse a cabo y procedimiento que debe seguirse.
- Medidas para lograr la efectividad de lo acordado, aunque no pueden imponerse los apremios pecuniarios previstos en el art. 241 LJS, salvo que se incumpla lo acordado por el órgano judicial en la comparecencia a que se ha hecho referencia. Puede verse, pues, que se limita la posibilidad de apremios pecuniarios pero no se excluye totalmente.

Adicionalmente se prevé, cuando la Administración sea condenada al abono de una cantidad líquida, la existencia de intereses sobre la misma. Estos intereses serán los previstos en la legislación presupuestaria, si bien, de tenerse que acudir para la ejecución al requerimiento adicional previsto en el art. 287.4 LJS, al que se hizo mención, el órgano judicial, apreciando la falta de diligencia en el cumplimiento, lo que lógicamente deberá razonar en atención a las circunstancias concurrentes, podrá incrementar estos intereses hasta en dos puntos más.

7. LA TRAMITACIÓN DE LOS LITIGIOS EN MATERIA DE SEGURIDAD SOCIAL ANTE EL ORDEN CONTENCIOSO-ADMINISTRATIVO

Como ya se dijo, en ciertos temas relativos a la Seguridad Social la competencia no corresponde al orden social, sino al orden contencioso-administrativo.

Ello afecta esencialmente a cuatro grandes grupos de materias, a saber, el primero, las actuaciones inspectoras en materia de Seguridad Social que motivaban actuaciones de liquidación de cuotas, vinculadas en su caso a la correspondiente acta de infracción; el segundo, los actos de gestión recaudatoria entendidos además en sentido extensivo, incorporando en consecuencia los problemas de inscripción de empresas, afiliación, altas y bajas, etc. (art. 3 f) LJS); el tercero, las resoluciones en materia de dependencia, salvo el reconocimiento del grado de discapacidad, pues como se recordará estas cuestiones pasarán en el futuro a ser competencia del orden social, pero no de momento (art. 2 o) LJS), por lo que en la actualidad siguen siendo competencia todavía del orden contencioso-administrativo; finalmente, el cuarto bloque de materias son las reclamaciones contra Entidades Gestoras y otras entidades, incluidas las del Sistema Nacional de Salud y las concertadas con ellas, por los daños causados por la asistencia sanitaria o con ocasión de la misma, reclamaciones que, incluso cuando concurran con la responsabilidad de terceros (por ejemplo, médicos) por ese mismo motivo, son competencia del orden contencioso-administrativo (art. 3 g) LJS), solventando así las dudas jurisprudenciales que en otros momentos se plantearon.

Aunque sea brevemente conviene esbozar algo sobre los aspectos más importantes que regirán la tramitación judicial de esas reclamaciones.

7.1. Normas aplicables en la tramitación ante el orden contencioso-administrativo

En general, en todos los supuestos en los que el orden jurisdiccional contencioso-administrativo resulta competente, lo será frente a una resolución administrativa que ha finalizado la vía administrativa y que habrá venido precedida del correspondiente procedimiento administrativo, tramitado conforme a las normas que regulan cada una de las materias indicadas, normas que han sido objeto de análisis en otros apartados de esta obra; especialmente, por ejemplo, se deberán tener en cuenta, en su caso: las normas que regulan la actuación de la Inspección de Trabajo y Seguridad Social; las que regulan las prestaciones aplicables en las situaciones de dependencia; las normas de cotización y liquidación (RGCL) y recaudación (RGR); las que regulan la reclamación de responsabilidad patrimonial a las Administraciones Públicas, especialmente arts. 32 y ss. de la Ley 40/2015 de 1 de octubre, de Régimen Jurídico del Sector Púbico, etc.

En lo no previsto en las disposiciones concretas aplicables, la actuación administrativa se rige en general por las normas ordinarias del procedimiento administrativo contempladas en la Ley 39/2015 (LPAC).

Finalizada la vía administrativa es cuando los particulares pueden dirigir sus pretensiones al orden jurisdiccional contencioso-administrativo y la reclamación judicial se tramitará conforme a las reglas que al respecto establece la LJCA, que declara como supletoria para lo que en ella no esté previsto a la LEC.

7.2. Reglas que regulan la competencia de los órganos judiciales contencioso-administrativos en la materia

En el orden contencioso-administrativo existen diferentes órganos a los que se atribuyen los litigios conforme a las reglas de los arts. 7 a 13 LJCA.

Si atendemos a esas reglas normalmente los asuntos en materia de Seguridad Social van a ser conocidos por los siguientes órganos:

- Por los Juzgados de lo Contencioso-Administrativo, en cuanto que estos conocen en única o primera instancia de los recursos que se deduzcan frente a los actos administrativos de la Administración de las Comunidades Autónomas, salvo cuando procedan del respectivo Consejo de Gobierno, cuando tengan por objeto: sanciones administrativas que consistan en multas no superiores a 60.000 euros y en ceses de actividades o privación de ejercicio de derechos que no excedan de seis meses; reclamaciones por responsabilidad patrimonial cuya cuantía no exceda de 30.050 euros.

  Además, resuelven los recursos que se deduzcan frente a disposiciones y actos de la Administración periférica del Estado y de las Comunidades Autónomas, contra los actos de los organismos, entes, entidades o corporaciones de derecho público, cuya competencia no se extienda a todo el territorio nacional y contra las resoluciones de los órganos superiores cuando confirme íntegramente los dictados por aquéllos en vía de recurso, fiscalización o tutela. Se exceptúan los actos de cuantía superior a 60.000 euros dictados por la Administración periférica del Estado y los organismos públicos estatales cuya competencia no se extienda a todo el territorio nacional.

- En otros supuestos, que superen las cuantías descritas o se dicten por otros órganos de mayor rango conocen los Juzgados Centrales de lo Contencioso-Administrativo o las Salas de lo Contencioso-Administrativo de los Tribunales Superiores de Justicia —que es el otro órgano con mayores competencias funcionales, ya que no solamente entiende en única instancia de cualquier recurso contra actos de la Administración de la Comunidad Autónoma no atribuidos a los Juzgados de lo Contencioso-Administrativo, sino también en segunda instancia de las posibles apelaciones contra las sentencias de los mismos—.

- Muy residualmente puede conocer en instancia la Sala de lo Contencioso-Administrativo de la Audiencia Nacional; en esta materia solamente conoce en única instancia de los recursos contra los actos de los Ministros y Secretarios de Estado cuando rectifiquen en vía de recurso o en procedimiento de fiscalización o de tutela los dictados por órganos o entes distintos con competencia en todo el territorio nacional, o en segunda instancia de la resolución de los recursos de apelación contra las sentencias de los Juzgados Centrales de lo Contencioso-Administrativo.
- La Sala de lo Contencioso-Administrativo del Tribunal Supremo, conoce en lo que nos ocupa, sobre todo, de los recursos de casación contra las sentencias dictadas en única instancia por las Salas de lo Contencioso-Administrativo de la Audiencia Nacional o de los Tribunales Superiores de Justicia de las Comunidades Autónomas, por lo que en esta materia resulta una competencia bastante residual.

Normalmente, pues, como se dijo van a ser los Juzgados de lo Contencioso-Administrativo los que resuelvan estas cuestiones, aunque sus sentencias serán en ciertos casos apelables ante los órganos superiores.

7.3. Reglas concretas aplicables a los aspectos más relevantes de la tramitación en la instancia

En realidad, la tramitación puede hacerse, normalmente, a través de tres procedimientos distintos.

7.3.1. Los procedimientos aplicables en la materia

El ordinario, calificado de primera o única instancia, que es el que se aplica salvo que proceda utilizar alguno de los otros que se citan, que se regula en los arts. 43 y siguientes de la LJCA.

- El abreviado, que se utiliza en las actuaciones ante los Juzgados de lo Contencioso-Administrativo, además de en otros supuestos que no hacen al caso, cuando las reclamaciones sean de menos de 30.000 euros. Este procedimiento se regula en el art. 78 LJCA y se caracteriza por la concentración de las fases de alegaciones y prueba en un solo trámite de vista oral, del que incluso puede prescindirse si todas las partes están de acuerdo en que la cuestión es meramente jurídica. La vista oral se celebra de forma verbal, en forma muy parecida, cuando no casi idéntica, a la del juicio laboral, formulándose las preguntas de forma verbal, sin presentación de escritos, etc. Al margen de la mayor celeridad que esto pueda suponer y pese a lo que pudiera pensarse, no hay una opción legal por reducir los plazos de tramitación o para dictar sentencia.

El de protección de los derechos fundamentales, que se regula en los arts. 114 y siguientes de la LJCA. En este procedimiento se pueden plantear únicamente las pretensiones que tiendan a salvaguardar los derechos y libertades que se pretenden tutelar con el citado procedimiento (art. 114.2 LJCA). El carácter específico de este procedimiento se aprecia en la mayor celeridad de su tramitación.

7.3.2. Las reglas esenciales de tramitación por el proceso ordinario en primera o única instancia

Los restantes supuestos se tramitan por reglas comunes a los procedimientos de primera —si posteriormente hay apelación— o única instancia —si posteriormente no hay apelación—.

Las reglas más esenciales que pueden destacarse son las siguientes:

1ª) El recurso se interpone por escrito de parte legitimada, entendiendo por tal a cualquier persona afectada por el acto o resolución contra el que recurra. Dicho escrito es muy simple, limitándose a la mención de la resolución o el acto contra el que se recurre, y sólo se exige que le acompañen los documentos que identifican la resolución o acto recurrido o el supuesto de inactividad frente al que se recurre y los que acrediten, en su caso, la representación o la legitimación si es que él recurso no lo interpone el directamente afectado.

El plazo para la interposición es de dos meses desde que se notifica el acto expreso que pone fin a la vía administrativa, o si es frente a actos no expresos, de seis meses desde que este se entiende producido.

2ª) El Letrado de la Administración de Justicia, una vez anunciada en su caso la interposición del recurso, reclama el expediente administrativo al órgano que lo haya instruido que debe remitirlo en el plazo de veinte días; reiterando la reclamación por un nuevo plazo de diez días y pudiendo imponer multas coercitivas si se demora más la remisión (art. 48 LJCA). Es posible, igualmente, la adopción de medidas cautelares (arts. 129 y siguientes LJCA) que resultan similares a las que proceden en el orden social en los procesos de impugnación de actos administrativos.

3ª) El órgano judicial puede inadmitir el recurso conforme a los motivos previstos en el art. 51 LJCA; de admitirlo, tras emplazar a los interesados y a la Administración —se entiende ya emplazada para comparecer por la reclamación del expediente administrativo— pone el expediente a disposición del recurrente para que formule la demanda en el plazo de veinte días. La demanda es fundada —requiere hechos y fundamentos de derecho (art. 56 LJCA)— y tras recibirla se traslada a las otras partes para que la contesten en otros veinte días. Cabe un plazo de subsanación de la demanda que se concede durante diez días.

4ª) Si nadie pide prueba, vista o conclusiones, el juicio se declara ya concluso y puede dictarse sentencia. También puede producirse un trámite previo de alegaciones, si la demandada alega en los cinco primeros días del plazo para contestar la demanda que el recurso es inadmisible o el órgano incompetente (art. 58 y 59 LJCA). De solicitarse prueba se realiza conforme a las reglas previstas en la LEC y en un plazo, en principio, no superior a treinta días. Si las alegaciones de la parte actora se fundamentan en actuaciones discriminatorias, corresponderá a la parte demandada la aportación de una justificación objetiva y razonable, suficientemente probada, de las medidas adoptadas y de su proporcionalidad. Finalizadas las pruebas cualquiera de las partes puede solicitar que se celebre vista oral o solo conclusiones; dicha petición ha de hacerse como máximo en los cinco días siguientes a que se declare concluso el periodo de prueba. Si se acuerda el trámite de vista las partes formulan en ella oralmente las alegaciones que resulten pertinentes; si se acuerda el trámite de conclusiones, se da un plazo de diez días al demandante para que presente un escrito con alegaciones sucintas sobre los hechos, las pruebas practicadas y los fundamentos de derecho y, finalizado el plazo, se conceden otros diez días al demandado o demandados para que formulen su escrito de conclusiones.

5ª) Finalizado todo lo anterior se declare el juicio concluso y el órgano judicial dictará sentencia en el plazo de diez días, aunque se permite que el juez someta a las partes en los procedimientos en primera o única instancia, la posibilidad de un acuerdo, como también cabe que la Administración se allane, esto es, acepte lo que se le reclama, incluso pudiendo reconocerlo en vía administrativa, aunque ya se haya iniciado el proceso. También cabe el desistimiento, aunque si las otras partes se oponen o se aprecia daño para el interés público, el órgano judicial puede ordenar la continuación del proceso (art. 74 LJCA).

7.4. Reglas en materia de recursos

Las sentencias de los Juzgados de lo Contencioso-Administrativo serán recurribles en apelación siempre que se haya utilizado el procedimiento de protección de derechos fundamentales y libertades públicas o, en los restantes supuestos, cuando la cuantía de la reclamación sea superior a treinta mil euros (art. 81 LJCA). También son recurribles en apelación algunos autos, sobre todo los relativos a ejecución, medidas cautelares, etc. (art. 80 LJCA).

El recurso de apelación se interpone mediante escrito razonado, ante el propio Juzgado que haya dictado la resolución recurrida, en el plazo de los quince días siguientes a la notificación de la misma; una vez interpuesto, las otras partes tienen derecho a recibir traslado del escrito del recurso y contestar al mismo en el plazo de otros quince días.

A diferencia de lo que ocurre en los recursos laborales, como la apelación es un recurso ordinario, está prevista la posibilidad de una vista oral y la realización de pruebas, aunque solo las denegadas en la primera instancia —si ahora se entienden pertinentes— o las que no hubieran podido realizarse por causas no imputables a las partes (art. 85 LJCA).

Este recurso se resuelve por las Salas de lo Contencioso-Administrativo de los Tribunales Superiores de Justicia de la Comunidad Autónoma respectiva, cuando se recurra una sentencia de un Juzgado de lo Contencioso radicado en dicha Comunidad, y por la Sala de lo Contencioso-Administrativo de la Audiencia Nacional, cuando se recurra una resolución de un Juzgado Central de lo Contencioso-Administrativo.

Cuando la sentencia se dicte en instancia por las dos Salas que se acaban de citar, el recurso que procede es el extraordinario de casación que se resuelve por la Sala de lo Contencioso-Administrativo del Tribunal Supremo, aunque se requiere que el asunto se haya tramitado por el procedimiento de protección de derechos fundamentales o supere una cuantía de seiscientos mil euros. Es un recurso exclusivamente por motivos de derecho estatal o comunitario (art. 86 LJCA), que se prepara en el plazo de diez días ante la misma Sala que hubiese dictado la resolución recurrida, con motivos de recurso muy limitados y cuya tramitación, muy formalista, se regula en los arts. 88 y siguientes de la LJCA.

7.5. Reglas en materia de ejecución

Como regla general las sentencias y resoluciones que se dicten en estas materias son susceptibles de ejecución provisional, y por tanto puede solicitarse su cumplimiento, aunque estén recurridas (arts. 84 y 91 LJCA).

En cuanto a la ejecución de las resoluciones firmes, en principio la sentencia debe ser cumplida por el órgano administrativo en el plazo de dos meses desde que se le comunique la firmeza de la misma (art. 104 LJCA) o tres si es de condena a cantidad y requiere una modificación presupuestaria —plazo que se entiende que es para iniciar la citada modificación— (art. 106 LJCA). Rige pues, inicialmente, el principio de autoejecución.

Si este órgano no diese cumplimiento a la sentencia o resolución o surgiesen incidencias en la misma, los interesados pueden dirigirse al órgano judicial que la dictó para que proceda a su ejecución forzosa, en cuyo caso las medidas que pueden acordarse son similares a las que se adoptan en el proceso laboral en las ejecuciones contra las Administraciones Públicas, pudiendo identificarse por el órgano judicial el órgano administrativo que ha de dar cumplimiento a la sentencia, plazo máximo para ello y medidas que ha de adoptar al respecto (art. 109 LJCA) y si esto se incumpliese está prevista la imposición de multas coercitivas y la posibilidad de que se exija responsabilidad penal por el incumplimiento de la orden judicial (art. 112 LJCA). Además, las cantidades reconocidas generan el interés legal del dinero pero, de acudirse a la ejecución forzosa, a partir de los tres meses desde que se notificó la resolución firme, el órgano judicial puede incrementar el interés en dos puntos más siempre que aprecie falta de diligencia en el cumplimiento (art. 106 LJCA).

Bibliografía

Lección 1

ARETA MARTÍNEZ, M.: "Sobre el carácter excepcional del reintegro de gastos sanitarios por el Sistema Nacional de Salud y la inclusión o no de la asistencia sanitaria pública en el Sistema de Seguridad Social". Revista Doctrinal Aranzadi Social num. 20/2007.

BELTRÁN AGUIRRE, J.L: "La contención del gasto farmacéutico público versus el acceso de los ciudadanos a los medicamentos". Aranzadi doctrinal nº 5/2015.

CAMPS RUIZ, L. M., "Las prestaciones sanitarias", VV.AA., DE LA VILLA, L. E. (Dir.), Derecho de la Seguridad Social, Tirant lo Blanch, Valencia, 2004.

CAVAS MARTÍNEZ, F. y SÁNCHEZ TRIGUEROS, C.: "La protección de la salud en la Constitución Europea", en RMTyAS —Derecho social internacional y Comunitario— nº 57/2005.

JIMENA QUESADA, L: "La protección internacional de los derechos sociales y laborales. La Carta Social europea y el comité europeo de derechos sociales", en Revista de Derecho social nº 65/2014, pp. 13 y ss.

MONEREO PÉREZ, J.L.: La coordinación comunitaria de los sistemas de asistencia sanitaria. Revista de Aranzadi social nº 5/2010.

MONEREO PÉREZ, J.L., et al.: Salud y asistencia sanitaria en España en tiempos de pandemia covid-19, Aranzadi-Thomson Reuters, 2021.

OJEDA AVILÉS, A: "La convergencia europea en materia de Seguridad Social: los problemas de un Código internacional de prestaciones mínimas", en Revista del Ministerio de Trabajo e Inmigración, nº 84 (2009).

PÉREZ ALONSO, Mª.A.: "El arraigo de los extranjeros irregulares como mecanismo de integración social", en Revista de Aranzadi social, nº 5, 2010.

RODRÍGUEZ-RICO ROLDÁN, V., El régimen jurídico de las prestaciones del Sistema Nacional de Salud tras las últimas reformas, Laborum, Murcia, 2018.

Lección 2

AA.VV., La Ley 40/2007, de 4 de diciembre, Tirant lo Blanch, Valencia, 2008. AA.VV., Todo Social 2022, Madrid, Wolters Kluwer, 2022.

AA. VV. (Coord. LÓPEZ CUMBRE, L.), Tratado de jubilación. homenaje al Profesor Luis Enrique de la Villa con motivo de su jubilación, Iustel, Madrid, 2007.

ALMENDROS GONZÁLEZ, La protección social de la familia, Tirant lo Blanch, Valencia, 2005. ÁLVAREZ DE LA ROSA, Invalidez Permanente y Seguridad Social, Madrid, 1982.

ÁLVAREZ PATALLO, El procedimiento administrativo para la evaluación de la incapacidad permanente, Comares, Granada, 2005.

BARRIOS BAUDOR, Prestaciones familiares por hijos a cargo, Aranzadi, Cizur Menor, 2001. BARRIOS BAUDOR y BLÁZQUEZ AGUDO, Prestaciones familiares, Aranzadi, Cizur Menor, 2009.

BLASCO LAHOZ, J., Las prestaciones familiares por hijo a cargo, Tirant lo Blanch, Valencia, 2001.

BLASCO LAHOZ, J. y PIÑEYROA DE LA FUENTE, A., La última reforma de la Seguridad Social, Tirant lo Blanch, Valencia, 2008.

BLASCO PELLICER, A.; LÓPEZ BALAGUER, M. y ALEGRE NUENO, M., *Reforma laboral y de Seguridad Social* 2013, Tirant lo Blanch, Valencia, 2013.

BLASCO RASERO, La familia en el Derecho de la Seguridad Social, Aranzadi, Cizur Menor, 2003.

BLÁZQUEZ AGUDO, Las prestaciones familiares en el sistema de Seguridad Social, Madrid, 2005.

CABERO MORÁN, E.: "El marco normativo del ingreso mínimo vital dieciocho meses después", Trabajo y Derecho, núm. 84, diciembre de 2021, versión electrónica.

CAVAS MARTÍNEZ, F. y GARCÍA ROMERO, B. (Coords.), El Ingreso Mínimo Vital. Una perspectiva global: regulación estatal, derecho comparado y conexión con rentas mínimas autonómicas, BOE, 2021.

DESDENTADO BONETE y otros, Tratado médico-legal sobre incapacidades laborales: la incapacidad permanente desde el punto de vista médico y jurídico, Aranzadi, Cizur Menor (Navarra), 2006.

FERNÁNDEZ DOMÍNGUEZ y MARTÍNEZ BARROSO, Las prestaciones familiares de la Seguridad Social, Albacete, 2007.

FERNÁNDEZ ORRICO, Las Pensiones no Contributivas y la Asistencia Social en España, CES, Madrid, 2002.

GALA DURÁN, C., El nuevo Ingreso mínimo Vital Estatal: régimen jurídico y retos pendientes. Trabajo, Persona, Derecho, Mercado (Revista de Estudios sobre Ciencias del Trabajo y Protección Social), núm. 1, 2020, pp. 111-155.

GOERLICH PESET y ROQUETA BUJ, R., "Las prestaciones familiares", en AA. VV., Homenaje al profesor José vida Soria con motivo de su jubilación, la Seguridad Social a la luz de sus reformas pasadas, presentes y futuras, Comares, Granada, 2008.

GONZÁLEZ ORTEGA, S. y BARCELÓN COBEDO, S., El Ingreso Mínimo Vital (Comentarios al Real Decreto-ley 20/2020, de 20 de mayo). Valencia, Tirant lo Blanch, 2020.

GONZÁLEZ ORTEGA, S., Las reformas del Real Decreto-Ley 20/2020, regulador del ingreso mínimo vital, y sus inmediatas y relevantes correcciones posteriores. CEF-Revista de Trabajo y Seguridad Social, núm. 457, 2021, pp. 23-69.

JIMÉNEZ FERNÁNDEZ y otros, La protección de la Seguridad Social por incapacidad permanente, Madrid, 1999.

JURADO SEGOVIA, "El nuevo reglamento sobre prestaciones familiares de la Seguridad Social (RD 1335/2005, de 11 de noviembre, BOE 22-11-2005)", REDT, núm. 130, 2006.

LÓPEZ GANDÍA y ROMERO RÓDENAS, La incapacidad permanente: acción protectora, calificación y revisión, Bomarzo, Albacete, 2011.

MARÍN ALONSO y GORELLI HERNÁNDEZ, Familia y trabajo. El régimen jurídico de su armonización, Laborum, Murcia, 2001.

MARTÍN PUEBLA, La protección social de la incapacidad permanente para el trabajo, Comares, Granada, 2000.

MEDINA, La incapacidad permanente en el sistema legal de valoración de los daños corporales, Dykinson, Madrid, 2008.

MONEREO PEREZ, J.L., RODRÍGUEZ INIESTA, G. y TRILLO GARCÍA, A.R., *Ingreso mínimo* vital *en el sistema de protección social: estudio de su configuración y régimen jurídico,* Laborum, Murcia, 2021.

ROALES PANIAGUA, E., "Sinopsis de las prestaciones familiares en España", RGDTSS, núm. 32, 2012.

ROQUETA BUJ, R. y FERNÁNDEZ PRATS, C., La Incapacidad para trabajar, La Ley, Madrid, 2014.

ROQUETA BUJ, R., La incapacidad permanente, CES, Madrid, 2000, y "La incapacidad permanente", en AA. VV., La Ley de medidas en materia de Seguridad social de 2007, Tirant lo Blanch, Valencia, 2007.

SALA FRANCO, T. y MARTÍN-POZUELO LÓPEZ, A., El Ingreso Mínimo Vital. El Sistema Español de Rentas Mínimas. Valencia, Tirant lo Blanch, 2020.

SÁNCHEZ-RODAS NAVARRO, Las prestaciones familiares de Seguridad Social en el ordenamiento jurídico español y comunitario, Laborum, Murcia, 2005.

SEMPERE NAVARRO, A. V. y GARCÍA GIL, M. B. (Dirs.), Ingreso Mínimo Vital. Pamplona, Aranzadi, 2021.

Lección 3

ARAGÓN GÓMEZ, C. El nuevo sistema de cotización en el Régimen Especial de Trabajadores Autónomos (RETA), Trabajo y derecho: nueva revista de actualidad y relaciones laborales, Nº. 99, 2023

BLASCO LAHOZ, J.F., El Régimen Especial de Trabajadores Autónomos, Valencia, Tirant lo Blanch, 1995.

- La protección por cese de actividad en el RETA, Valencia, Tirant lo Blanch, 2012.
- Sujetos incluidos en el régimen especial de trabajadores autónomos, Valencia, Tirant lo Blanch, 1996.

DESDENTADO BONETE, A. Y TEJERINA ALONSO J.I. La seguridad social de los trabajadores autónomos, Valladolid, Lex Nova, 2004.

FARGAS FERNÁNDEZ, J. Compatibilidad del pensionista de jubilación con actividades posteriores como trabajador autónomo, Revista del Ministerio de Empleo y Seguridad Social: Revista del Ministerio de Trabajo, Migraciones y Seguridad Social, Nº 144, 2019.

FERREIRO REGUEIRO, C. El requisito de la edad de dieciocho años para acceder al Régimen Especial de Trabajadores Autónomos, Revista de derecho social, Nº 88, 2019.

GÓMEZ CABALLERO, P. Los trabajadores autónomos y la seguridad social, campo de aplicación y acción protectora del RETA, Valencia, Tirant lo Blanch, 2000.

LASAOSA IRIGOYEN, E. La prestación por cese de actividad para trabajadores autónomos, Navarra, Aranzadi-Thomson Reuters, 2011.

LÓPEZ ANIORTE, M.C., Ámbito subjetivo del Régimen Especial de Trabajadores Autónomos, Pamplona, Aranzadi, 1996.

LÓPEZ GANDÍA, J. Y TOSCANI JIMÉNEZ, D. El régimen profesional y de seguridad social de los trabajadores autónomos, Madrid, El Derecho, 2010.

MIJARES GARCÍA-PELAYO, Mª.F. "Análisis entorno a la elección de bases de cotización en el RETA". Revista del Ministerio de Empleo y Seguridad Social, 109/2014.

MARTÍNEZ MORENO, C. La Seguridad Social de los trabajadores autónomos en la jurispruden cia, Revista del Ministerio de Empleo y Seguridad Social:, Nº 144, 2019.

MONEREO PÉREZ, J.L. Y FERNÁNDEZ AVILÉS, J.A. Los derechos de protección social de los trabajadores autónomos, Granada, Comares, 2009.

PÉREZ GÁZQUEZ, Mª. I. "La jubilación activa del trabajador autónomo. Una compatibilización llena de interrogantes", Revista de trabajo y seguridad social: Comentarios, casos prácticos y recursos humanos, Centro de Estudios financieros, número 446, 2020.

PIÑEYROA DE LA FUENTE, A., La Seguridad Social de los trabajadores autónomos (la cobertura del RETA), Madrid, Civitas, 1995.

TALÉNS VISCONTI, E.E. El Nuevo Régimen Jurídico de la Prestación por Cese de Actividad, Valencia, Tirant lo Blanch, 2015.

– "*Reflexiones en torno a los requisitos de acceso a la prestación por cese de actividad de los trabajadores autónomos (tras la aprobación de la Ley 35/2014, de 26 de diciembre)*". Revista de Derecho Social, 68/2014.

VARELA ÁLVAREZ-QUIÑONES, I. Interpretación de la habitualidad como requisito para el alta de oficio en el régimen especial de trabajadores autónomos, Nueva revista española de derecho del trabajo, Nº 243, 2021.

Lección 4

AA. VV. Diecisiete Lecciones sobre Regímenes Especiales de Seguridad Social. Pub. Univer. Madrid (Depto. Dcho. Trab.), Madrid, 1972.

BLASCO LAHOZ, J. F., *Régimen general, regímenes especiales y prestaciones no contributivas,* Tirant lo Blanch, Valencia, 2011.

CONCEPCIÓN SEVILLANO, J. L. Los sistemas especiales del Régimen General de la Seguridad Social. Ed. MTSS, Madrid, 1995.

CUBAS MORALES,A. "El campo de aplicación y la 'estructura' del sistema en la nueva Ley General de la Seguridad Social. Presente y futuro de los Regímenes Especiales". Tribuna Social, nº 56/57, 1995.

DESDENTADO BONETE, A. "La estructura del Sistema Español de Seguridad Social, entre el clientelismo y la irracionalidad". RSS, nº 14, 1982.

ESTEBAN LEGARRETA, R. y ARQUED SANMARTÍN, A. "Pluriactividad y encuadramiento subsidiario en los regímenes especiales de la Seguridad Social de los trabajadores agrarios, del mar y de los estudiantes". Aranzadi Social, nº 12, 2001.

FERRERAS ALONSO, F. "Desigualdades de la protección social de los diferentes grupos de población protegidos por la Seguridad Social: sus causas y remedios. Incidencias de la 'Ley de Pensiones' del 85". REDT, nº 25, 1986.

GARCÍA BECEDAS,G. y MERCADER UGUINA,J. "Sistemas especiales de Seguridad Social". Enciclopedia de Seguridad Social. Ed. CISS. Vol. I-I, actualizable.

GARCÍA ORTEGA, J. Las relaciones laboral y de seguridad social de los trabajadores fijos discontinuos. Ed. J. Mª Bosch, 1990.

GARCÍA TESTAL,E. "¿Trabajo doméstico decente? Una reflexión sobre los déficits de protección del régimen jurídico de las personas que realizan trabajo doméstico en España". Documentación Laboral, nº 125, 2022.

GONZALO GONZÁLEZ, B., FERRERAS ALONSO, F. y otros. La estructura actual de la Seguridad Social española y su reforma. Pub. MTSS, Madrid, 1981.

HIERRO HIERRO, F. J. Sistema especial para trabajadores por cuenta ajena agrarios: comentarios a la ley 28/2011, de 22 de septiembre. Ed. Laborum, 2012.

LÓPEZ GANDÍA, J. *"Las cooperativas agrarias y el campo de aplicación de la Seguridad Social".* T.S., nº 15, 1992.

LÓPEZ GANDÍA, J. y TOSCANI GIMÉNEZ, D. *El nuevo régimen laboral y de Seguridad Social de los trabajadores al servicio del hogar familiar.* Ed. Bomarzo, 2012.

MARTÍNEZ BARROSO, Mª R., *Sistema jurídico de la seguridad social de la minería del carbón,* Universidad de León, 1997.

MONTOYA MELGAR,A. "La fragmentación de la Seguridad Social y sus razones (A propósito de 'Diecisiete Lecciones sobre Regímenes Especiales de la Seguridad Social')". RPS, nº 98, 1973.

RUANO ALBERTOS, S. El régimen jurídico de los empleados de hogar. Ed. Atelier, 2013. SORIANO GARCÉS, V. "El Seguro Escolar. Seguridad Social de los Estudiantes". RISS, nº 2, 1978.

TÁRRAGA POVEDA,J. Los fijos discontinuos y el Derecho del Trabajo. Ed. DM. PPU, Barcelona, 1991.

TATAY PUCHADES, C. "Seguridad Social y Empleo Atípico", II Premio OISS. Empleo y Seguridad Social. La incidencia del desempleo, el empleo informal y las nuevas formas de empleo en la cobertura y la financiación de los Sistemas de Protección Social. Ed. OISS, 2002.

VIDA SORIA, J. "Régimen General y Regímenes Especiales en el Sistema de la Seguridad Social Española". Cuadernos de la Cátedra de Derecho del Trabajo, nº 3, 1972; así como "Los regímenes especiales". Papeles de Economía Española, Tomo 2, nºs 12/13, 1982.

Lección 5

AA.VV. (coord. Martínez Moya, J. y Sáez Rodríguez, M.C.) (2021) *La protección social de la carrera judicial,* Madrid: BOE.

ALARCÓN CARACUEL, M.R. y GONZÁLEZ ORTEGA, S. (1988), Las pensiones de los funcionarios públicos en España, Fundación Mapfre, Madrid.

ALFONSO MELLADO, C.L., (2007) "La jubilación anticipada y la prejubilación de los funcionarios públicos", en AA.VV. (coord. LÓPEZ CUMBRE), Tratado de jubilación, Iustel, Madrid.

BLASCO LAHOZ, J.F. (1996), Regímenes Especiales integrados en el Régimen General de la Seguridad Social, Tirant lo Blanch, Valencia.

– (2006), *El Régimen de Clases Pasivas del Estado,* Bomarzo, Albacete.

BLASCO LAHOZ, J.F., LÓPEZ GANDÍA, J. y MOMPARLER CARRASCO, M.A. (2011), *Regímenes Especiales de la Seguridad Social,* Tirant lo Blanch Valencia.

BERRAQUERO ESCRIBANO, I. (2019). La supresión de las clases pasivas: implicaciones a largo plazo para las Comunidades Autónomas. Auditoría pública: revista de los Organos Autónomos de Control Externo. Nº. 74, pp. 123-130.

CALVO RAMÍREZ, C. (1988), "Régimen de Clases Pasivas de los funcionarios del Estado", Revista de Seguridad Social, núm. 37.

DOLZ-LAGO, M.J. (2004), El régimen Especial de Seguridad Social de los Funcionarios de la Administración Civil del Estado, Tirant lo Blanch, Valencia.

ESCOBAR JIMÉNEZ, J. (1997). La acción protectora de la Seguridad Social de los funcionarios públicos, Ibidem, Madrid.

ESTEVE SEGARRA, A. (2020). Los cambios en la gestión del régimen de clases pasivas: ¿un ataque a las singularidades de los regímenes especiales de funcionarios? Labos: Revista de Derecho del Trabajo y Protección Social, Vol. 1, Nº. 3, 2020, pp. 36-54

GARCÍA ORTEGA, J. "Comentarios a las contingencias profesionales", AA. VV.(Dir. GARCÍA NINET), Enciclopedia de Seguridad Social, CISS, Tomo V, pp. 189-252.

GONZALO GONZÁLEZ, B. y NUÑO RUBIO, J.L. (1997), La Seguridad Social de los funcionarios públicos en España, Marcial Pons, Madrid.

HERNÁNDEZ BEJARANO, M. (2017). La protección sanitaria en los regímenes especiales de Seguridad Social de los funcionarios públicos, Bomarzo, Albacete.

JORNADA DE POZAS, L. "Tendencias modernas sobre el Régimen de Clases Pasivas", en Estudios Sociales y de Previsión, Tomo II, Volumen 2, Ministerio de Trabajo, INP, Madrid, 1961.

LÓPEZ LORENZO, A. (2007), La protección social de los Funcionarios públicos, Editorial de la Universidad de Granada, Granada.

ALFONSO MELLADO, C.L. (2007), "La jubilación anticipada y la prejubilación de los funcionarios públicos", en AA.VV. (coord. LÓPEZ CUMBRE), Tratado de jubilación, Iustel, Madrid.

RODRÍGUEZ CARDO, I. (2008), La Seguridad Social de los militares en activo: el mutualismo militar, MTIN, Madrid.

RODRÍGUEZ CARDO, I. (2008), La Seguridad Social de los empleados, cargos y servidores públicos, Aranzadi, Pamplona.

RODRÍGUEZ ESCANCIANO, S. (2017). "Capítulo 9. Régimen especial de funcionarios civiles del estado", Tratado de Derecho de la Seguridad Social II, Laborum, Murcia.

RODRÍGUEZ RAMOS, M.J., "Los derechos de Seguridad Social de los funcionarios públicos: convergencias y divergencias con el Régimen General". Recuperable: https://idus.us.es/bitstream/handle/11441/44007/Los%20derechos%20de%20seguridad%20social

RODRÍGUEZ RAMOS, M.J. (1997), El estatuto de los funcionarios públicos. Su convergencia con el Estatuto de los Trabajadores, Comares, Granada.

VIDA SORIA, J. (1963). "Sobre la inactualidad del Régimen de Clases pasivas", Documentación Administrativa, núm. 71.

Lección 6

AA. VV., La protección de la dependencia, Comentarios a la Ley 39/2006, de 14 de diciembre, de Promoción de la Autonomía Personal y Atención a las personas en situación de dependencia (coord. Roqueta Buj), Tirant lo Blanch, Valencia, 2007.

AA. VV., La protección jurídica de las situaciones de dependencia, Estudio Sistemático de la Ley 39/2006, sobre Promoción de la autonomía personal y atención a las personas en situación de dependencia (coord. Monereo Pérez), Comares, Granada, 2007.

AA. VV., La protección de las personas dependientes (coord. Montoya Melgar), Thomson-Civitas, Cizur Menor (Navarra), 2007.

AA. VV., Comentario Sistemático a la Ley de la Dependencia (coord. Sempere Navarro), ThomsonAranzadi, Cizur Menor (Navarra), 2008.

AA. VV., La Situación de Dependencia (coord. Roqueta Buj), Tirant lo Blanch, Valencia, 2009.

AA. VV., Las prestaciones españolas por dependencia y el derecho de la Unión (coord. SánchezRodas Navarro), Laborun, Murcia, 2011.

AA.VV., Autonomía, dependencia y servicios sociales, Aranzadi, Pamplona, 2021.

PÉREZ CASTILLO, R., El Procedimiento Para el Reconocimiento de la Dependencia, Tirant lo Blanch, Valencia, 2009.

Lección 7

BLASCO PELLICER, A., Sanciones administrativas en el orden social, Tirant lo Blanch, Valencia, 1998.

BLASCO PELLICER, A. y GARCÍA RUBIO, M. A., Curso de Derecho Administrativo Laboral, Tirant lo Blanch, Valencia, 2004.

CAVAS MARTÍNEZ, F. y LUJÁN ALCARAZ, J., Infracciones y sanciones en el orden social, Laborum, Murcia, 2009.

GARCÍA BLASCO, J. y MONEREO PÉREZ, J. L. (Dir.), Comentario sistemático al Texto refundido de la Ley de infracciones y sanciones en el orden social y normas concordantes, Comares, Granada, 2006.

GARCÍA MURCIA, J., "Infracciones y sanciones en materia de Seguridad Social", Justicia Laboral, número extraordinario, 2001.

MATEOS BEATO, A. y MARTÍN JIMÉNEZ, R., "Los problemas de coordinación procedimental de la Inspección de Trabajo y Seguridad Social con otros organismos en el Sistema público de Seguridad Social", Revista del Ministerio de Trabajo e Inmigración, nº 78, 2008.

PÉREZ GUERRERO, M. L., Sanciones administrativas en materia de Seguridad Social, CES, Madrid, 2005.

SEMPERE NAVARRO, A. V. (Coord.), Comentarios a la Ley de infracciones y sanciones en el orden social, Aranzadi, 2003, Cizur Menor.

Lección 8

AA. VV. (Directores Blasco Pellicer A. y Goerlich Peset, J. M.), Reforma del proceso laboral. La nueva Ley Reguladora de la Jurisdicción Social. Valencia, Tirant lo Blanch, 2012.

AA. VV. (Rodríguez Pastor, G. E. y Alfonso Mellado, C. L.), La nueva Ley de la Jurisdicción Social. Albacete, Bomarzo, 2012.

AA. VV. (Folguera Crespo, J. A., Salinas Molina, F. y Segoviano Astaburuaga, M. L.) Comentarios a la Ley reguladora de la jurisdicción social, Valladolid, Lex Nova, 2011.

AA. VV., El proceso laboral. Estudios en homenaje al profesor L. E. de la Villa Gil, Valladolid, Lex Nova, 2001.

ALBIOL, ALFONSO, BLASCO, GOERLICH, Derecho procesal laboral, 10ª ed., Valencia, Tirant lo Blanch, 2015.